Städte-Atlas Ostpreußen

Fritz R. Barran

Städte-Atlas
Ostpreußen

Karten und Pläne von Allenburg bis Zinten

Weltbild

Benutzte Literatur und Karten

Statistik des Deutschen Reiches
1) Band 545: Die Volksschulen im Deutschen Reich 1939
2) Band 552, 1: Volkszählung, Die Bevölkerung des Deutschen Reiches nach den Ergebnissen der Volkszählung 1999;
3) Band 559, 1: Ergebnisse der Volks-, Berufs- und landwirtschaftlichen Berufszählung 1939;
Deutsches Städtebuch, Band 1, 1939, E. Keyser;
Amtliches Gemeinde- und Ortsnamenverzeichnis der deutschen Ostgebiete unter fremder Verwaltung, Band 1
Grieben, Reiseführer Ostpreußen – 1935;
Geschichte der evangelischen Kirche Ostpreußens (III Dokumente), von Walther Hubatsch;
Fato profugi – Vom Schicksal ermländischer Priester, Lotha Ploetz;
Geschichte Ost- und Westpreußens, B. Schumacher
Die Ostgebiete des Deutschen Reiches, G. Rhode
Die Kirchenbücher der Diözese Ermland, Erhard Fittkau;
Brockhaus Enzyklopädie 1966 – 1974;
Ostpreußen in 1440 Bildern, Emil Joh. Guttzeit;
Ostpreußen-Wegweiser, Georg Hermanowski;
Heimatkreisbücher sämtlicher Kreisgemeinschaften
Historische Übersichtskarten: Johann-Gottfried-Herder-Institut, Marburg

In Liebe zu unserer verlorenen Heimat Ostpreußen widme ich die vier Bände der Städte-Atlanten: Ostpreußen, Pommern, Ostbrandenburg und Schlesien meiner Frau Ortrun, unserer Tochter Jördis und unserem verstorbenen Sohn Brage.

Fritz R. Barran

Genehmigte Lizenzausgabe für Verlagsgruppe Weltbild GmbH,
Steinerne Furt, 86167 Augsburg
Copyright © 2002 by Verlagshaus Würzburg GmbH & Co. KG, Würzburg
Umschlaggestaltung: Uhlig, Augsburg / www.coverdesign.net
Gesamtherstellung: Neografia, a.s. printing house, Martin
Printed in the EU

ISBN: 978-3-8289-0858-1

2011   2010   2009
Die letzte Jahreszahl gibt die aktuelle Lizenzausgabe an.

Einkaufen im Internet: *www.weltbild.de*

Zum Geleit

Der Städte-Atlas Ostpreußen ist ein ausgezeichneter, fundierter Beitrag zur Kultur- und Siedlungsgeschichte der Kernprovinz des alten Preußen. Er liegt nun in seiner dritten Auflage vor.

Fritz Barran hat mit großer Akribie diesen Städte-Atlas zusammengestellt, der statistische Angaben über die Provinz Ostpreußen, deren Regierungsbezirke, Kreise und Städte und vor allem die Stadtpläne beinhaltet. Damit hat er ein einmaliges heimatkundliches Werk geschaffen, das dazu beitragen kann, die geistigen, kulturellen und emotionalen Bindungen der Bundesrepublik und ihrer Bewohner zu Ostpreußen neu zu knüpfen.

Der Städte-Atlas Ostpreußen ist nicht nur ein wesentlicher Beitrag zur Bewahrung des kulturellen Erbes Ostpreußens, sondern er wird auch mithelfen, unserer Heimat ein Stück deutscher Identität zu erhalten. Wir können feststellen, daß die heutigen Bewohner Ostpreußens sich beim Wiederaufbau unserer Heimat zunehmend mehr an dem bis 1945 Gewesenen orientieren. Hierbei wird das vorliegende Werk – hoffentlich häufig – eine Hilfe sein.

Im Namen des Bundesvorstandes der Landsmannschaft Ostpreußen danke ich dem Verfasser; er hat sich um Ostpreußen und die Ostpreußen verdient gemacht.

Ich wünsche dem Städte-Atlas Ostpreußen großen Zuspruch.

Wilhelm v. Gottberg
Sprecher der
Landsmannschaft Ostpreußen

Inhalt

Alphabetisches Verzeichnis der in diesem Atlas aufgeführten Städte

Alle in diesem Atlas aufgeführten Städte sind hier alphabetisch geordnet. Die Kreiszugehörigkeit ist in Klammern hinzugefügt.

Vorwort

Die Städte des Deutschen Reiches östlich von Oder und Neiße, in denen nach 1945 nicht mehr Deutsch gesprochen wird, sollen in der Reihe

Städte-Atlas Ostpreußen
Städte-Atlas Pommern
Städte-Atlas Ostbrandenburg
Städte-Atlas Schlesien

mit ihren Straßen und Straßennamen sowie den wichtigen Gebäuden in Stadtplänen als deutsche Städte für die nachfolgenden Generationen erhalten werden. Jeder Leser und Interessierte soll die an Polen und die Sowjetunion verlorenen ostdeutschen Städte in einem Stadtplan durchwandern und die Namen der Straßen lesen können – die Straßen, in denen die Eltern und Großeltern gelebt haben und bis zur Vertreibung aus ihrer angestammten Heimat im Jahre 1945 glücklich waren.

Dieser Städte-Atlas soll im Gegensatz zur beschreibenden Literatur durch die Stadtpläne zum Betrachter sprechen und die jeweilige Stadt vorstellen und schildern, die Straßennamen nennen sowie mitteilen, wo damals wichtige Gebäude standen, wo kulturelle oder industrielle Betriebe vorhanden waren.

Es darf jedoch kein Anspruch auf Vollständigkeit erhoben werden, da in den über vier Jahrzehnten nach Kriegsende leider nicht von allen Städten entsprechende Aufzeichnungen gemacht worden sind und von vielen Städten überhaupt noch nie Stadtpläne bestanden haben, die jetzt extra für diesen Atlas vom Verfasser gezeichnet werden mußten. Außerdem haben viele Wissensträger in den fast 45 Jahren ihr Wissen mit ins Grab mitgenommen, das damit für immer verloren ist. So können trotz sorgfältiger Recherchen und Vergleiche Auslassungen oder Irrtümer, die nicht beim Verfasser liegen müssen, möglich sein.

In diesem Städte-Atlas werden sämtliche Städte und Kreise der Provinz Ostpreußen nach dem Stande von 1937 beschrieben, also auch mit den 5 Kreisen des Regierungsbezirks Westpreußen. Anfang des Jahres 1939 kam das Memelgebiet wieder an Deutschland zurück.

Der Kreisteil Soldau wurde 1940 an den Kreis Neidenburg angeschlossen. Alle diese Gebiete werden hier beschrieben, wobei bei den nach 1937 zu Deutschland gekommenen besonders darauf hingewiesen wird.

Die Zahlen über Flächengrößen, Einwohner (immer einschließlich der zum Wehrdienst Gezogenen und männl. und weibl. Arbeitsdienst), Haushaltungen, politische Gemeinden, Wohnplätze, Einwohner je km², Volksschulen, Schüler und Lehrkräfte sowie land- und forstwirtschaftliche Betriebe, Berufszugehörigkeit der arbeitenden Bevölkerung und Religionszugehörigkeit beziehen sich auf die Werte aus der letzten im Deutschen Reich stattgefundenen Volks- und Berufszählung vom 17. Mai 1939 und den Stand der Kreisgrenzen zu jener Zeit (außer Memelgebiet und Soldau). Andere Grenzen, auch Bezirkszugehörigkeit aus der Zeit vorher oder nachher sind hier nicht berücksichtigt, oder es wird besonders darauf hingewiesen.

Die geschichtlichen und baugeschichtlichen Daten sind hier in knappester Form in einer Auswahl nur kurz angesprochen, um die Stadt zu charakterisieren, weil ausreichende Literatur darüber vorhanden ist.

Die heimatlichen Kreise erscheinen hier in den alten und bekannten Grenzen und geben Auskunft über die Lage der Städte und Gemeinden zueinander und ihre Verbindungen durch Straßen und Eisenbahnen.

Für die Unterstützung bei der Beschaffung von Stadtplänen bzw. deren Vervollständigung und für das Finden von Straßennamen bedanke ich mich ganz herzlich bei sämtlichen Kreisvertretern und deren Mitarbeitern, die mir auch sonst tatkräftig halfen, ebenso bei folgenden Landsleuten:

G. H. Aschmann, Salzgitter; H. G. Balzer, Seligenstadt; H. Bartkus, Münster; S. Braag, Verlbert-Langenberg; Frau Ch. Bido, Hamburg; H. J. Bohle, Hamburg; E. Droeger, Northeim; W. Dziersk, Bliedersdorf; Frau L. Fischer, Lüneburg; W. Geyer, Gelsenkirchen; H. Görke, Hamburg; Frau O. Hinz, Dortmund; H. Halb, Reutlingen; G. Kilanowski, Hagen; H. Klein, Oberhausen; R. Kostka, Braunschweig; J. Leiß, Köln; E. Leffer, Bayreuth; S. Lunau, Kempen; Frau U. Lindenau, Düsseldorf; G. Makolla, Hagen; H. Mielke, Bad Harzburg; O. Piepkorn, Flensburg; Frau I. Romey, Hagen; H. Rohmann, Düsseldorf; B. Sawetzki, Raisdorf; F. Schemnonek, Neu Ulm; H. Schley, Reinbek; F. Schlifski, Langenhagen; H. Schulz, Köln; Frau G. Strunk, Datteln; F. Siebert, Espelkamp; Frau E. Tschoppe, Mainz; H. Taube, Lingen/Ems; H. Turowski, Bremen; Frau K. Werner, Hannover; K. Windt, Altenkirchen; G. Wydra, Hamm, und allen, die mitgeholfen haben, aber unbekannt blieben.

Stadtpläne, soweit sie nicht vorhanden waren, sowie Kreiszeichnungen wurden nach amtlichen Plänen, die das Institut für Angewandte Geodäsie in Frankfurt am Main dankenswerterweise zur Verfügung gestellt hatte, vom Verfasser neu aufgestellt und für dieses Buch von ihm gezeichnet. Trotz sorgfältiger Recherchen und Vergleiche können Auslassungen oder Irrtümer, die nicht nur beim Verfasser liegen müssen, möglich sein. Dank sei auch dem Pharus-Verlag, Berlin, für die Genehmigung zum Abdruck des Stadtplans Allenstein gesagt.

F.R.B.

Ostpreußen, kurze geographische Beschreibung

Ostpreußen, das Bernsteinland, der nördlichste und östlichste Teil Preußens und des Deutschen Reiches, wurde nach dem Vertrag von Versailles durch den „Polnischen Korridor" im Jahre 1920 vom übrigen Reichsgebiet abgetrennt.

Es umfaßte als preußische Provinz ohne das Memelgebiet mit den vier Regierungsbezirken Königsberg Pr., Gumbinnen, Allenstein und Westpreußen seit 1922 eine Fläche von 36 991,75 km² mit 2,488 122 Millionen Einwohnern im Jahre 1939, demnach 67,3 Einwohner auf 1 km². Die Bevölkerung lebte in 4606 politischen Gemeinden bei insgesamt 10 614 Wohnplätzen. Die Provinzhauptstadt war Königsberg (Pr).

Insgesamt gab es im Jahre 1937 (ohne Memelgebiet und Soldau) 36 Landkreise und 5 Stadtkreise mit insgesamt 78 Städten, wozu der Kreisort Heinrichswalde (Kreis Elchniederung) kommt. Hinzu kamen 1939 aus dem Memelgebiet die Städte Memel und Heydekrug sowie 1940 die Stadt Soldau (Kreis Neidenburg), so daß zusammen später 82 Städte vorhanden waren.

Die Bevölkerung in Ostpreußen war im Durchschnitt zu 81,5% evangelisch, zu 15,8% röm. katholisch.

Ostpreußen ist ein flachwelliger, im südlichen Teil im Durchschnitt 150—200 m hoher in der Eiszeit gebildeter Landrücken, der die norddeutsche Moränenlandschaft mit Grund- und Endmoränen nach Osten fortsetzt. Die höchsten Erhebungen sind die Kernsdorfer Höhe bei Osterode mit 313 m und die Seesker Höhe bei Goldap mit 309 m Höhe, der nördliche Teil liegt tief und ist flach mit einzelnen höheren Bergen. Die Ablagerungen aus der Eiszeit bestehen aus Lehmen, Sanden und Kiesen. Es sind in Ostpreußen Spuren von drei und vier Eiszeiten feststellbar. In der letzten Eiszeit entstanden die Endmoränen des Ermlandes und Masurens, die die oberländische und masurische Seenplatte bildeten. Die Täler der Endmoränenlandschaft sind zum großen Teil von ca. insgesamt 3300 Seen ausgefüllt. Teils sind die Seen flach (Spirding-See), teils liegen sie in tief ausgeschürften Rinnentälern (Talter Gewässer). Nach Süden ist das Gelände sandig, da der Lehm ausgewaschen wurde (Johannisburger Heide, Sandfläche bei Arys). Ebenso wie die Oberfläche eine unregelmäßige Gestalt hat, so ist auch die Bodenbeschaffenheit stark differenziert. Im Norden herrschen Lehme vor, im Süden überwiegt lehmiger Sand. In den Tälern und auf den Kuppen finden sich Kies- und Steinlager (Findlinge).

Die Küste Ostpreußens ist durch das Frische Haff, die Steilküste des Samlandes (bis 61 m hoch) und das Kurische Haff in drei Abschnitte geteilt. Die Nehrungen sind 56 bzw. 97 km lang und tragen seit dem 16. Jahrhundert,

nachdem der Wald abgeholzt worden war, Wanderdünen von 45 bis 65 m Höhe, die damit die höchsten Europas sind. Den Bernstein findet man an der ganzen Samlandküste, Bernsteinabbau bei Palmnicken (Tagebau). Die Flüsse Ostpreußens und seine Seen stehen zum großen Teil durch Kanäle miteinander in Verbindung und haben somit Anschluß über das Frische Haff und das Kurische Haff an die Ostsee.

Das Klima im Landesinnern ist kontinental mit kurzen heißen Sommern bei nächtlicher starker Abkühlung und kalten, langen Wintern. Die Luft ist trocken, an der Küste feuchter. Das Gesamtklima ist allgemein rauher als in anderen Teilen Deutschlands. Die Durchschnittstemperatur ist niedriger und der Niederschlag ist mit 500—608 mm jährlich erheblich geringer als im Süden Deutschlands mit 820 mm jährlich. Dadurch war auch der Feldbau in seinen Möglichkeiten begrenzt, zumal durch die langen Winter der Boden längere Zeit nicht bearbeitbar war. Nur 150 bis 155 Feldarbeitstage standen im Jahr zur Verfügung, daher waren viele Arbeitskräfte in den kurzen Sommern notwendig. Es mußte viel Winterfutter eingebracht werden. Durch Trockenheit, Auswinterungs- und Dürreschäden wurden die Erträge gemindert. Im westlichen Deutschland waren bei 210 bis 240 Feldarbeitstagen weniger Arbeitskräfte, weniger Angespann (ob Traktor oder Pferd) nötig. Es stand mehr Zeit zur Verfügung, die Niederschläge waren größer — damit weniger Dürreschäden, die Winter im Westen sind milder und kürzer. Der Unterschied von 1°C bedeutet eine Wachstumsverschiebung von 14 Tagen.

1939 gab es in Ostpreußen 701 387 ha Wald, davon 543 205 ha Nadelwald. Die Eichenwälder herrschten unter den Laubwäldern vor. Der größte Teil des Waldes war preußischer Staatsbesitz, 102 000 ha waren Gutsbesitz. Große Moore waren zu finden und auch Hochmoore.

Der Elch hatte in Ostpreußen am Kurischen Haff seine letzte Zuflucht in Deutschland.

Die Forstwirtschaft und die Verarbeitung ihrer Produkte war ein umfangreicher Arbeitsbereich.

36,5 % der Bevölkerung arbeiteten in ca. 141 100 landwirtschaftlichen größeren und kleineren Betrieben, um für Brotgetreide, Futtergetreide, Hülsenfrüchte und Kartoffeln, Zuckerrüben und andere Hackfrüchte sowie Futterpflanzen zu sorgen.

29 % der landwirtschaftlichen Nutzfläche waren Wiesen und Weiden. Die vielbetriebene Viehzucht trat hinter den Ackerbau zurück. Das schwarz-weiße Vieh war vorherrschend (Herdbuchvieh), Pferdezucht wurde im Hauptgestüt Trakehnen (Warmblut), in den Gestüten Georgen-

Am 17. 5. 1939 festgestellt:	Gesamtfläche in km²	Einwohner	männlich	weiblich
Reg.-Bez. Allenstein	11 519,85	568 024	287 121	280 903
Gumbinnen	9 399,36	559 205	280 190	279 015
Königsberg	13 146,61	1 059 085	527 779	531 306
Westpreußen	2 925,93	301 808	149 876	151 932
	36 991,75	2 488 122	1 244 966	1 243 156
Memelgebiet 1937	2 416,00	153 038		
Soldauer Gebiet 1939	500,00	24 850		
Zus. Ende 1939	39 907,75	2 666 010		

Bevölkerungs-Statistik Ostpreußen

burg (ostpreußisches Landpferd) und Braunsberg (Erm-länder Kaltblüter) betrieben, auch auf größeren Gütern. 1938 gab es ca. 478 000 Pferde, 1,4 Millionen Rinder und etwa 1,8 Millionen Schweine.

Die Industrie war besonders in Königsberg, Elbing, Allenstein, Marienburg, Insterburg, Tilsit, Ragnit und Memel angesiedelt. 887 400 Erwerbstätige waren in der Industrie und im Handel beschäftigt.

Verarbeitung landwirtschaftlicher Erzeugnisse, die Baustoffindustrie und das Baugewerbe, wie auch sämtliche Handwerke, waren über das Land verstreut. Zellstoffwerke waren in Königsberg und Tilsit, Maschinen- und Waggonbau- sowie die Schiffbauindustrie in Königsberg, Elbing und Tilsit vorhanden.

Fremdenverkehr und Garnisonen wirkten wirtschaftsfördernd. Der Verkehr fand auf einem gut und eng ausgebauten Schienennetz der Deutschen Reichsbahn und privaten Kleinbahnen statt. Die Insellage Ostpreußens, das durch den polnischen Korridor vom Reichsgebiet abgeschlossen war, erschwerte den Verkehr zum Reich, und der Absatz der erzeugten Güter sowie die Versorgung der ostpreußischen Bevölkerung litten darunter. Der „privilegierte paß- und zollfreie Durchgangsverkehr" (Transitverkehr) zwischen Ostpreußen und dem Reichsgebiet wickelte sich auf polnischen Linien mit polnischem Personal ab. Der Kraftfahrzeugverkehr, damals noch unbedeutend, unterlag dem Visumzwang und der Zollkontrolle und war an bestimmte Transitstraßen gebunden. Für den Flugverkehr wurden erst 1929 bestimmte Überflugwege festgelegt. Der Personenverkehr mit den Schiffen des Seebäderdienstes sollte eine bessere Anbindung der „Insel Ostpreußen" an das Reichsgebiet und Entlastung bringen. Für Massengüter diente der Seeweg.

Die ostpreußischen Seehäfen wurden 1938 von 7223 Schiffen mit 2,91 Millionen t Ladung angelaufen.

Flughäfen in Königsberg und Tilsit hatten regelmäßigen Linienverkehr nach Berlin.

Das Eisenbahnnetz in der Provinz hatte eine Länge von 4176 km, das Straßennetz betrug 12 521 km, davon 92 km Autobahn von Königsberg nach Elbing, und 2051 km Reichsstraßen.

Die Reichsstraße 1 verlief von der Westgrenze des Deutschen Reiches (Aachen) durch ganz Deutschland über Königsberg bis zur Ostgrenze nach Eydtkau (Eydtkuhnen).

Die Binnenwasserstraßen hatten eine gewisse Bedeutung für Transporte und Ausflugsverkehr.

Kurze Geschichte Ostpreußens

Ostpreußen entstand aus den Gebieten, die der Deutsche Orden erobert, erworben und besiedelt hatte.

Bis etwa 700 n. Chr. lebten beiderseits der unteren Weichsel Germanen. Weiter nordöstlich lebten die Prußen, die zur baltischen Völkerfamilie gehörten und weder polnischer noch slawischer Herkunft waren. Im östlichen Ostpreußen war die „Große Wildnis", ein unbewohntes, urwaldähnliches Gebiet, in dem irgendwo eine nicht festgelegte Grenze zu slawischen Völkern verlief.

1225/26 rief der Polenfürst Herzog Konrad von Masowien den Deutschen Ritterorden, der seinen Sitz in Venedig hatte, in sein Land, um sich der Prußen im Kulmer Land zu erwehren. Der Hochmeister des Ordens, Hermann von Salza, schickte den Landmeister Hermann Balk gegen die heidnischen Prußen, zumal die Kreuzzugbewegung sich im Abflauen befand. Mit urkundlicher Genehmigung von Kaiser Friedrich II. von 1226 „für alle Zeiten" und unter Bestätigung dieser Urkunde durch den Papst im Jahre 1234 überließ Herzog Konrad durch Vertrag von 1230 dem Orden das umstrittene Kulmer Land und alle etwaigen Eroberungen im Prußenland.

Mit dem Erscheinen der Ordensritter beginnt die eigentliche geschichtliche Zeit von Ostpreußen.

1231 überschritt der Deutsche Orden erstmals bei Thorn die Weichsel nach Osten und eroberte in 50jährigen Kämpfen das ganze Prußenland. Überall auf seinen Wegen entstanden wehrhafte Stützpunkte, die zu Burgen ausgebaut wurden, 1231 Thorn, 1233 Marienwerder, 1237 Elbing, 1254 Königsberg, etwa 1270 Marienburg. Überall, wo der Orden eine Burg anlegte, strömten Siedler herbei und siedelten sich im Schutze der Burg an, so daß bald ein Flecken, eine Lischke, entstand, die später Stadtrechte erhielt. Insgesamt hat der Orden 93 Städte und etwa 1400 Dörfer gegründet, davon etwa 1000 rechts der Weichsel.

1237 vereinigte er sich mit dem Schwertbrüder-Orden von Livland. Die Christianisierung der Prußen und die Landnahme durch den Orden erfolgte nicht ohne Kampf. 1242 und 1260 erhoben sich die Prußen gegen den Orden. 1283 waren sie endgültig bezwungen und getaufte Prußen waren gleichberechtigt.

1309 wurde der Sitz des Hochmeisters von Venedig nach der Marienburg verlegt.

1351—1383, unter Hochmeister Winrich von Kniprode, war der Gipfelpunkt an Reichtum und Macht des Ordensstaates erreicht.

1410 erlitt der Orden die vernichtende Niederlage durch die vereinigten Polen und Litauer bei Tannenberg, wovon er sich nicht wieder erholen konnte.

1440 rebellierten die Städte, die sich zum „Preußischen Bund" zusammengeschlossen hatten, gegen zu hohe Steuern mit wachsender Unzufriedenheit und riefen die Polen ins Land. In diesem 13jährigen Krieg fiel durch Verrat die Marienburg in die Hände der Polen.

1466 war die Großmachtstellung des Ordens vernichtet (2. Thorner Friede). Der Orden verlor alles Land außer dem östlichen Teil von Ostpreußen, der ihm von Polen zum Lehen gegeben wurde.

Ostpreußen, ohne das Ermland, wurde 1525 Herzogtum, 1618 mit Brandenburg in Personalunion vereinigt und war 1701 die Keimzelle des Königreiches Preußen.

Von 1466 bis 1772 (mehr als 300 Jahre) stand das Ermland unter der Lehnshoheit des polnischen Königs.

1772 erste Teilung Polens; Westpreußen, das Ermland und der Netzedistrikt kamen an Preußen.

1793, bei der zweiten Teilung Polens, kamen Danzig und Thorn zu Preußen.

Das Ermland blieb durch die Zugehörigkeit zum katholischen Polen (über 300 Jahre) katholisch, während die anderen preußischen Landesteile durch die Reformation protestantisch wurden. Das Deutschtum hatte sich im Ermland jedoch erhalten.

Die vielen vom Orden gegründeten Kirchen waren ursprünglich natürlich katholisch. Durch die Reformation waren diese Ordenskirchen fast sämtlich evangelische Kirchen geworden. Nur die Ordenskirchen im Ermland blieben immer katholisch.

Als im Jahre 1772 unter Friedrich dem Großen die Provinz Westpreußen und auch das Ermland wieder mit dem Königreich Preußen verbunden wurden, erhielt Ostpreußen seinen Namen.

1807, durch den Tilsiter Frieden, erlitt Ostpreußen schwere Verluste durch zwangsweise Beitreibungen von Vieh, Getreide und Geldkontributionen. Durch diese Belastungen jedoch begann hier das große Erwachen der Deutschen Nation unter vom Stein, Scharnhorst und Hardenberg, das zu den Befreiungskriegen und dem Sturz Napoleons führte. Seit 1815 erfolgte wieder eine aufsteigende Entwicklung.

Während der Ordenszeit bis zum Anfang des 16. Jahrhunderts waren die Gebiete verhältnismäßig dünn besiedelt. Erst als der Ordensstaat in ein weltliches Herzogtum umgewandelt wurde, etwa im Jahre 1525, wurde eine planmäßige Besiedlung durchgeführt. Die Amtshauptmänner hatten die Aufgabe, Siedler ins Land zu holen, das vorhandene Land aufzuteilen und den Wald roden zu lassen, um daraus fruchtbares Ackerland zu gewinnen. Im 17. Jahrhundert verstärkte sich die Zahl der Kolonisten.

Die Pest 1709/11 verheerte das gesamte nordöstliche Ostpreußen. Der Wiederaufbau und die Besiedlung waren ein Werk Friedrich Wilhelm I. in den Jahren 1710—19.

In den späteren Jahren kamen größere Gruppen von Kolonisten aus Nassau-Dillenburg, Braunfels und dem Magdeburgischen. 1732—1736 folgte ein umfangreicher Strom der Salzburger mit etwa 20 000 Personen.

Im Jahre 1713 gründete Friedrich Wilhelm I. Städte und Staatsgüter (Domänen) und führte auch die Schulpflicht ein. Als nach der Mitte des 19. Jahrhunderts die ersten Eisenbahnen gebaut wurden, konnten dadurch weite Gebiete erschlossen werden. Neben der verstaatlichten Bahn gab es private Kleinbahnen.

In allen Jahrhunderten hatte Ostpreußen sehr unter Kriegen und fremden Besatzungen durch Russen, Tataren, Polen, Schweden und Franzosen zu leiden, wobei viele Ortschaften ausgeplündert und zerstört wurden. Ebenso wurden durch viele Feuersbrünste die Ortschaften wiederholt zerstört und immer wieder aufgebaut. Hinzu kam die Dezimierung der Bevölkerung durch die mehrmals wütende Pest und Cholera. So waren viele Orte menschenleer geworden, und das Wachstum wurde dadurch gehemmt. Die Preußischen Herrscher siedelten daher Deutsche aus fast allen Stämmen, Franken, Magdeburger, Masowier, Nassauer, Litauer, Pfälzer, Salzburger, Hugenotten, Schlesier, Schotten, Schweizer und holländische Mennoniten an, die sich in den Jahren zum ostpreußischen Menschen vermischten und am Ende des Ersten Weltkrieges als treue Deutsche ihr Treuegelöbnis zum Deutschen Reich bei der Abstimmung 1920 ablegten. Polen erlitt eine vernichtende Niederlage.

Als einzige betroffene deutsche Bevölkerung mußten im Ersten Weltkrieg die Einwohner Ost- und Südostpreußens mehrmals vor den Russen flüchten. Viele Städte und Dörfer wurden zerstört. Hindenburg wurde als Befreier Ostpreußens gefeiert. Der Friedensvertrag von Versailles, 28. 6. 1919, nach dem verlorenen Ersten Weltkrieg, trat am 10. Januar 1920 in Kraft und löste Polen aus dem russischen Staatsverband, das Ansprüche auf deutsches Land stellte.

Das Gebiet um Soldau kam ohne Abstimmung zu dem neu entstandenen Polen und fast ganz Westpreußen ebenso. Das restliche Westpreußen östlich der Weichsel kam als Regierungs-Bezirk Westpreußen zu Ostpreußen. Das Memelgebiet wurde an die Alliierten abgetreten und fiel später an Litauen, blieb aber autonom. Ostpreußen war eine Insel geworden.

Im Jahr 1939, nach dem Sieg über Polen, kam der „polnische Korridor" mit Soldau wieder zum Deutschen Reich, ebenso wurde die Freie Stadt Danzig wieder in das Reich eingegliedert. Das Memelgebiet war schon am 22. 3. 1939 zu Deutschland gekommen. Der Rest Polens wurde Warthegau und Generalgouvernement bzw. von der damals mit dem Deutschen Reich verbündeten Sowjetunion besetzt. Polen hatte wieder einmal aufgehört zu bestehen.

Zum Ende des Zweiten Weltkrieges war Ostpreußen bis 1944 Zufluchtsgebiet für bombenbedrohte Deutsche aus West- und Mitteldeutschland. Im Juli 1944 erreichte die Rote Armee die Grenze Ostpreußens. Von der NSDAP war das rechtzeitige Verlassen der Heimat zum großen Teil verboten wor-

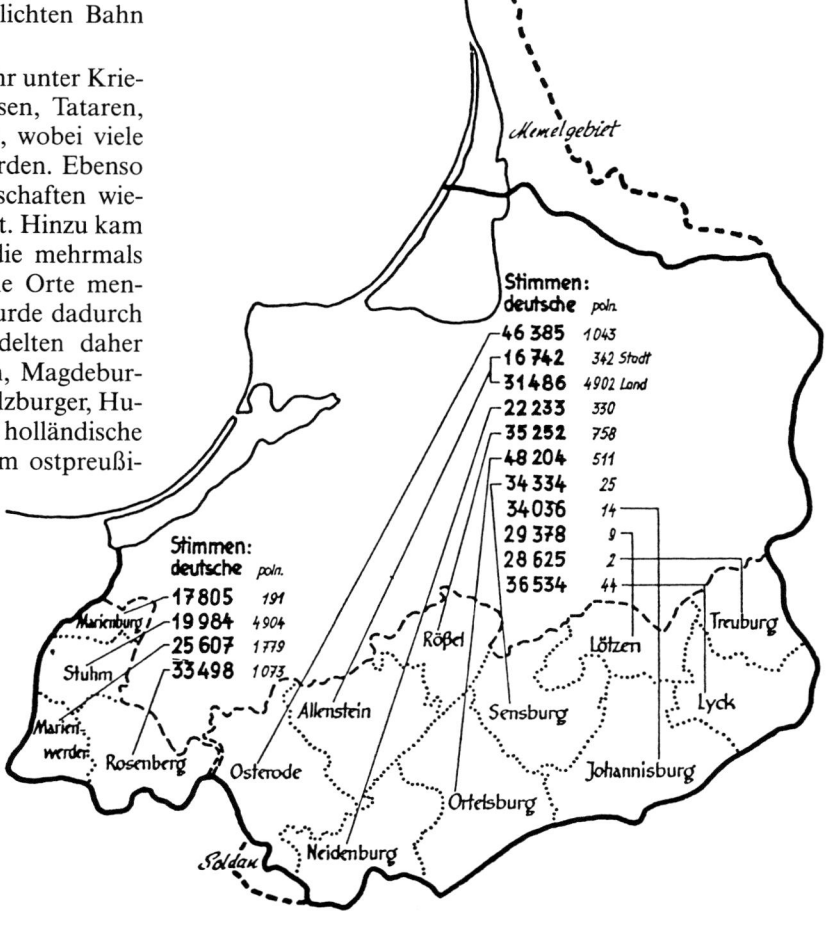

Ergebnis der
Abstimmung
am 11. Juli 1920

Reg.-Bezirk ALLENSTEIN
363 209 deutsche Stimmen = 97,9%
7 980 polnische

Reg.-Bezirk MARIENWERDER
96 894 deutsche Stimmen = 92,4%
7 947 polnische

Memelgebiet

Stimmen:
deutsche poln.
46 385   1043
16 742   342 Stadt
31 486   4902 Land
22 233   330
35 252   758
48 204   511
34 334   25
34 036   14
29 378   9
28 625   2
36 534   44

Stimmen:
deutsche poln.
17 805   191
19 984   4904
25 607   1779
33 498   1073

Marienburg
Stuhm
Marienwerder
Rosenberg
Osterode
Soldau
Neidenburg
Ortelsburg
Allenstein
Rößel
Sensburg
Johannisburg
Lötzen
Treuburg
Lyck

11

den, und oft erst Stunden vor dem Eintreffen der sowjetischen Truppen mußte die Bevölkerung unorganisiert zu Fuß die Flucht antreten. So wurde die Zivilbevölkerung von den Sowjets überrannt und mit den deutschen Truppen eingeschlossen. Hunderttausende Frauen, Kinder und Alte versuchten unter unsäglichen Strapazen über das Eis des Frischen Haffs und die Frische Nehrung zu entkommen. Die Todesopfer der deutschen Zivilbevölkerung bei dieser Flucht werden mit 614 000 angegeben. Nachdem das Deutsche Reich den Zweiten Weltkrieg verloren hatte, schlugen die Siegermächte auf der Potsdamer Konferenz, 17. 7. bis 2. 8. 1945, den nördlichen Teil Ostpreußens der Verwaltung der Sowjetunion zu, der südliche Teil wurde dem wieder ins Leben gerufenen Polen zur Verwaltung unterstellt – vorbehaltlich der Regelung durch einen Friedensvertrag. Das Deutsche Reich wurde in vier Besatzungszonen aufgeteilt, woraus sich schließlich die beiden deutschen Staaten entwickelten, wobei das östliche Pommern, das östliche Brandenburg und Schlesien Polen zugeschlagen wurden. Die Flüsse Oder und Neiße wurden zur westlichen Grenze Polens bestimmt, die nach den Potsdamer Beschlüssen jedoch erst noch durch einen Friedensvertrag anerkannt werden sollte.

Die Demarkationslinie zwischen der Sowjetunion und Polen verläuft durch die deutschen ostpreußischen Kreise Heiligenbeil, Preußisch Eylau, Bartenstein, Gerdauen, Angerapp und Goldap in west-östlicher Richtung von der Frischen Nehrung bis zur früheren polnisch/litauischen Grenze östlich von Goldap.

Die Deutsche Bevölkerung wurde vertrieben.

Seit 1945 waren 2416 km² des Memelgebietes und 13 502,36 km² des nördlichen Ostpreußen unter sowjetischer und 23 489,40 km² des südlichen Ostpreußen unter polnischer Verwaltung.

Im Oktober 1989 wurde in der DDR (Deutsche Demokratische Republik) vom Volk der Rücktritt der SED-Regierung durchgesetzt und damit der Umbruch zur Demokratie eingeleitet. Am 2. Juli 1990 erfolgte die Währungsunion als erster Schritt zur Vereinigung der beiden deutschen Staaten und am 3. Oktober 1990 die endgültige Vereinigung, wobei die DDR mit 5 neugebildeten Ländern und Ost-Berlin in die Bundesrepublik aufging.

Die Länder Ost-Deutschlands, die von Polen „verwaltet" worden waren, wurden ohne Friedensvertrag oder Verhandlungen und ohne die Interessen der ostdeutschen Vertriebenen wahrzunehmen, in einem „Grenzvertrag", der in Warschau am 14. November 1990 unterzeichnet wurde, von der Bundesregierung an Polen, diesmal ohne Volksabstimmung, kurzerhand abgetreten. Die Demarkationslinie Oder/Neiße und die Demarkationslinie, die quer durch Ostpreußen verläuft, wurden damit anerkannte Grenzen Polens und das deutsche Land dazwischen ist nun polnisches Hoheitsgebiet.

Der nördliche Teil Ostpreußens bis zur Memel, der 1945 der Sowjetunion angegliedert wurde (Kaliningradskaja Oblast), ist nach Auflösung der Sowjetunion eine Insel zwischen dem selbständig gewordenen Litauen und dem erweiterten Polen geworden und gehört politisch zu Rußland, jedoch ohne direkte Verbindung dazu. Das Memelland wurde litauisches Staatsgebiet.

Durch die politischen Umwälzungen in der Sowjetunion wurde es möglich, daß das bis dahin gesperrte Nord-Ostpreußen für Touristen zugänglich wurde. So können endlich auch die vertriebenen Nord-Ostpreußen ihre alte Heimat wenigstens besuchen.

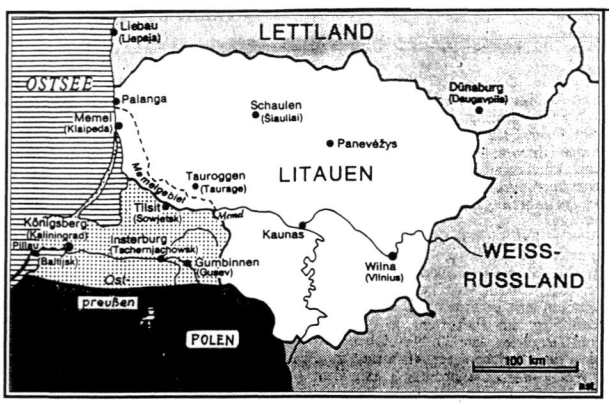

Das Königsberger Gebiet als „Insel" zwischen Litauen und Polen (Stand 1991)

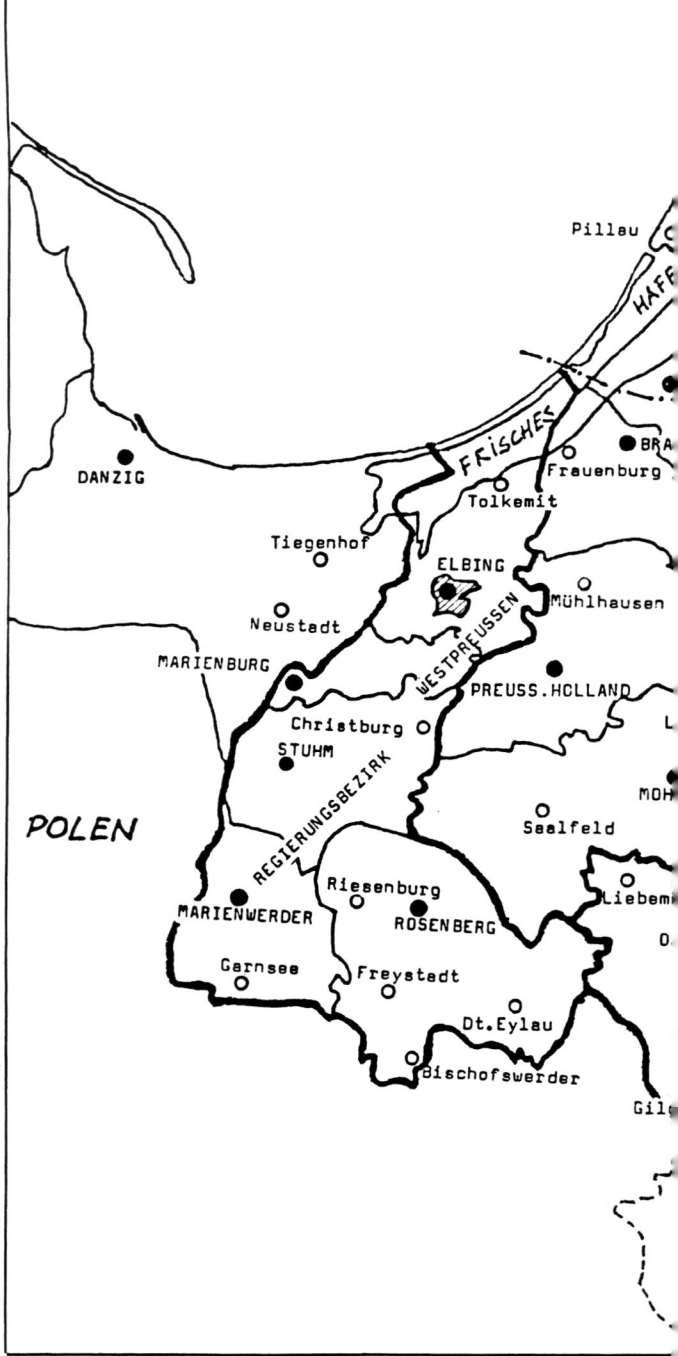

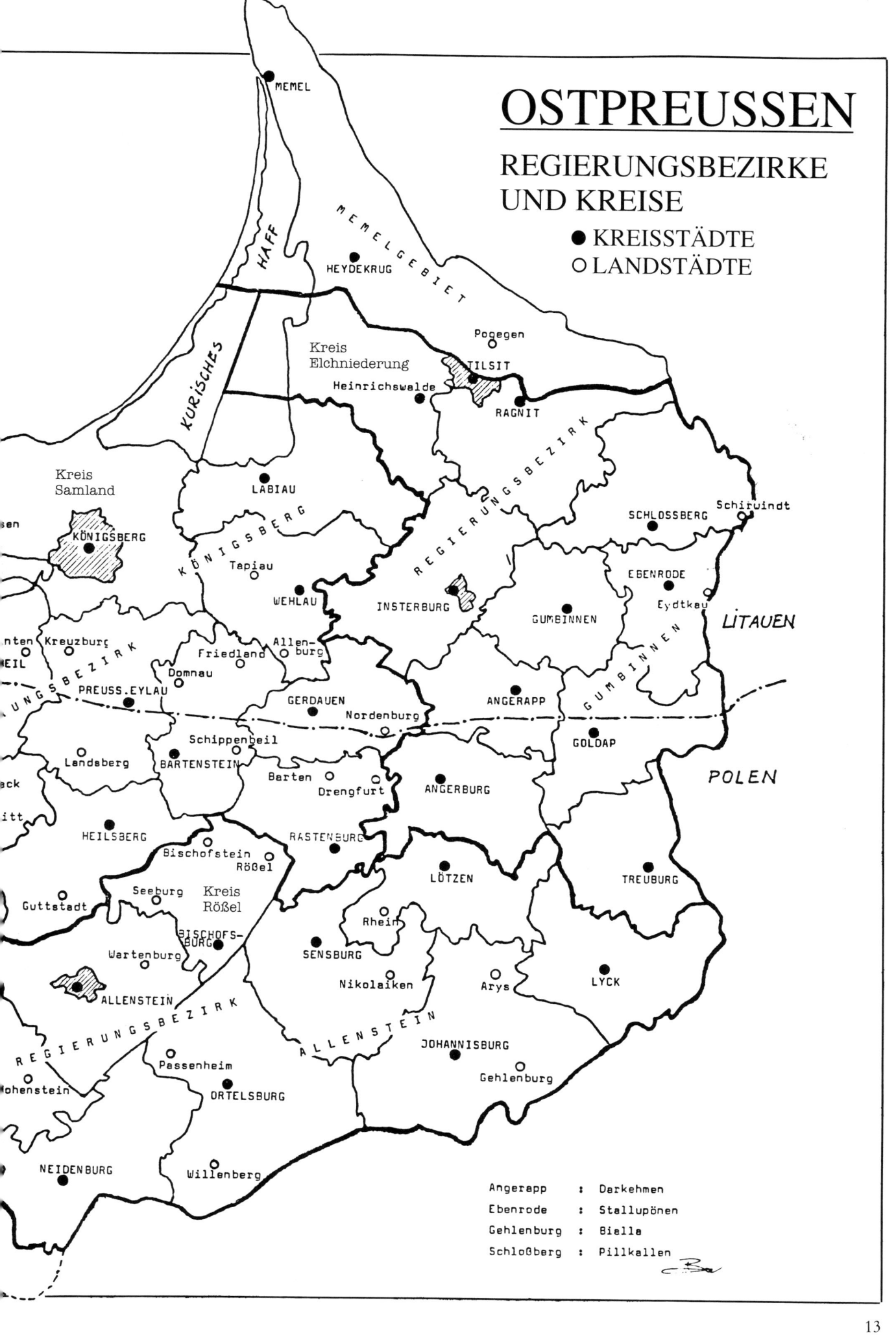

OSTPREUSSEN

REGIERUNGSBEZIRKE UND KREISE

● KREISSTÄDTE
○ LANDSTÄDTE

MEMEL

MEMELGEBIET

HAFF

KURISCHES HAFF

HEYDEKRUG

Pogegen

Kreis Elchniederung

TILSIT

Heinrichswalde

RAGNIT

Kreis Samland

LABIAU

KÖNIGSBERG

SCHLOSSBERG

Schiruindt

KÖNIGSBERG

Tapiau

EBENRODE

REGIERUNGSBEZIRK

WEHLAU

INSTERBURG

GUMBINNEN

Eydtkau

LITAUEN

Kreuzburg

Friedland

Allen-burg

GUMBINNEN

Domnau

PREUSS.EYLAU

GERDAUEN

ANGERAPP

Nordenburg

GOLDAP

POLEN

Landsberg

BARTENSTEIN

Schippenbeil

Barten

Drengfurt

ANGERBURG

HEILSBERG

RASTENBURG

Bischofstein

Rößel

LÖTZEN

TREUBURG

Guttstadt

Seeburg

Kreis Rößel

Rhein

BISCHOFS-BURG

Wartenburg

SENSBURG

Nikolaiken

Arys

LYCK

ALLENSTEIN

REGIERUNGSBEZIRK

Passenheim

ALLENSTEIN

JOHANNISBURG

Gehlenburg

ohenstein

ORTELSBURG

NEIDENBURG

Willenberg

Angerapp	:	Darkehmen
Ebenrode	:	Stallupönen
Gehlenburg	:	Bialla
Schloßberg	:	Pillkallen

13

Die Städte und Dörfer, die 1945 unter polnische oder sowjetische „Verwaltung" kamen, gehören heute zu Polen oder Rußland bzw. zu Litauen.

Vertrieben wurden aus den gesamten Ostgebieten des Deutschen Reiches östlich von Oder und Neiße acht Millionen Deutsche, zwei Millionen kamen dabei ums Leben.

In Kriegsgefangenschaft:
10,2 Millionen	in westlicher Gefangenschaft, 300 000 = 3 % davon umgekommen
3,8 Millionen	in sowjetischer Gefangenschaft, 1,8 Millionen = 29 % davon umgekommen
175 000	in jugoslawischer Gefangenscft 80 000 = 46 % davon umgekommen
70 000	in polnischer Gefangenschaft 15 000, = 21,4 % davon umgekommen.

Das ostpreußische Wappen ist der preußische Adler, dem in der Demokratie die königlichen Zeichen genommen wurden. Im Jahre 1941 wurde das Wappen des Deutschen Ordens (schwarzes Kreuz in Silber) mit einer roten Silhouette des Tannenberg-Denkmals gekrönt, ihm auf die Brust gelegt.

Als Emblem für die Heimatvertriebenen aus Ostpreußen hat sich nach 1945 die schwarze Elchschaufel auf weißem Schild durchgesetzt.

Bedeutende Ostpreußen

Es wäre falsch, anzunehmen, daß Ostpreußen lediglich ein Land war, in dem Bauern lebten und in harter Arbeit zwischen wilden Wölfen und Bären in harten schneereichen Wintern ihr Leben fristeten. Im Gegenteil: Ostpreußen war die Kornkammer des Deutschen Reiches und lieferte den Überschuß an erzeugten Lebensmitteln an die deutsche Bevölkerung. Und wie in jedem anderen deutschen Land wuchsen auch hier Menschen auf, die bedeutende Persönlichkeiten wurden und große kulturelle Leistungen erbrachten.

Bielefeld, Bruno	Blumenau b. Pr. Eylau	1879–1973 Berlin	Maler und Zeichner
Biesalski, Konrad	Osterode	1868–1930 Berlin	Orthopäde, Krüppelfürsorge
Bischoff, Eduard	Königsberg	1890–1974 Soest	Maler
Brobowski, Johannes	Tilsit	1917–1965 Berlin	Lyriker und Prosaschriftsteller
Braun, Otto	Königsberg	1872–1955 Arosa	Politiker
Brockhusen, Theo von	Treuburg	1882–1919 Arosa	Maler
Burdach, Konrad	Königsberg	1859–1936 Berlin	Germanist
Cavael, Rolf	Königsberg	1898–1979 München	Maler
Corinth, Lovis	Tapiau	1858–1925 Zandvoort	Maler
Dach, Simon	Memel	1605–1659 Königsberg	Dichter
Degner, Arthur	Gumbinnen	1888–1972 Berlin	Maler
Dieffenbach, Joh. Friedrich	Königsberg	1792–1847 Berlin	Chirurg
Doehring, Bruno	Mohrungen	1879–1961 Berlin	Theologe
Fehdner, Helene	Königsberg	1872–1939 Grainau	Schauspielerin
Drygalski, Erich von	Königsberg	1865–1949 München	Arktis-Forscher
Fechter, Paul	Elbing	1880–1958 Berlin	Schriftsteller
Gottsched, Joh. Christoph	Juditten	1700–1766 Leipzig	Gelehrter
Hamann, Joh. Georg	Königsberg	1730–1788 Münster	Philosoph
Herder, Joh. Gottfried	Mohrungen	1744–1803 Weimar	Philosoph und Dichter
Hoffmann, E.T.A.	Königsberg	1776–1822 Berlin	Dichter
Holz, Arno	Rastenburg	1863–1929 Berlin	Dichter
Hünefeldt, Günther von	Königsberg	1892–1929 Berlin	Flieger
Hundrieser, Emil	Königsberg	1846–1911 Berlin	Bildhauer
Jessner, Leopold	Königsberg	1878–1945 Los Angeles	Schausp., Regisseur
Kant, Immanuel	Königsberg	1714–1804 Königsberg	Philosoph
Kirchhoff, Gust. Robert	Königsberg	1824–1887 Berlin	Naturforscher
Kollo, Walter	Neidenburg	1878–1940 Berlin	Operettenkomponist
Kollwitz, Käthe	Königsberg	1867–1945 Moritzburg	Malerin, Bildhauerin
Kudnig, Fritz	Königsberg	1888–1979 Heide	Dichter
Miegel, Agnes	Königsberg	1879–1964 Bad Salzuflen	Dichterin
Mollenhauer, Ernst	Tapiau	1892–1963 Düsseldorf	Maler
Nicolai, Otto	Königsberg	1810–1849 Berlin	Komponist
Orlowski, Hans	Insterburg	1894–1967 Berlin	Zeichner, Graphiker
Partikel, Alfred	Goldap	1888–1945 Ahrenshoop	Maler, Zeichner
Reichardt, Joh. Friedr.	Königsberg	1752–1814 Giebichenstein	Dichter, Musiker
Schenkendorf, Max von	Tilsit	1783–1817 Koblenz	Dichter
Simson, Eduard von	Königsberg	1810–1899 Berlin	Politiker
Sudermann, Hermann	Matziken	1857–1928 Berlin	Dichter
Taut, Bruno	Königsberg	1880–1983 Berlin	Architekt
Tiessen, Heinz	Königsberg	1887–1971 Berlin	Komponist
Wagner, Martin	Königsberg	1885–1957 Cambr./Mass.	Architekt
Wichert, Ernst	Insterburg	1831–1902 Berlin	Schriftsteller
Wiechert, Ernst	Kleinort	1887–1950 Uerikon	Dichter
Willmann, Michael	Königsberg	1630–1706 Kloster Leubus	Barockmaler

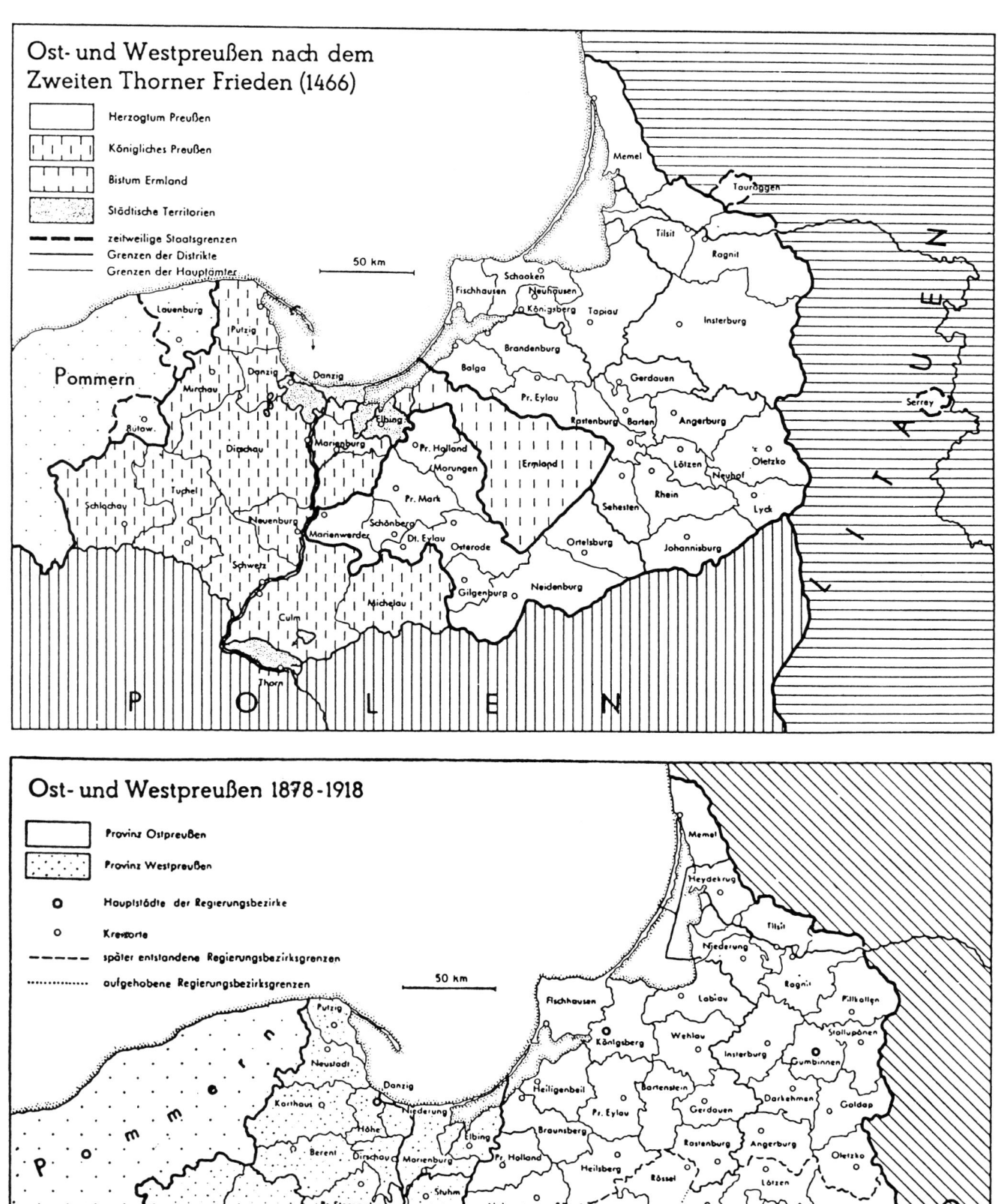

Ost- und Westpreußen nach dem Zweiten Thorner Frieden (1466)

Herzogtum Preußen
Königliches Preußen
Bistum Ermland
Städtische Territorien
zeitweilige Staatsgrenzen
Grenzen der Distrikte
Grenzen der Hauptämter

50 km

Pommern

Lauenburg
Putzig
Danzig · Danzig
Mirchau
Bütow
Dirschau
Schlochau
Tuchel
Neuenburg
Marienwerder
Schwetz
Culm
Michelau
Thorn

P O L E N

Fischhausen · Neuhausen
Königsberg · Tapiau
Schaaken
Brandenburg
Balga
Pr. Eylau
Elbing
Marienburg
Pr. Holland
Morungen
Pr. Mark
Ermland
Schönberg
Dt. Eylau · Osterode
Gilgenburg · Neidenburg
Ortelsburg

Memel
Tauroggen
Tilsit
Ragnit
Insterburg
Gerdauen
Rastenburg · Barten
Angerburg
Lötzen · Neuhof
Oletzko
Rhein
Sehesten
Lyck
Johannisburg
Serrey

L I T A U E N

Ost- und Westpreußen 1878-1918

Provinz Ostpreußen
Provinz Westpreußen
Hauptstädte der Regierungsbezirke
Kreisorte
später entstandene Regierungsbezirksgrenzen
aufgehobene Regierungsbezirksgrenzen

50 km

Pommern

Putzig
Neustadt
Danzig
Karthaus
Höhe
Berent
Dirschau
Schlochau
Könitz
Pr. Stargard
Marienburg
Stuhm
Tuchel
Schwetz
Marienwerder
Rosenberg
Graudenz
Kulm
Löbau
Flatow
Dt. Krone
Briesen
Strasburg
Thorn

P o s e n

Fischhausen
Königsberg
Heiligenbeil
Niederung
Elbing
Braunsberg
Pr. Holland
Pr. Eylau
Heilsberg
Mohrungen
Rössel
Allenstein
Osterode
Neidenburg
Ortelsburg

Memel
Heydekrug
Niederung
Tilsit
Ragnit
Labiau
Wehlau
Insterburg
Pillkallen
Stallupönen
Gumbinnen
Bartenstein
Gerdauen
Darkehmen
Goldap
Rastenburg
Angerburg
Oletzko
Lötzen
Sensburg
Lyck
Johannisburg

R U S S L A N D

15

Der Regierungsbezirk Allenstein

Der Regierungsbezirk Allenstein hatte eine Größe von 11 519,85 Quadratkilometern und eine Einwohnerzahl von 568 024 Personen, so daß im Durchschnitt rund 49,3 Menschen auf einem Quadratkilometer lebten. Ein großer Prozentsatz der Fläche war Wasser.

Durch den Zugang des Kreisteils Soldau mit 500 km² Fläche hatte der Regierungsbezirk 1940 eine Fläche von 12 019,85 km². Die Einwohnerzahl stieg um 24 850 auf 592 874 Personen.

Der Regierungsbezirk umfaßte das südliche Ermland und fast ganz Masuren in zehn Kreisen mit insgesamt 1215 politischen Gemeinden und 2493 Wohnplätzen.

Die 9 Landkreise waren: Allenstein Land, Johannisburg, Lötzen, Lyck, Neidenburg, Ortelsburg, Osterode, Rößel und Sensburg, dazu kam der Stadtkreis Allenstein. Die Bevölkerung (ohne Ermland) war zu 90% evangelisch, die Kreise des Ermlands: Allenstein Stadt, Allenstein Land sowie Rößel waren zu 90% katholisch.

Bäuerlicher Ackerbau, Viehzucht, Fischerei, Forstwirtschaft, Molkereien, Mühlen, Holzverarbeitung, Landhandel, kleinere Industrien, Fremdenverkehr gehörten zum Arbeitsbereich der Bevölkerung.

Der ganze Regierungsbezirk kam 1945 unter polnische Verwaltung.

Der Regierungsbezirk Gumbinnen

Der Regierungsbezirk Gumbinnen umfaßte **ohne** das Memelgebiet eine Fläche von 9399,36 Quadratkilometern bei einer Einwohnerzahl von 559 205 Personen, so daß im Durchschnitt auf einem Quadratkilometer 59,5 Menschen lebten. Die Bevölkerung war zu 95,4% evangelisch.

Einschließlich Memelgebiet betrug die Fläche 11 815,36 km² bei einer Fläche des Memelgebietes von 2416 km², die Einwohnerzahl stieg um 153 038 auf 712 243 Personen.

Der Regierungsbezirk Gumbinnen war der nördlichste Teil Preußens und des Deutschen Reiches. Er war Grenzland nach Osten zu Litauen und Polen. Am Wystiter See stießen die Grenzen von Litauen, Polen und Deutschland zusammen: Dreiländereck.

10 Landkreise: Gumbinnen, Angerburg, Goldap, Treuburg, Angerapp (Darkehmen), Insterburg, Ebenrode (Stallupönen), Schloßberg (Pillkallen), Tilsit-Ragnit, Elchniederung. Dazu kamen die **zwei Stadtkreise** Tilsit und Insterburg.

Insgesamt hatte der alte Regierungsbezirk Gumbinnen ohne das Memelland 1765 politische Gemeinden und 3076 Wohnplätze. Ab 1939 kamen aus dem Memelland dazu die Kreise: Memel-Stadt, Landkreis Memel, der Landkreis Heydekrug, während ein großer Teil des aufgelösten Kreises Pogegen zum Landkreis Tilsit-Ragnit kam, der dadurch erheblich größer wurde. Das Land wurde landwirtschaftlich genutzt: Roggen, Kartoffeln, Gerste auf vorwiegend leichten Böden.

Seit 1945, nach dem verlorenen Krieg, liegen 6620,93 km², ohne das Memelgebiet, unter sowjetischer und 2778,43 km² unter polnischer Verwaltung. Das Memelland geriet ebenfalls unter sowjetische Verwaltung, heute gehört es zu Litauen.

Die neue Demarkationslinie teilt die Kreise Angerapp (Darkehmen) und Goldap von Westen nach Osten. Das Gebiet zwischen der Demarkationslinie und der Memel (ohne das Memelland) bildet zusammen mit dem nördlichen Teil des Regierungsbezirks Königsberg die „Kaliningradskaja Oblast".

Der Regierungsbezirk Königsberg

Der Regierungsbezirk Königsberg bestand bis zum 1. 4. 1939 aus dem Stadtkreis Königsberg und 13 Landkreisen. Durch Eingemeindungen zur Großstadt Königsberg war der Landkreis Königsberg nicht mehr lebensfähig und wurde mit dem Kreis Fischhausen zum Großkreis Samland zusammengelegt. Kreisstadt für diesen Großkreis war Königsberg.

Ab 1. 4. 1939 gab es daher nur 12 Landkreise: Bartenstein, Braunsberg, Gerdauen, Heiligenbeil, Heilsberg, Labiau, Mohrungen, Preuß. Eylau, Preuß. Holland, Rastenburg, Samland und Wehlau, dazu kam der Stadtkreis Königsberg (Pr).

Die Kreise Braunsberg und Heilsberg gehörten kirchlich zum Ermland, und die Bevölkerung war zu über 90% katholisch, die anderen Kreise waren zu über 90% evangelisch. Insgesamt hatte der Regierungsbezirk Königsberg 1313 politische Gemeinden und 4277 Wohnplätze.

Die Gesamtfläche des Regierungsbezirks betrug 13 147 Quadratkilometer bei einer Gesamteinwohnerzahl von 1 059 085 Personen, so daß auf einem Quadratkilometer durchschnittlich 80,6 Einwohner lebten.

Landwirtschaftliche Nutzung mit intensiven Getreideanbau. Bauernland und Gutsland waren etwa halb und halb vertreten, in der Stadt Königsberg Fabriken, Schiffsbau, Waggonbau, Seeverkehr.

Nach dem verlorenen Krieg wurde aufgrund der Potsdamer Beschlüsse der Nordteil des Regierungsbezirks mit 6881 km² und 733 200 Einwohnern (1939) zusammen mit dem nördlichen Teil des Regierungsbezirks Gumbinnen einschließlich Memelgebiet im Jahre 1945 unter sowjetische Verwaltung gestellt. Dieses Gebiet bis zur Memel (ohne das Memelland) bildet heute die „Kaliningradskaja Oblast".

Der Südteil des Regierungsbezirks mit 6266 km² und 300 600 Einwohnern (1939) kam unter polnische Verwaltung. Die Demarkationslinie teilt die Kreise Heiligenbeil, Preuß. Eylau, Bartenstein und Gerdauen in west-östlicher Richtung.

Das Memelgebiet

Das Memelgebiet als nördlichster Teil Ostpreußens und des Deutschen Reiches hatte nach der Abtrennung (1919) eine Fläche von 2416 km² im Jahr 1925 und eine überwiegend evangelische Bevölkerung von 153 038 Personen (1937), so daß auf 1 km² durchschnittlich 63 Menschen lebten (1. 1. 1940: 154 694 Einwohner). Nach dem Vertrag von Versailles wurde 1920 ohne Befragung der Bevölkerung das politisch „Memelgebiet" genannte Gebiet an die damaligen Alliierten abgetreten und Frankreich übernahm trotz des Protestes der Bevölkerung die Verwaltung. Am 10. 1. 1923 drangen, ohne auf Widerstand der französischen Besatzung zu stoßen, litauische Freischärler in das Memelgebiet ein und Litauen erhielt schließlich durch die Konvention vom 8. 5. 1924 die Souveränität über das weiterhin autonome Memelgebiet.

In litauischer Zeit bestand das Memelgebiet aus den Kreisen:

Memel-Stadt	31,28 km²	39 056 Einwohner
Memel-Land	814 km²	33 356 Einwohner
Heydekrug	645 km²	38 437 Einwohner
Pogegen	928 km²	42 189 Einwohner

Nach dem Wahlsieg der memelländischen Einheitsliste im Dezember 1938 erfolgte die Rückgabe des Gebietes am 22. 3. 1939 an das Deutsche Reich durch einen rechtsgültigen Staatsvertrag mit Litauen und die Eingliederung in den Regierungsbezirk Gumbinnen.

Der Landkreis Pogegen, der von 1920-1939 bestanden hatte, wurde nach der Rückgliederung aufgelöst und seine Gemeinden kamen zu den Kreisen Heydekrug und Tilsit-Ragnit, vom Kreis Elchniederung wurden zwei Gemeinden dem Kreis Heydekrug zugeteilt, das „Memelgebiet" existierte nicht mehr. Die neue Gliederung bildeten nun die Kreise Memel-Stadt, Landkreis Memel, Kreis Heydekrug und der ostpreußische, südlich der Memel gelegene Kreis Tilsit-Ragnit, der durch die Gebiete aus dem Kreis Pogegen (nördlich der Memel) zum zweitgrößten Landkreis Ostpreußens wurde.

Der verlorene Zweite Weltkrieg brachte das Memelgebiet zusammen mit der nördlichen Hälfte Ostpreußens 1945 unter die Verwaltung der Sowjetunion, allerdings wurde es verwaltungsmäßig in Sowjetlitauen eingegliedert.

Nachdem sich Litauen von der in Auflösung begriffenen Sowjetunion gelöst hatte und im Jahre 1991 ein selbständiger Staat geworden war (wie auch Lettland und Estland), blieb das Memelland bei Litauen und die Sprache und die Ortsnamen sind nun litauisch.

Bei den Zahlen des Memelgebiets sind bei Gegenüberstellung verschiedener Quellen geringe Abweichungen festzustellen, die nicht zu klären sind. Nach der Rückkehr des Memellandes war keine Flächenerhebung vorgenommen worden bzw. sind Zahlen nicht bekannt. Demzufolge ist auch nicht genau bekannt, wieviel Fläche und wieviel Einwohner aus dem aufgelösten Kreis Pogegen an Tilsit-Ragnit oder an Heydekrug kamen.

Der Regierungsbezirk Westpreußen

Der Regierungsbezirk Westpreußen, wie er ab 1920 zu Ostpreußen gehörte, war 2925,93 Quadratkilometer groß und hatte im Jahre 1939 eine Einwohnerzahl von 301 808 Personen, so daß 103,1 Menschen im Durchschnitt auf einem Quadratkilometer lebten.

Die Regierungshauptstadt war Marienwerder.

Der Regierungsbezirk umfaßte 5 Landkreise: Elbing-Land, Marienburg, Marienwerder, Rosenberg und Stuhm, wozu noch der Stadtkreis Elbing kam. Insgesamt waren 313 politische Gemeinden vorhanden mit 768 Wohnplätzen. Die Bevölkerung war zu 73,2% evangelisch, zu 23,6% katholisch.

Nach der Eingliederung des ganzen Westpreußen als preußische Provinz in den Staat Preußen im Jahre 1772 wurde 1815 die Provinz Westpreußen mit den Regierungsbezirken Danzig und Marienwerder gebildet.

Bis zum Versailler Vertrag, 1919, bestand der Regierungsbezirk Marienwerder aus 12 Kreisen. 1920, nach dem verlorenen Ersten Weltkrieg, wurde die Provinz in vier Teile geteilt. Der größte Teil westlich der Weichsel kam an den neu entstandenen Staat Polen, Danzig mit Umgebung wurde als „Freie Stadt" ein eigener Staat unter Verwaltung des Völkerbundes, ein Teil im Südwesten kam zur Provinz Grenzmark Posen-Westpreußen, ein Teil im Nordosten (das Gebiet um Marienwerder östlich der Weichsel) kam als Regierungsbezirk Westpreußen zu Ostpreußen.

Am 26. 10. 1939 kam der Regierungsbezirk Westpreußen zum neugebildeten Reichsgau Danzig-Westpreußen, und ein Regierungsbezirk Marienwerder wurde neu abgegrenzt, dem die Kreise Marienburg, Marienwerder, Rosenberg und Stuhm zugeteilt wurden. Stadt- und Landkreis Elbing kamen zum Regierungsbezirk Danzig.

Am 10. Oktober 1943 ergab sich folgendes Bevölkerungsbild:

Die Provinz Danzig-Westpreußen wurde in drei Regierungsbezirke aufgeteilt, Danzig, Bromberg und Marienwerder. Sie hatte 7 Stadt- und 26 Landkreise mit einer Fläche vom 26 057 km². In Städte und Gemeinden gliederte sich die Provinz wie folgt: 10 Städte über 20 000 bis 250 000 Einwohner, 200 Kleinstädte und Gemeinden zwischen 1000 bis 20 000 Einwohner und 2372 Gemeinden mit weniger als 1000 Einwohnern.

Die Provinz Ostpreußen in Zahlen

Die Zahlen für Fläche, Einwohner und Anzahl der Gemeinden wurden der „Statistik des Deutschen Reiches", Band 552,1 und Band 559,1 über die „Volks-, Berufs- und Betriebszählung vom 17. Mai 1939" entnommen. Die Flächen gelten ohne Meeresteile, Haffe, Bodden und dergleichen. Das Memelland und Soldau sind in den Zahlen nicht enthalten. Die Einwohnerzahlen gelten einschließlich Soldaten und männlichem und weiblichem Arbeitsdienst.

Regierungsbezirk Allenstein	Fläche in km²	Einwohner	Einwohner auf 1 km²	Anzahl Gemeinden
Stadtkreis Allenstein	53,13	50 396	948,5	1
Kreise				
Allenstein, Land	1302,67	57 150	43,9	131
Johannisburg	1684,02	53 089	31,5	173
Lötzen	897,38	50 012	55,7	90
Lyck	1115,08	56 417	50,6	159
Neidenburg ohne Soldau	1146,11	39 730	34,7	113
Ortelsburg	1702,84	73 442	43,1	164
Osterode	1536,25	81 513	53,1	173
Rößel	850,84	51 832	60,9	85
Sensburg	1231,53	54 443	44,2	126
	11 519,85	568 024	49,3	1215

Regierungsbezirk Gumbinnen ohne Memelland	Fläche in km²	Einwohner	Einwohner auf 1 km²	Anzahl Gemeinden
Stadtkreis Insterburg	44,11	48 711	1104,3	1
Stadtkreis Tilsit	59,02	58 468	990,6	1
Kreise				
Angerapp	759,49	31 549	41,5	165
Angerburg	929,28	42 744	46,0	74
Ebenrode (Stallupönen)	703,90	41 265	58,6	173
Elchniederung	1003,12	55 376	55,2	226
Goldap	993,34	45 825	46,1	174
Gumbinnen	730,61	55 272	75,7	159
Insterburg, Land	1160,83	43 224	37,2	177
Schloßberg (Pillkallen)	1059,40	42 656	40,3	245
Tilsit-Ragnit	1100,45	56 117	51,0	269
Treuburg	855,81	37 998	44,4	101
	9399,36	559 205	59,5	1765

Regierungsbezirk Königsberg (Pr)	Fläche in km²	Einwohner	Einwohner auf 1 km²	Anzahl Gemeinden
Stadtkreis Königsberg	192,76	372 164	1930,7	1
Kreise				
Bartenstein	880,55	50 448	57,3	79
Braunsberg	946,34	62 317	65,9	97
Gerdauen	844,41	35 013	41,5	71
Heiligenbeil	907,86	53 207	58,6	114
Heilsberg	1095,64	56 214	51,3	107
Labiau	1065,65	51 885	48,7	126
Mohrungen	1265,36	56 255	44,5	112
Preuß. Eylau	1228,49	56 385	45,9	117
Preuß. Holland	858,28	37 492	43,7	94
Rastenburg	871,08	57 223	65,7	79
Samland	1922,92	120 246	62,5	197
Wehlau	1067,27	50 236	47,1	119
	13 146,61	1 059 085	80,6	1313

Regierungsbezirk Westpreußen	Fläche in km²	Einwohner	Einwohner auf 1 km²	Anzahl Gemeinden
Stadtkreis Elbing	30,67	85 952	2802,5	1
Kreise				
Elbing, Land	482,99	28 149	58,3	71
Marienburg	225,66	39 073	173,1	37
Marienwerder	525,70	44 813	85,2	53
Rosenberg	1038,31	63 368	61,0	84
Stuhm	622,60	40 453	65,0	67
	2925,93	301 808	103,1	313
Provinz Ostpreußen:	36991,75	2 488 122	67,3	4606

Die Provinz Ostpreußen und ihre Städte
Von Hans Frederichs

Die Entwicklung des Städtewesens

Die Prov. Ostpreußen ist ein Teil des ehemaligen Deutschordensstaates. Als Hz. Konrad von Masowien sich gegen die Angriffe der heidnischen Preußen nicht mehr zu wehren wußte, rief er i. J. 1226 die Hilfe des Dt. Ordens herbei. Hermann von Salza übernahm in der festen Absicht, das eroberte Land zu einem dt. Staatswesen auszubauen. Denn schon ein Jahr nach der Ankunft der Ordensritter an der Weichsel entstanden hier die beiden ersten dt. Städte Kulm u. Thorn. In den nächsten Jahrzehnten wurde mit fortschreitender Befriedung das Land von einem Netz dt. Städte u. Dörfer überzogen. Bei dieser planmäßigen Siedlungstätigkeit standen dem Orden die Bistümer Kulm, Pomesanien, Ermland u. Samland zur Seite, denen vertragl. ein Drittel des eroberten Gebietes zugefallen war. Wenn wir von den beiden dt. Städten Memel u. Soldau absehen, entstanden auf dem Gebiet der heutigen Prov. Ostpreußen insgesamt im 13. Jh. 10, in der Blütezeit des Dt. Ordens bis zur Schlacht bei Tannenberg 43, von 1410 bis zum 2. Thorner Frieden i. J. 1466: 3 Städte. Bis zur Umwandlung des Ordensstaates in ein weltl. Hzt. i. J. 1525 wurde keine neue Stadt gegr. Erst seit der Spätzeit Hz. Albrechts erfolgten bei der neu einsetzenden Siedlungstätigkeit in der sog. Wildnis im S u. O des Landes neue Städtegründungen: im 16. Jh. 6, im 17. Jh. 2, im 18. Jh. unter Friedrich Wilhelm I. 13. Das 19. Jh. sah keine Stadt entstehen, im 20. Jh. kam eine hinzu. Insgesamt sind von den 78 Städten der Prov. Ostpreußen in der Ordenszeit 56, in der Nachordenszeit 22 Städte gegr. worden.

In der Ordenszeit unterstanden 37 Städte dem Dt. Orden, 1 dem Bt., 2 dem Domkapitel Pomesanien, 9 dem Bt., 3 dem Domkapitel Ermland u. eine dem Bt. Samland. J. J. 1466 kamen durch den 2. Thorner Frieden die 12 ermländ. Städte sowie 5 Städte des Dt. Ordens unter die Krone Polen. Als der Rumpfstaat des Dt. Ordens i. J. 1525 ein weltl. Hzt. wurde, hörte auch die Landeshoheit der Bt. u. Domkapitel Pomesanien u. Samland auf, 7 Städte kamen damit an das Hzt. Preußen. Die ermländ. Städte wurden erst i. J. 1772 preuß., als der W des Landes an Preußen zurückfiel u. die Selbständigkeit des Ermlandes ihr Ende fand. Seit 1772 gehörten die 78 ostpreuß. Städte zum preuß. Staatsverband.

Die preuß. Städte unterstanden bis in die M. des 15. Jh. unmittelbar ihrem Landesherrn; Stadtherr u. Landesherr waren gleich. Finanzielle Not zwang später den Dt. Orden, einzelne Städte vorübergehend in den Pfand- od. Lehnbesitz ad-liger Geschlechter zu geben. 7 Städte blieben Mediatstädte bis zur Stein-Hardenbergschen Reform.

Die Geschicke der preuß. Städte im MA. wurden vom Dt. Orden bestimmt. Er gab ihnen die einheitl. Grundlage ihrer Verfassung, das dem Magdeburger Stadtrecht verwandte kulm. Recht. Nur Elbing, Braunsberg u. Frauenburg genossen lüb. Recht. Einheitl. waren auch die inneren Zustände u. die äußere Entw. der Städte. Den Hochstand ihrer Wirtschaft u. Kultur verdankten sie nicht zuletzt der festen Hand des Landesherrn, der seine Burg fast neben jeder Stadt errichtet hatte. Anders als in andern dt. Ldsch. gelang es in Preußen den Städten nicht, landesherrl. Regalien an sich zu ziehen. Doch sind selbständige Regungen wirtschaftl. u. polit. Art stets vorhanden gewesen. Die größeren Städte Elbing, Braunsberg u. Königsberg waren geachtete Glieder der dt. Hanse. Tagfahrten der preuß. Städte, bei denen auch die Kleinstädte zu Worte kamen, sind seit dem E. des 13. Jh. nachweisbar.

Anfangs fügten sich diese Bestrebungen durchaus in den Rahmen der Landespolitik. Als aber nach der Schlacht bei Tannenberg die innere Schwäche des Staates offenbar wurde, kamen polit. Tendenzen auf, die sich gegen den Orden richteten. So wurde eine gr. Zahl der Städte bewogen, dem sog. „Preuß. Bunde" beizutreten u. sich i. J. 1454 vom Dt. Orden loszusagen. Doch kehrten sie größtenteils zu ihrer Landesherrschaft zurück und hielten ihr auch in den schweren Jahren des 13j. Krieges (1454—66) die Treue. Die Hoffnung auf Rückkehr zum alten Wohlstand war allerdings nach dem 2. Thorner Frieden (1466) endgültig vorbei. Die polit. Verwicklungen sorgten dafür, daß die Städte sich von den Wunden des 15. Jh. auf Generationen hinaus nicht mehr erholen konnten.

Hinzu trat ein Wandel in der wirtschaftl. Struktur des Landes. Die ersten Städte des Dt. Ordens waren Handelsstädte, zu ihnen gehörten in Ostpreußen Elbing u. Königsberg. Als E. der 80er Jahre des 13. Jh. die planmäßige Aufsiedlung des Landes begann, entstand ein anderer Typ: die Grundlage der bürgerl. Existenz war hier vornehml. das Brauwesen, daneben Handel u. Viehzucht. Die reinste Ausprägung dieses Typs bilden die mit einem sog. „Stadtdorf" versehenen Städte, die kaum Landbesitz hatten. Diese reinl. Scheidung von Stadt u. Land begann sich seit dem 15. Jh. zu verwischen. Die werdenden Rittergüter erwarben vielfach das Braurecht, überall entstanden zum Nachteil der Städte adlige Krüge. Auch zahlreiche Handwerker ließen sich auf dem Lande nieder; Jahrmärkte, selbst Wochenmärkte wurden in ländl. Orten eingerichtet. Dadurch wurde den Städten die Hauptgrundlage ihrer wirtschaftl. Existenz entzogen. Sie begannen daher nun ihrerseits ihren Landbesitz zu vergrößern; es entwickelte sich der Stand der Ackerbürger, den es in den Ordensstädten nicht gegeben hatte. Diese Vertauschung der Rollen von Stadt u. Land wurde bes. für die Kleinstädte verderblich. Erst der Behördenstaat des 18. Jh. u. die Industrialisierung des 19. Jh. gab den Städten eine neue, eigentl. städt. Wirtschaftsgrundlage.

Dieser Niedergang der Städte seit dem 15. Jh. wurde durch die kriegerischen Verwicklungen, von denen dieses Grenzland immer wieder heimgesucht wurde, beschleunigt. Während des sog. „Reiterkrieges" von 1520—21 waren es die Polen, Kosaken u. Böhmen, die zahlreiche Vorstädte niederbrannten u. die städt. Wirtschaft zerstörten. Von 1626—29 bedrückten die Schweden bes. die Städte im W des Landes. Am schlimmsten waren die Zeiten des Zweiten Schwed.-Poln. Krieges, während dessen in den Jahren 1656 u. 1657 die tatarischen Hilfsvölker die Städte im S u. O des Landes plünderten, niederbrannten u. entvölkerten. Kaum von diesem Aderlaß erholt, starben die Städte in der Pestzeit der Jahre 1709—11 teilw. fast gänzl. aus.

Die Folge aller dieser Verheerungen war ein starker Wandel im Aufbau der städt. Bev. Urspr. waren die E. der Städte rein dt. Selbst die eingesessenen Preußen fanden nur in geringem Umfang Eingang in die höheren Schichten des Bürgertums. Das änderte sich seit den Notzeiten des 15. Jh. Wenn auch der Zuzug aus andern Gebieten niemals ganz aufhörte, so genügte er doch nicht, die Lücken zu schließen. So kam es, daß bes. in die Vorstädte u. in die unteren Schichten der Stadtbev. in den Grenzgebieten des Landes seit dem 15. Jh. ein stärkerer Zustrom von Masuren, Litauern u. Polen einsetzte. Jedoch blieb die wirtschaftl. u. kulturelle Überlegenheit der dt. Bürger so stark, daß die fremden Volksteile bes. seit dem 18. Jh. unmerkl. u. ohne Zwang in den dt. Volkskörper aufgingen.

Daß die Städte diese dt. Aufgabe lösen konnten, verdankten sie vornehml. der Fürsorge, die der preuß. Kg. Friedrich Wilhelm I. der Prov. Ostpreußen zuwandte. Er schuf mit der Anlage Hunderter von Dörfern u. zahlreicher Städte sowie mit ungezählten, bis ins einzelne gehenden Wirtschafts- u. Verwaltungsmaßregeln die Grundlage für einen, wenn auch nur kärglichen Wohlstand, der das ganze 18. Jh. über andauerte.

Die Napoleonischen Kriege sowie Wirtschaftsnöte u. Epidemien in den ersten Jahrzehnten des 19. Jh. zerstörten diese Ansätze von neuem. Die Städteordnung von 1808 hatte wohl dem Verfassungs-, nicht aber dem Wirtschaftsleben der Städte einen neuen Antrieb geben können. Erst seit der M. des 19. Jh., als Chausseen u. Eisenbahnen das Land zu erschließen begannen, als die Industrie ihren Einzug in die Städte hielt u. in erhöhtem Maße seit dem allg. Aufschwung des dt. Wirtschaftslebens im Zweiten Reich erfuhr auch das ostpreuß. Städtewesen einen neuen Aufschwung.

Aber auch diese Blütezeit dauerte nur wenige Jahrzehnte. Der Weltkrieg traf die Städte Ostpreußens unmittelbarer als die irgendeiner anderen dt. Landschaft: 39 Städte wurden ganz od. teilw. vom Feinde zerstört. Das Versailler Diktat trennte die Prov. vom Reich u. schnitt die Wirtschaftsfäden nach allen Seiten ab. Die Kata-

strophen der Nachkriegszeit trafen diesen geschwächten u. verstümmelten Wirtschaftskörper ganz bes. schwer. Wieder standen die Städte vor dem Abgrund. Dann kam der Wendepunkt von 1933. Schon die Entw. in den wenigen seitdem verflossenen Jahren zeigt auch im ostpreuß. Städten den Weg in eine bessere Zukunft, deren sie um so gewisser sind, als die Blütezeit des ostpreuß. Städtewesens unter dem Dt. Orden gleichfalls in eine Zeit autoritärer Staatsführung fiel.

Aus: Deutsches Städtebuch, E. Keyser (1939)

20

Die öffentlichen Volksschulen

Kreise a = Stadtkreise b = Landkreise	Schulen	Klassen	Schulkinder		Lehrer	
			Jungen	Mädchen	männlich	weiblich

Land Preußen
1. Provinz Ostpreußen
Regierungsbezirk Königsberg

Kreise	Schulen	Klassen	Jungen	Mädchen	männlich	weiblich
Bartenstein (Ostpr.) b	68	167	3 538	3 518	119	31
Braunsberg (Ostpr.) b	74	201	4 373	4 330	134	56
Gerdauen .... b	68	132	2 638	2 466	98	12
Heiligenbeil ...... b	78	184	3 779	3 663	114	38
Heilsberg .... b	95	205	4 462	4 275	141	45
Königsberg (Pr.).. a	62	758	15 617	15 340	420	302
Labiau .... b	82	177	3 941	3 799	139	25
Mohrungen ...... b	95	204	4 080	3 890	152	35
Preußisch Eylau .. b	89	194	4 018	3 892	141	26
Preußisch Holland. b	86	133	2 708	2 613	114	17
Rastenburg ...... b	80	187	3 962	3 929	133	39
Samland .... b	154	395	8 503	7 958	267	80
Wehlau .... b	76	162	3 243	3 237	121	24
Summe	**1 107**	**3 099**	**64 862**	**62 910**	**2 093**	**730**
a	62	758	15 617	15 340	420	302
b	1 045	2 341	49 245	47 570	1 673	428

Regierungsbezirk Gumbinnen

Kreise	Schulen	Klassen	Jungen	Mädchen	männlich	weiblich
Angerapp .... b	71	113	2 515	2 359	98	12
Angerburg .... b	79	140	3 041	2 974	120	20
Ebenrode .... b	84	135	2 858	2 714	116	12
Elchniederung .... b	85	185	3 845	3 648	146	28
Goldap .... b	101	150	3 037	2 960	133	15
Gumbinnen ...... b	87	163	3 370	3 290	140	20
Heydekrug .... b	65	108	2 237	2 204	80	28
Insterburg .... a	8	96	2 073	2 061	60	33
„ .... b	109	153	3 257	3 003	133	23
Memel .... a	17	103	2 032	1 962	60	42
„ .... b	73	95	1 908	1 866	81	13
Pogegen .... b	82	118	2 257	2 374	97	15
Schloßberg ...... b	94	148	3 109	2 990	134	12
Tilsit .... a	16	137	2 821	2 945	83	49
„ -Ragnit ...... b	118	224	4 067	4 061	178	26
Treuburg .... b	87	140	2 767	2 602	119	12
Summe	**1 176**	**2 208**	**45 194**	**44 013**	**1 778**	**360**
a	41	336	6 926	6 968	203	124
b	1 135	1 872	38 268	37 045	1 575	236

Regierungsbezirk Allenstein

Kreise	Schulen	Klassen	Jungen	Mädchen	männlich	weiblich
Allenstein .... a	7	125	2 746	2 604	79	35
„ .... b	117	241	5 066	4 772	182	40
Johannisburg..... b	118	231	4 540	4 421	199	21
Lötzen .... b	74	180	3 545	3 326	141	21
Lyck .... b	103	202	4 104	4 108	175	21
Neidenburg ...... b	96	174	3 412	3 333	146	16
Ortelsburg ...... b	142	293	6 292	6 043	229	35
Osterode i. Ostpr. b	136	304	5 836	5 659	240	36
Rößel .... b	82	193	4 085	3 995	144	31
Sensburg........ b	106	205	4 388	4 213	173	18
Summe	**981**	**2 148**	**44 014**	**42 474**	**1 708**	**274**
a	7	125	2 746	2 604	79	35
b	974	2 023	41 268	39 870	1 629	239

Regierungsbezirk Westpreußen

Kreise	Schulen	Klassen	Jungen	Mädchen	männlich	weiblich
Elbing .... a	15	187	3 954	3 843	106	71
„ .... b	55	91	1 804	1 736	82	17
Marienburg (Wstpr.) b	32	125	2 660	2 526	90	23
Marienwerder..... b	66	149	3 092	3 106	114	21
Rosenberg i. Wstpr. b	88	212	4 583	4 315	168	27
Stuhm .... b	70	166	3 325	3 197	138	11
Summe	**326**	**930**	**19 418**	**18 723**	**698**	**160**
a	15	187	3 954	3 843	106	71
b	311	743	15 464	14 880	592	89

Ergänzungen zu den ostpreußischen Städten

	Haushaltungen	Eisenbahn-anschluß/Jahr		Haushaltungen	Eisenbahn-anschluß/Jahr
Allenburg	619	1910	Liebstadt	776	1894
Allenstein	12148	1872	Lötzen	3726	1868
Angerapp	1226	1876	Lyck	4646	1868
Angerburg	2583	1889	Marienburg	7440	1851
Arys	926	1905	Marienwerder	5935	1883
Barten	430	Kleinbahn-anschluß	Mehlsack	1256	1884
			Memel		1875
Bartenstein	3196	1870	Mohrungen	1929	1882
Bischofsburg	1983	1871	Mühlhausen	841	1852
Bischofstein	926	1905	Neidenburg	2332	1888
Bischofswerder	530	1871	Nikolaiken	720	1911
Braunsberg	4866	1852	Nordenburg	883	1898
Christburg	1039	1893	Ortelsburg	3627	1883
Deutsch Eylau	3641	1872	Osterode	5114	1872
Domnau	815	1902	Passenheim	624	1865
Drengfurt	586	1887	Pillau	2904	1865
		Kleinbahn	Preußisch Eylau	1686	1871
Ebenrode	2039	1860	Preußisch Holland	1845	1882
Elbing	25819	1852	Ragnit	2732	1892
Eydtkau	1611	1861	Rastenburg	4791	1867
Fischhausen	1047	1865	Rhein	618	1905
Frauenburg	820	1899			Kleinbahn
Freystadt	877	1899	Riesenburg	2067	1876
Friedland	1263	1901	Rosenberg	1200	1876
Garnsee	572	1883	Rößel	1400	1908
Gehlenburg	638	1885	Saalfeld Ostpr.	871	1893
Gerdauen	1383	1871	Schippenbeil	954	1871
Gilgenburg	477	1910	Schloßberg	1743	1892
Goldap	3395	1878	Schirwindt	354	1901–1906
Gumbinnen	6789	1860			Kleinbahn
Guttstadt	1649	1884	Seeburg	899	1899
Heiligenbeil	2661	1853	Sensburg	2435	1897
Heilsberg	2758	1899	Soldau (1943)	1412	1878
Heinrichswalde	1055	1891	Stuhm	1558	1883
Heydekrug		1875	Tapiau	1973	1860
Hohenstein	1068	1887	Tilsit	18196	1863
Insterburg	13 190	1860	Tolkemit	962	1901
Johannisburg	1697	1885	Treuburg	1965	1879
Königsberg Pr.	109774	1860	Wartenburg	1274	1872
Kreuzburg	582	1908	Wehlau	2082	1860
		Kleinbahn	Willenberg	707	1900
Labiau	1825	1891	Wormditt	1924	1885
Landsberg	865	1898	Zinten	1485	1898
Liebemühl	721	1893			

Allenstein

Stadtkreis und Hauptstadt des Regierungsbezirks Allenstein. 125 m über dem Meer in der Flußniederung beiderseits der oberen Alle im südlichen Ermland — Masuren.

Stadtkreis Allenstein

Fläche: 53,13 km², 1939: 50 396 Einwohner, meist katholisch, 45 Wohnplätze;
1348 erstmals erwähnt;
1353 Kulmisches Stadtrecht vom Domkapitel des Bistums Ermland;
1315 St. Jakobikirche (Backsteinbau)
1348 Schloß als Massivbau mit St. Annenkapelle begonnen, Hohes Tor.
1516—24 Kopernikus als Statthalter in der Burg.
1623/24 Rathaus auf dem Marktplatz (1912/16 Neues Rathaus).
Wirtschaftlicher Mittelpunkt Südostpreußens, Sitz der Regierungsbehörden, Gerichte, Banken, Genossenschaften, Landwirtschaftliche Verarbeitungsindustrie, Möbel- und Maschinenfabriken, Ziegeleien, Mahl- und Schneidemühlen, reger Handel, Brauerei. Gaswerk, Elektrizitätswerk, Wasserwerk, Tageszeitungen. Allenstein war Sitz des Landestheaters Südostpreußen — Schauspiel, Oper, Operette, Konzerte. Garnisonstadt.
Im Stadtkreis: 7 Volksschulen mit 125 Klassen, 5350 Schülern, 114 Lehrern, Höhere Schulen, Mittelschule.
Volksabstimmung 1920: 98 % für Deutschland.

Der Landkreis Allenstein

Gesamtfläche: 1302,67 km², ohne Stadtkreis.
57 150 Einwohner ohne Stadt, demnach 43,9 Einwohner je km².
22 % der Fläche des Kreises waren Wasser.
Der Landkreis hatte 131 politische Gemeinden in 38 Amtsbezirken mit Einwohnerzahlen von 28 bis 1080, darunter die Stadt Wartenburg. Die größten Landgemeinden im Landkreis waren Deuthen mit 977, Dietrichswalde mit 941, Göttkendorf mit 1097, Groß Lemkendorf mit 1002, Jomendorf mit 904, Stabigotten mit 925 Einwohnern. 274 Wohnplätze.
Im Landkreis: 117 Volksschulen mit 241 Klassen, 9838 Schülern und 222 Lehrern. 47 Kindergärten im Jahre 1944. 22 katholische Kirchspiele und 2 evangelische Kirchengemeinden. 60—70 % der Bevölkerung waren in der Land- und Forstwirtschaft tätig. Von der landwirtschaftlichen Nutzfläche entfielen ca. 20 % auf Wiesen und Weiden, ca. 40 % auf Getreide, 5—10 % auf Kartoffeln, Rüben 5—10 %, Klee ca. 10 % Verschiedenes 10 %.
Land- und forstwirtschaftliche Betriebe: 1757 von 0,5—5 ha, 1441 von 5—10 ha, 2394 von 10—50 ha, 208 von 50—100 ha, 85 Betriebe über 100 ha. Insgesamt 5885 Betriebe.
Im Landkreis: Ziegeleien, Brauereien, Brennereien, Molkereien, Sägewerke, Holzschuh-, Betonwaren-, Kalksandstein-, Wagen-, Möbel-, Zigarren- und Tabakfabrik. Alle Handwerksbetriebe.
1945 Stadt- und Landkreis unter polnische Verwaltung, Stadt stark zerstört. Polnischer Name: Allenstein = Olsztyn, Wartenburg = Barczewo.
Patenstadt für Allenstein: Gelsenkirchen,
Patenstadt für Landkreis Allenstein: Osnabrück.

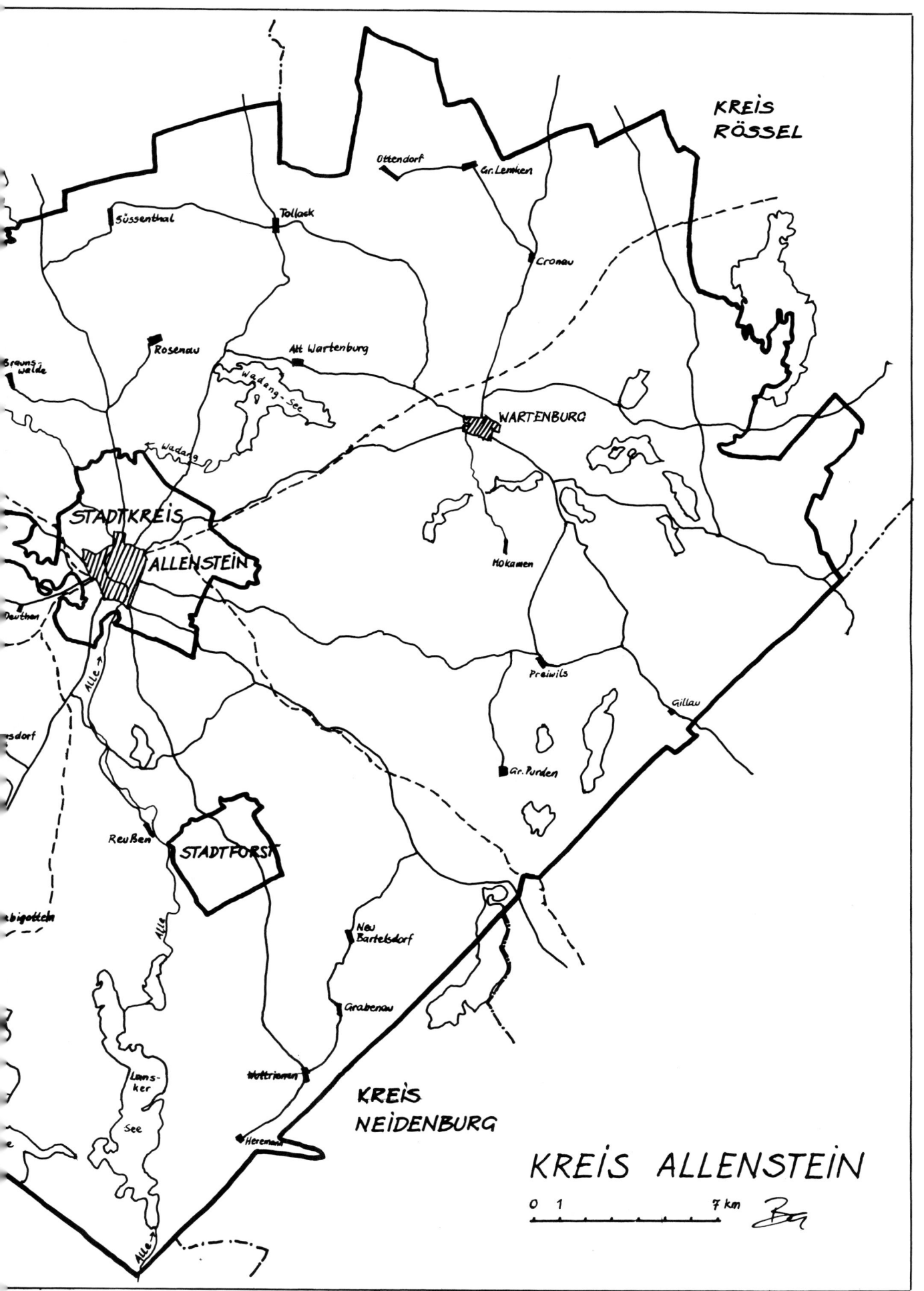

KREIS RÖSSEL

Ottendorf
Gr. Lemken
Süssenthal
Tollack
Cronau
Brauns-
walde
Rosenau
Alt Wartenburg
Wadang-See
WARTENBURG
Wadang
STADTKREIS
Deuthen
ALLENSTEIN
Hohenfelde
Praiwils
Gillau
Gr. Purden
sdorf
Reußen
STADTFORST
bigotten
Alle
Neu
Bartelsdorf
Grabenau
Lans-
ker
See
Wuttrienen
KREIS
NEIDENBURG
Hermann
Alle

KREIS ALLENSTEIN

0   1   7 km

23

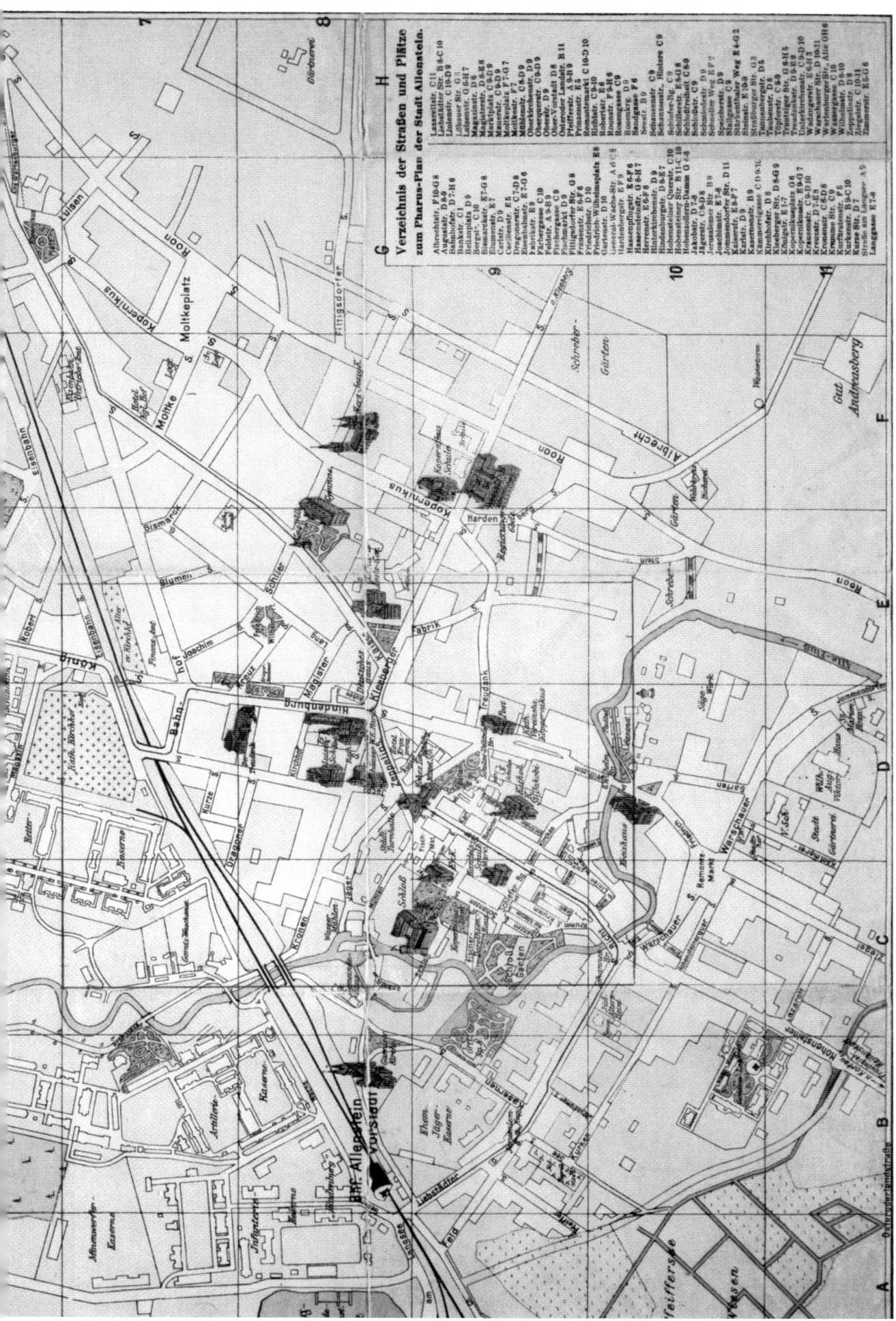

Verzeichnis der Straßen und Plätze zum Pharus-Plan der Stadt Allenstein.

Albrechtstr. C11
Augustastr. D-E9
Bahnhofstr. D-H6
Bankstr. C1
Beiztgasse D-9
Berg.- C10
Bismarckstr. E7-G8
Blumenstr. E7
Carlstr. D9
Cecilienstr. E6-7-D8
Dragonerstr. D-E8
Fabrikstr. E9
Färbergasse C10
Feldstr. A9-B9
Fischergasse C9
Fischmarkt D9
Friedrichstr. D10
Friedrichstr. E6-F6
Frauenstr. E6-F6
Friedrich-Wilhelmsplatz E8
Gartenstr. D10
General-Wache-Str. A8-C8
Gerichtsstr. B-F9

Lannerkstr. C11
Liebstädter Str. B8-C10
Liebstr. C10-D9
Lindenstr. G3
Lägernstr. G6-H7
Magazinstr. D6
Marktplatz C8-D9
Marienstr. C9-D9
Mauerstr. C9-D9
Mühlenstr. P7
Mühlenstr. C8-D9
Oberstr. D9
Oberstr. D8
Oberstr. D8
Oberkirchenstr. D9
Oberer-Landstr. B11
Pfeifferstr. E6
Primenstr. E5
Remontemarkt C6-D10
Richtstr. C9-10
Rolberstr. F9-H6
Roonstr. C9

Sadownik- und Wartenburger Quartir. C10
Hohenkamp Str. B11-C10
Hohensteiner-Damm B G4-6
Jakobstr. D-7-8
Jägerstr. C8-D8
Jerusalemer Str. B9
Joachimstr. E7-8
Josephinenstr. D9
Joseph-Str. D11
Kaiserstr. E6-F7
Karlstr. D9
Kasernenstr. B9
Kammerwigasse C-D 9-10
Kirchhofstr. D8
Kleeberger Str. D8-G9
Kösgstr. E1-7
Koppernikusstr. D-E-F 10
Koppernikusstr. E9-G7
Kreuzstr. C-D10
Kreuzstr. C8-D8

Hauensteinstr. G8-H7
Herrenstr. E6-F6
Hinterkirchenstr. D9
Hindenburgstr. D-E7
Hindenburgstr. D8-E7

Schanzstr.- Hintere C9
Schanzstr.- Hintere C9
Schäfer-Str. C9
Schillerstr. E3-E8
Schloßstr. E7-C8
Schloßstr. C9
Schü-Str. C9
Schmiedestr. D9
Schneider-Weg E-F7
Spenderstr. D9
Staligasse D9
Stiftstor Weg E4-G2
Steinstr. F3
Steinstr. G3
Steinborn Str. D5
Taubenstr. D8
Täpferstr. C8
Thorerstr. C9
Thüringer Str. G8-H5
Treudankstr. D-E9-F8
Treudankstr. D-C9-D10
Wadangerstr. E6-H3
Warsnburger Str. D 10-11
Wadenburger Str. Alte GH6
Wassergasse C10
Wasserstr. D8-10
Wilhelmstr. D7
Zimmerstr. B9-C10
Kurze Str. D7
Straße an Langsee A9
Langgasse E7-8
Zimmerstr. E5-G6

Wartenburg

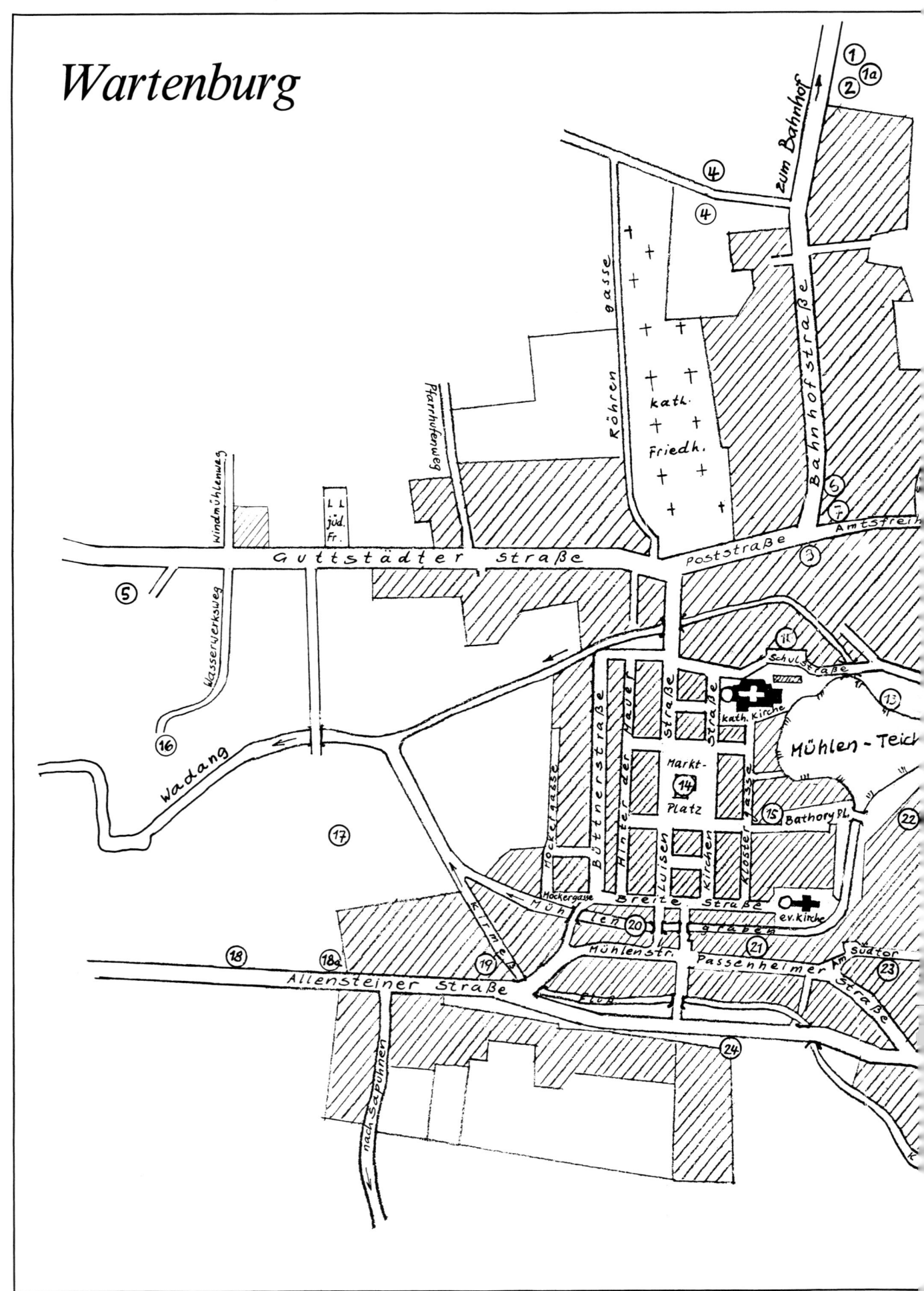

Wartenburg (Ostpr.)

Stadt im Kreis Allenstein, Regierungsbezirk Allenstein.
110 m über dem Meer an der Pissa, Ermland.
1939: 5843 Einwohner, meist katholisch;
1325 Wildhaus;
1336 erstmals Siedlung genannt;
1364 Handfeste nach Kulmischem Recht, 1482 erweitert.
Bischöfliche Burg, Rathaus, Pfarrkirche. Kirche um 1400 vollendet, Westturm 100 Jahre später.
Franziskanerkloster 1380, nach verschiedenen Verwendungszwecken 1846 Strafanstalt.
Pfarrschule seit 1677.
Höhere Schule, Berufsschule, Kreisaltersheim, Ziegelei, Sägewerk.
Ackerbürgerstadt, evangelische Kirche.
Seit 1945 unter polnischer Verwaltung — Barczewo.
Patenstadt: Osnabrück.

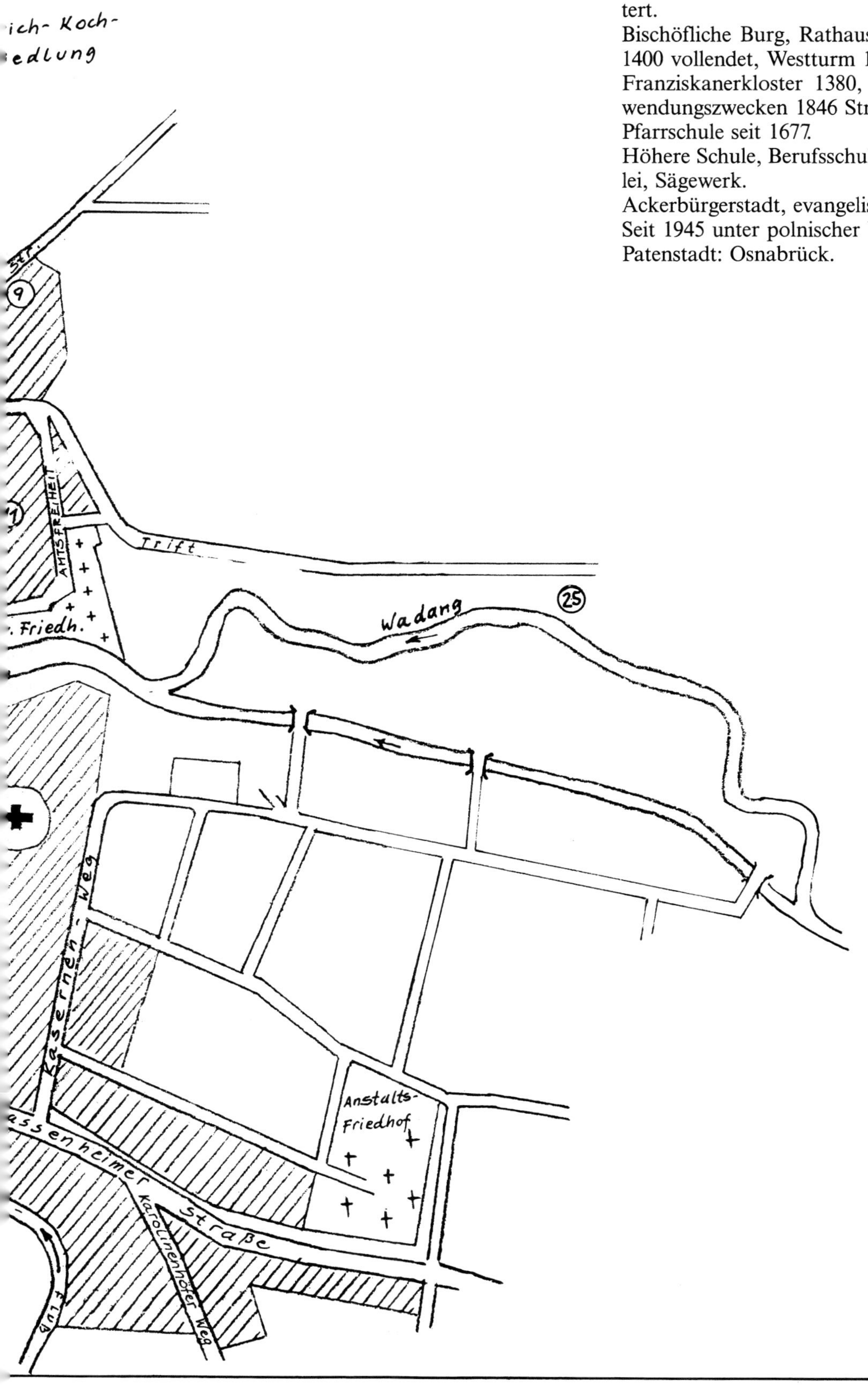

1 Höhere Knaben-
   und Mädchenschule
1a Sporthalle
2 Knabenschule
3 Sportplatz
4 Sägewerk
5 Wasserturm
6 Zigarrenfabrik
7 Amtsgericht
8 Postamt
9 St. Georgsheim
10 ev. Schule (alt)
11 Krankenhaus
12 Städt. Altenheim
13 Badeanstalt
14 Rathaus
15 Klosterkirche
16 Wasserwerk
17 Kläranlage
18 ev. Waisenhaus
   für Knaben
18 ev. Waisenhaus
   für Mädchen
19 Schlachthof
20 E-Werk, Mühle
21 Synagoge
22 Strafanstalt
   mit Kapelle
23 Molkerei
24 Viehmarkt
25 Ziegelei

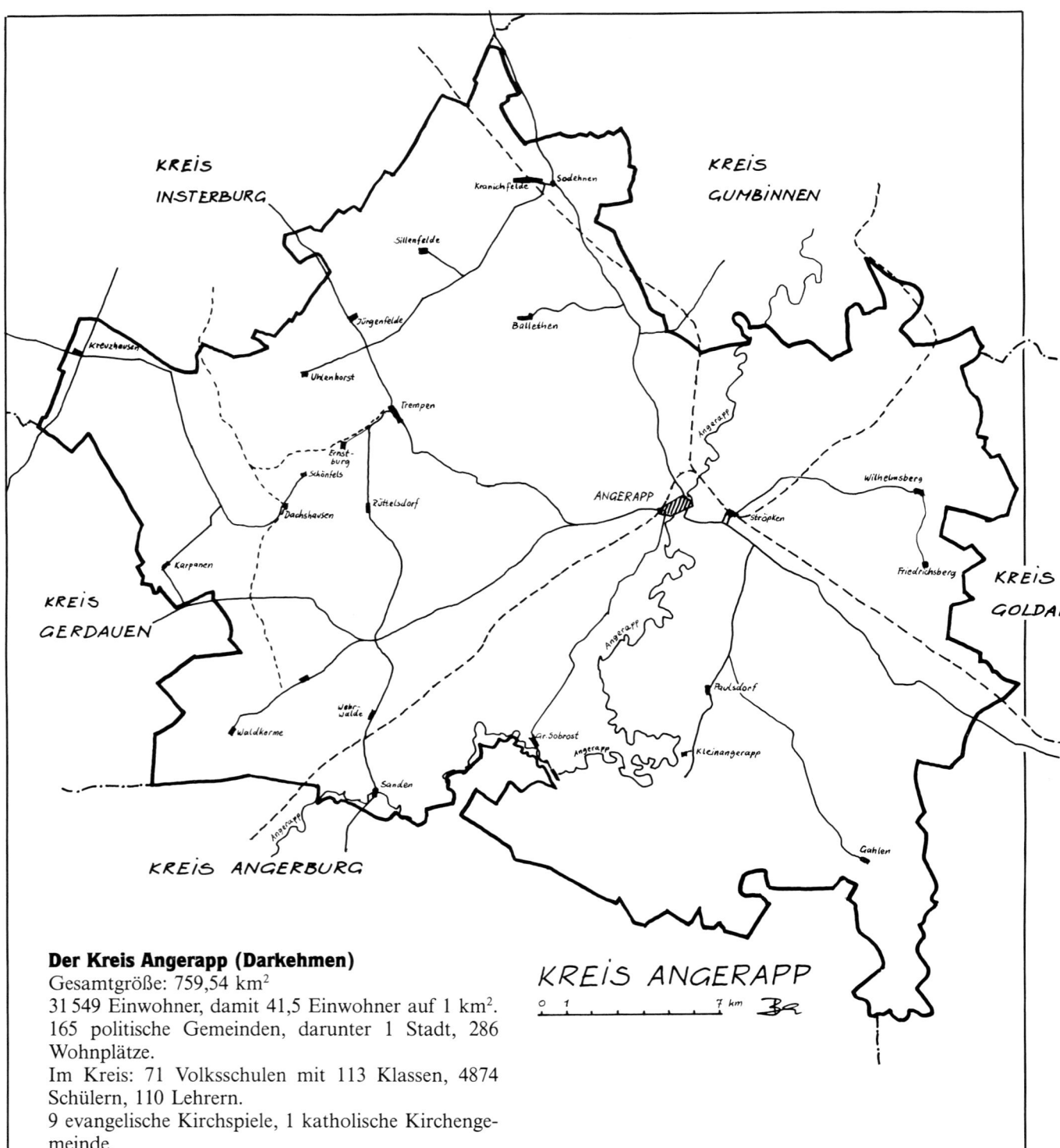

KREIS INSTERBURG

KREIS GUMBINNEN

Sodehnen
Kranichfelde
Sillenfelde
Jürgenfelde
Ballethen
Uhlenhorst
Trempen
Ernst-burg
Schönfels
Rüttelsdorf
ANGERAPP
Dachshausen
Wilhelmsberg
Ströpken
Karpanen
Friedrichsberg
KREIS GOLDAP
KREIS GERDAUEN
Angerapp
Paulsdorf
Wehr-Walde
Waldkerme
Gr. Sobrost
Kleinangerapp
Angerapp
Sanden
Angerapp
Gahlen
KREIS ANGERBURG

KREIS ANGERAPP

0 1   7 km

Der Kreis Angerapp (Darkehmen)

Gesamtgröße: 759,54 km²
31 549 Einwohner, damit 41,5 Einwohner auf 1 km².
165 politische Gemeinden, darunter 1 Stadt, 286 Wohnplätze.
Im Kreis: 71 Volksschulen mit 113 Klassen, 4874 Schülern, 110 Lehrern.
9 evangelische Kirchspiele, 1 katholische Kirchengemeinde.
im Kreis Fleischkonservenfabrik, Spiritusbrennereien, Sägewerke, Mühlenwerke Richard Wiechert.
Pferdezuchtgebiet.
Die größte Landgemeinde im Kreis war Trempen mit 872 Einwohnern.
10 km von Angerapp Schloß Beynuhnen.
2328 landwirtschaftliche Betriebe, davon 633 von 0,5—5,0 ha, 494 = 5—10 ha, 617 = 10—20 ha, 454 = 20—100 ha, 130 über 100 ha.
Der Kreis kam 1945 zu ⅘ unter sowjetische, der Rest unter polnische Verwaltung, wobei die Stadt Angerapp ins sowjetische Gebiet fiel. Jetziger Name russisch: Osersk. Die Stadt war stark zerstört.
Patenstadt: Kreisstadt Mettmann/Rh.

Angerapp (Darkehmen)

Kreisstadt im Regierungsbezirk Gumbinnen.
100 m über dem Meer, am linken Ufer der Angerapp.
1939: 4376 Einwohner, meist evangelisch;
1539 als Ansiedlung genannt;
1725 Stadt.
Markplatz, ca. 13 Morgen groß, Ackerbürgerstadt.
Realschule, Volksschule.
Heimatmuseum, 2 Altersheime, Kreiskrankenhaus.
Maschinenfabrik, Molkereigenossenschaft.
1886 als erste Stadt Ostpreußens elektrische Straßenbeleuchtung.
Garnisonstadt mit Unterbrechungen seit 1736 bis 1918.

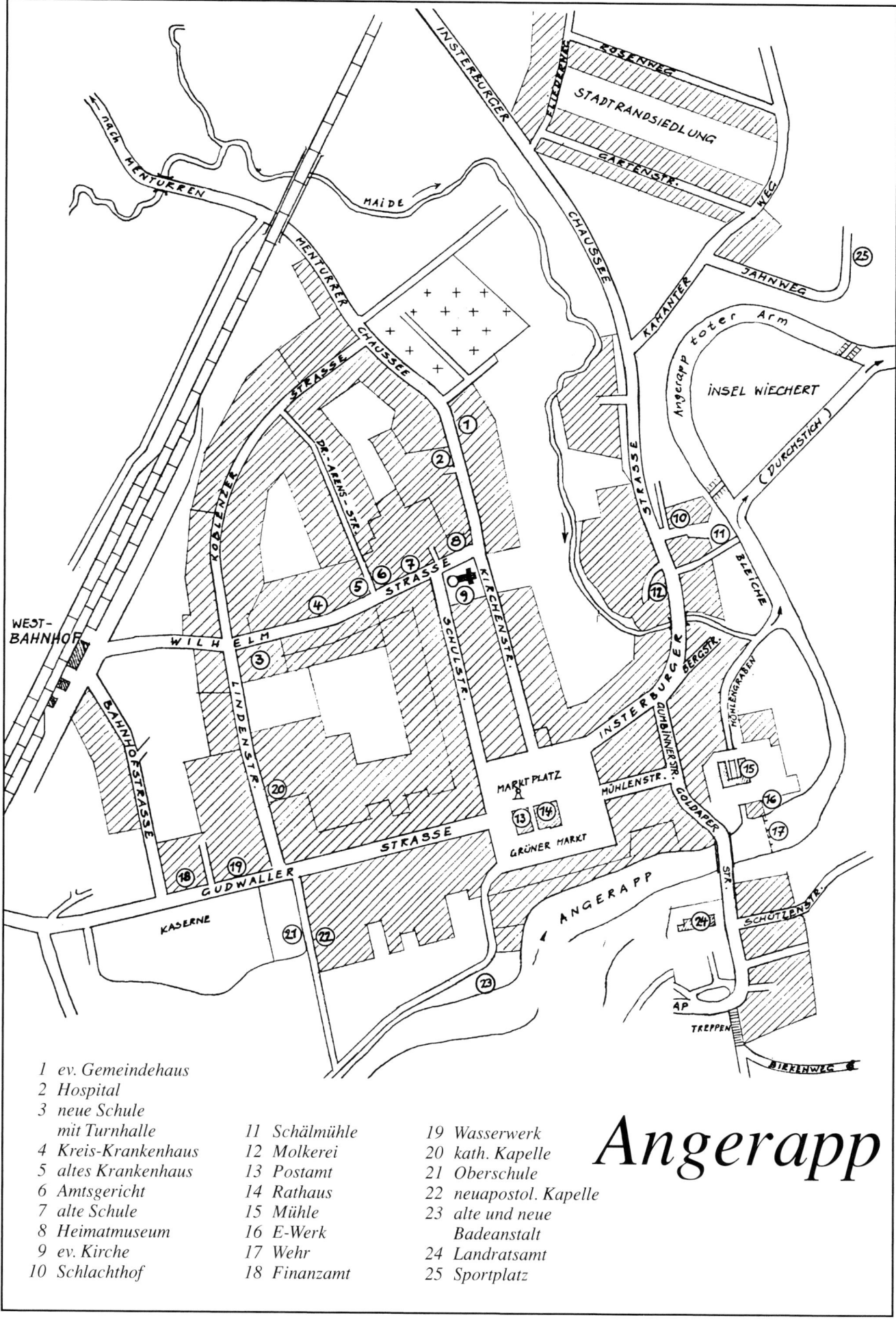

1 ev. Gemeindehaus
2 Hospital
3 neue Schule
   mit Turnhalle
4 Kreis-Krankenhaus
5 altes Krankenhaus
6 Amtsgericht
7 alte Schule
8 Heimatmuseum
9 ev. Kirche
10 Schlachthof

11 Schälmühle
12 Molkerei
13 Postamt
14 Rathaus
15 Mühle
16 E-Werk
17 Wehr
18 Finanzamt

19 Wasserwerk
20 kath. Kapelle
21 Oberschule
22 neuapostol. Kapelle
23 alte und neue
   Badeanstalt
24 Landratsamt
25 Sportplatz

Angerapp

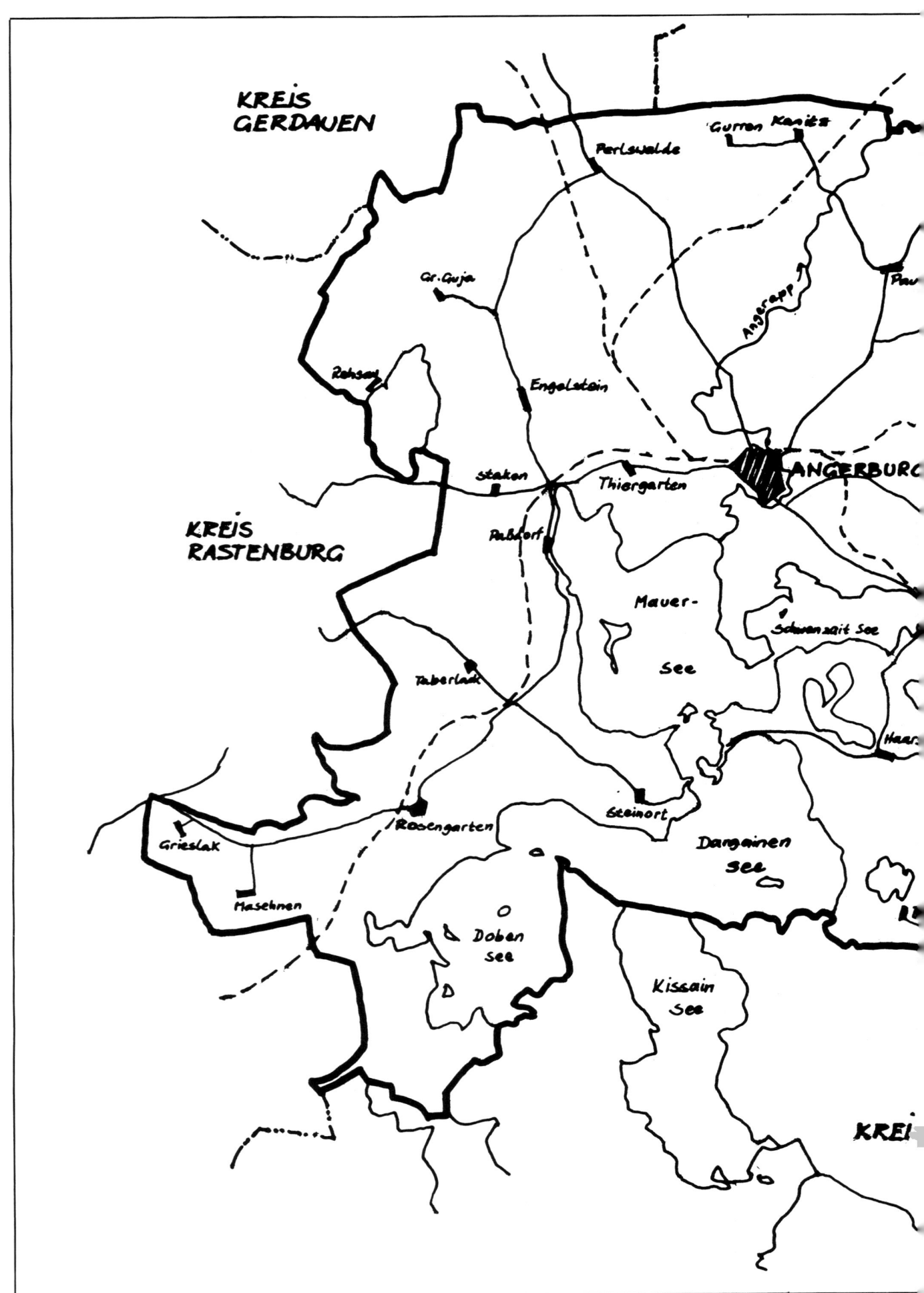

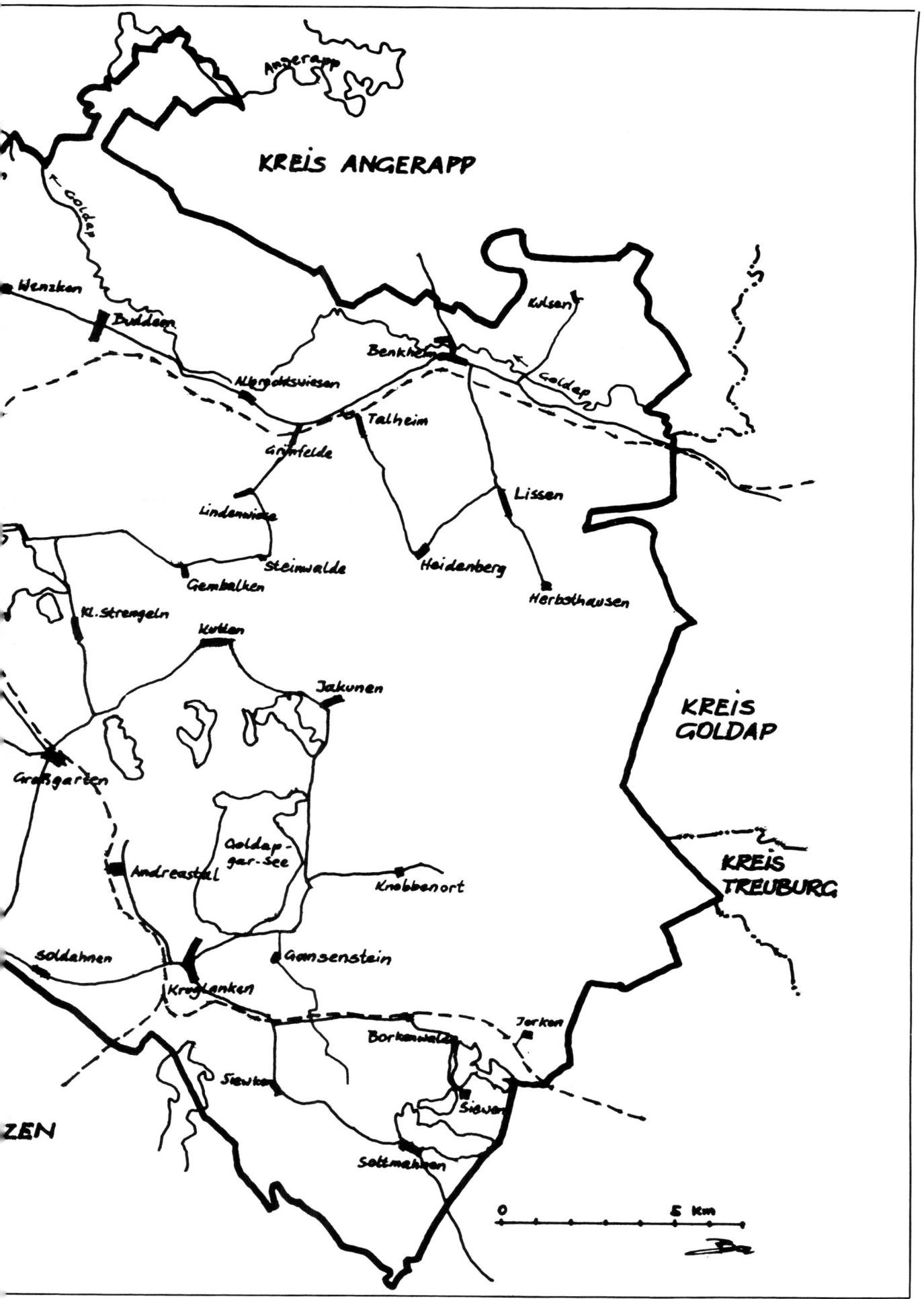

KREIS ANGERAPP

KREIS
GOLDAP

KREIS
TREUBURG

Angerapp

Goldap

Wenzken

Buddern

Albrechtswiesen

Benkheim

Kulsen

Goldap

Talheim

Grünfelde

Lindenwiese

Lissen

Steinwalde

Heidenberg

Gembalken

Herbsthausen

Kl. Strengeln

Kutten

Jakunen

Großgarten

Goldap-
ger.-See

Andreastal

Knobbenort

Soldahnen

Gansenstein

Kruglanken

Jorken

Borkenwald

Siewken

Siewen

ZEN

Soltmahnen

0   5 Km

Der Kreis Angerburg

Gesamtfläche 929,28 km², davon fast ⅛ Wasserfläche.

1939: 42 744 Einwohner einschl. Stadt, 46 Einwohner auf 1 km².

Der Kreis hatte 75 politische Gemeinden, darunter die Stadt Angerburg, 230 Wohnplätze.

Die größten Landgemeinden im Kreis waren Großgarten mit 1551, Kruglanken mit 1222, Rosengarten mit 1139 Einwohnern.

Im Kreis: 79 Volksschulen mit 140 Klassen, 6015 Schülern, 140 Lehrern.

9 evangelische Kirchspiele, 1 katholische Kirche.

62 000 ha waren landwirtschaftlich genutzte Fläche, davon waren ⅖ als schwer, ⅖ als mittelschwer und ⅕ als leicht zu bezeichnen.

3251 landwirtschaftliche Betriebe, davon 975 von 0,5—5,0 ha, 643 = 5—10 ha, 915 = 10—20 ha, 619 = 20—100 ha, 99 über 100 ha.

1945 unter polnische Verwaltung. Polnischer Name: Węgorzewo.

Teilzerstört.

Patenkreis: Rotenburg/Wümme.

Angerburg

Kreisstadt im Regierungsbezirk Gumbinnen.

116 m über dem Meer, an der Angerapp, 2 km nördlich des Mauersees, Masuren.

1939: 10 922 Einwohner, meist evangelisch;

1335 Burg des Deutschen Ordens am Mauersee; 1365 zerstört;

1571 Kulmisches Stadtrecht;

Spätgotische Pfarrkirche (1605—11).

Höhere und landwirtschaftliche Schulen, Berufsschule.

Kreiskrankenhaus, Orthopädische Provinzial-Heil-, Lehr- und Pflegeanstalt Bethesda, Mädchen-Erziehungsheim, Jugendherberge.

Dampfschiffahrt, Ausflugsverkehr auf den masurischen Seen.

Garnisonstadt, wenig Industrie, Fischbrutanstalt.

Eissegelsport.

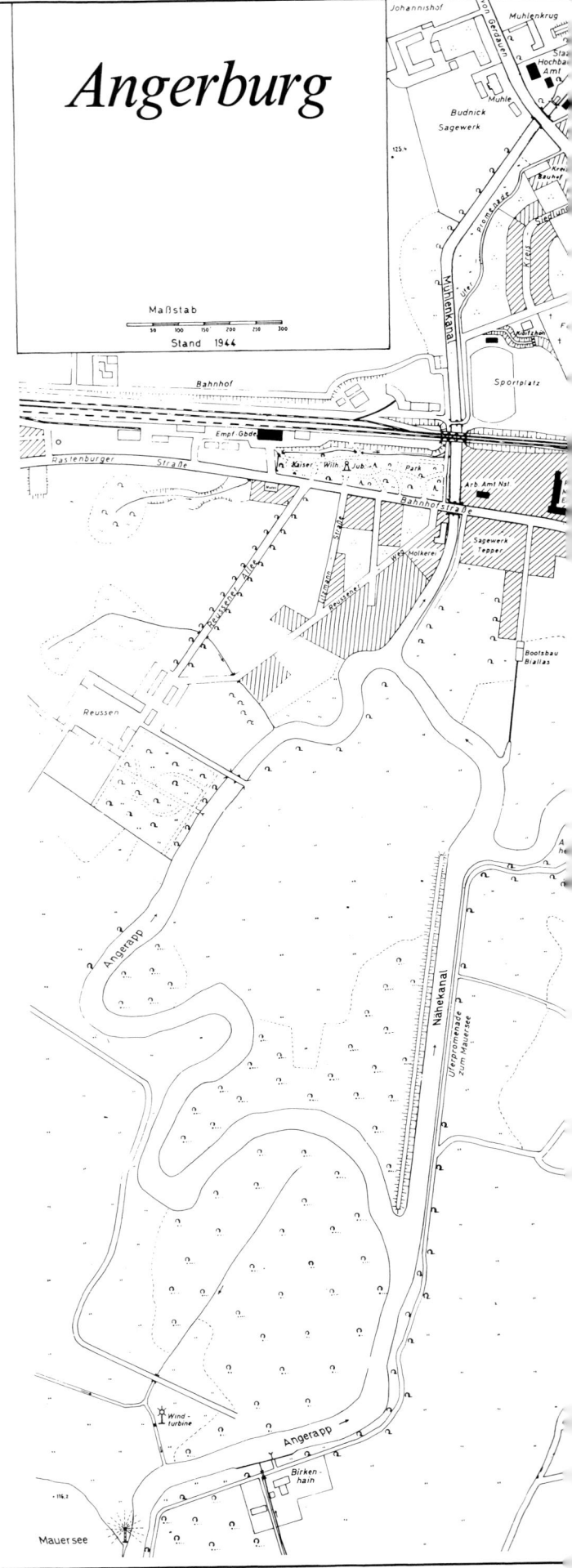

Angerburg

Maßstab

Stand 1944

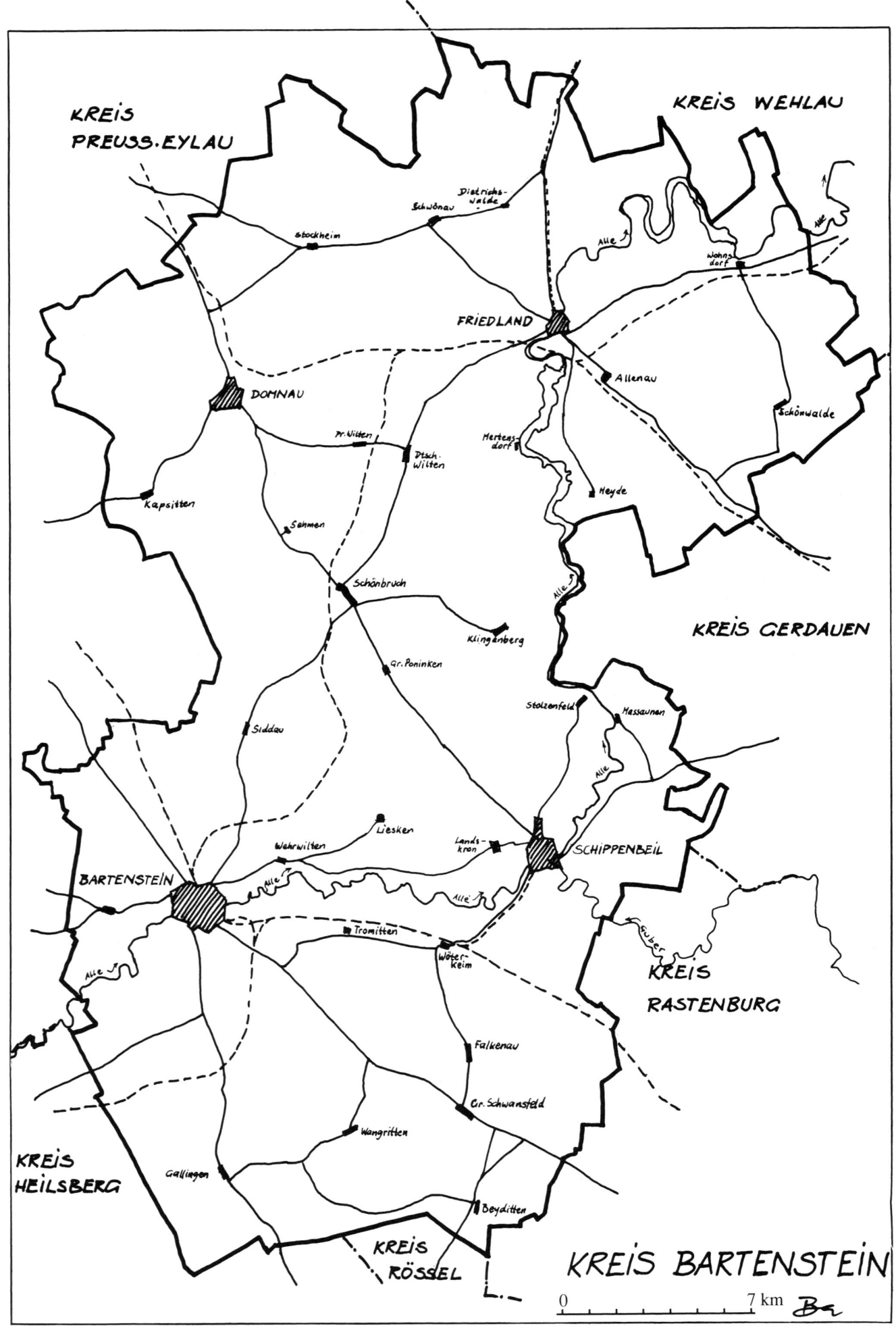

KREIS PREUSS. EYLAU

KREIS WEHLAU

Schönau
Dietrichs-walde
Stockheim
Alle
Wohns-dorf
FRIEDLAND
DOMNAU
Allenau
Pr. Wilten
Mertens-dorf
Schönwalde
Kapsitten
Dtsch. Wilten
Heyde
Sehmen
Alle
Schönbruch
KREIS GERDAUEN
Klingenberg
Gr. Poninken
Stolzenfeld
Massaunen
Siddau
Alle
Liesken
Landskron
Wehrwilten
SCHIPPENBEIL
BARTENSTEIN
Alle
Alle
Tromitten
Wöter-keim
KREIS RASTENBURG
Guber
Alle
Falkenau
Gr. Schwansfeld
KREIS HEILSBERG
Wangritten
Gallingen
Beyditten

KREIS RÖSSEL

KREIS BARTENSTEIN

0   7 km

Der Kreis Bartenstein

Gesamtfläche: 880,55 km².

1939: 50 448 Einwohner, damit 57,3 Einwohner je km², einschl. Städte.

Der Kreis hatte 79 politische Gemeinden, darunter 4 Städte: Bartenstein, Domnau, Friedland (Ostpr), Schippenbeil, 317 Wohnplätze.

Die größte Landgemeinde im Kreis war Schönbruch mit 1139 Einwohnern.

Im Kreis: 68 Volksschulen mit 167 Klassen, 7056 Schülern, 150 Lehrern. Gymnasium, Lyzeum in Bartenstein; Mittelschulen in Bartenstein, Friedland und Schippenbeil. Berufsschulen in den Städten.

Kirchen: 14 evangelische Kirchengemeinden, 2 katholische, dazu Seelsorgestellen.

Grundbesitz: 0,5—10 ha = 703 Betriebe, 10—100 ha = 1044 Betriebe, über 100 ha = 164 Betriebe (Erbhöfe und Güter).

Die Alle ist ab Friedland schiffbar, durch Stausee Kraftwerk Friedland. 23 km² Hochmoore im Norden des Kreises.

1945 wurde der Kreis Bartenstein durch die Demarkationslinie in einen sowjetischen nördlichen und einen polnischen südlichen Teil getrennt. Die Städte Domnau, Friedland wurden sowjetischer, Bartenstein und Schippenbeil polnischer Verwaltung unterstellt.

Domnau heißt russisch Domnowo und Friedland Prawdinsk, Bartenstein polnisch Bartoszyce, Schippenbeil Sępopol.

Patenstädte: Nienburg und Bartenstein/Württemberg (durch Gebietsrefom eingegliedert in die Stadt Schrozberg).

Schippenbeil

Stadt im Kreis Bartenstein, Regierungsbezirk Königsberg.

35 m über dem Meer an der Alle, die hier in die Guber mündet.

1939: 3434 Einwohner, meist evangelisch;

1351 von Dt. Orden Kulmisches Recht (Gründungsurkunde).

Pfarrkirche 14. Jahrh., dreischiffige Backsteinhalle.

Volksschule, Mittelschule, Waisenhaus.

Amtsgericht, Postamt, Schlachthof.

Ziegelei, Molkerei, Flachsfabrik, Hammerwerk.

Mühle, Wasserwerk, Gaswerk.

1945 unter polnische Verwaltung — Sępopol.

Patenstadt Nienburg.

1 neuer Friedhof
2 alter Friedhof
3 Molkerei
4 Sportplatz
5 Stadtschule
6 Gasanstalt
7 Wasserwerk mit
  Wasserturm
8 Rathaus
9 jüd. Friedhof
10 Mühle u. Sägewerk
11 Tennisplätze
12 Waisenhaus, zuletzt
  Altersheim

Schippenbeil

Bartenstein (Ostpr)

Kreisstadt im Regierungsbezirk Königsberg (Pr).

1939: 11 268 Einwohner, meist evangelisch;

1326 erstmals erwähnt;

Burg des Deutschen Ordens um 1240 erbaut, 1454 zerstört;

1332 Kulmisches Stadtrecht.

Heilsberger Tor aus dem Mittelalter, Johanniskirche um 1400.

Spätgotische Pfarrkirche.

Landwirtschaftliche Fabriken, Eisengießerei, Holz- und Mühlenwerke.

Landgericht, Garnisonstadt, Wollspinnereien, Molkerei, Gymnasium, Lyzeum, Mittelschule, Volksschule, Berufsschule, Katholische Kirche.

Krankenhaus, 1932: 600jähriges Bestehen.

1945 kam die Stadt unter polnische Verwaltung.

Polnischer Name: Bartoszyce.

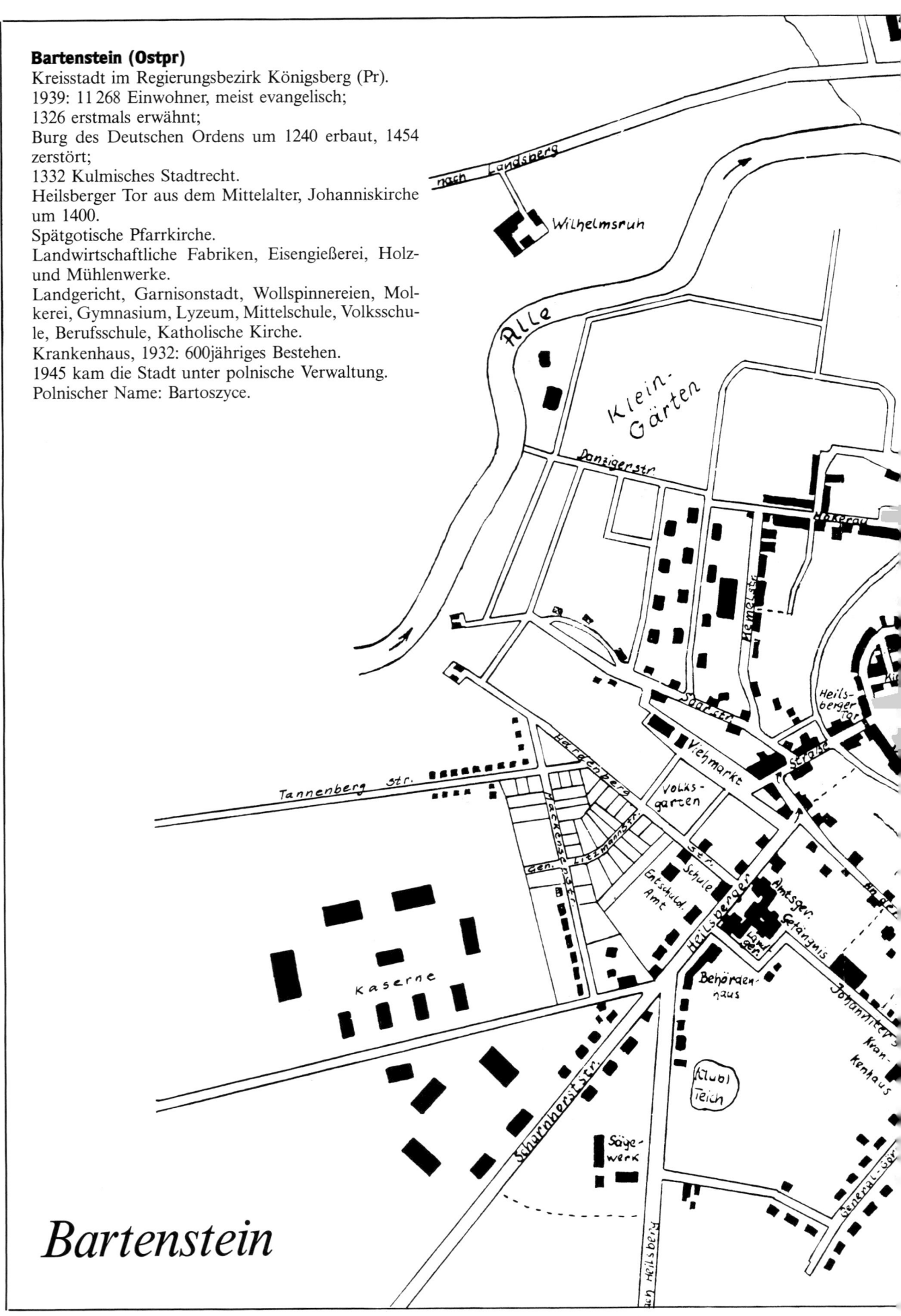

Bartenstein

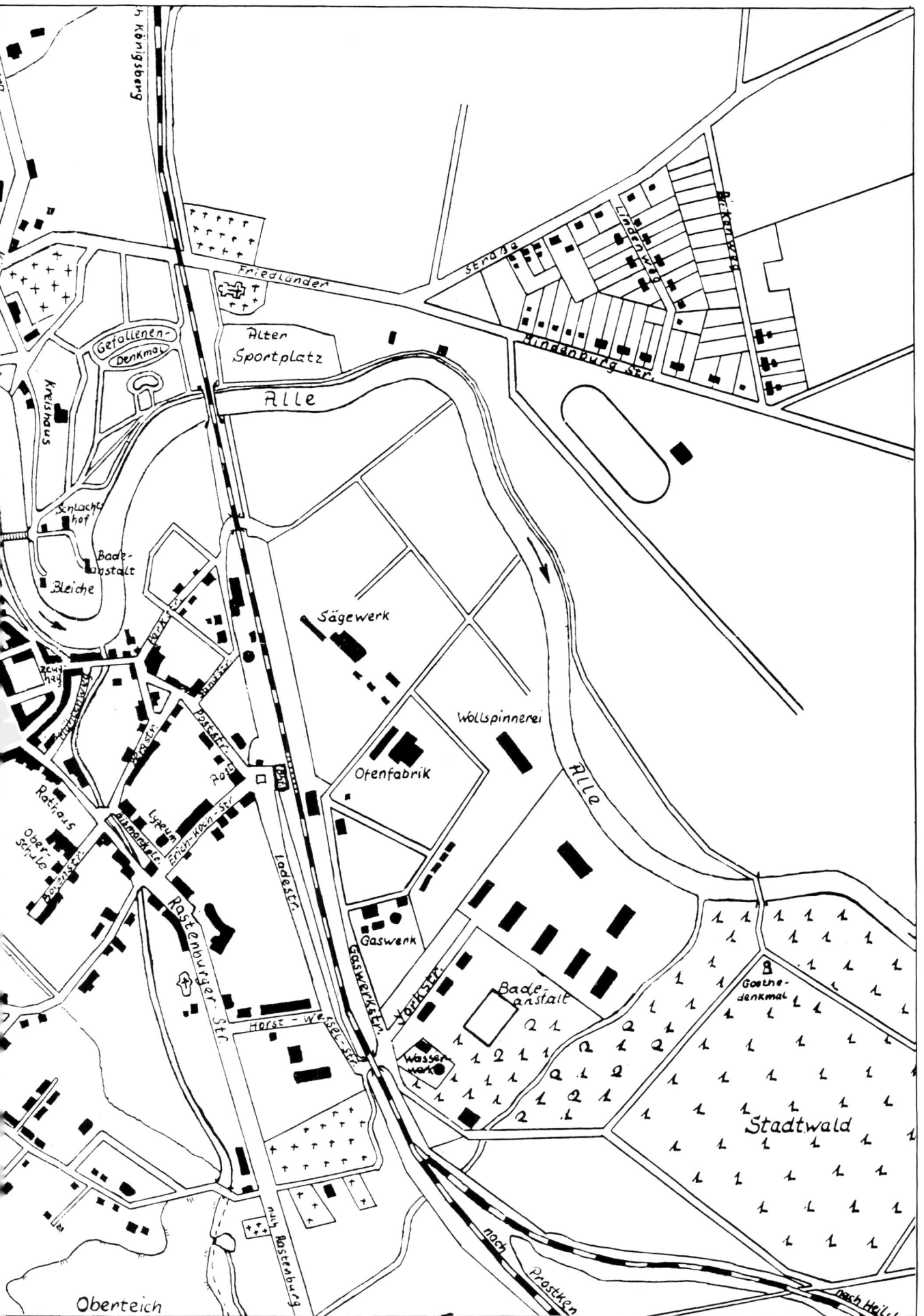

nach Königsberg

Friedländer

Gefallenen-Denkmal

Kreishaus

Alter Sportplatz

Straße

Lindenweg

Birkenweg

Hindenburg Str.

Alle

Schlacht hof

Bade-anstalt

Bleiche

Sägewerk

Park str.

Wollspinnerei

Postst.

Post

Rathaus

Ober Schule

Lyceum

Erich-Koch-Str.

Lindenstr.

Ofenfabrik

Alle

Bismarckstr.

Rastenburger Str.

Ladestr.

Gaswerk

Gaswerkstr.

Horst-Wessel-Str.

Yorkstr.

Bade-anstalt

Goethe-denkmal

Wasserwerk

Stadtwald

nach Rastenburg

Oberteich

nach Prostken

nach Heils

Domnau

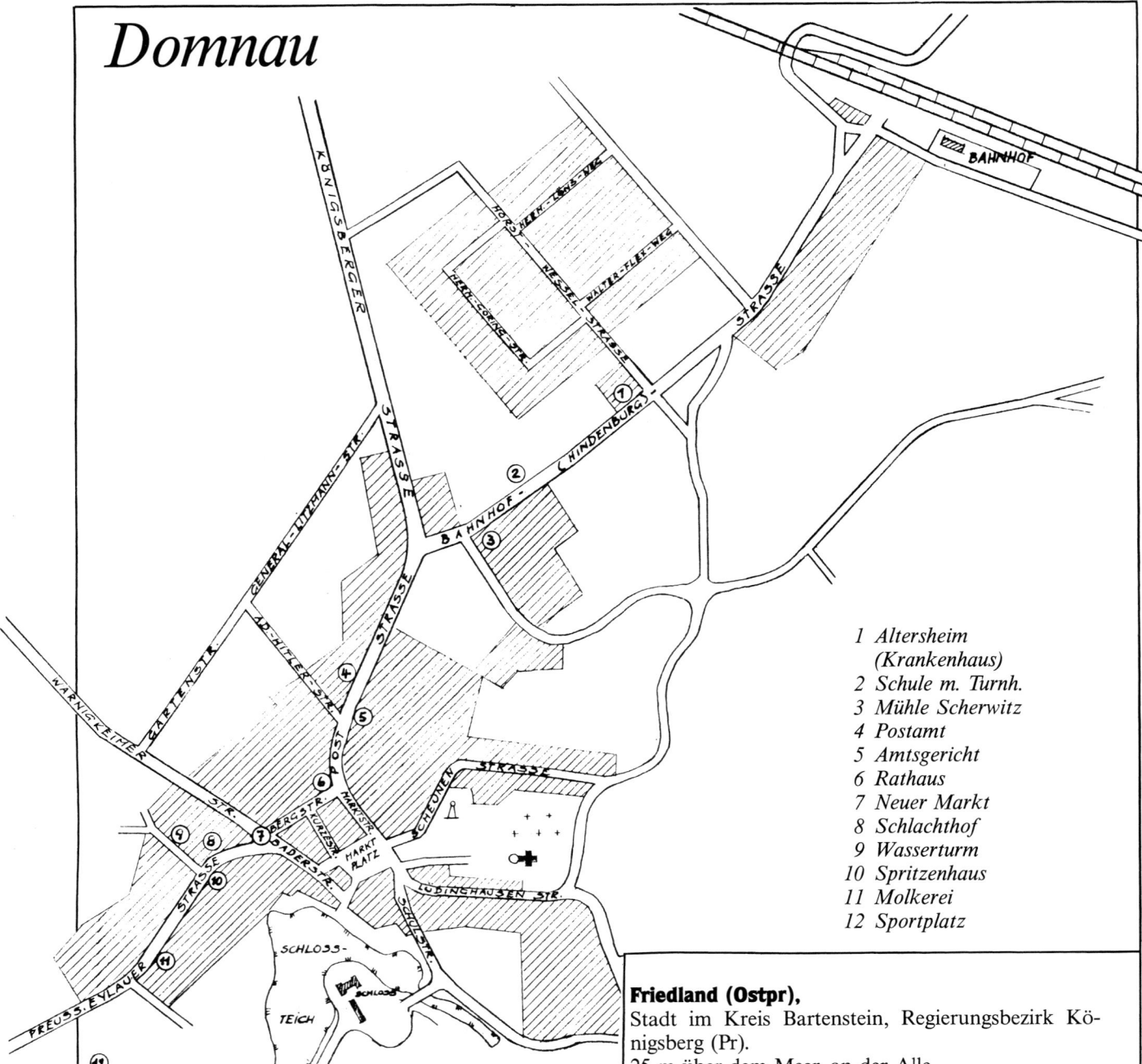

1 Altersheim
  (Krankenhaus)
2 Schule m. Turnh.
3 Mühle Scherwitz
4 Postamt
5 Amtsgericht
6 Rathaus
7 Neuer Markt
8 Schlachthof
9 Wasserturm
10 Spritzenhaus
11 Molkerei
12 Sportplatz

Domnau,
Stadt im Kreis Bartenstein, Regierungsbezirk Königsberg (Pr).
1939: 2939 Einwohner, kleinste Stadt im Kreis, 75 m üb. d. Meer.
1324 erwähnt;
vom Orden erbaute Burg 1460 zerstört;
1400 Stadtrechte, 1480 Erneuerung der Handfeste;
1319 war eine Kirche schon vorhanden;
Schloß 1945 von Sowjets abgebrannt;
Stadtfläche ca. 2085 ha.
Amtsgericht, Kreispflegeanstalt, Volksschule, gewerbliche Berufsschule, Molkerei, Mühle, Schlachthaus.
Elektrizitäts- und Wasserwerk, Postamt.
Biergroßhandlung — Brauerei und Malzfabrik Kinderhof (Gerdauen), Brauerei Ponarth (Königsberg).
Dampfdreschmaschinenverleih.
1945 unter sowjetische Verwaltung — Domnowo.
Patenstadt: Nienburg.

Friedland (Ostpr),
Stadt im Kreis Bartenstein, Regierungsbezirk Königsberg (Pr).
25 m über dem Meer, an der Alle.
1939: 4417 Einwohner, meist evangelisch;
Prußensiedlung;
1335 vom Deutschen Orden mit Kulmischem Stadtrecht gegründet.
Pfarrkirche, dreischiffige Basilika (14. Jahrh.)
Laubenhäuser am Markt, Teile der Stadtmauer erhalten.
1921/23 zentrales Kraftwerk Ostpreußens „Ostpreußenwerk" durch den Stau der Alle mit Stausee gebaut, Ausflugsziel.
Amtsgericht, Gas- und Wasserwerk, Schlachthof, Postamt, Krankenhaus.
Volksschule, Mittelschule, Aufbauschule für Mädchen.
Betonwarenfabrik, Brauerei mit Malzfabrik Kinderhof (Gerdauen), Käsefabrik.
1945 stark zerstört unter sowjetischer Verwaltung — Prawdinsk.
Patenstadt: Nienburg.

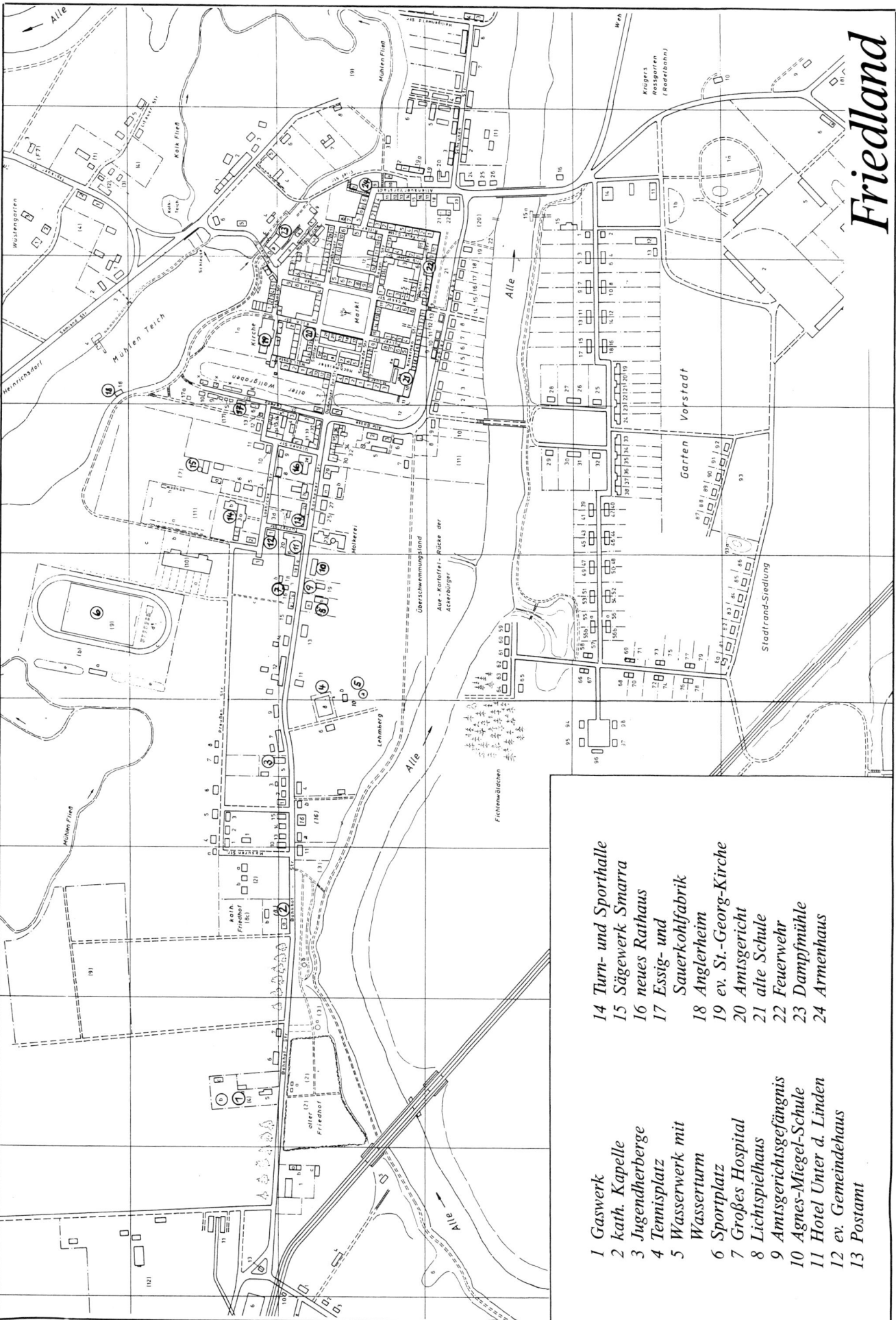

Friedland

1 Gaswerk
2 kath. Kapelle
3 Jugendherberge
4 Tennisplatz
5 Wasserwerk mit
   Wasserturm
6 Sportplatz
7 Großes Hospital
8 Lichtspielhaus
9 Amtsgerichtsgefängnis
10 Agnes-Miegel-Schule
11 Hotel Unter d. Linden
12 ev. Gemeindehaus
13 Postamt

14 Turn- und Sporthalle
15 Sägewerk Smarra
16 neues Rathaus
17 Essig- und
   Sauerkohlfabrik
18 Anglerheim
19 ev. St.-Georg-Kirche
20 Amtsgericht
21 alte Schule
22 Feuerwehr
23 Dampfmühle
24 Armenhaus

Der Kreis Braunsberg (Ostpreußen)

Gesamtfläche: 946,34 km².

Einwohner: 62 317 Personen, demnach 65,9 Einwohner auf 1 km².

4 Städte: Braunsberg, Frauenburg, Mehlsack, Wormditt.

97 selbständige Gemeinden (einschließlich der 4 Städte), 215 Wohnplätze.

Größte Landgemeinde im Kreis war Basien mit 973 Einwohnern.

Im Kreisgebiet gab es 25 katholische Pfarrgemeinden und insgesamt 4 evangelische Kirchen in den Städten.

74 Volksschulen, einschl. Städte, mit 201 Klassen, 8703 Schülern, 190 Lehrern.

2970 landwirtschaftliche Betriebe, davon 138 von 0,5—1 ha, 609 von 1—5 ha, 524 von 5—10 ha, 1040 von 10—50 ha, 570 von 50—100 ha, 71 von 100 bis 200 ha, 18 Betriebe über 200 ha.

1945 kam das ganze Kreisgebiet unter polnische Verwaltung. Braunsberg heißt polnisch: Braniewo, Frauenburg: Frombork, Mehlsack: Pienięzno, Wormditt: Ornetá.

Patenschaft für Stadt und Kreis Braunsberg: Stadt Münster/Westfalen.

Braunsberg (Ostpreußen)

Kreisstadt im Regierungsbezirk Königsberg (Pr), Ermland, an der schiffbaren unteren Passarge gelegen, 7 km vor der Mündung in das Frische Haff.

1939: 21 142 Einwohner, meist katholisch (83,1 %)

1240 erste Burganlage durch den Deutschen Ritterorden, bischöfliche Residenz 1243—1340, danach Sitz des Burggrafen.

1254 erstes Stadtprivileg.

1284 Handfeste nach Lübischem Recht.

1296 Franziskanerkloster, 1565 an die Jesuiten, ermländisches Priesterseminar, päpstliches Missionsseminar.

1346—1442 St. Katharinen-Pfarrkirche, große dreischiffige Hallenkirche (Backsteingotik) mit reichem Sterngewölbe.

1350 Rathaus, mehrfach umgestaltet, zuletzt im 18. Jahrhundert (Barock).

1358—1604 Mitglied der Hanse.

1581 Regina Protmann gründet die „Kongregation der Schwestern von der Hl. Katharina" für Krankenpflege und Mädchenerziehung.

1723—1731 Kreuzkirche, Vorläuferkapelle von 1636.

1830—1837 evangelische Kirche nach Plänen von Schinkel.

Philosophisch-Theologische Hochschule (Staatliche Akademie), Priesterseminar, Katharinenkloster, Höhere Schulen, Fachschulen für Landwirtschaft, Kfz-Mechaniker und Haushalt; zwei Museen, Krankenhäuser, Gerichts- und Finanzbehörde. Garnisonstadt seit 1773.

Braunsberg, als „Hauptstadt des Ermlands", war geistiger Mittelpunkt des Katholizismus mitten im protestantischen Ostpreußen.

Industrie: landwirtschaftliche Verarbeitung, Brauerei, Öfen, Leder, Zigarren, Maschinen, Blechwaren.

1945 ca. 80% zerstört, unter polnische Verwaltung.

Polnischer Name: Braniewo.

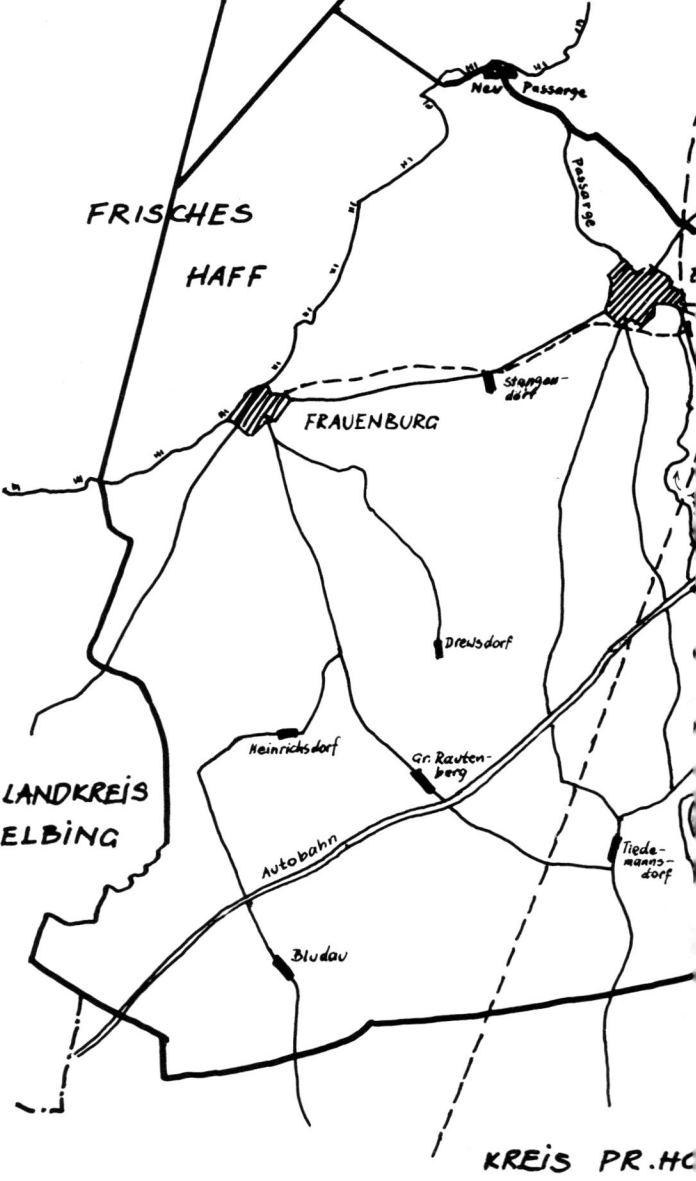

FRISCHES HAFF

Neu Passarge

Passarge

FRAUENBURG

Stangendorf

Drewsdorf

Heinrichsdorf

Gr. Rautenberg

LANDKREIS ELBING

Autobahn

Tiedemannsdorf

Bludau

KREIS PR. HOL

KREIS BRAUNSBERG

0 1   7 km   Ba

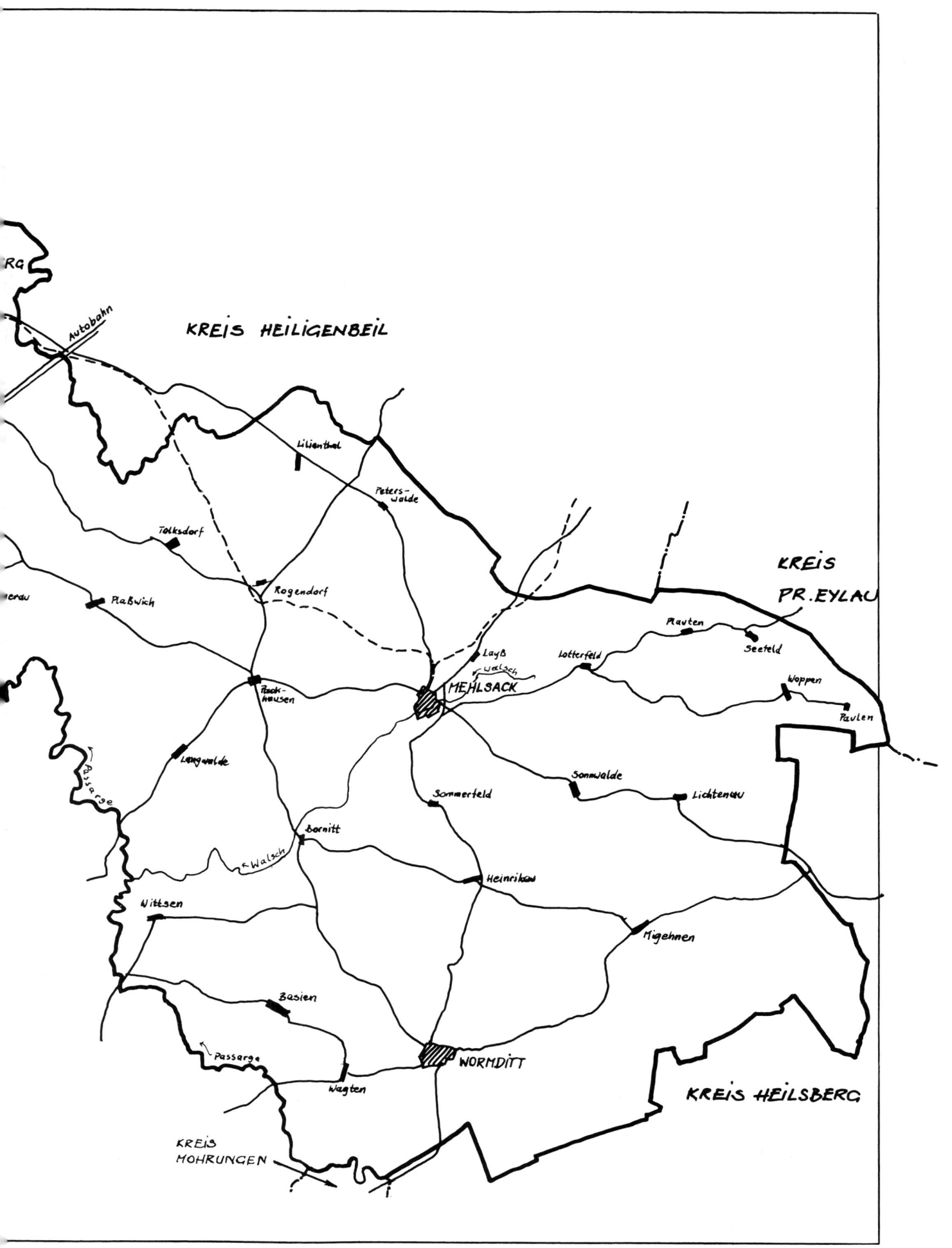

KREIS HEILIGENBEIL

KREIS PR.EYLAU

KREIS HEILSBERG

KREIS MOHRUNGEN

RG

Autobahn

Lilienthal

Peters-walde

Tolksdorf

Rogendorf

Plauten

Seefeld

Woppen

Paulen

Plaßwich

nerau

Layß

Walsch

MEHLSACK

Lotterfeld

Packhausen

Langwalde

Sonnwalde

Lichtenau

Passarge

Sommerfeld

Bornitt

Walsch

Heinrikau

Migehnen

Wittsen

Basien

Passarge

WORMDITT

Wagten

41

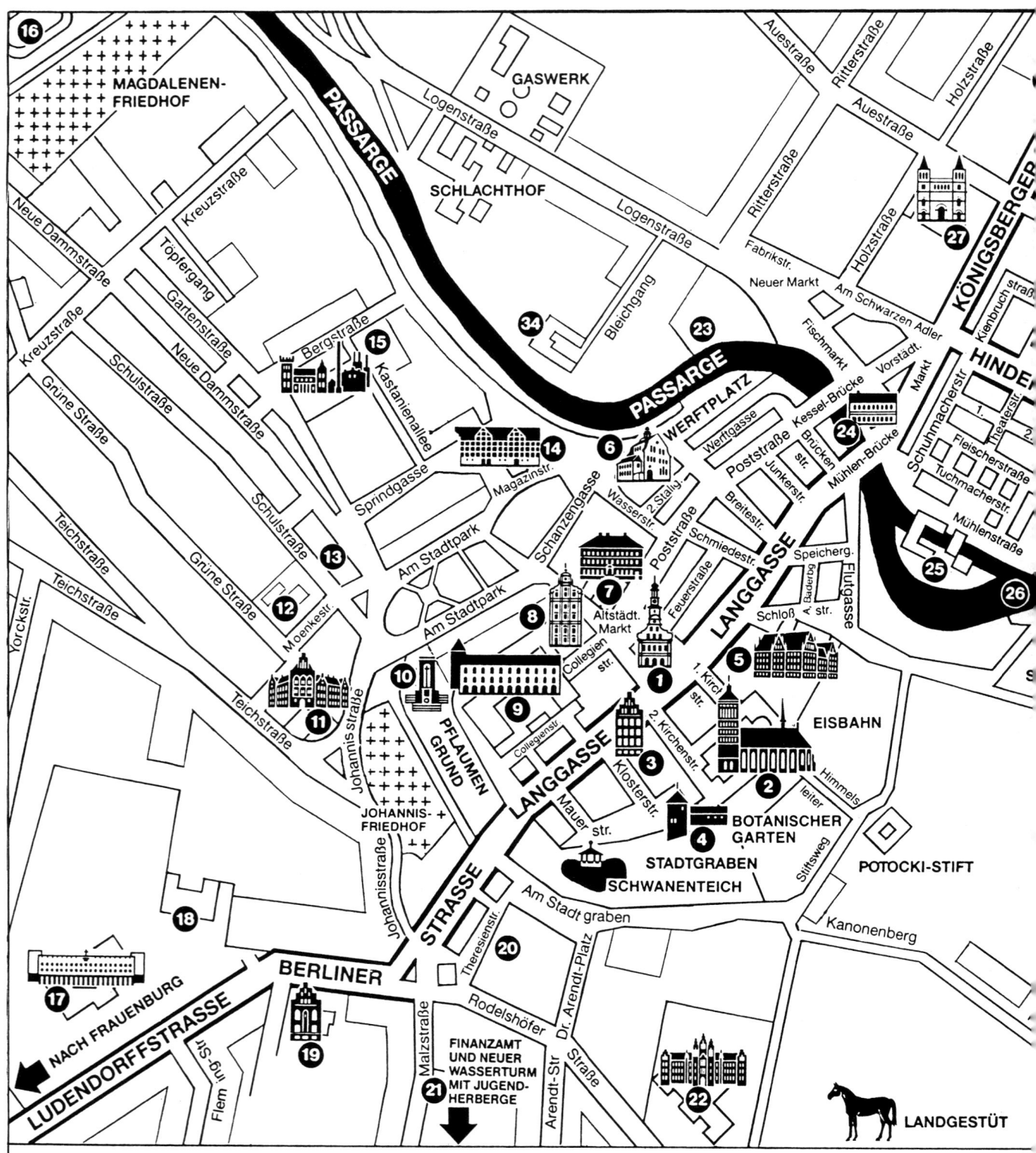

Südlich der Passarge

1 Rathaus
2 Pfarrkirche St. Katharina
3 Klosterpensionat (vorm. altes Kloster)
4 Roßmühlenturm (Pulverturm)
5 Schloßschule, seit 1922 Aufbauschule
6 Elisabeth-Schule, Lyceum für Mädchen
7 Postamt
8 Steinhaus/Katholische Adademie
9 Hosianum, seit 1937 Hermann-von-Salza-Schule,
10 Ehrenmal im Pflaumengrund

11 Amts- und Landgericht mit Gerichtsgefängnis
12 Katholische Knabenschule (Hindenburgschule)
13 Zigarrenfabrik „Loeser & Wolff"
14 Speicher „Zum goldenen Löwen"
15 Bierbrauerei „Bergschlößchen"
16 Gymnasial-Sportplatz
17 Priesterseminar
18 Marienkrankenhaus
19 Bischöfliches Konvikt
20 Haus der Liedertafel
21 Meierei
22 St. Katharinenkloster (Neues Kloster)

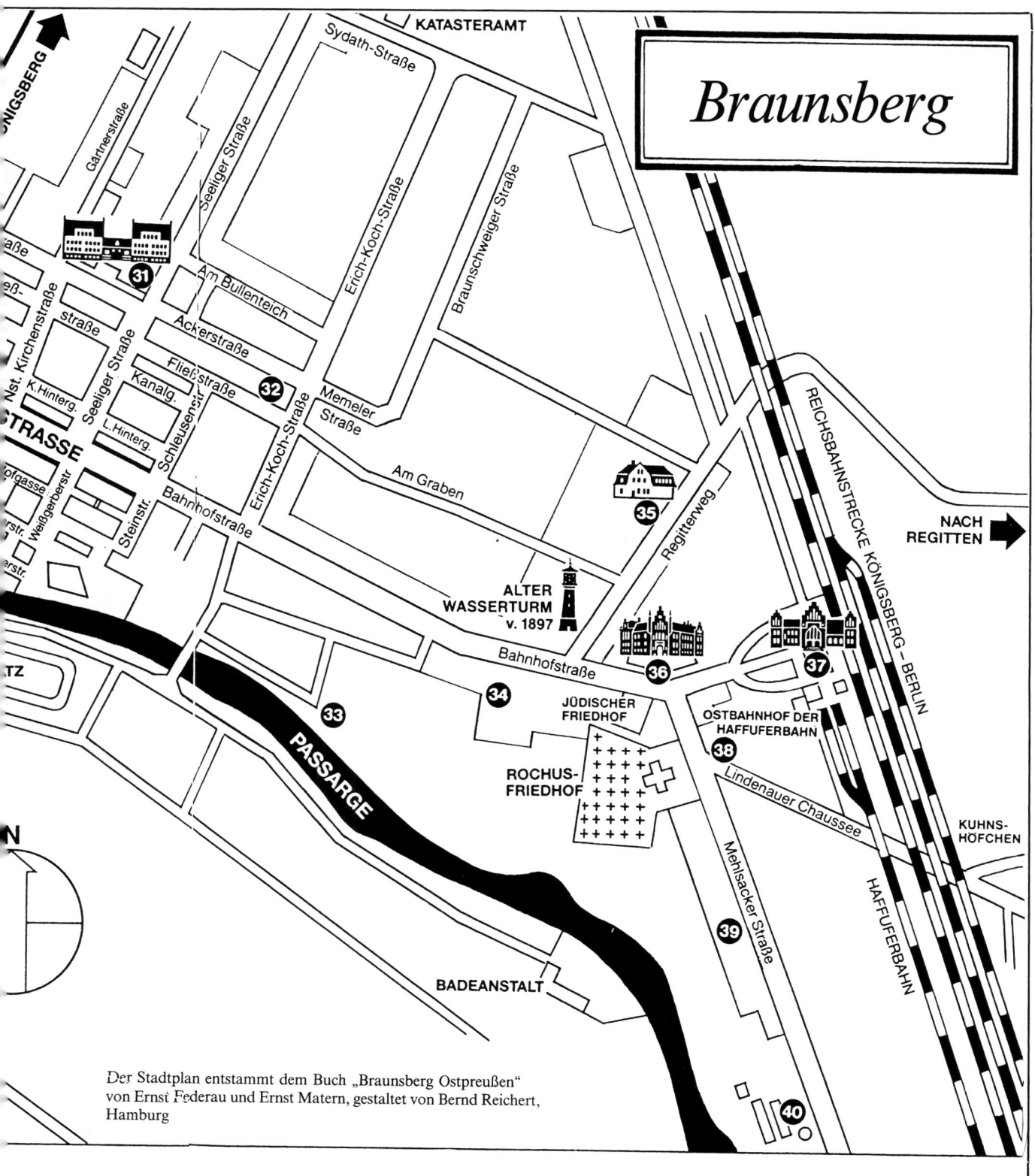

Braunsberg

KÖNIGSBERG

KATASTERAMT

Sydath-Straße

Gärtnerstraße

Seeliger Straße

Erich-Koch-Straße

Braunschweiger Straße

Am Bullenteich

Ackerstraße

Nst. Kirchenstraße

K. Hinterg.

Seeliger Straße

Kanalg.

Fließstraße

L. Hinterg.

Schleusenstr.

STRASSE

Steinstr.

Bahnhofstraße

Erich-Koch-Straße

Memeler Straße

Am Graben

31

32

REICHSBAHNSTRECKE KÖNIGSBERG – BERLIN

NACH REGITTEN

Regittenweg

35

ALTER WASSERTURM v. 1897

Bahnhofstraße

36

37

33

34

JÜDISCHER FRIEDHOF

OSTBAHNHOF DER HAFFUFERBAHN

38

ROCHUS- FRIEDHOF

Lindenauer Chaussee

KUHNS- HÖFCHEN

PASSARGE

Mehlsacker Straße

HAFFUFERBAHN

39

BADEANSTALT

40

Der Stadtplan entstammt dem Buch „Braunsberg Ostpreußen" von Ernst Federau und Ernst Matern, gestaltet von Bernd Reichert, Hamburg

Nördlich der Passarge
23 Seifenfabrik
24 Haus der Casino-Gesellschaft
25 Große Amtsmühle
26 Wasserfall
27 Evangelische Kirche
28 Katholisches Vereinshaus
29 Evangelisches Vereinshaus
30 Neustädtische Kirche St. Trinitatis
31 Neue ev. Volks- und kath. Mädchenschule
32 Lederfabrik „Sonnenstuhl"

33 Ruderhaus des Gymnasiums (GRV)
34 Feinlederfabrik „Berger"
35 Landwirtschaftsschule
36 Landratsamt (vorm. Kreishaus)
37 Bahnhof der Reichsbahn
38 Altenheim
39 Maschinenfabrik, seit 1938: Zweigwerk der Braunschweiger Blechwarenfabrik „Unger & Sohn"
40 Sägewerk

Wormditt

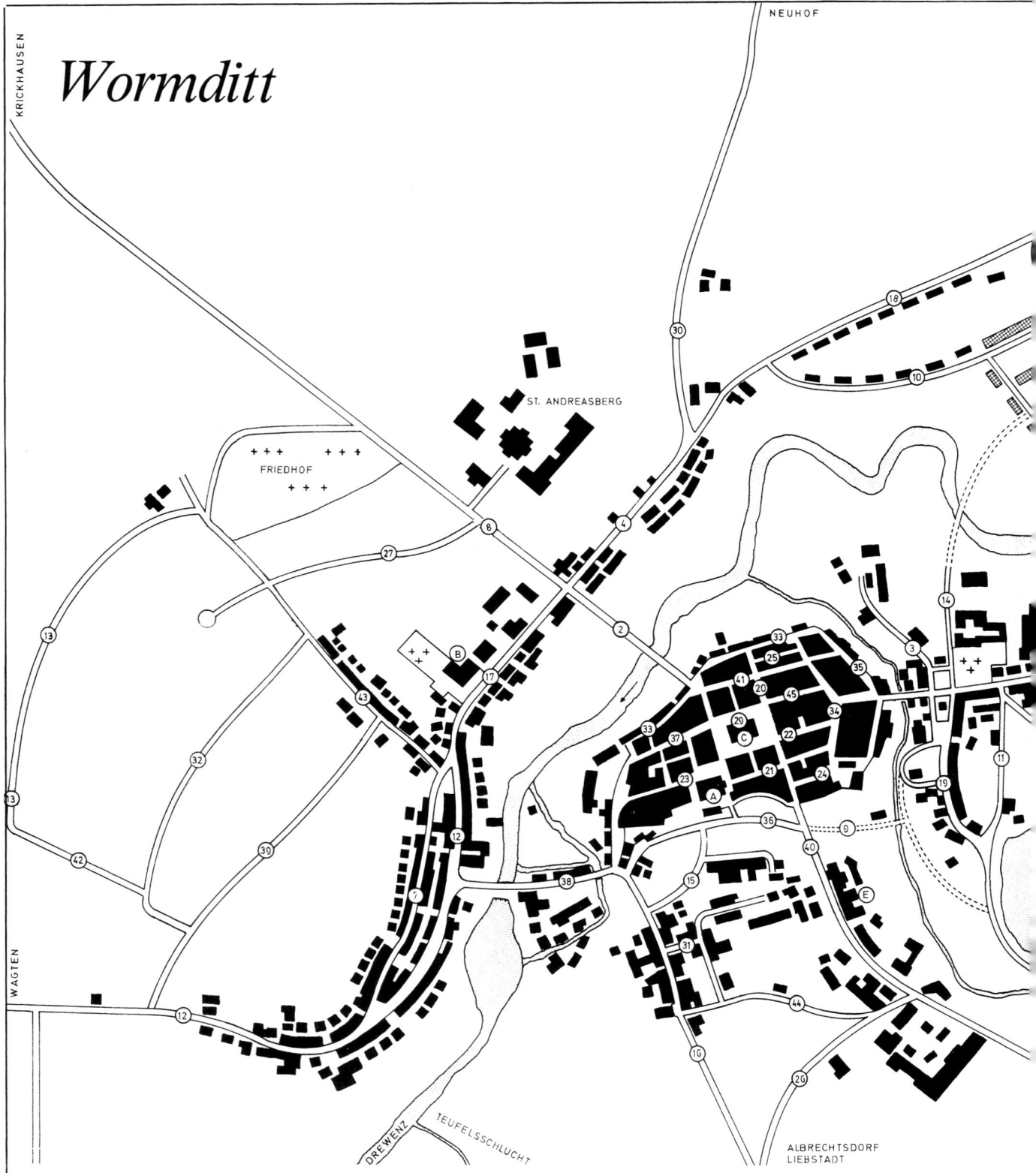

Wormditt

Stadt im Kreis Braunsberg (Ostpr), Reg.-Bez. Königsberg (Pr), an der Drewenz, ca. 10 km vor ihrer Mündung in die Passarge gelegen, 72 m über dem Meer;

1939: 7817 Einwohner, meist katholisch;

1308 erstmals urkundlich erwähnt;

1312 zur Stadt erhoben, 1359 Handfeste nach Kulmischem Recht erneuert;

Bischöfliche Burg aus dem 14. Jahrhundert (1806 abgebrochen), Residenz des Bischofs von 1341—1349;

1340 Bau einer Ringmauer;

1371 gotisches Rathaus auf dem Marktplatz, von drei Seiten mit Laubenhäusern umgeben;

1379 Pfarrkirche St. Johannis geweiht;

Höhere Schule und Berufsschule, Heilanstalt für Epileptiker, Krankenhaus, evangelische Kirche;

Metall- und Holzverarbeitung;

1945 polnische Verwaltung, polnischer Name: Orneta;

Ptenstadt: Münster/Westfalen.

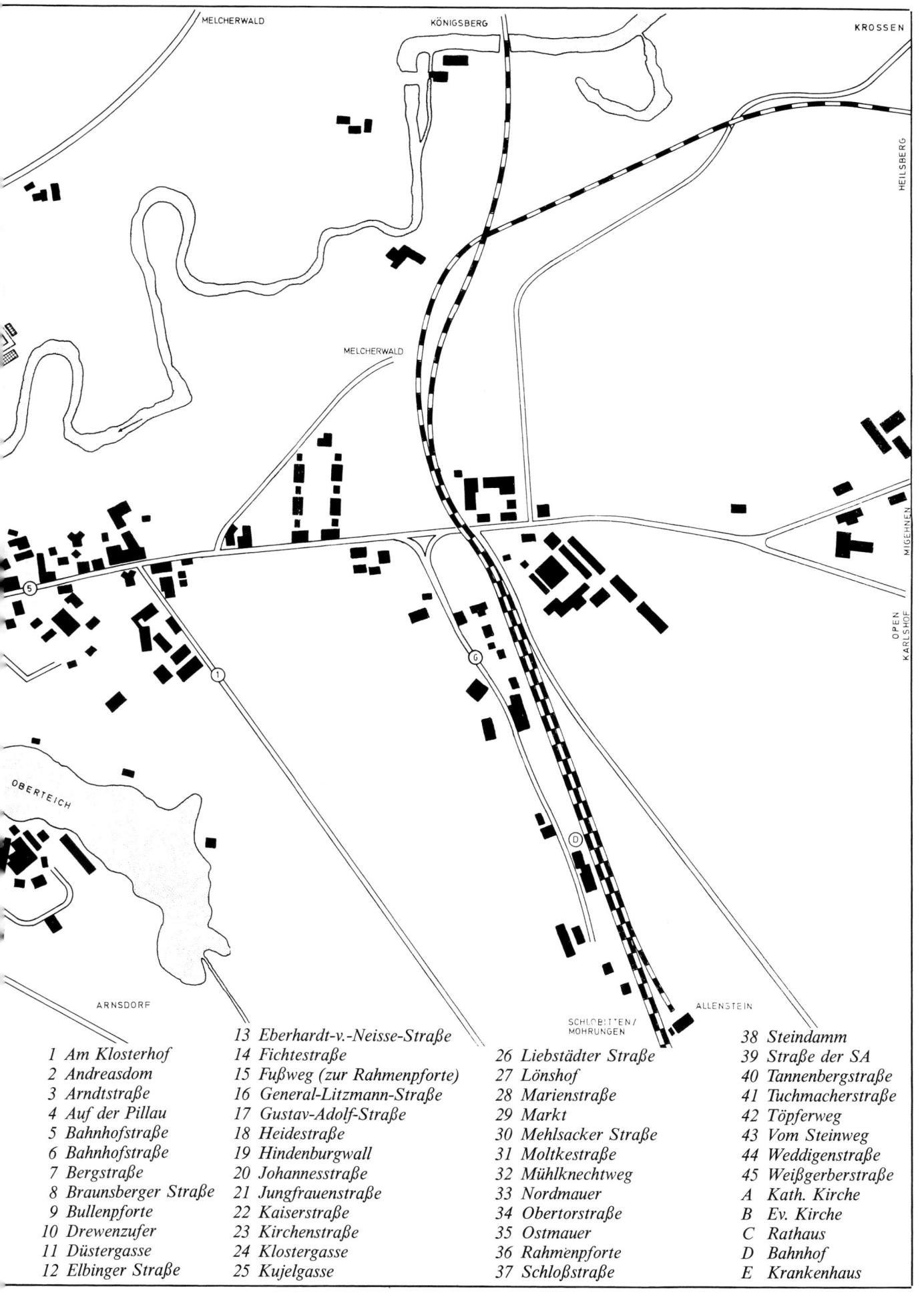

MELCHERWALD   KÖNIGSBERG   KROSSEN

HEILSBERG

MELCHERWALD

MIGEHNEN

OPEN
KARLSHOF

OBERTEICH

ARNSDORF

SCHLOBITTEN/
MOHRUNGEN

ALLENSTEIN

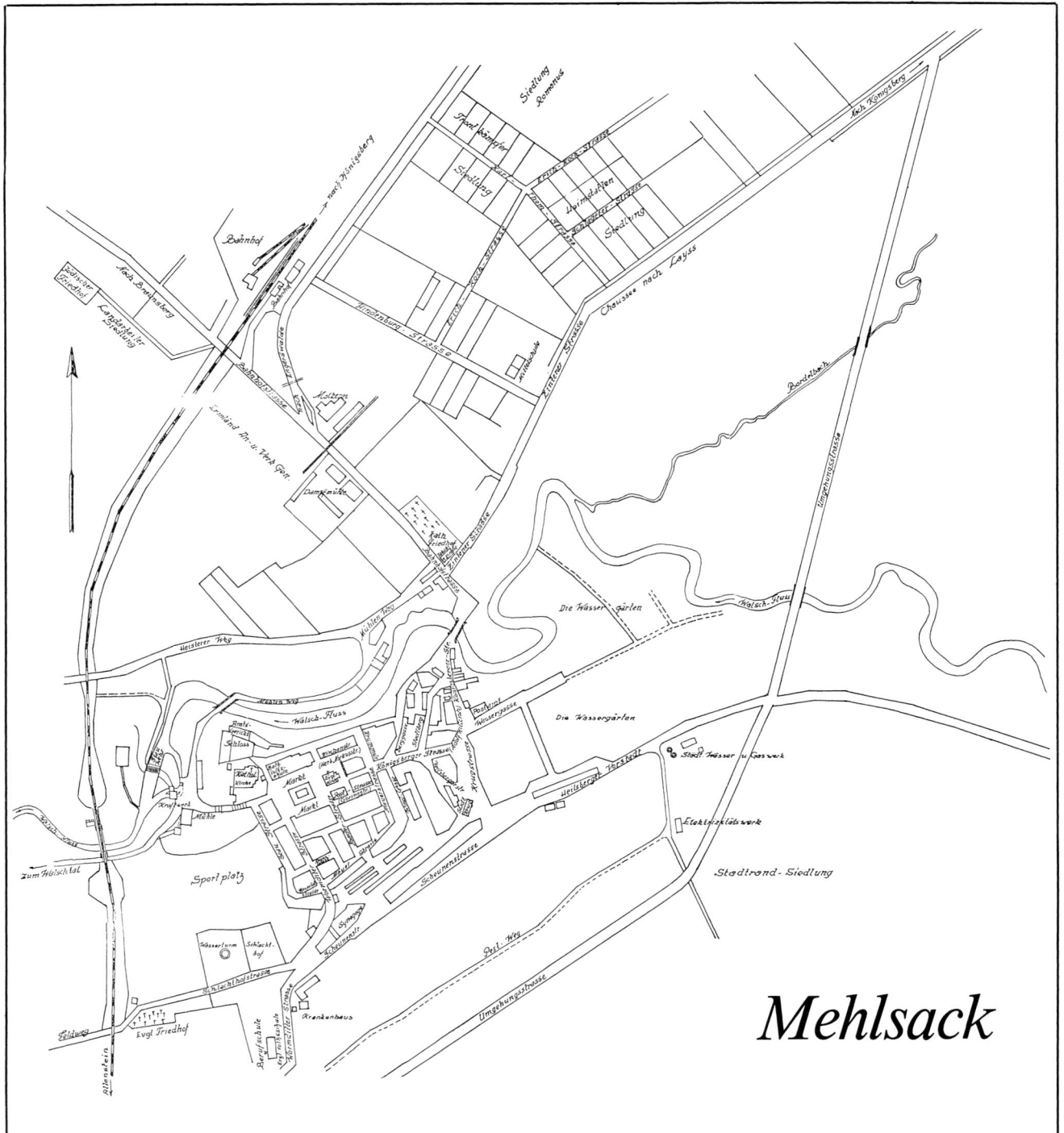

Mehlsack

Mehlsack

Stadt im Kreis Braunsberg (Ostpr), Reg.-Bez. Königsberg (Pr), auf einer kleinen Anhöhe, umgeben von dem Tal der Walsch, einem Nebenflüßchen der Passarge, gelegen, 80 m über dem Meer;

1939: 4393 Einwohner, meist katholisch;

1282 erstmals als „Malcekuke" erwähnt, dem Fürstbistum Ermland eingegliedert und Sitz eines domkapitulären Kammeramtes;

1304 erster Pfarrer nachweisbar;

1312 Stadtgründung nach Kulmischem Recht;

1350 Pfarrkirche als dreischiffige Hallenkirche, 1893 abgebrochen, 1894—1896 Neubau einer fünfschiffigen Hallenkirche;

14. Jahrhundert: Bau einer Burg, später Amtsgericht und Museum;

1851 evangelische Kirche;

Mittelschule, Krankenhaus, Amtsgericht, Gestüt für Kaltblutpferde (Ermländer);

Eisen- und landwirtschaftliche Verarbeitungsindustrie, Landhandel, Viehmärkte, Fremdenverkehr;

1945 Innenstadt zerstört, polnische Verwaltung, polnischer Name: Pieniężno;

Patenstadt: Münster/Westfalen.

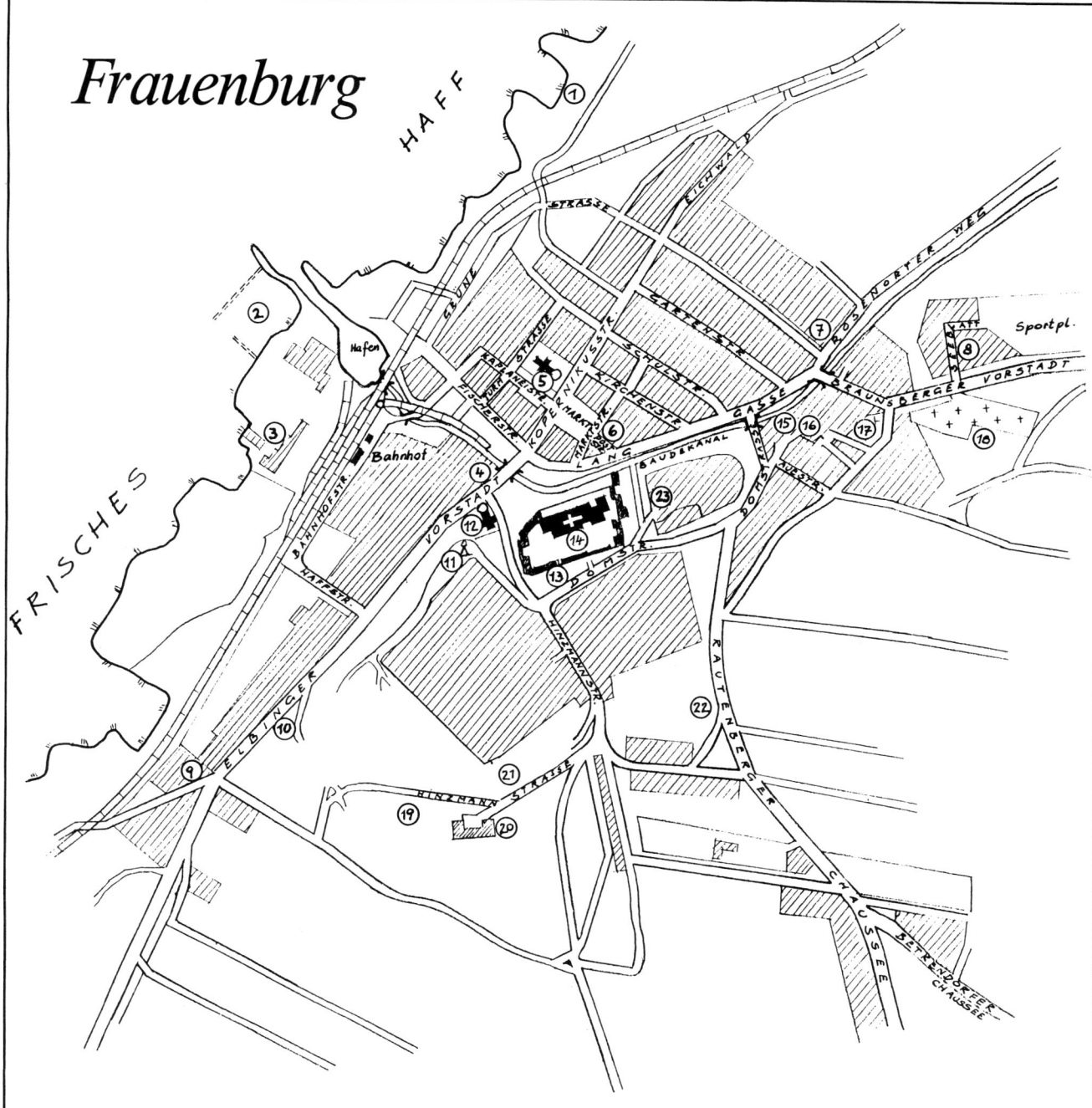

Frauenburg

Stadt im Kreis Braunsberg (Ostpr), Reg.-Bez. Königsberg (Pr), am Ostufer des Frischen Haffes gelegen, 2—15 m über dem Meer. Kathedrale und Bischofssitz der Diözese Ermland;

1939: 2981 Einwohner, meist katholisch;

1270/1280 Anlage der Domburg;

1278 Stadt erstmals erwähnt;

1284 Verlegung des Domkapitels der Diözese Ermland von Braunsberg nach Frauenburg (1284—1945);

1310 Lübisches Stadtrecht;

1329—1388 Dom — dreischiffige Backstein-Hallenkirche;

1512—1543 Nikolaus Kopernikus Domherr in Frauenburg, Grabplatte im Dom;

Kopernikus-Museum, Fischerei- und Handelshafen seit dem 15. Jahrhundert, Sägewerk, Orthopädische

1 Badeanstalt	13 Julius-Pohl-Terr.
2 Floßhafen	14 Dom
3 Sägewerk	15 Krankenhaus
4 Mühle	16 Hospital-Kirche
5 kath. Kirche	17 alter Friedhof
6 Rathaus	18 neuer Friedhof
7 Kreuzbündnishaus	19 jüd. Friedhof
8 Emeritenheim	20 orthop. Klinik
9 Gasanstalt	21 Domherren-Friedh.
10 Volksschule	22 evgl. Friedhof
11 Kopernikus-Denkm.	23 Bischöfl. Palais
12 evgl. Kirche	

Heil- und Lehranstalt, Krankenhaus, Fremdenverkehr, evangelische Kirche;

1945 ca. 70 % zerstört, polnische Verwaltung, polnischer Name: Frombork;

Patenstadt: Münster/Westfalen.

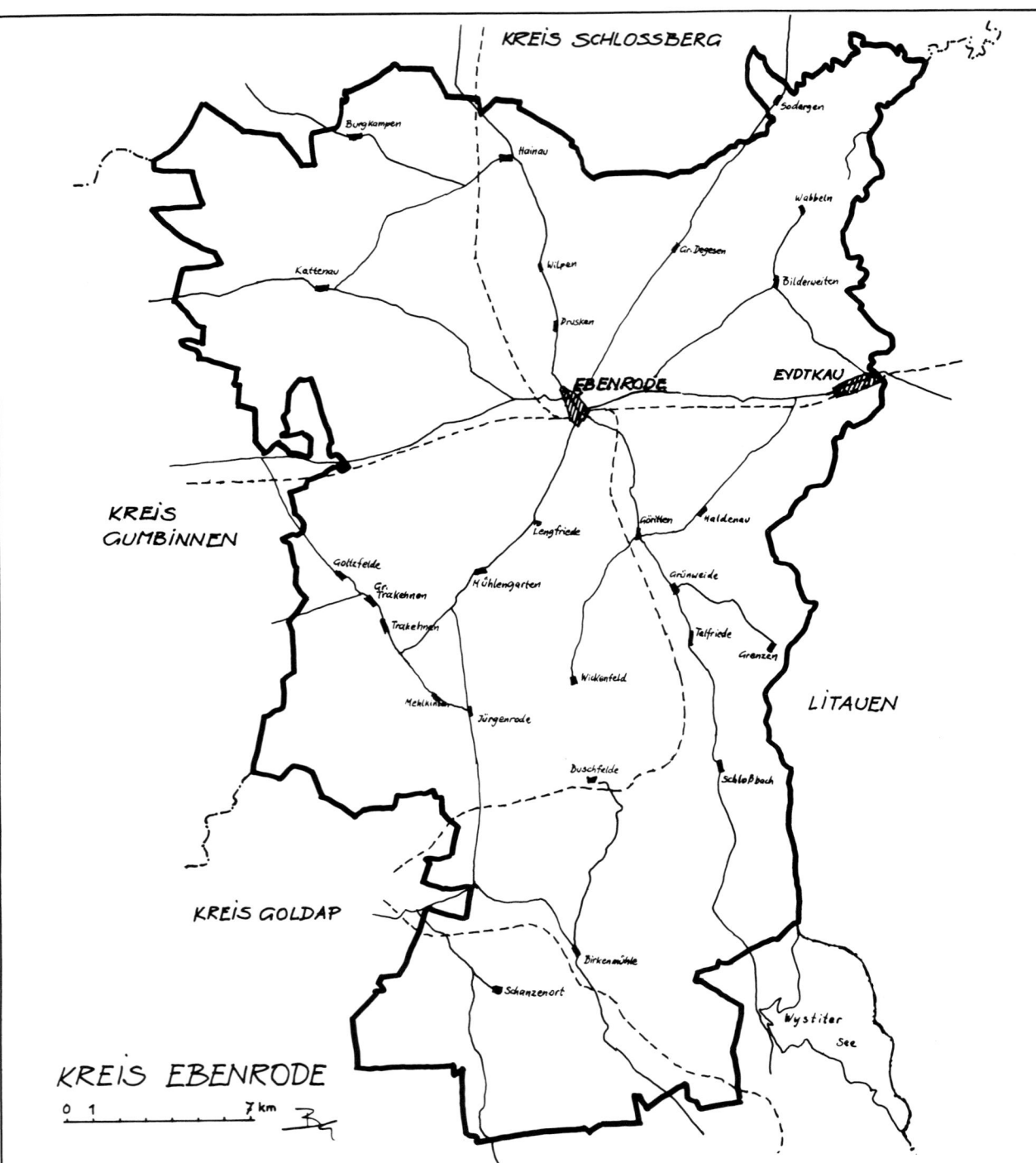

KREIS SCHLOSSBERG

Burgkampen
Sodargen
Hainau
Wabbeln
Wilpen
Gr. Degesen
Druskau
Bilderweiten
Kattenau

EBENRODE
EYDTKAU

KREIS
GUMBINNEN

Lengfriede
Görtten
Haldenau
Gottesfelde
Gr. Trakehnen
Mühlengarten
Grünweide
Trakehnen
Talfriede
Grenzen
Wickenfeld

LITAUEN

Mehlkinten
Jürgenrode
Buschfelde
Schloßbach

KREIS GOLDAP

Birkenmühle
Schanzenort
Wystiter
See

KREIS EBENRODE

0 1   7 km

Der Kreis Ebenrode (Stallupönen)

Gesamtgröße: 703,90 km²;
Einwohner: 41265 Personen, damit 58,6 Einwohner je km².
Im Landkreis 173 politische Gemeinden, darunter zwei Städte: Ebenrode und Eydtkau, 258 Wohnplätze. Größte Landgemeinden im Kreis: Birkenmühle mit 1076, Groß Trakehnen mit 1518 Einwohnern.
Im Kreis: 84 Volksschulen mit 135 Klassen, 5572 Schülern, 128 Lehrern;
9 evangelische Kirchspiele, 2 katholische Kirchen.
Die Ostgrenze des Kreises war Landesgrenze zu Litauen. 84 % der Kreisfläche wurden landwirtschaftlich genutzt: 42 877 ha waren Ackerland, 15 430 ha Wiesen und Weiden, 828 ha Garten und Obstflächen; Forsten und Holzungen = 7 % der Kreisfläche. Ödland, Moore, Gewässer, Hofflächen, Wege, Eisenbahnen,

öffentliche Plätze usw. betrugen 9 % der Kreisfläche.
In der Hauptsache wurden angebaut: Winterroggen, Winterweizen, Sommergerste, Hafer, Kartoffeln, Futterrüben. Im Hauptgestüt Trakehnen berühmte Pferdezucht. Reitervereine. 3108 landwirtschaftliche Betriebe, davon 1353 von 0,5–5 ha, 938 = 5–10 ha, 629 = 10–20 ha, 725 = 20–100 ha, 63 über 100 ha.
Neben vielen kleinen Handwerksbetrieben: Maschinenfabrik, Metallwarenfabrik, Zementwaren-, Leder-, Likör-, Schnupftabak-, Selterwasserherstellung. 2 Kartoffel-Spiritusbrennereien, Eisengießerei, Holzsägewerke, Ziegeleien, Bau- und Möbeltischlereien, Buchdruckereien.
1945 kamen Stadt und Kreis Ebenrode unter sowjetische Verwaltung, russischer Name nun: Nesterow.
Patenstadt für Stadt und Kreis: Kassel.

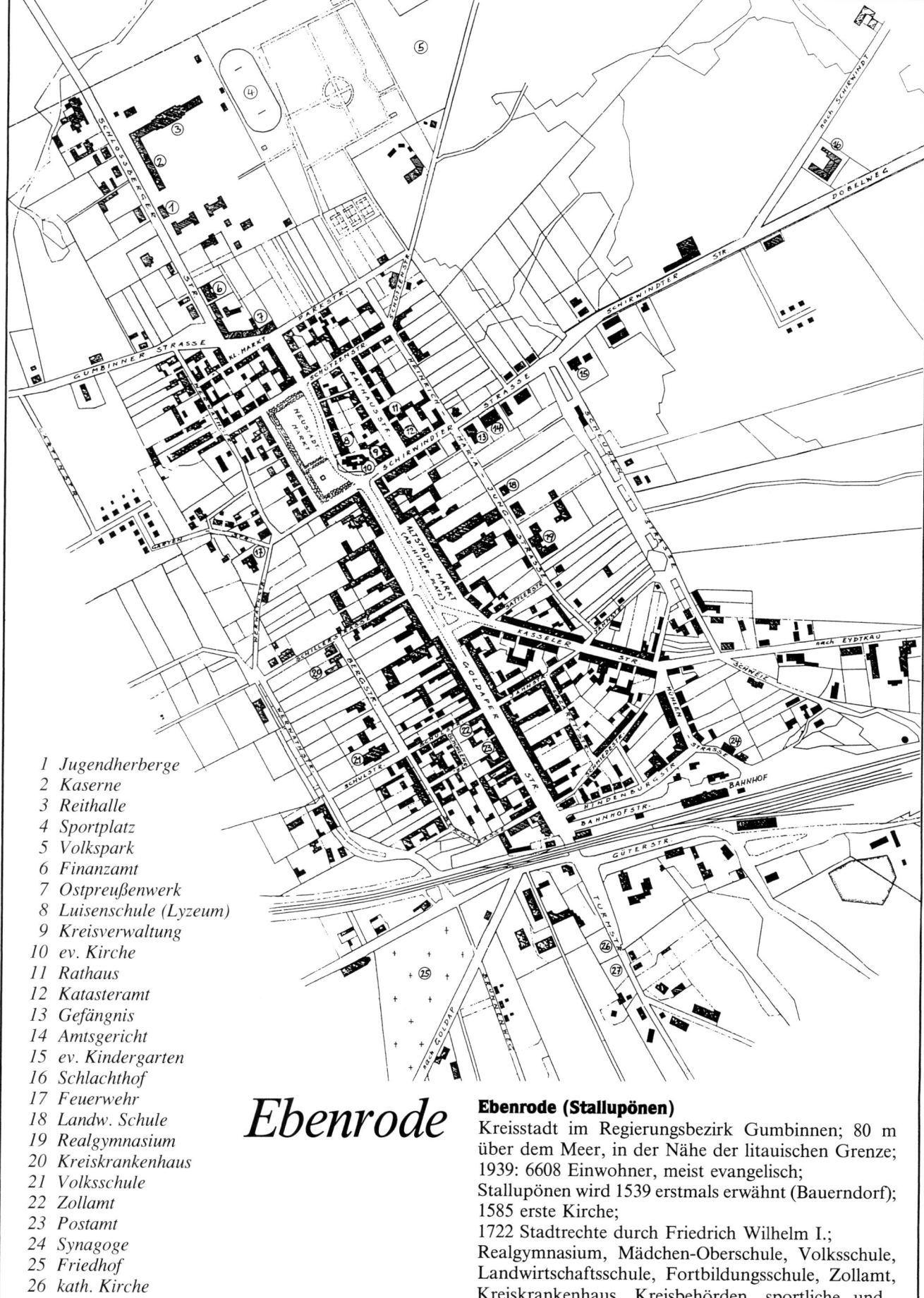

1 Jugendherberge
2 Kaserne
3 Reithalle
4 Sportplatz
5 Volkspark
6 Finanzamt
7 Ostpreußenwerk
8 Luisenschule (Lyzeum)
9 Kreisverwaltung
10 ev. Kirche
11 Rathaus
12 Katasteramt
13 Gefängnis
14 Amtsgericht
15 ev. Kindergarten
16 Schlachthof
17 Feuerwehr
18 Landw. Schule
19 Realgymnasium
20 Kreiskrankenhaus
21 Volksschule
22 Zollamt
23 Postamt
24 Synagoge
25 Friedhof
26 kath. Kirche
27 Neuapost. Gemeinde

Ebenrode

Ebenrode (Stallupönen)

Kreisstadt im Regierungsbezirk Gumbinnen; 80 m
über dem Meer, in der Nähe der litauischen Grenze;
1939: 6608 Einwohner, meist evangelisch;
Stallupönen wird 1539 erstmals erwähnt (Bauerndorf);
1585 erste Kirche;
1722 Stadtrechte durch Friedrich Wilhelm I.;
Realgymnasium, Mädchen-Oberschule, Volksschule,
Landwirtschaftsschule, Fortbildungsschule, Zollamt,
Kreiskrankenhaus, Kreisbehörden, sportliche und
kulturelle Vereine, Verein der Salzburger.

49

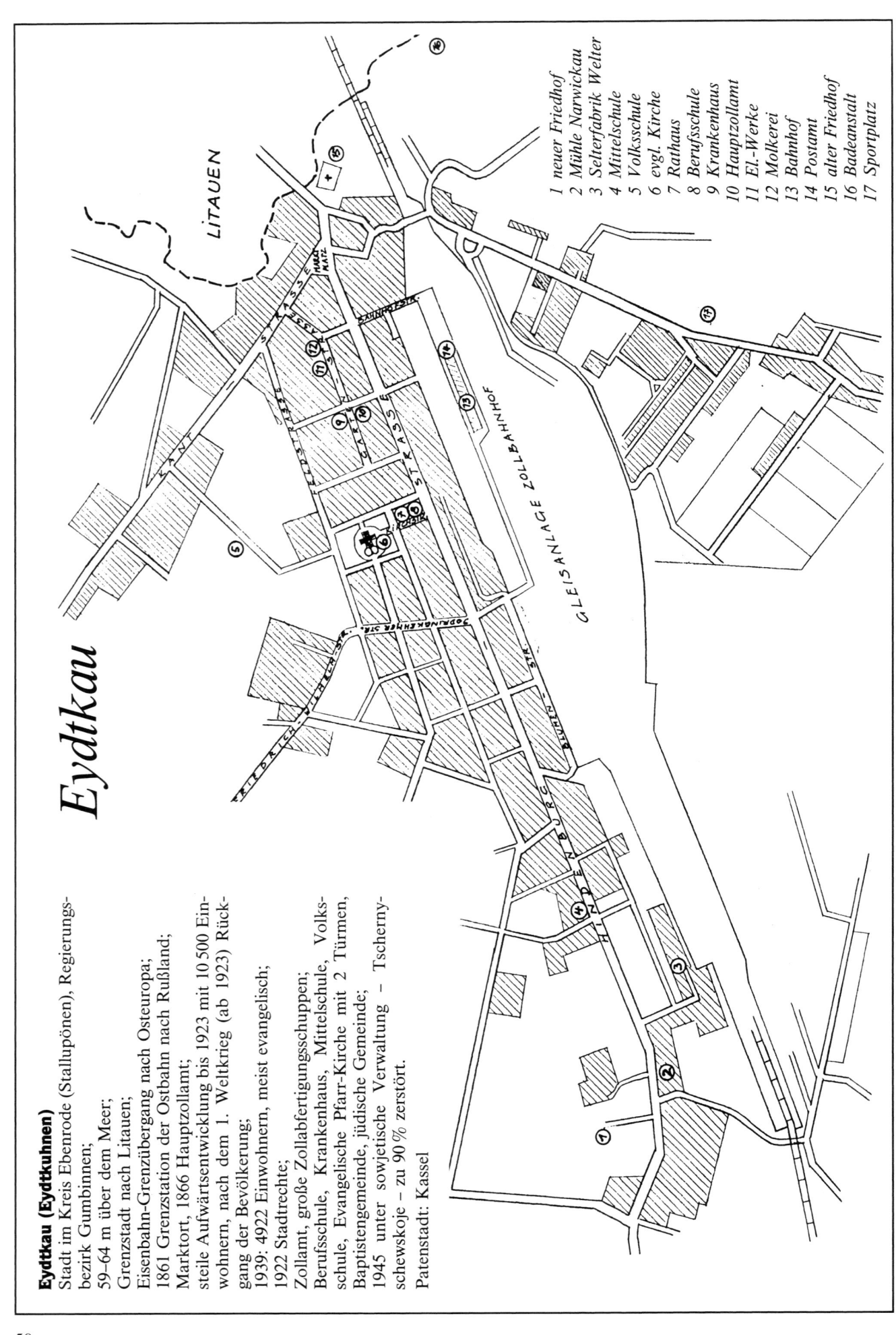

Eydtkau

Eydtkau (Eydtkuhnen)

Stadt im Kreis Ebenrode (Stallupönen), Regierungsbezirk Gumbinnen;

59–64 m über dem Meer;

Grenzstadt nach Litauen;

Eisenbahn-Grenzübergang nach Osteuropa;

1861 Grenzstation der Ostbahn nach Rußland;

Marktort, 1866 Hauptzollamt;

steile Aufwärtsentwicklung bis 1923 mit 10 500 Einwohnern, nach dem 1. Weltkrieg (ab 1923) Rückgang der Bevölkerung;

1939: 4922 Einwohnern, meist evangelisch;

1922 Stadtrechte;

Zollamt, große Zollabfertigungsschuppen; Berufsschule, Krankenhaus, Mittelschule, Volksschule, Evangelische Pfarr-Kirche mit 2 Türmen, Baptistengemeinde, jüdische Gemeinde; 1945 unter sowjetische Verwaltung – Tschernyschewskoje – zu 90 % zerstört.

Patenstadt: Kassel

1 neuer Friedhof
2 Mühle Narwickau
3 Selterfabrik Welter
4 Mittelschule
5 Volksschule
6 evgl. Kirche
7 Rathaus
8 Berufsschule
9 Krankenhaus
10 Hauptzollamt
11 El.-Werke
12 Molkerei
13 Bahnhof
14 Postamt
15 alter Friedhof
16 Badeanstalt
17 Sportplatz

LITAUEN

GLEISANLAGE ZOLLBAHNHOF

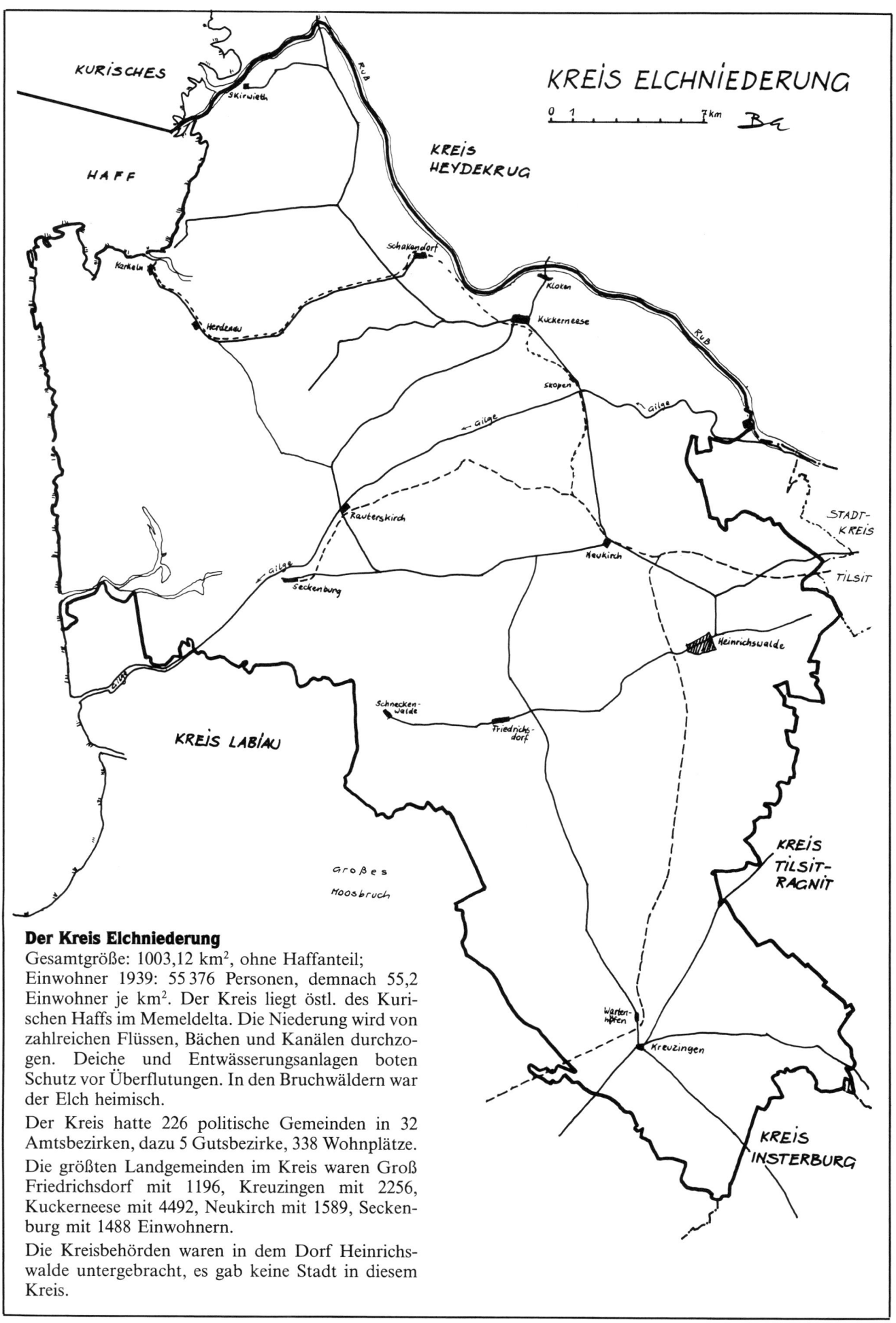

KURISCHES

KREIS
HEYDEKRUG

KREIS ELCHNIEDERUNG

0 1 .... 7 km

HAFF

Skirwieth

Ruß

Karkeln

Schakendorf

Kloken

Herdenau

Kuckerneese

Ruß

Skopen

Gilge

Gilge

STADT-
KREIS

Rauterskirch

Neukirch

TILSIT

Gilge

Seckenburg

Heinrichswalde

Schnecken-
walde

Friedrichs-
dorf

KREIS LABIAU

KREIS
TILSIT-
RAGNIT

Großes
Moosbruch

Warten-
höfen

Kreuzingen

KREIS
INSTERBURG

Der Kreis Elchniederung

Gesamtgröße: 1003,12 km², ohne Haffanteil;
Einwohner 1939: 55 376 Personen, demnach 55,2
Einwohner je km². Der Kreis liegt östl. des Kurischen Haffs im Memeldelta. Die Niederung wird von
zahlreichen Flüssen, Bächen und Kanälen durchzo-
gen. Deiche und Entwässerungsanlagen boten
Schutz vor Überflutungen. In den Bruchwäldern war
der Elch heimisch.

Der Kreis hatte 226 politische Gemeinden in 32
Amtsbezirken, dazu 5 Gutsbezirke, 338 Wohnplätze.

Die größten Landgemeinden im Kreis waren Groß
Friedrichsdorf mit 1196, Kreuzingen mit 2256,
Kuckerneese mit 4492, Neukirch mit 1589, Secken-
burg mit 1488 Einwohnern.

Die Kreisbehörden waren in dem Dorf Heinrichswalde untergebracht, es gab keine Stadt in diesem
Kreis.

Im Kreis waren 85 Volksschulen mit 185 Klassen, 7493 Schülern und 174 Lehrern, Kreisberufsschule, Mittelschule und Lehrerbildungsanstalt in Kuckerneese, Kreisbildstelle in Gr. Friedrichsdorf, 13 evangelische Kirchspiele, kath. Kirche in Hochdünen, Mennonitenkirche in Weidenau.

In diesem reinen Agrarkreis gab es 5895 landwirtschaftliche Betriebe, davon 2642 von 05,–5 ha, 1465 von 5–10 ha, 978 von 10–20 ha, 766 von 20–100 ha, 47 über 100 ha.

Anbau von Roggen, Weizen, Hafer, Gerste, Kartoffeln, Rüben. Der Anteil des Waldes (Staatswald) war bedeutend. Im Winter Rohrernte und Holzeinschlag,

Weiden, Moore, Hochmoore, Viehzucht, Geflügelzucht, Flußfischerei, Gemüseanbau, Käsereien, Sägewerke, Mühlen, Kalksandsteinfabrik und Handwerker.

1945 unter sowjetische Verwaltung, Heinrichswalde heißt heute: Slavsk.

Patenschaftsträger: Landkreis Grafschaft Bentheim.

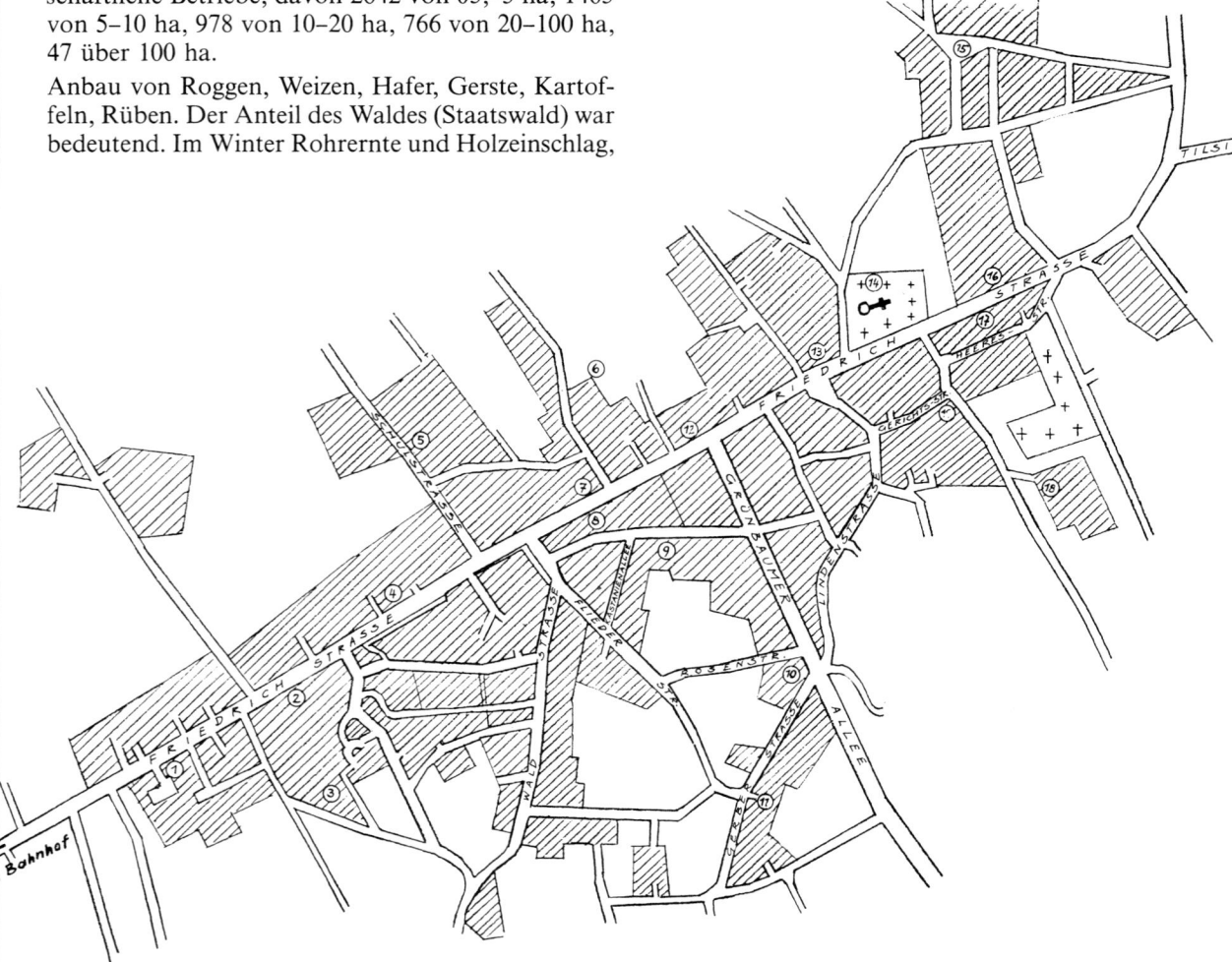

Heinrichswalde

Heinrichswalde
Kreisort des Kreises Elchniederung, Regierungsbezirk Gumbinnen;
5 m über dem Meer;
1939: 3460 Einwohner, meist evangelisch;
1686 Kirche, 1867/69 neugotisch umgebaut;
Landwirtschaftliche Fortbildungsschule;
Gaswerke und Windmühle;
Kreiskrankenhaus;
1900 klimatischer Kurort, Fremdenverkehr, „Gartenstadt";
Sitz der Kreisbehörden.
Russischer Name: Slavsk.

1 Molkerei Zürien
2 Kreiskrankenhaus
3 Baumschule
4 Postamt
5 Schule, Schulhof mit Sportplatz
6 Friedhof
7 Kreissparkasse
8 Schweinemarktplatz
9 Rathaus
10 Privatschule
11 Gaswerk
12 Apotheke
13 Pfarramt
14 ev. Kirche
15 Rittergut Bierfreund
16 Landratsamt
17 Finanzamt
18 Arbeitsamt

Der Landkreis Elbing

Gesamtfläche: 482,99 km², ohne Wasseranteil Frisches Haff und Drausensee mit 221,3 km²;
28 149 Einwohner, damit 58,3 Einwohner je km².

Die größten Landgemeinden im Landkreis waren Lärchenwalde mit 1176, Lenzen mit 998, Terranova mit 1274 Einwohnern.

Auf der Frischen Nehrung Dünen, Ostseebad Kahlberg;

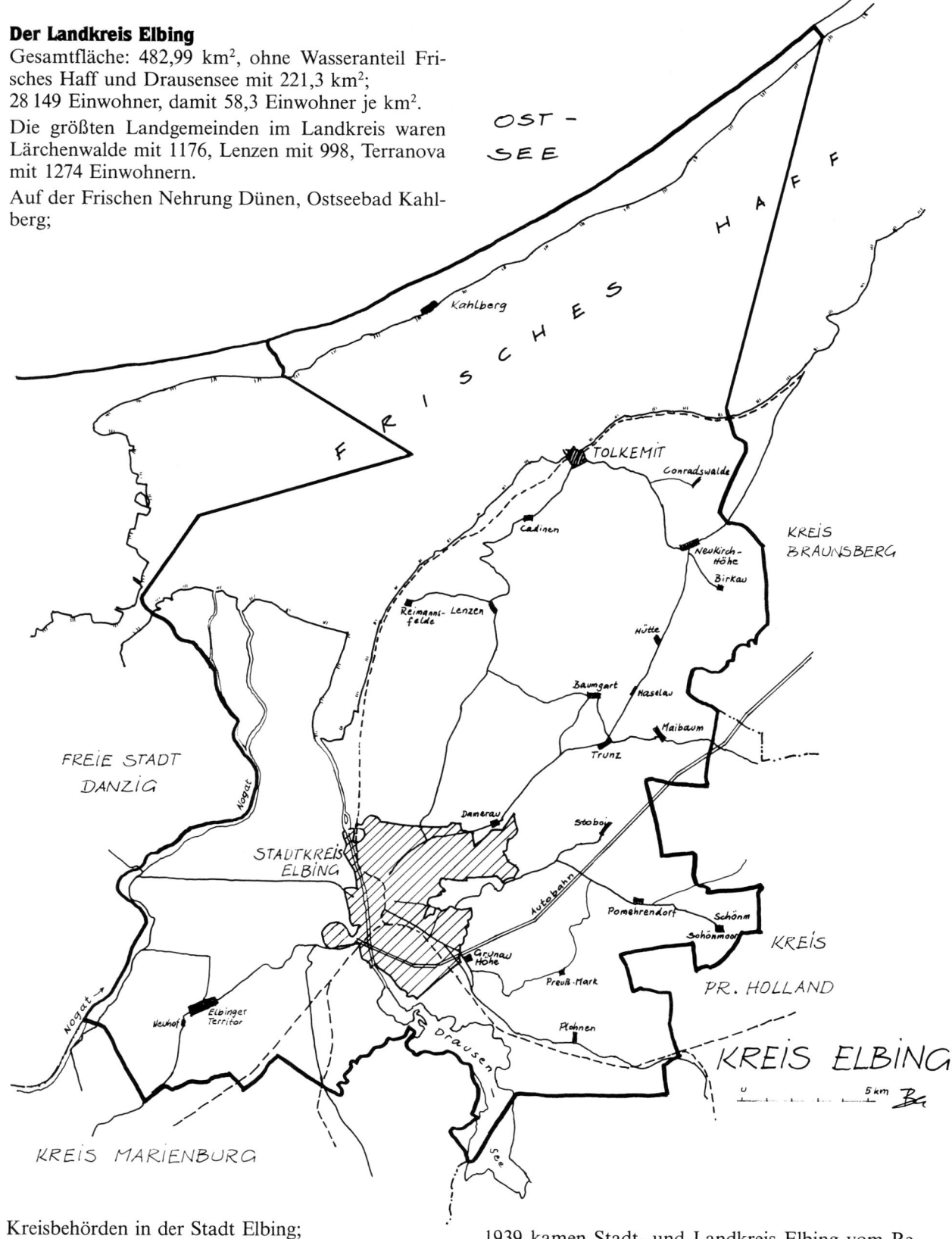

Kreisbehörden in der Stadt Elbing;
71 Landgemeinden, 147 Wohnplätze.

14 evangelische Kirchengemeinden, 4 katholische Kirchen.

Im Landkreis: 55 Volksschulen mit 91 Klassen, 3540 Schülern, 89 Lehrern.

2338 landwirtschaftliche Betriebe, davon 760 von 05,–5 ha, 469 = 5–10 ha, 599 = 10–20 ha, 476 = 20–100 ha, 34 über 100 ha.

1939 kamen Stadt- und Landkreis Elbing vom Regierungsbezirk Westpreußen (Provinz Ostpreußen) zum neugebildeten Regierungsbezirk Danzig im Reichsgau Danzig-Westpreußen.

1945 gerieten Stadt- und Landkreis unter polnische Verwaltung, ausgenommen die Gemeinde Narmeln auf der Frischen Nehrung (sowjetische Verwaltung).

Polnischer Name für Elbing heute: Elbląg.

Patenstadt für Elbing ist Bremerhaven.

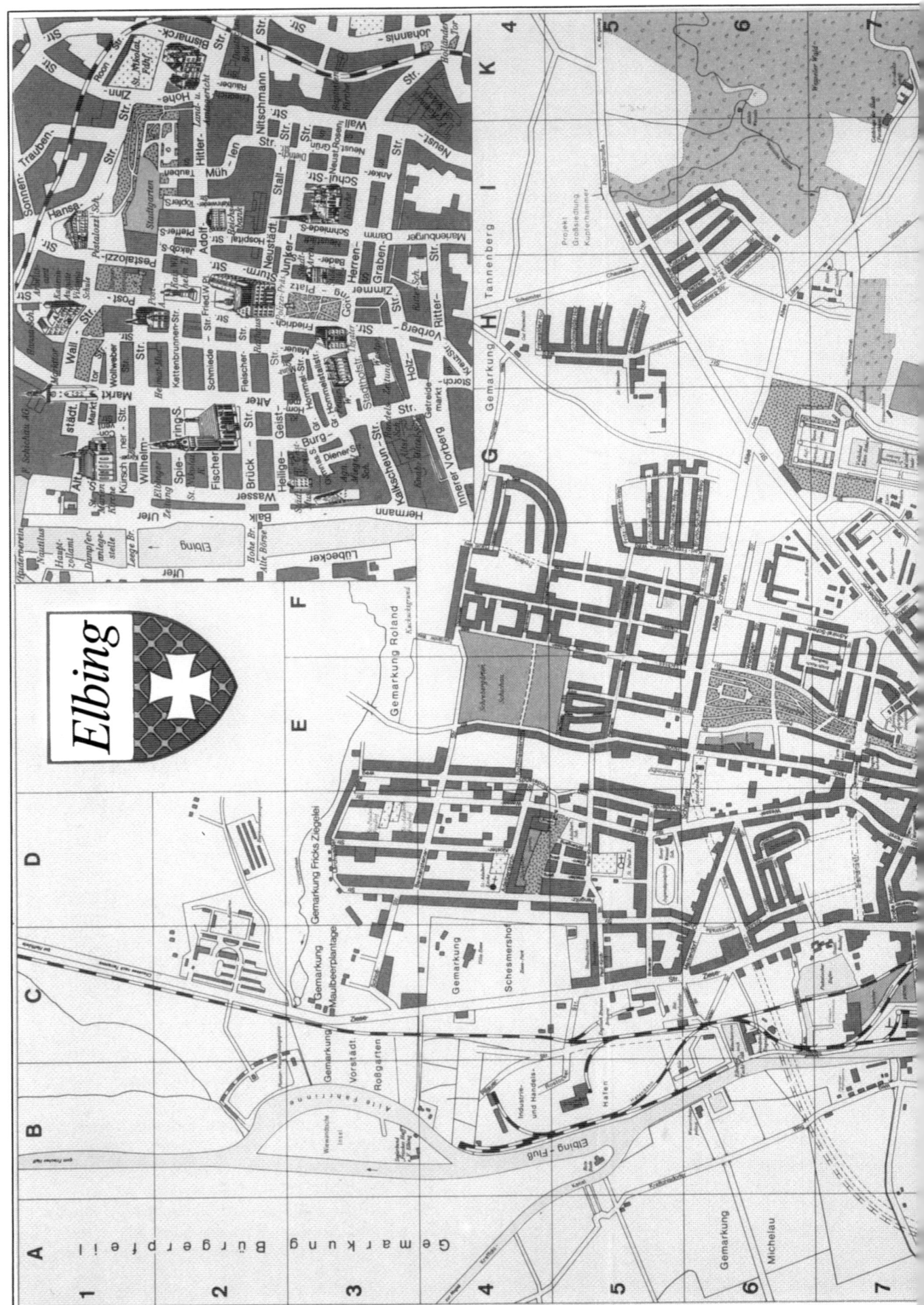

54

Elbing

Stadtkreis im Regierungsbezirk Westpreußen, Provinz Ostpreußen. Ab 1939 zum Regierungsbezirk Danzig im neugebildeten Reichsgau Danzig-Westpreußen gehörend.

10 m über dem Meer, am Elbingfluß zwischen Drausensee und Frischem Haff;
Stadtkreis 1873 gebildet, 30,67 km² groß;
Einwohnerzahl 1939: 85 952 Personen, meist evangelisch; 2802,5 Einwohner auf 1 km²;
1943 Einwohner = 97 370 Personen;
1237 Ordensburg, 1454 fiel die Stadt vom Orden ab, Burg zerstört;

1579–1628 englische, schottische und niederländische Familien nach Elbing;
1246 Lübisches Stadtrecht durch den Hochmeister Heinrich von Hohenlohe, 1288, 1339, 1343 Stadtrechte erweitert;
1340–80 Frühgotische Pfarrkirche St. Nikolai;
1319 Markttor, Dominikanerkirche St. Martin, Mitglied der Hanse;
Sitz der Kreisbehörden, seit 1926 Pädagogische Akademie, später Hochschule für Lehrerbildung;
Stadttheater, Städt. Orchester, Stadtbibliothek.

Im Stadtkreis: 15 Volksschulen, 187 Klassen, 7797 Schüler, 177 Lehrer, Höhere Schulen, Fachschulen, Heimatmuseum, mehrere Krankenanstalten, Altertumsgesellschaft, mehrere ev. und kath. Kirchen. Geburtsort von Paul Fechter 1880. Ferdinand Schichau 1814. Elbing war das zweitgrößte Industriezentrum Ostpreußens. Schiffs- und Lokomotivbau, Lastkraftwagen- und Maschinenbau, Handelsschiffahrt, Reedereien, Brauereien, Tabakfabrik, Holzindustrie, Straßenbahn, Haffuferbahn, Elbing-Tolkemit-Braunsberg, Garnisonstadt.
Polnischer Name: Elbląg

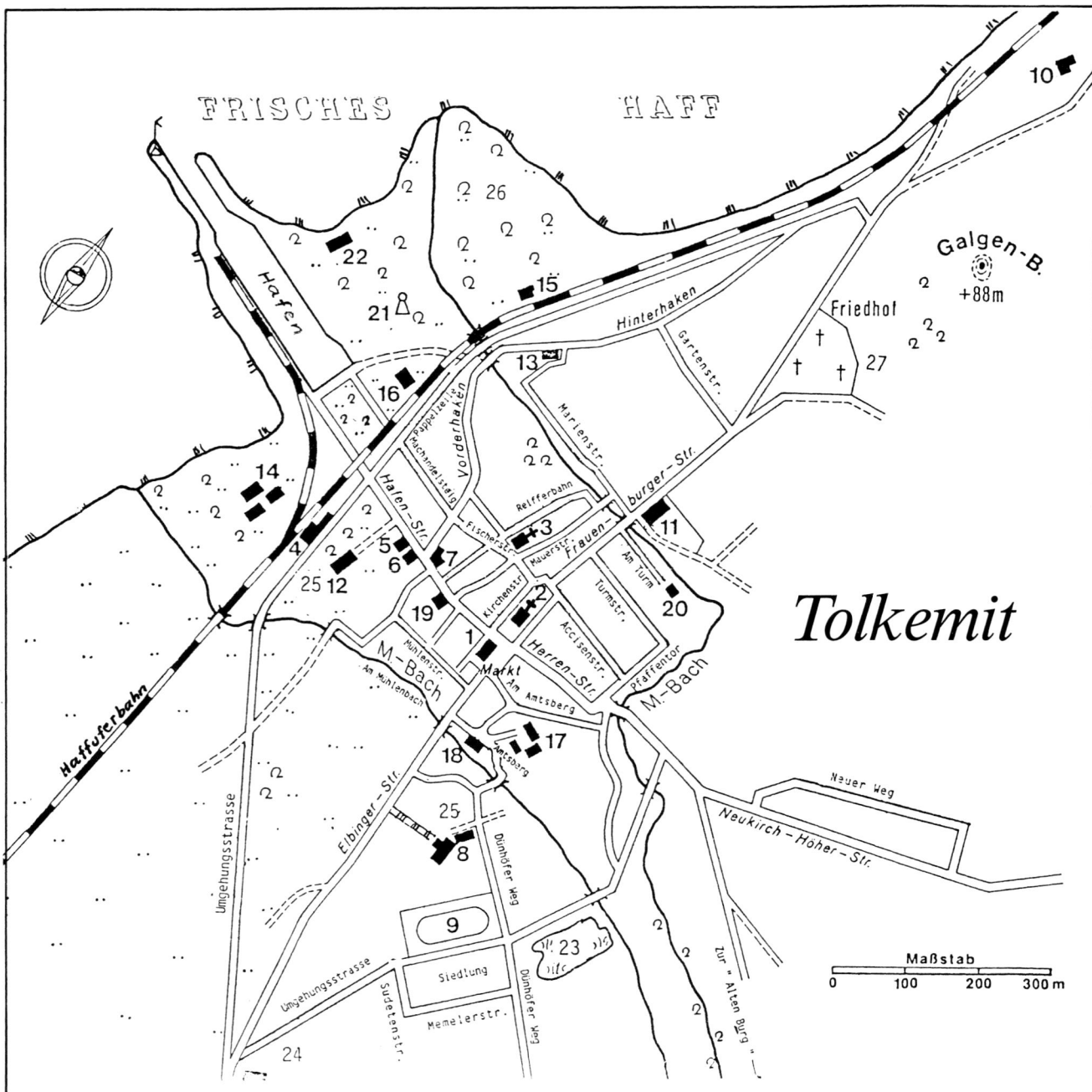

FRISCHES HAFF

Galgen-B.
+88m

Friedhof

Tolkemit

Maßstab
0   100   200   300 m

Tolkemit

Stadt im Landkreis Elbing, 1920–1939 Regierungsbezirk Westpreußen, Provinz Ostpreußen.

Ab 8. Oktober 1939 zum Regierungsbezirk Danzig
im Reichsgau Danzig-Westpreußen gehörend;
am Frischen Haff gelegen, 3 m über dem Meer;
1939: 3875 Einwohner.

Etwa 1296–1300 vom Deutschen Orden gegründet;
Stadtrecht 1351, 1444 erneuert (Kulmisches Recht);
Burg des Ordens 1454 zerstört;
1376 Kirche geweiht und später erweitert;
Holzhandel, Werft, Faßfabrik, Tolkemiter Töpfer-
waren, Ziegelei, Marmeladenfabrik, Fischerei, Land-
und Forstwirtschaft, Fremdenverkehr.

1945 unter polnischer Verwaltung – Tolkmicko.

Patenstadt für den Landkreis Elbing: Bremerhaven.

 1 Rathaus
 2 Kath. Kirche
 3 Ev. Kirche
 4 Bahnhof
 5 Post
 6 Feuerwehr
 7 Kreissparkasse
 8 Krankenhaus
 9 Sportplatz
10 Jugendherberge
11 Schule
12 Parkhaus
13 Zollamt
14 Marmeladenfabrik

15 Bootswerft Modersitzki
16 Bootswerft Lingner
17 Amtsberg
18 Mühle
19 Töpferei
20 Turm
21 Denkmal
22 Hafenkrug
23 Mühlenteich
24 Wasserwerk
25 Kindergarten
26 Erlenwäldchen
27 Friedhof

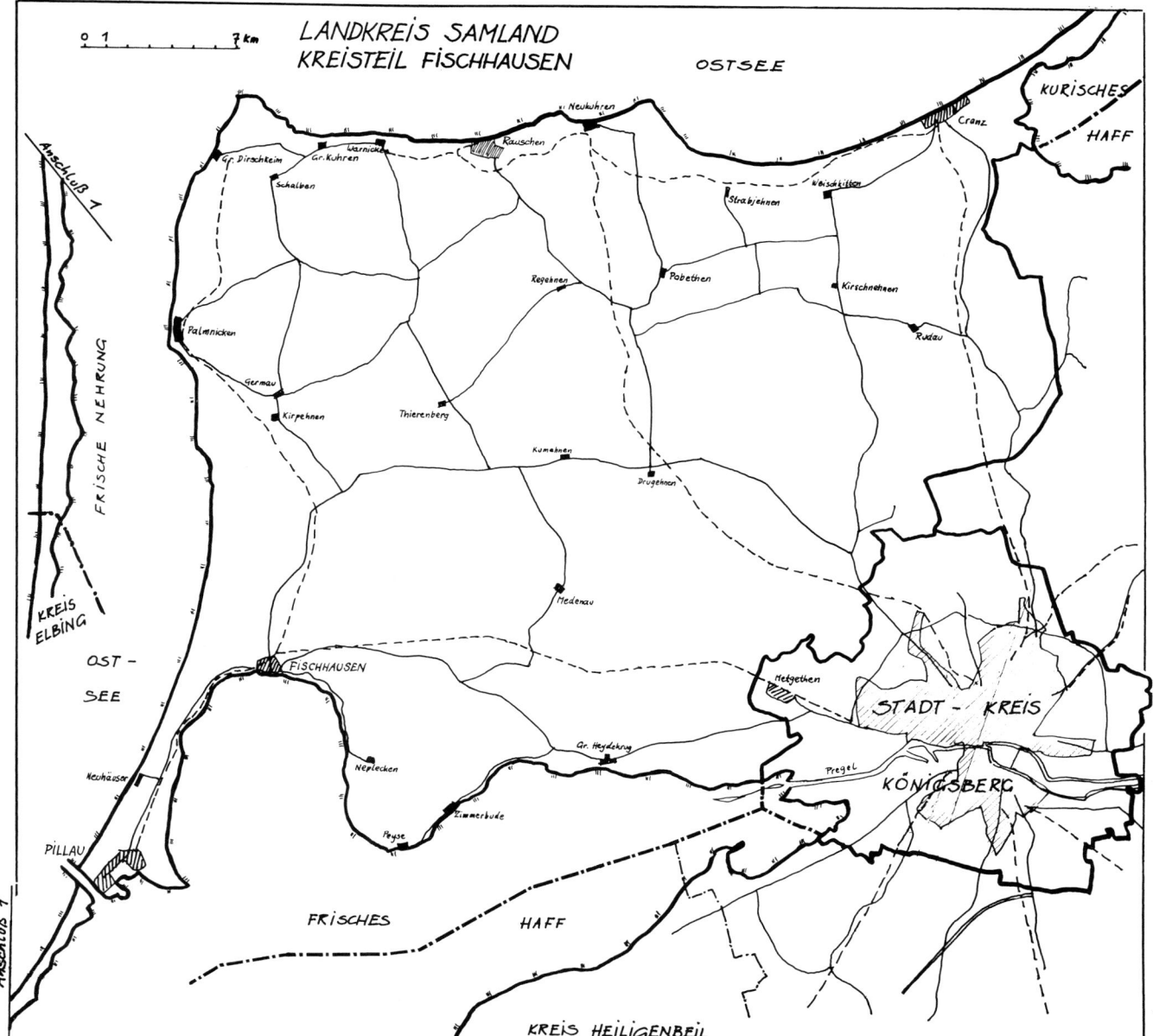

Der Kreis Fischhausen

Als westlicher Teil des Kreises Samland, der 1939 durch Zusammenlegung des Landkreises Königsberg und Kreis Fischhausen gebildet wurde, hatte eine Gesamtgröße von 1774,74 km² einschließlich der Wasserflächen: Kurisches Haff mit 427,19 km², Frisches Haff mit 300,30 km² = 727,49 km², demnach reine Landfläche: 1047,25 km².

Einwohnerzahl: 76 800 Personen = 73,4 Einwohner je km². 102 politische Gemeinden einschließlich Städte Pillau und Fischhausen. Anfang 1939, bis zur Zusammenlegung der Kreise, waren im Kreis 79 Volksschulen mit 234 Klassen, 10 260 Schülern und 214 Lehrkräften. Dazu kamen, über das Kreisgebiet verstreut, 4 Berufsschulen, Mittelschulen in Cranz, Fischhausen, Neukuhren und Palmnicken, eine Oberschule in Pillau.

16 evangelische Kirchengemeinden mit 17 Pfarrstellen, 4 katholische Kirchen und Kapellen, 1 Seelsorgestelle, dazu 8 Baptistengemeinden mit Kapellen.

Marinelazarett in Pillau, Heilstätte Lochstädt, Pflege-, Alten- und Erholungsheime in Fischhausen, Neuhäuser und Rauschen.

Bernsteinwerk Palmnicken an der Samlandküste, Vogelwarte Rossitten auf der Kurischen Nehrung, Ziegeleien, Kalksandsteinwerke, Bootswerft, Land-, Forst- und Fischereiwirtschaft, Fischverwertung, Holzverarbeitende Industrie.

Elektrizitätswerk der Ostpreußenwerk AG in Peyse, Segelfliegen auf der Kurischen Nehrung und an der Samlandküste. Fremdenverkehr an der Samlandküste: Cranz, Neukuhren, Rauschen, Georgenswalde, Palmnicken, Neuhäuser, Seestadt Pillau.

Der Kreis Samland kam 1945 ganz unter sowjetische Verwaltung. Fischhausen heißt heute: Primorsk; Pillau: Baltijsk.

Nach dem 2. Weltkrieg beschlossen die Vertreter des Landkreises Samland, diesen wieder in die beiden alten Kreise aufzuteilen. So enstanden die Kreisgemeinschaft Fischhausen und die Heimatkreisgemeinschaft Königsberg (Pr)-Land.

Patenschaft für den alten Landkreis Fischhausen: Kreis Pinneberg.

Pillau

Seestadt im Kreis Samland (vor 1939 Kreis Fischhausen), Regierungsbezirk Königsberg (Pr);
auf der Südspitze der Samlandküste gegenüber der Nordspitze der Frischen Nehrung;
1939: 12 379 Einwohner, meist evangelisch.

Aus den Fischerdörfern Wogram (Handfeste 1413) und Alt-Pillau (Handfeste 1583) ist die Seestadt Pillau entstanden. Camstigall wurde 1937 eingemeindet.

1430 erstmals erwähnt;
1626 landete Schwedenkönig Gustav Adolf. Während 10jähriger Besetzung entstanden Stadt, Kirche und Festung;
1635 zogen die Schweden ab;
1701 Marktflecken;
1725 Stadtrechte;
1732 landeten mit 66 Schiffen die vertriebenen Salzburger und fanden in Ostpreußen eine neue Heimat;
1746 Rathausbau.

Kriegs-, Passagier- und Fischereihafen, Marinelazarett, Höhere Schulen, Schiffswerft, Seebad. Nach 1920 „Seedienst Ostpreußen", Verbindung über See zum Reich. Vorhafen von Königsberg (Pr), Königsberger Seekanal, Pillau war am Ende des 2. Weltkrieges Fluchthafen für die Bevölkerung Ostpreußens.

1945 unter sowjetische Verwaltung – Baltijsk.

Patenschaft: Eckernförde.

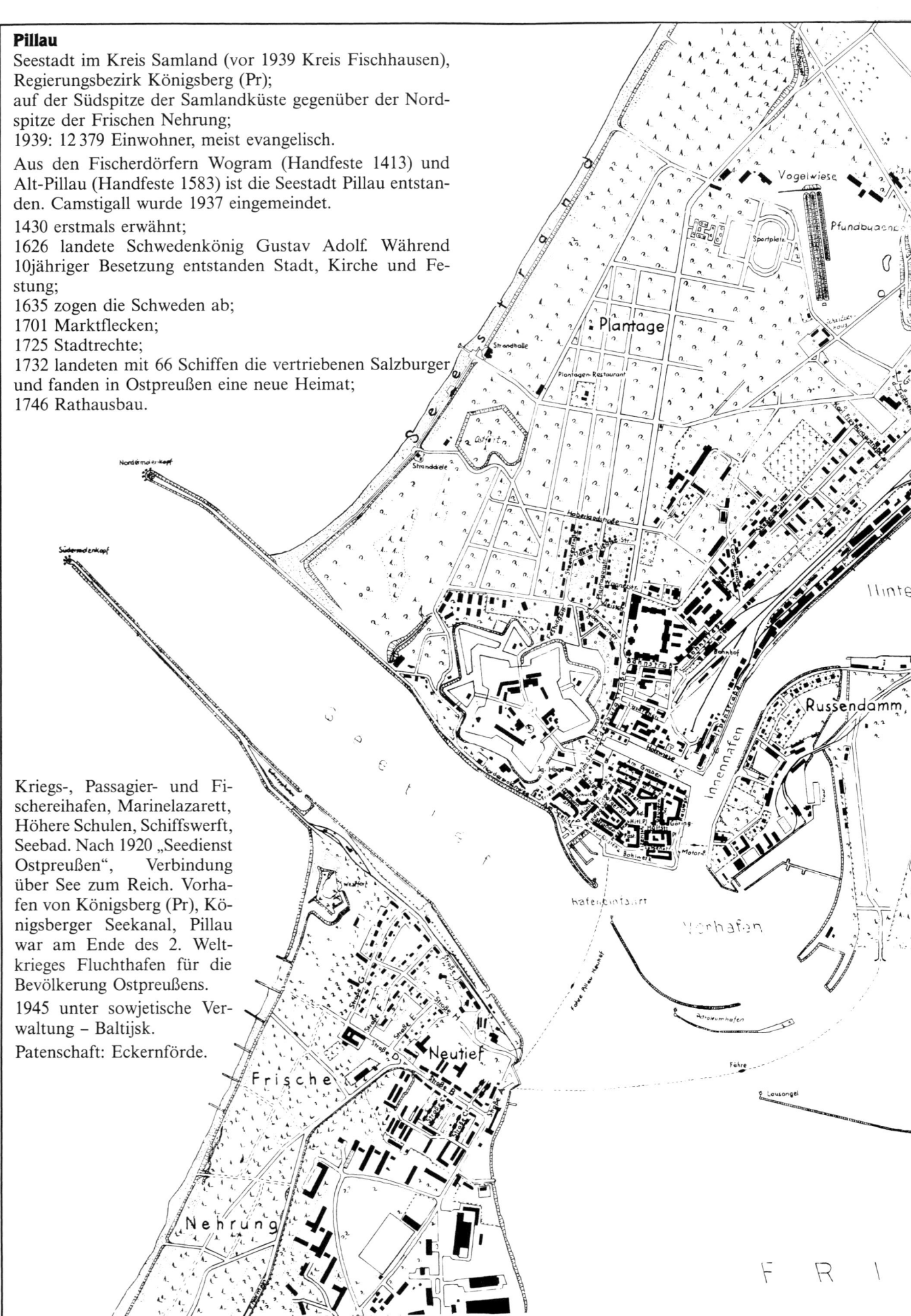

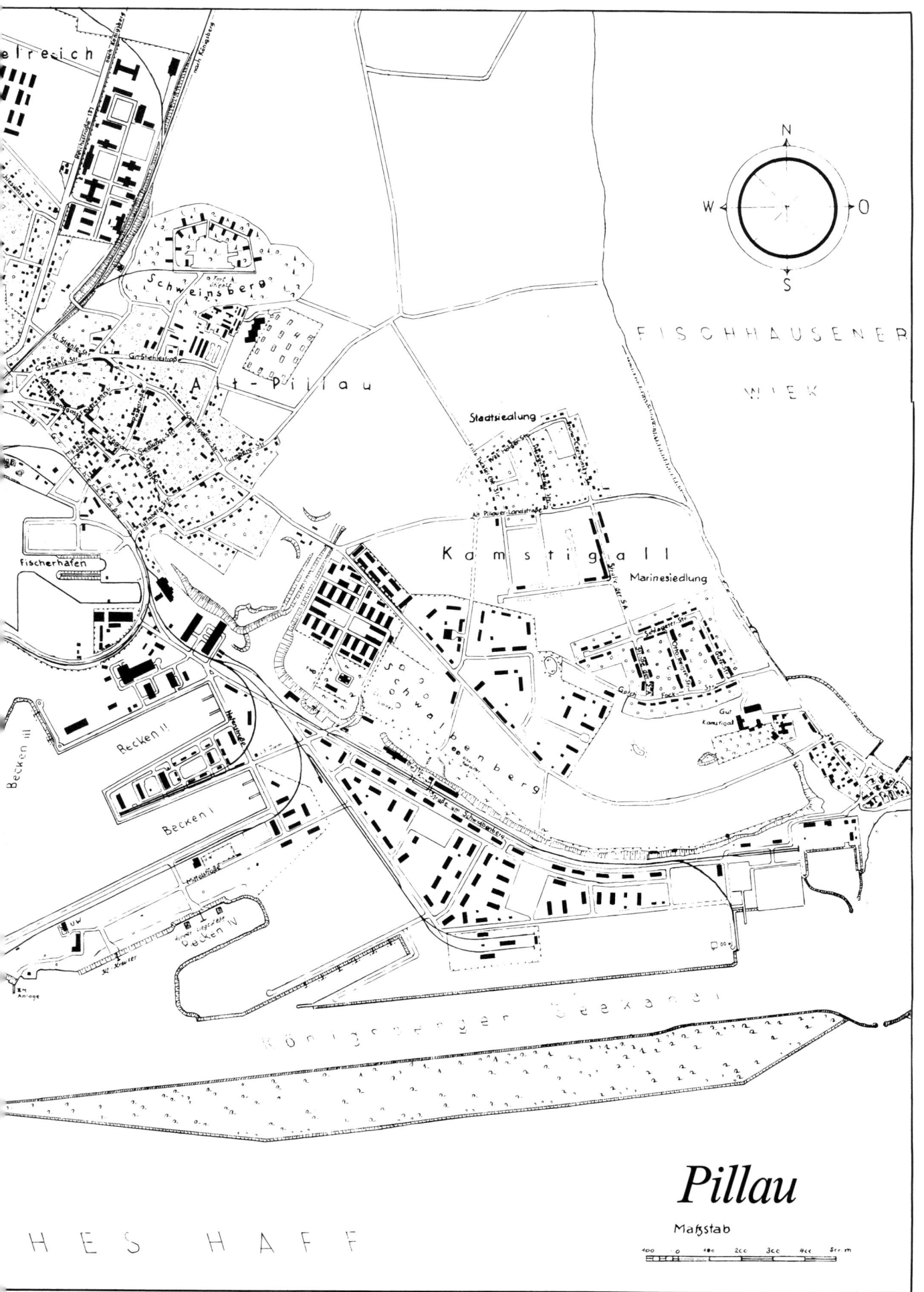

Pillau

Maßstab

59

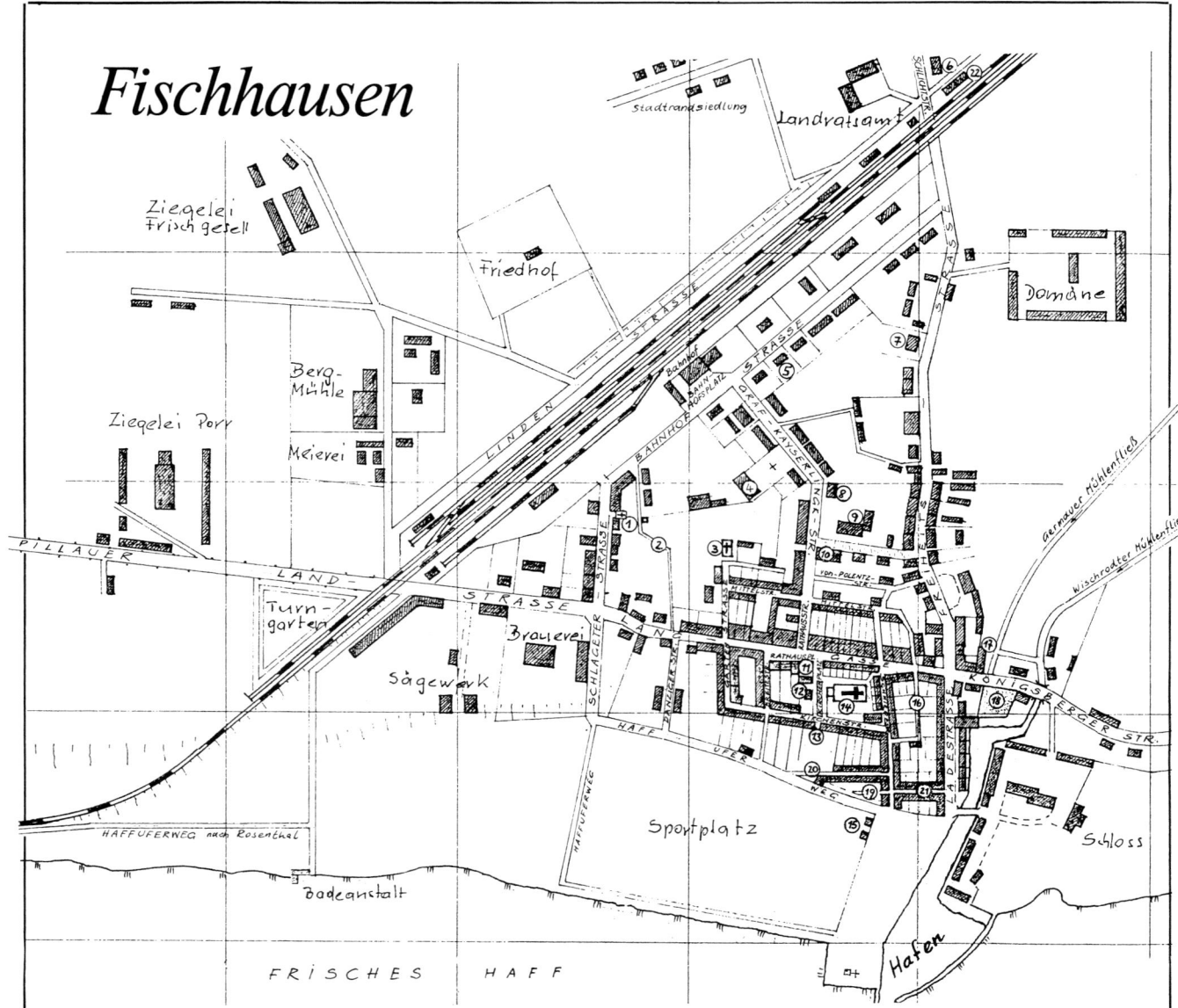

Fischhausen

Fischhausen

Bis 1939 Kreisstadt des Kreises Fischhausen, Regierungsbezirk Königsberg (Pr). Nach der Vereinigung mit dem Landkreis Königsberg zum Kreis Samland wurde Königsberg Sitz der Kreisbehörden.

Fischhausen liegt im südlichen Teil des Samlands am Nordufer des Fischen Haffs (Fischhausener Wiek), direkt am Wasser.

1939: 3879 Einwohner, 98 % evangelisch;
1264–1268 bischöfliches Ordensschloß, Residenz der samländischen Bischöfe;
1299 Stadtgründung;
1305–1315 Ordenskirche als gotischer Backsteinbau;
1475 Gründungsurkunde.

Der samländische Bischof Georg v. Polentz (1518–1550) trat als erster Kirchenfürst zum lutherischen Glauben über. Ausbreitung der Reformation in Preußen.

1613 Kulmisches Recht;
1629 (14. Sept.) Waffenstillstandsvertrag zwischen Polen, Schweden und Preußen-Brandenburg.

Stadtschule, Mittelschule, Privatschulen, Fortbildungsschule, Landwirtschaftsschule, Tageszeitung, Saatzuchtanstalt. Bis 1939 Kreisbehörden. Elektrizitäts-, Gas-, Wasserwerk, 1 evang. Kirche, Baptistenkirche,

1 Kath. Kapelle	12 Feuerwehrhaus
2 Totengasse	13 Ev. Vereinshaus
3 Baptistenkapelle	14 Ordenskirche
4 Stadtschule	15 Klärwerk
5 Landwirtschaftliche Schule	16 Winkelstraße
6 Gaswerk	17 Hospital
7 Waisenhaus	18 Stadtmühle
8 Gesundheitsamt	19 I. Fischerstraße
9 Amtsgericht	20 II. Fischerstraße
10 Finanzamt	21 Wasserstraße
11 Rathaus	22 Kleinbahnhof

kath. Kapelle, alle notwendigen Handwerker, Geschäfte, Ärzte usw., Hospital, Ackerbürgerstadt, Fischerei, Ziegeleien, Sägewerke, Reichsbahn- und Kleinbahnanschluß, Schiffahrtslinien, Mühlen, Hotels, Sport- und kulturelle Vereine, Schlachthof, Banken, Molkerei, Waisenhaus, Altenheim, Krankenhaus.

Seit 1945 unter sowjetischer Verwaltung, im Kern zerstört. Fischhausen heißt heute russisch: Primorsk.

Patenschaft: Kreisstadt Pinneberg.

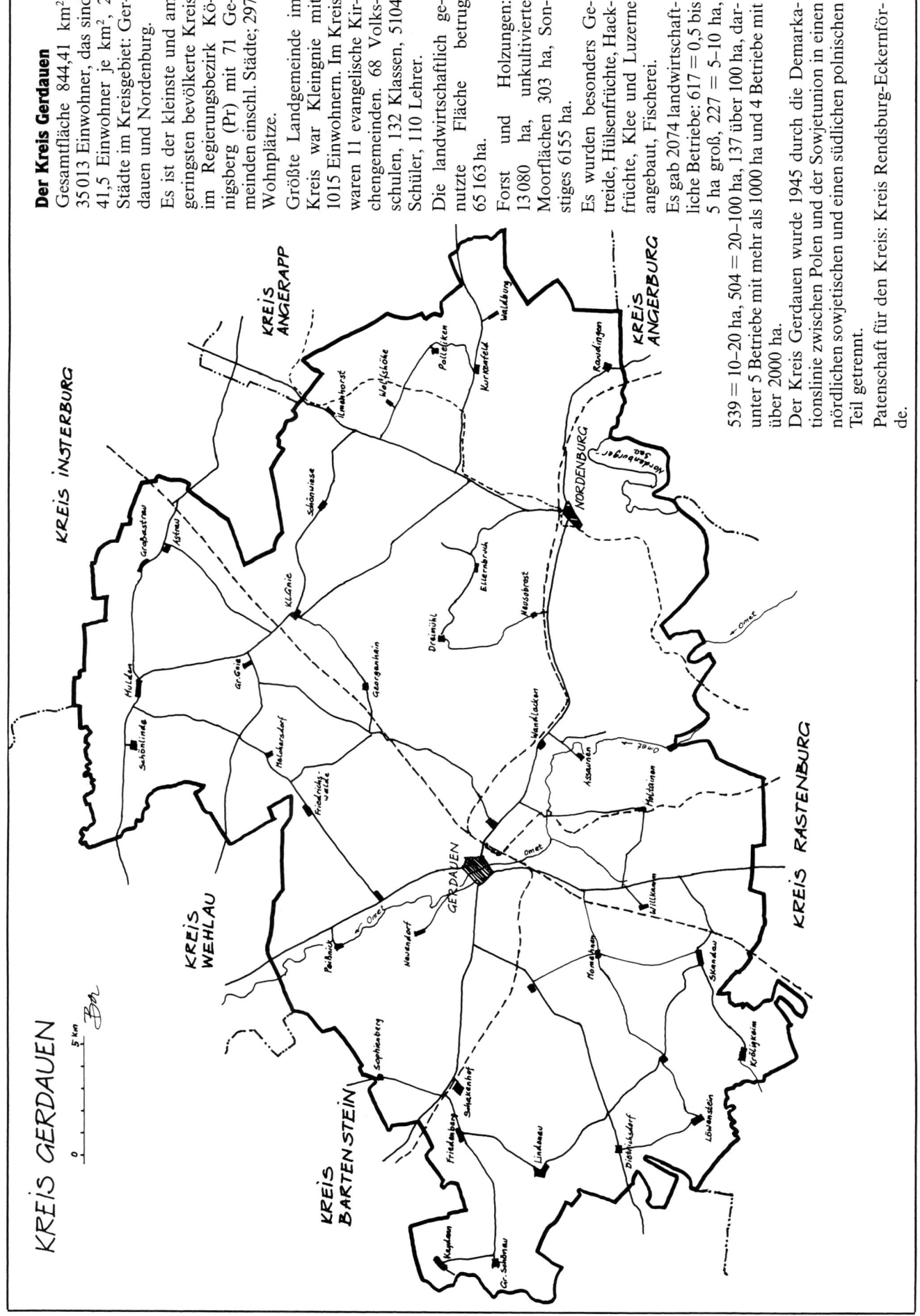

KREIS GERDAUEN

Der Kreis Gerdauen

Gesamtfläche 844,41 km², 35013 Einwohner, das sind 41,5 Einwohner je km², 2 Städte im Kreisgebiet: Gerdauen und Nordenburg.

Es ist der kleinste und am geringsten bevölkerte Kreis im Regierungsbezirk Königsberg (Pr) mit 71 Gemeinden einschl. Städte; 297 Wohnplätze.

Größte Landgemeinde im Kreis war Kleingnie mit 1015 Einwohnern. Im Kreis waren 11 evangelische Kirchengemeinden. 68 Volksschulen, 132 Klassen, 5104 Schüler, 110 Lehrer.

Die landwirtschaftlich genutzte Fläche betrug 65 163 ha.

Forst und Holzungen: 13 080 ha, unkultivierte Moorflächen 303 ha, Sonstiges 6155 ha.

Es wurden besonders Getreide, Hülsenfrüchte, Hackfrüchte, Klee und Luzerne angebaut, Fischerei.

Es gab 2074 landwirtschaftliche Betriebe: 617 = 0,5 bis 5 ha groß, 227 = 5–10 ha, 539 = 10–20 ha, 504 = 20–100 ha, 137 über 100 ha, darunter 5 Betriebe mit mehr als 1000 ha und 4 Betriebe mit über 2000 ha.

Der Kreis Gerdauen wurde 1945 durch die Demarkationslinie zwischen Polen und der Sowjetunion in einen nördlichen sowjetischen und einen südlichen polnischen Teil getrennt.

Patenschaft für den Kreis: Kreis Rendsburg-Eckernförde.

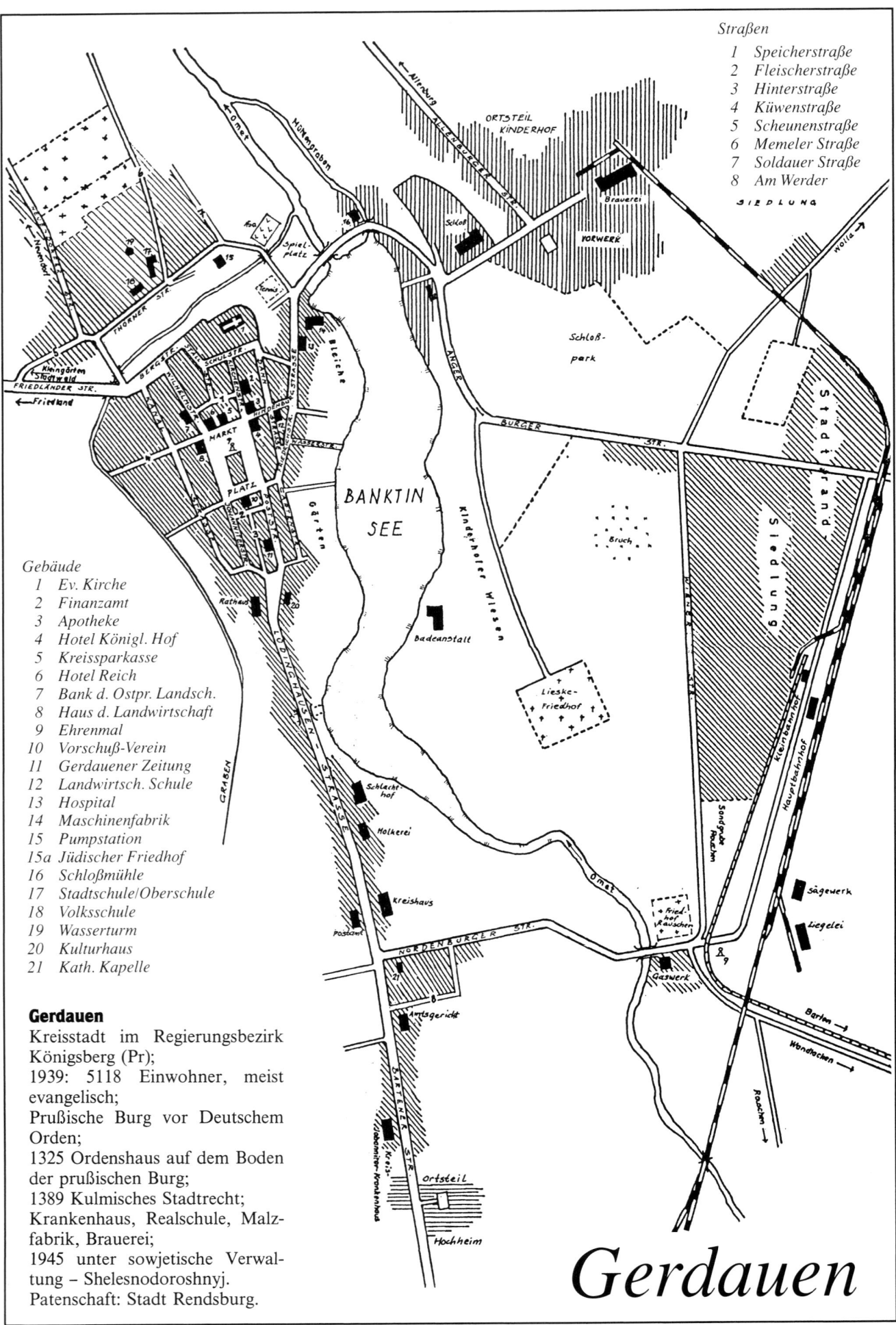

Gerdauen

Kreisstadt im Regierungsbezirk Königsberg (Pr);
1939: 5118 Einwohner, meist evangelisch;
Prußische Burg vor Deutschem Orden;
1325 Ordenshaus auf dem Boden der prußischen Burg;
1389 Kulmisches Stadtrecht;
Krankenhaus, Realschule, Malzfabrik, Brauerei;
1945 unter sowjetische Verwaltung – Shelesnodoroshnyj.
Patenschaft: Stadt Rendsburg.

Gerdauen

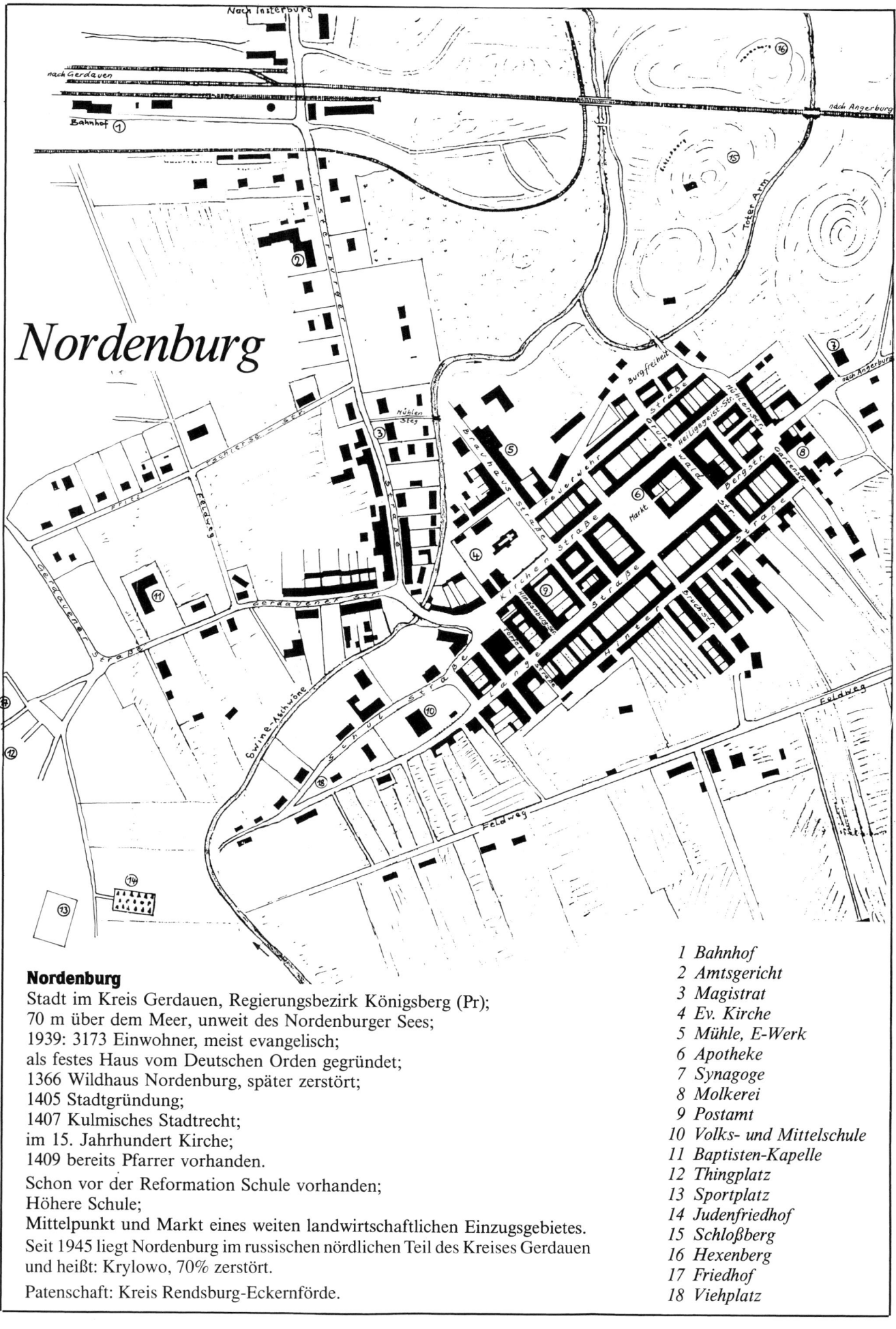

Nordenburg

Nordenburg

Stadt im Kreis Gerdauen, Regierungsbezirk Königsberg (Pr);
70 m über dem Meer, unweit des Nordenburger Sees;
1939: 3173 Einwohner, meist evangelisch;
als festes Haus vom Deutschen Orden gegründet;
1366 Wildhaus Nordenburg, später zerstört;
1405 Stadtgründung;
1407 Kulmisches Stadtrecht;
im 15. Jahrhundert Kirche;
1409 bereits Pfarrer vorhanden.

Schon vor der Reformation Schule vorhanden;
Höhere Schule;
Mittelpunkt und Markt eines weiten landwirtschaftlichen Einzugsgebietes.
Seit 1945 liegt Nordenburg im russischen nördlichen Teil des Kreises Gerdauen
und heißt: Krylowo, 70% zerstört.

Patenschaft: Kreis Rendsburg-Eckernförde.

1 Bahnhof
2 Amtsgericht
3 Magistrat
4 Ev. Kirche
5 Mühle, E-Werk
6 Apotheke
7 Synagoge
8 Molkerei
9 Postamt
10 Volks- und Mittelschule
11 Baptisten-Kapelle
12 Thingplatz
13 Sportplatz
14 Judenfriedhof
15 Schloßberg
16 Hexenberg
17 Friedhof
18 Viehplatz

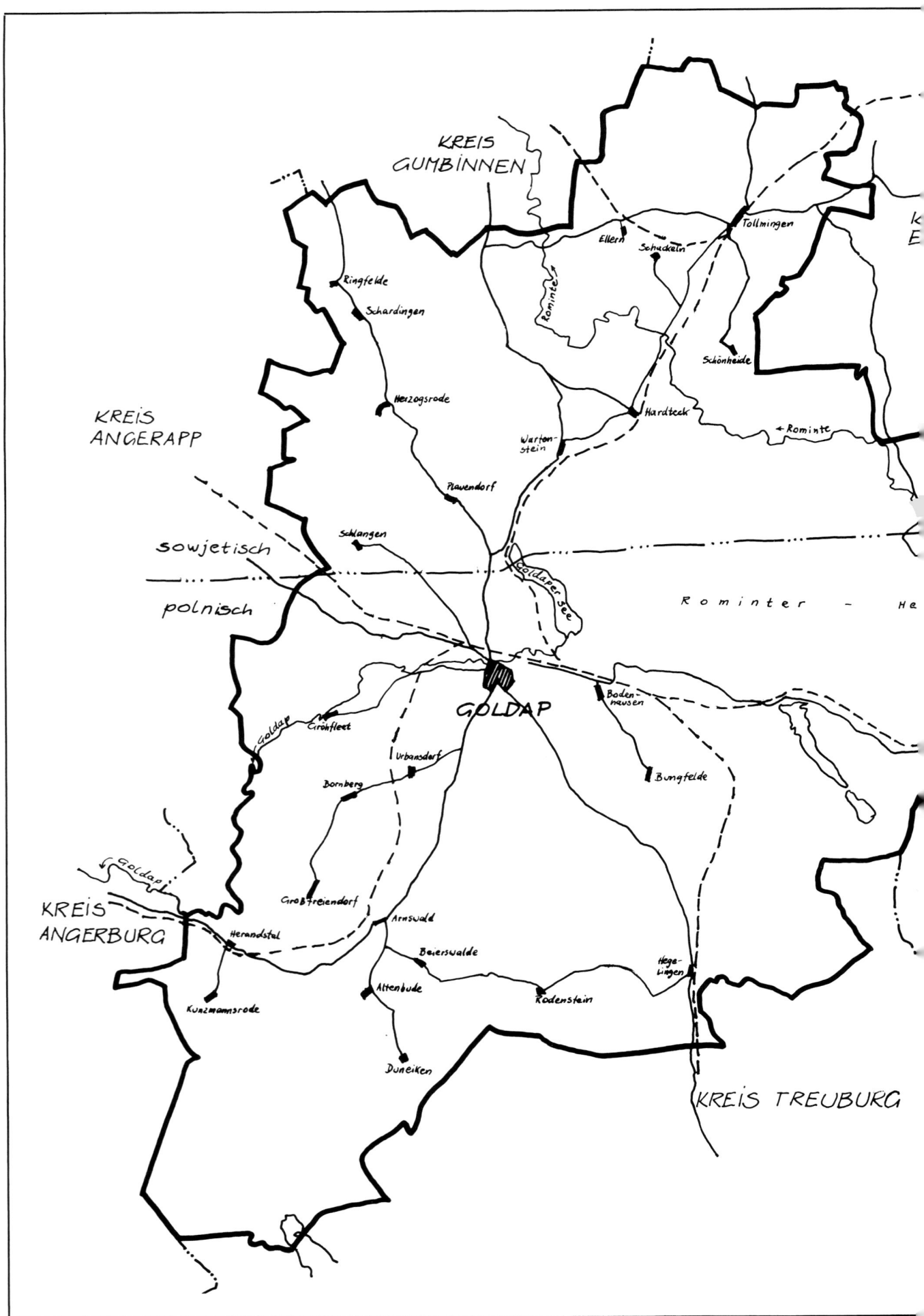

KREIS
GUMBINNEN

Ellern
Schuckeln
Tollmingen

Ringfelde

Schardingen

Schönheide

KREIS
ANGERAPP

Herzogsrode

Hardteck

Warten-
stein

Rominte

Plavendorf

Schlangen

Goldaper See

R o m i n t e r   –   He

sowjetisch

polnisch

GOLDAP

Boden-
hausen

Goldap
Cröhfleet

Urbansdorf

Bungfelde

Bornberg

Goldap

Großfreiendorf

KREIS
ANGERBURG

Arnswald

Herandstal

Beierswalde

Hege-
lingen

Altenbude

Rodenstein

Kunzmannsrode

Duneiken

KREIS TREUBURG

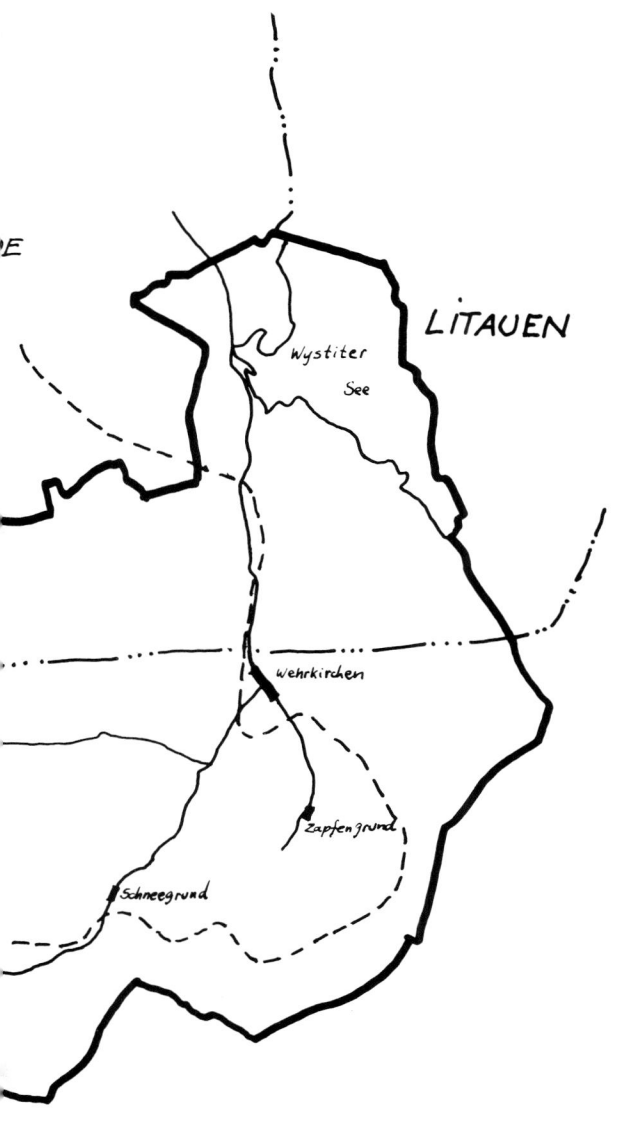

LITAUEN

Wystiter See

Wehrkirchen

Zapfengrund

Schneegrund

POLEN

KREIS GOLDAP

0 1 .... 7 km

Ba

Der Kreis Goldap

Gesamtfläche: 993,34 km²;
Einwohner 45 825, demnach auf 1 km² 46,1 Einwohner.

Im Kreisgebiet 174 Gemeinden einschl. der Stadt Goldap, 299 Wohnplätze.

Die größten Landgemeinden im Kreis waren Hardteck mit 1191, Wehrkirchen mit 1270 Einwohnern.

8 evangelische Kirchengemeinden, 1 katholische Kirche;
im Kreis 101 Volksschulen, 150 Klassen, 5997 Schüler, 148 Lehrer.

Der Kreis gehört zu den waldreichsten Kreisen Ostpreußens. Ackerbau, Pferde- und Rindviehzucht, Schweinezucht, Forstwirtschaft, Handwerk und Gewerbe.

4567 landwirtschaftliche Betriebe, davon 1433 von 0,5–5 ha, 1052 = 5–10 ha, 1071 = 10–20 ha, 962 = 20–100 ha, 48 über 100 ha. Die Ostgrenze war gleichzeitig Landesgrenze zu Polen und Litauen (Dreiländereck ca. 4 km südl. Wystiter See).

1945 unter polnische und sowjetische Verwaltung. Die Demarkationslinie zwischen dem polnisch und sowjetisch besetzten Teil Ostpreußens teilt den Kreis von West nach Ost.

Der polnische Name für Goldap ist Goldap. Die Stadt wurde fast völlig zerstört.

Patenschaften:
Kreis Goldap: Landkreis Stade
Stadt Goldap: Stade Stadt.

Goldap

Kreisstadt im Regierungsbezirk Gumbinnen;
150 m über dem Meer, 2 km südwestlich vom Goldaper See am Goldapfluß, am Nordfluß der Seesker Höhen;
1939: 12 786 Einwohner, meist evangelisch;
1551 erstmals genannt;
1565 Stadtgründung;
1570 Kulmisches Stadtrecht, erste Schule;
1580 erste Kirche;
Rathaus mitten auf 3 ha großem Marktplatz;
Höhere und Fachschulen;
Fremdenverkehr in die Rominter Heide (Jagdschloß Rominten) und in die Goldaper Berge, Sägewerk, Ziegeleien, Brauereien, 2 Krankenhäuser, Garnisonstadt.

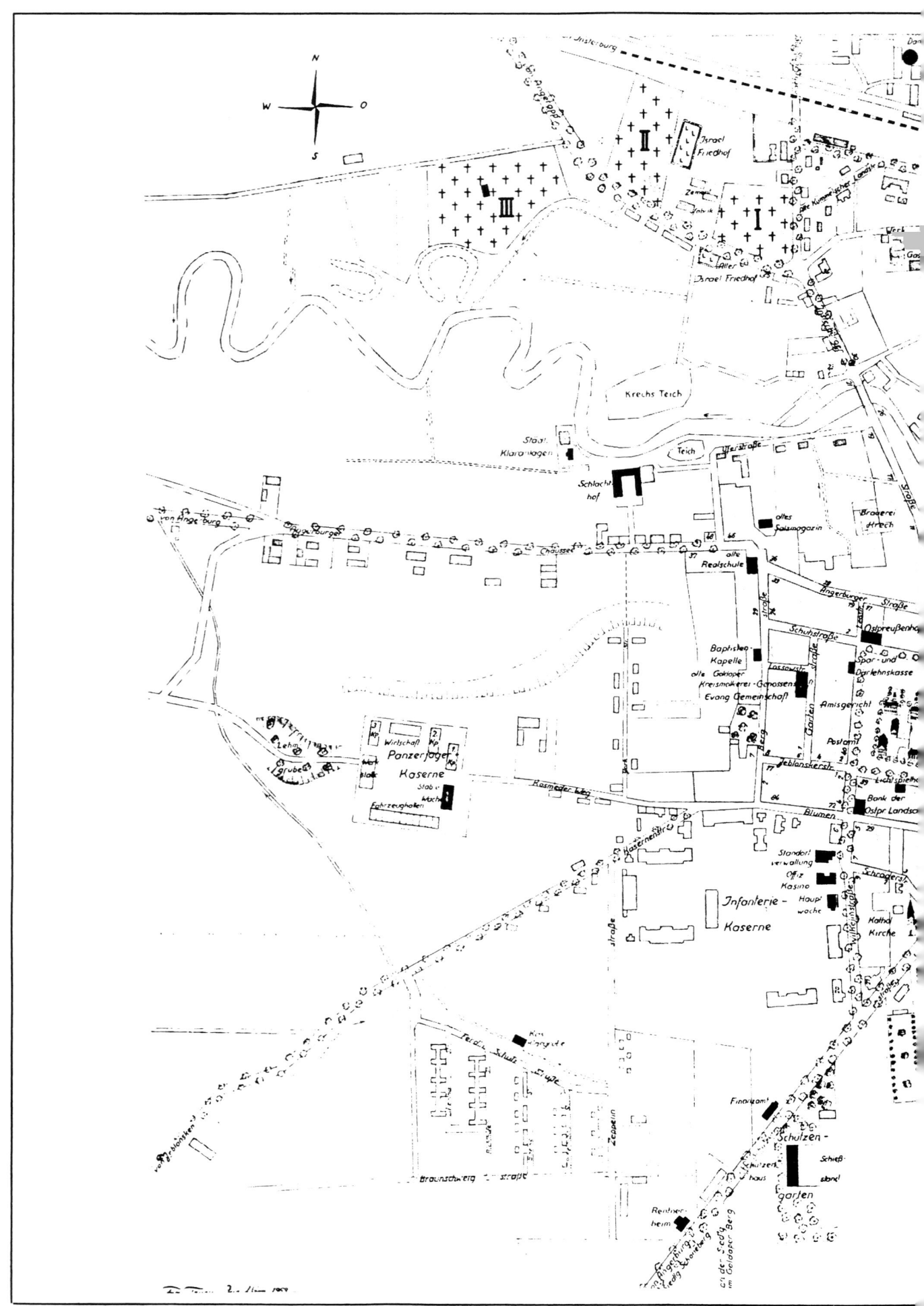

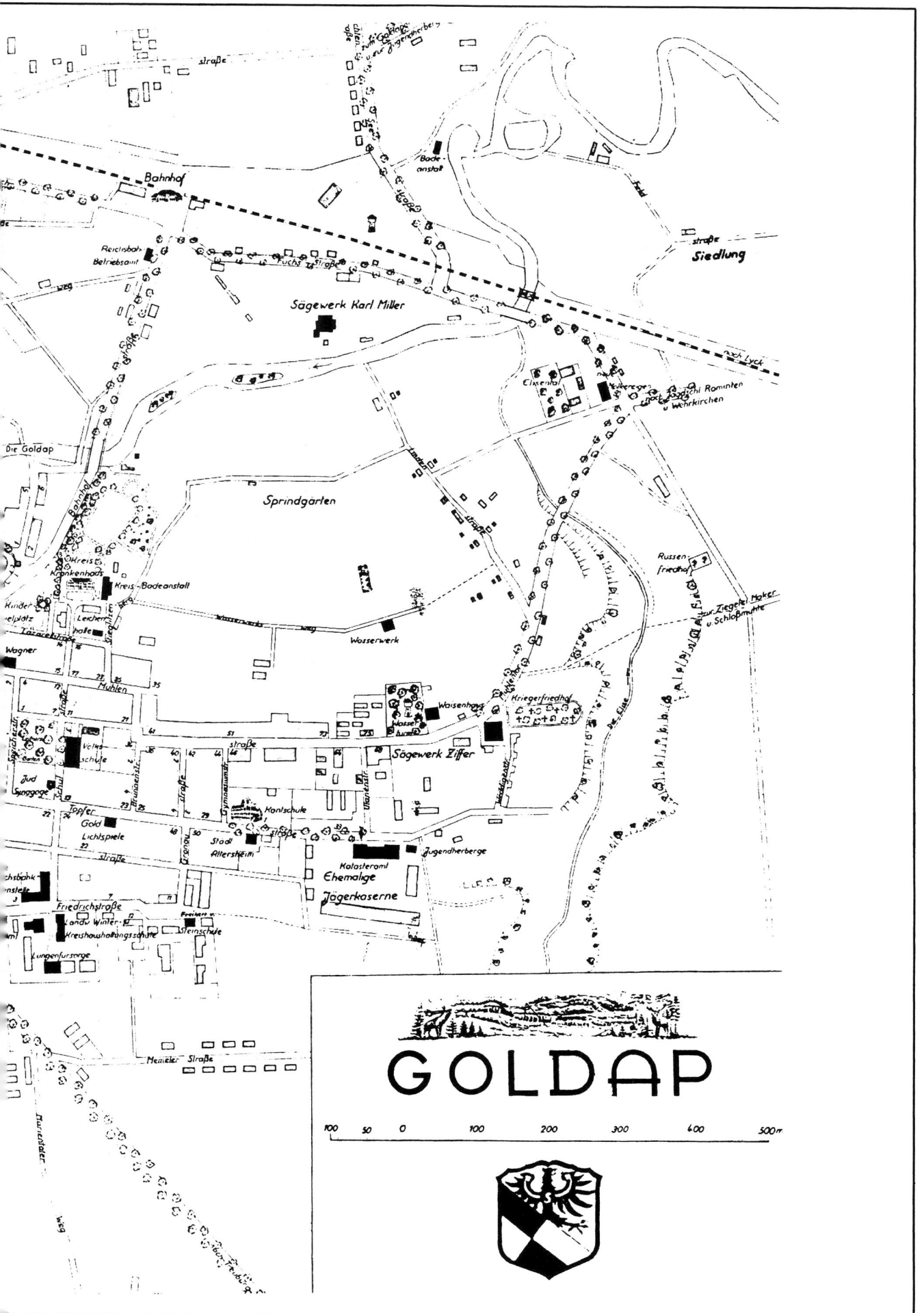

GOLDAP

100 50 0 100 200 300 600 500m

Der Kreis Gumbinnen

Gesamtgröße 730,61 km²;
55 272 Einwohner einschließlich Stadt, mithin 75,7 Einwohner auf 1 km².

Im Kreisgebiet waren 159 politische Gemeinden einschließlich Stadt Gumbinnen. 260 Wohnplätze.

Die größten Landgemeinden im Kreis waren Preußendorf mit 917 und Ohldorf mit 1181 Einwohnern.

7 evangelisch-lutherische Kirchen mit 9 Pfarrern, 2 reformierte Kirchen, 1 katholische Kirche in Gumbinnen.

Im Kreis 87 Volksschulen, 163 Klassen, 6660 Schüler, 160 Lehrer, Staatl. Forstamtsbezirk (Tannsee).

Landwirtschaftliche Nutzfläche = 59 578 ha = 81,73 % der Gesamtfläche. Ackerland 40 886 ha, Dauerweiden 11 706 ha, Wiesen 6014 ha, Obstanlagen und Baumschulen 114 ha, Gärten 849 ha, Bewässerungswiese 9 ha.

Landwirtschaftliche Betriebe 2896, davon 1001 von 0,5–5 ha, 603 = 5–10 ha, 491 = 10–20 ha, 693 = 20–100 ha, 108 über 100 ha.

Zucht von Herdbuchvieh, Deutsches Edelschwein, Schwarzköpfiges Fleischschaf, Teil des Zuchtgebiets Trakehner Pferde.

1945 kam der ganze Kreis unter sowjetische Verwaltung. Gumbinnen heißt jetzt: Gussew.

Patenstadt: Bielefeld.

Gumbinnen

Kreisstadt und Hauptstadt des Regierungsbezirks Gumbinnen;
42 m über dem Meer an der Mündung der Rominte in die Pissa;
1939: 24 534 Einwohner, meist evangelisch;
1545 bereits eine Kirche;
1721 zur Stadt erhoben;
Siedlungsprivileg für die Altstadt 1724;
für die Neustadt 1772;
1726 Rathaus;
1732 Salzburger wandern ein;
1735 Salzburger Hospital.

Berufsschule, Handelsschule, Landwirtschaftsschule, Oberschule, Mittelschule, Techn. Staatslehranstalt für Maschinenbau, Kreiskrankenhaus, Privatklinik, Oberpostdirektion, Überlandwerk, Garnison- und Beamtenstadt, Regierungsbehörden, Zollamt, Landmaschinenfabrik, Ziegelei, Brauerei, Woll- und Leinenweberei, Kistenfabrik, Dampfkraftwerk, Mühlenwerk, Handel und Gewerbe, Handwerk stark vertreten, 2 Tageszeitungen.

Geburtsort des Malers Arthur Degner 1888.

In weiterer Umgebung:
Wystiter See, Schloß Beynuhnen, Hauptgestüt Trakehnen. Ausgangspunkt zum nördlichen Teil der Rominter Heide. Remonteamt Roßlinde (Brakupönen).

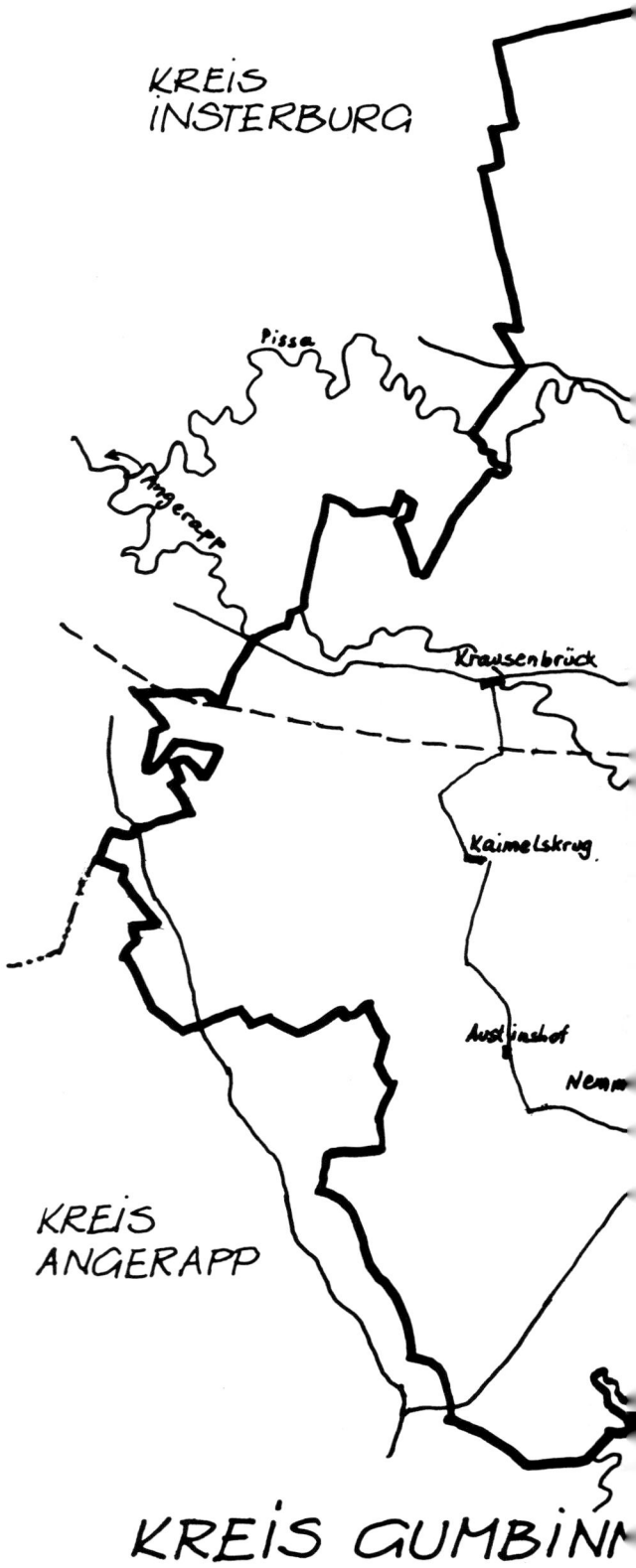

KREIS INSTERBURG

Pissa

Angerapp

Krausenbrück

Kaimelskrug

Austinshof

Nemm

KREIS ANGERAPP

KREIS GUMBINN

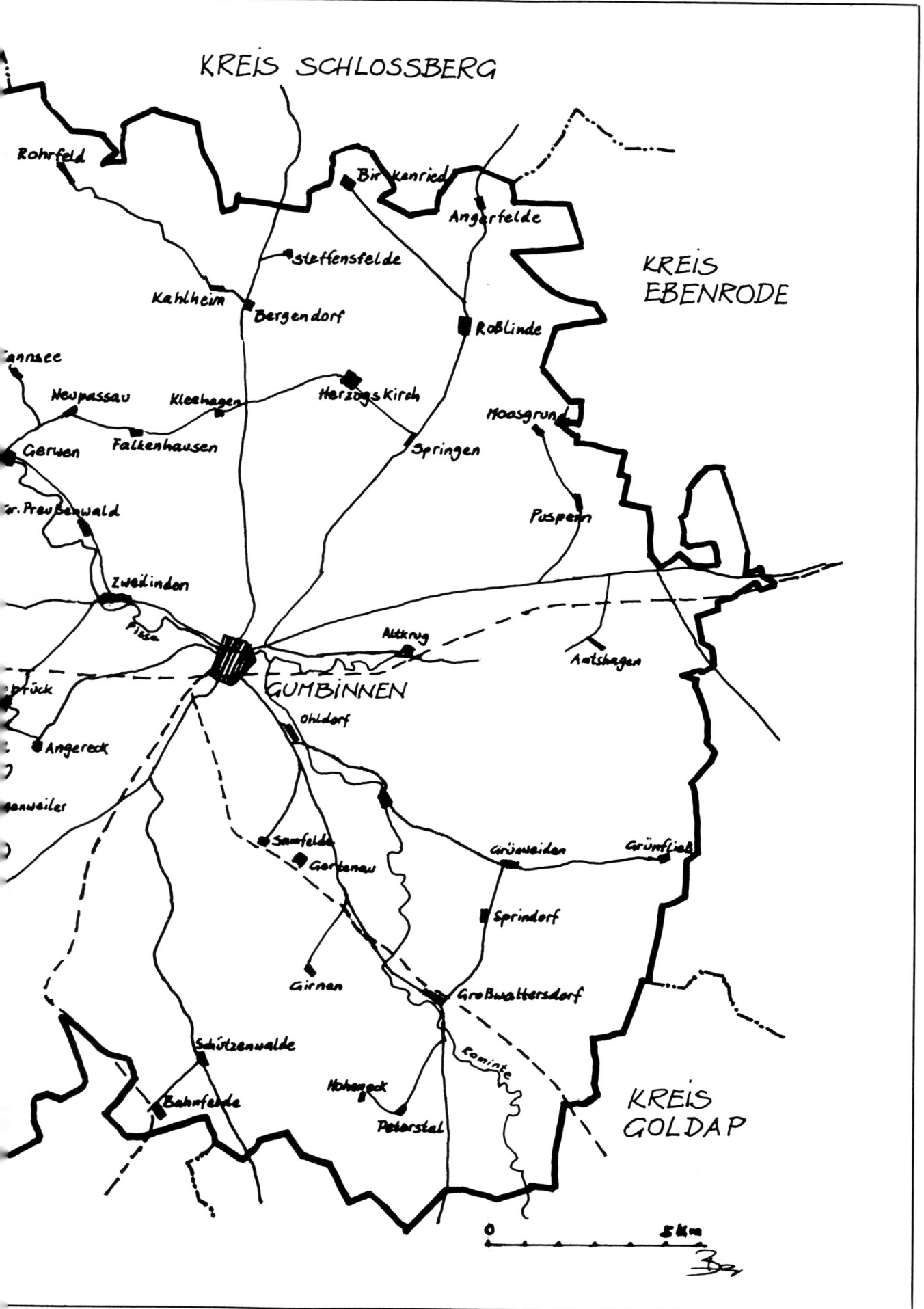

KREIS SCHLOSSBERG

Rohrfeld

Birkenried

Angerfelde

KREIS
EBENRODE

Steffensfelde

Kahlheim
Bergendorf

Roßlinde

Tannsee

Neupassau
Kleehagen
Herzogskirch

Hoasgrund

Gerwen
Falkenhausen

Springen

Kr. Preußenwald

Puspern

Zweilinden

Pissa

Altkrug

Amtshagen

brück

GUMBINNEN

Angereck

Ohldorf

nweiler

Saarfelde

Grünweiden

Grünfließ

Gortenau

Sprindorf

Girnen

GroßWaltersdorf

Schützenwalde

Rominte

KREIS
GOLDAP

Bahnfelde

Hohenzeck

Peterstal

0   5 Km

69

Gumbinnen

Der Kreis Heilsberg

Gesamtgröße 1095,64 km²;
56 214 Einwohner, demnach 51,3 Einwohner auf 1 km².

Im Kreisgebiet 107 Landgemeinden, darunter 2 Städte: Guttstadt und Heilsberg, 181 Wohnplätze, größte Landgemeinde Arnsdorf mit 1365 Einwohnern.

Im Kreis gab es 95 Volksschulen mit 205 Klassen, 8737 Schülern und 186 Lehrern.

31 katholische Kirchengemeinden und 3 evangelische Kirchen. Im Kreis 4719 landwirtschaftliche Betriebe, davon 1347 von 0,5–5 ha, 927 von 5–10 ha, 1053 von 10–20 ha, 1294 von 20–100 ha, 98 über 100 ha.

1945 kamen Städte und Kreis unter polnische Verwaltung. Heilsberg = Lidzbark Warmiński; Guttstadt = Dobre Miasto
Patenschaft: Kreis H. = Kreis Aschendorf-Hümmling, Guttstadt: Stadt Aschendorf.

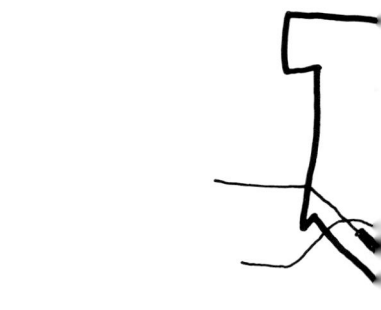

Heilsberg

Kreisstadt im Regierungsbezirk Königsberg Pr.
65–83 m über dem Meer, an der Mündung der Simser in die Alle, liegt an der Nordgrenze des Ermlandes; 1939: 11 787 Einwohner, meist katholisch.

Der Orden baute an der Stelle einer alten Prußenburg die Burg Heilsberg 1242. Schon vor der Erhebung zur Stadt hatte der Ort Kirche und Pfarrer, 1308 Kulmisches Stadtrecht, Stadtbefestigung um 1350 z. T. erhalten, Hohes Tor;
1400 Vollendung der Burg in Stein, bis 1795 Residenz der ermländischen Bischöfe. Das Schloß ist nach der Marienburg das bedeutendste erhaltene Profanbauwerk des Ordenslandes;
14.–15. Jahrhundert katholische Pfarrkirche St. Peter und Paul als dreischiffige Backstein-Hallenkirche;
1504–10 Nikolaus Kopernikus in Heilsberg als Leibarzt;
1497 Lateinschule, vor 1600 Klosterschule der Katharinerinnen. Neubürger waren Schlesier, deren Dialekt sich bis zuletzt erhalten hat;
1936 Sendeturm des Ostpreußischen Rundfunks, 114 m hoch. Schöner Marktplatz mit umstehenden Laubenhäusern. Krankenhaus, Garnision, Höhere Schulen, evangelische Kirche.

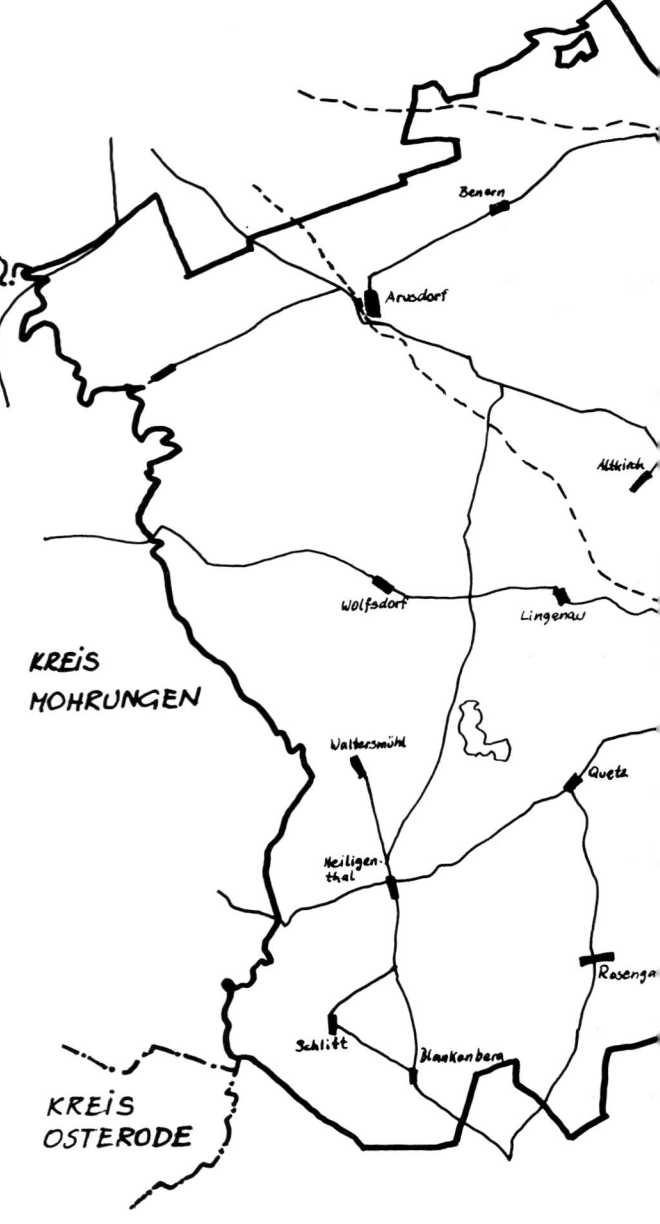

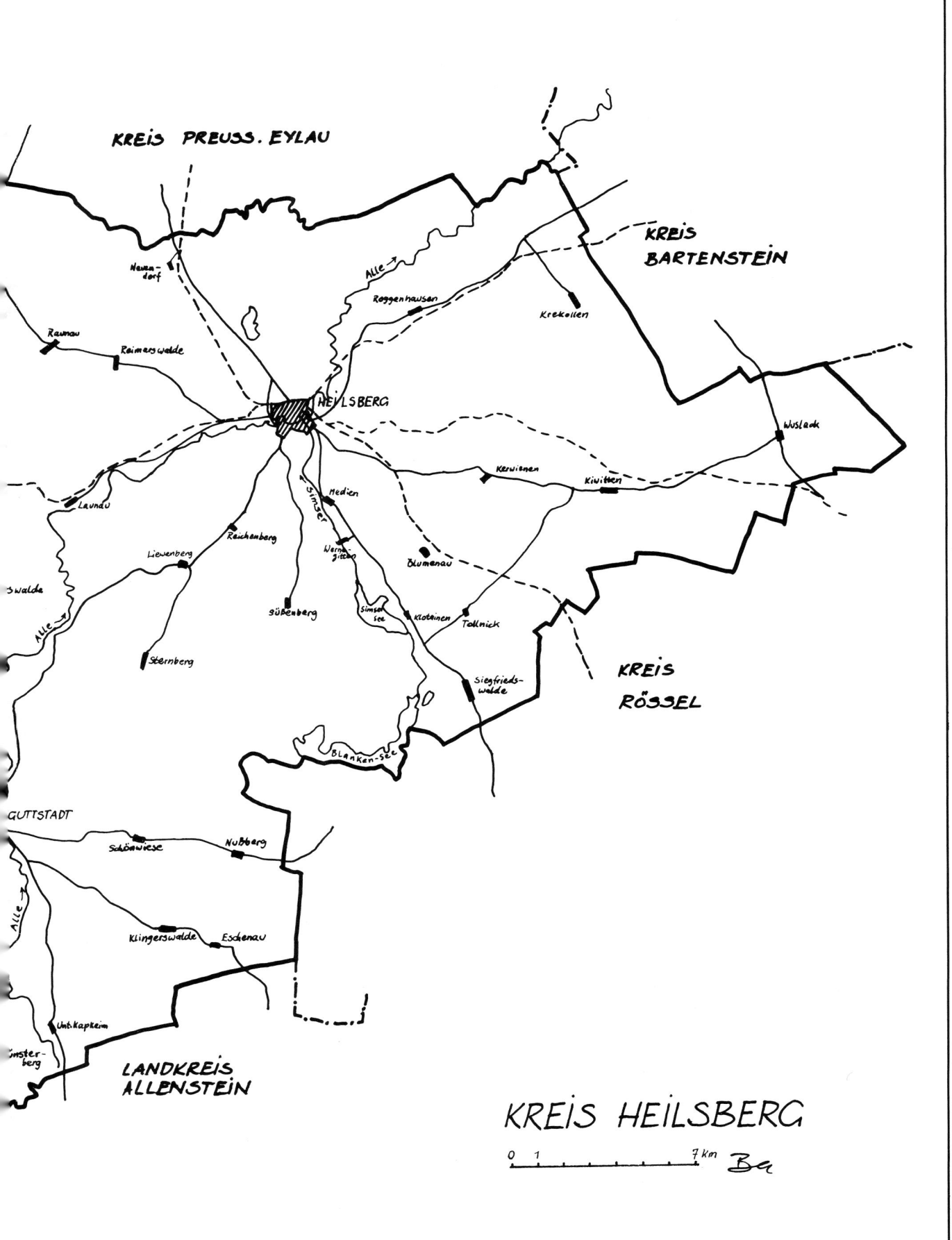

KREIS PREUSS. EYLAU

KREIS BARTENSTEIN

Neuen-dorf

Alle →

Roggenhausen

Krekollen

Raunau

Reimerswalde

HEILSBERG

Wuslack

Launau

Kerwienen

Kivitten

Medien

Simser

Liewenberg

Reichenberg

Werne-gitten

Blumenau

Süßenberg

Simser See

Klotainen

Tolknick

Sternberg

Siegfrieds-walde

KREIS RÖSSEL

Swalde

Alle

Blanken-See

GUTTSTADT

Schönwiese

Nußberg

Klingerswalde

Eschenau

Alle

Unt. Kapkeim

...ster-berg

LANDKREIS ALLENSTEIN

KREIS HEILSBERG

0 1   7 km   Ba

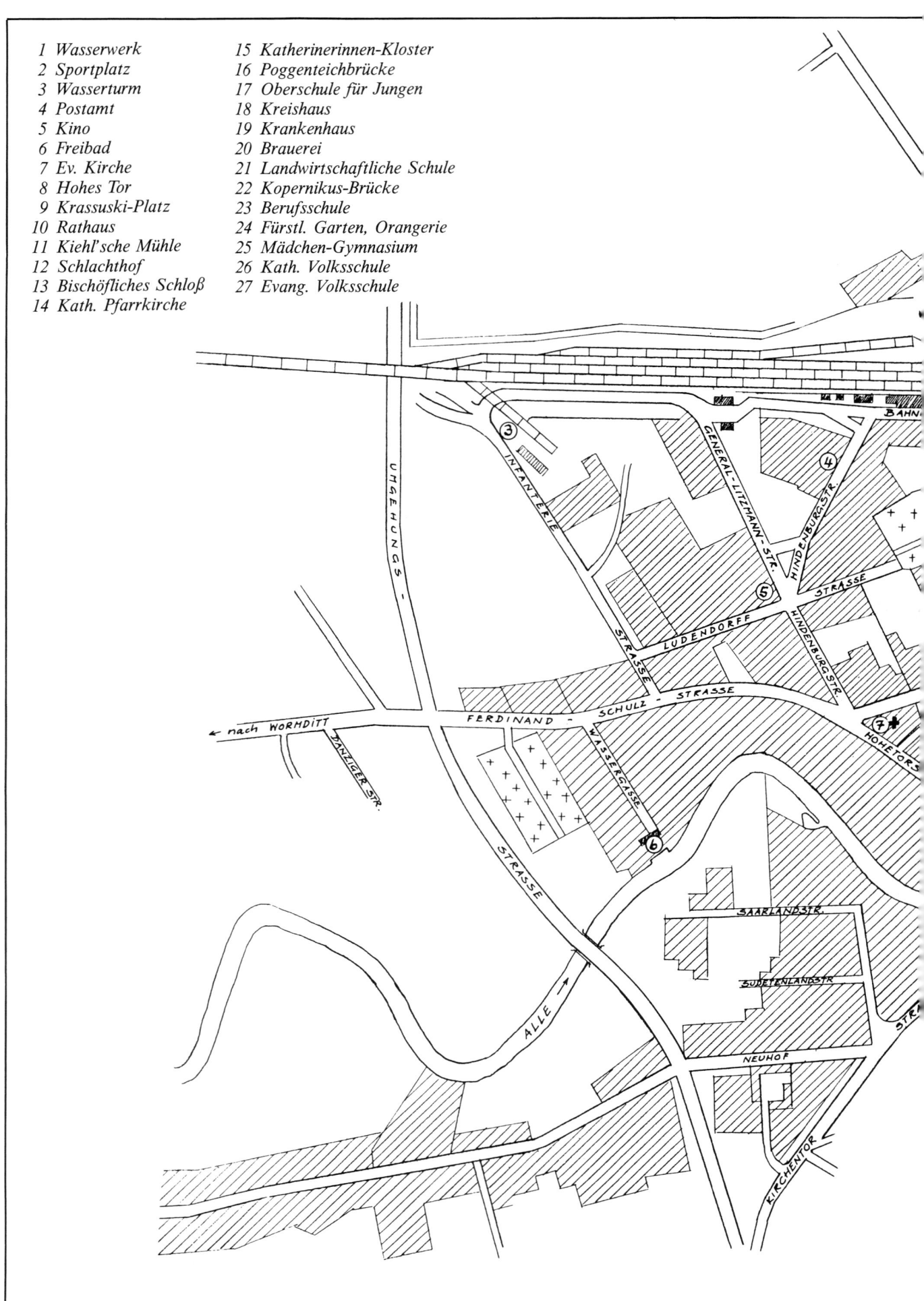

1 Wasserwerk
2 Sportplatz
3 Wasserturm
4 Postamt
5 Kino
6 Freibad
7 Ev. Kirche
8 Hohes Tor
9 Krassuski-Platz
10 Rathaus
11 Kiehl'sche Mühle
12 Schlachthof
13 Bischöfliches Schloß
14 Kath. Pfarrkirche
15 Katherinerinnen-Kloster
16 Poggenteichbrücke
17 Oberschule für Jungen
18 Kreishaus
19 Krankenhaus
20 Brauerei
21 Landwirtschaftliche Schule
22 Kopernikus-Brücke
23 Berufsschule
24 Fürstl. Garten, Orangerie
25 Mädchen-Gymnasium
26 Kath. Volksschule
27 Evang. Volksschule

Heilsberg

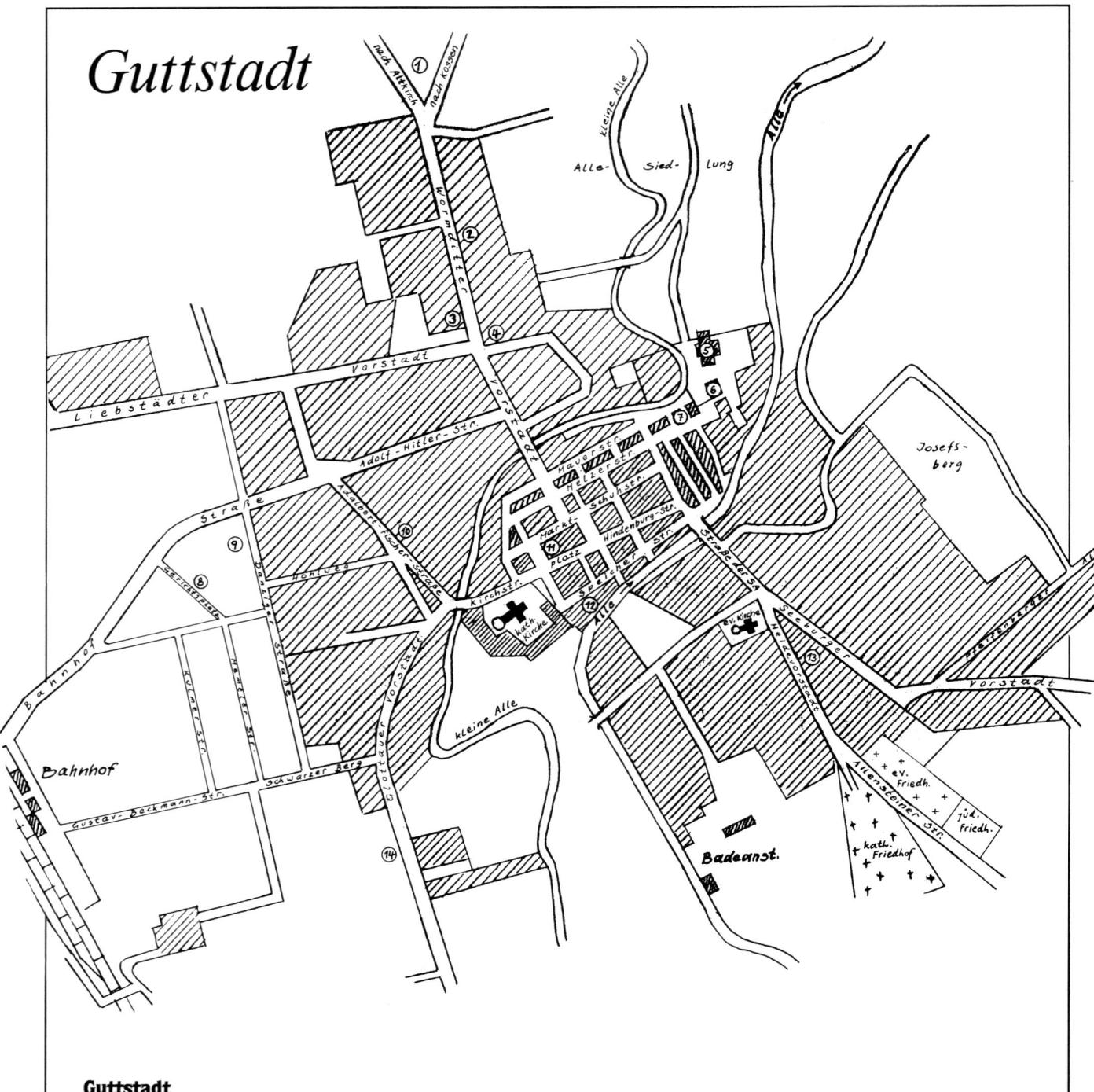

Guttstadt

Guttstadt

Stadt im Kreis Heilsberg, Regierungsbezirk Allenstein;

98 m über dem Meer, links der Alle – Ermland;

1939: 5932 Einwohner, meist katholisch;

1325 erstmals erwähnt;

1329 Kulmisches Stadtrecht;

1347–1811 Sitz eines Kollegiatstifts;

1357–92 dreischiffige gotische Hallenkirche (Kollegiatskirche);

Rathaus 1371.

Die ersten Ansiedler waren Schlesier, der Dialekt blieb erhalten. Von alter Stadtbefestigung 2 Tore erhalten. Ziegelei vorhanden.

1945 unter polnische Verwaltung: Dobre Miasto; geringe Kriegsschäden.

Patenschaft: Landkreis Emsland.

1 Molkerei
2 Oberschule, kath. Volksschule
3 Postamt
4 Hotel mit Kino
5 Gasanstalt
6 Schlachthof
7 Feuerwehr
8 Amtsgericht
9 Wasserturm
10 Magistrat/Polizei
11 Rathaus
12 Mühle Macketanz
13 Krankenhaus und Altersheim
14 Brauerei Wiechert

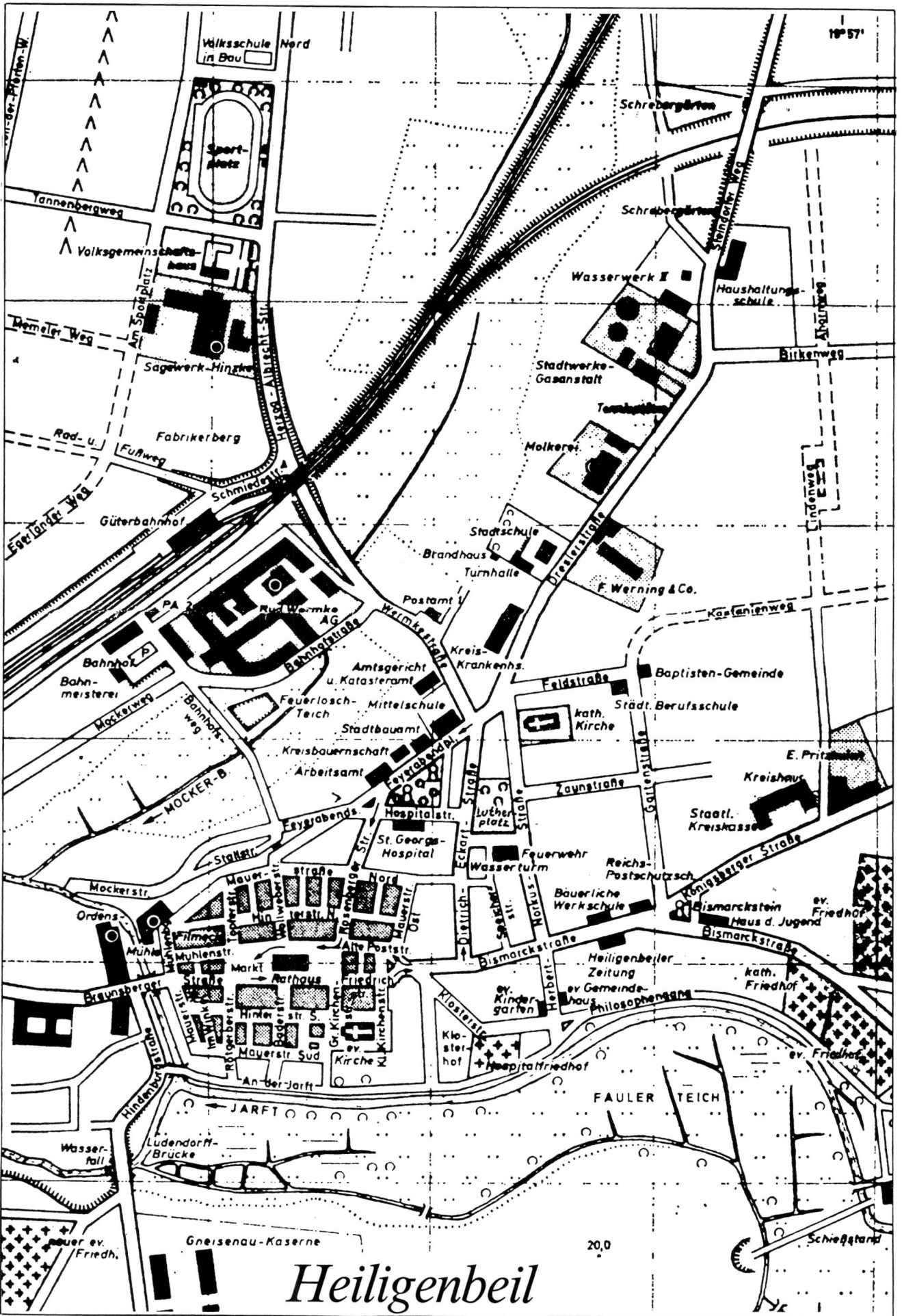

Heiligenbeil

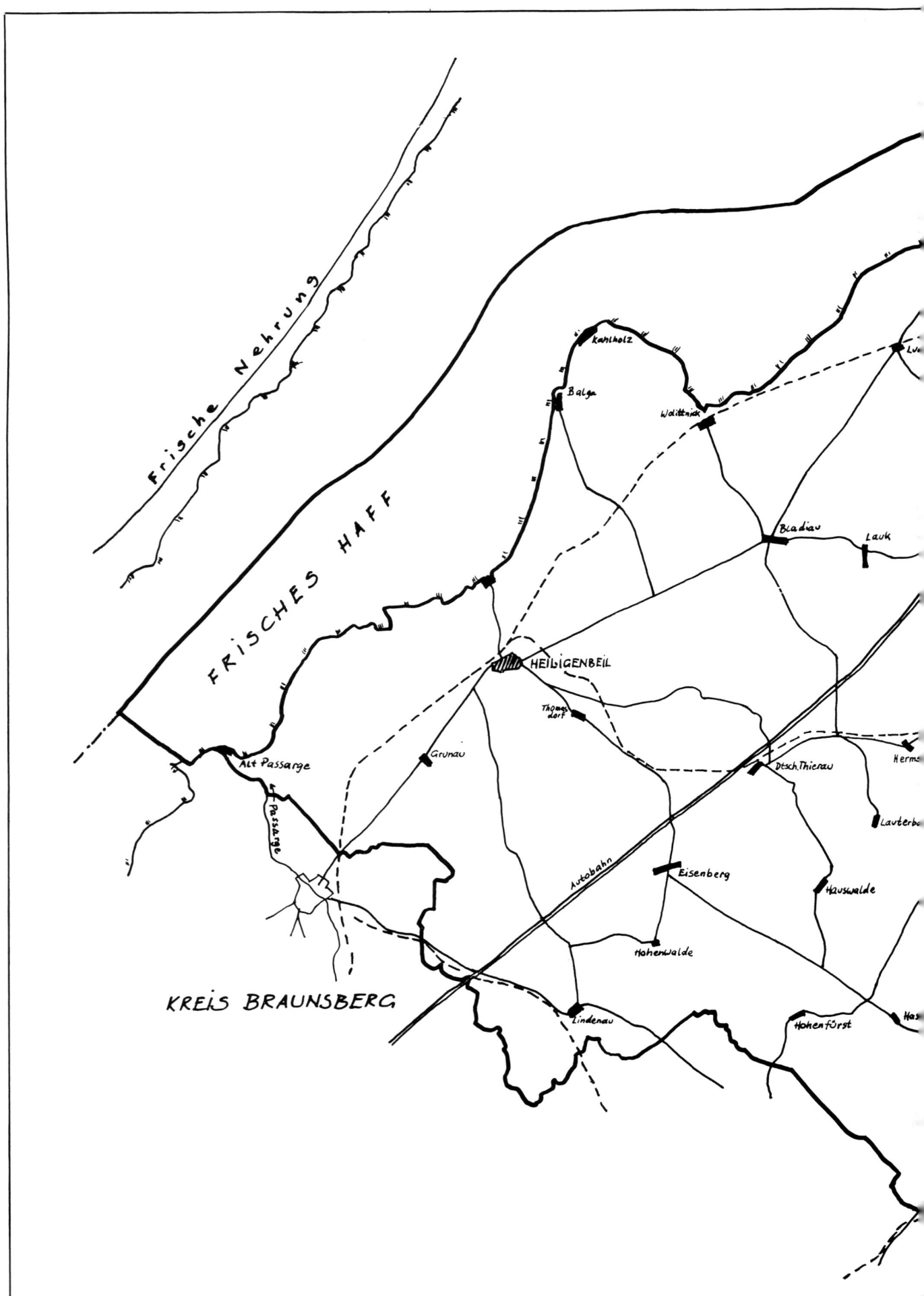

Frische Nehrung

FRISCHES HAFF

Kahlholz

Balga

Wolittnick

Lu

Bladiau

Lauk

HEILIGENBEIL

Thomas dorf

Grunau

Dtsch.Thierau

Herms

Lauterb

Alt Passarge

Passarge

Eisenberg

Hauswalde

Autobahn

Hohenwalde

KREIS BRAUNSBERG

Lindenau

Hohenfürst

Has

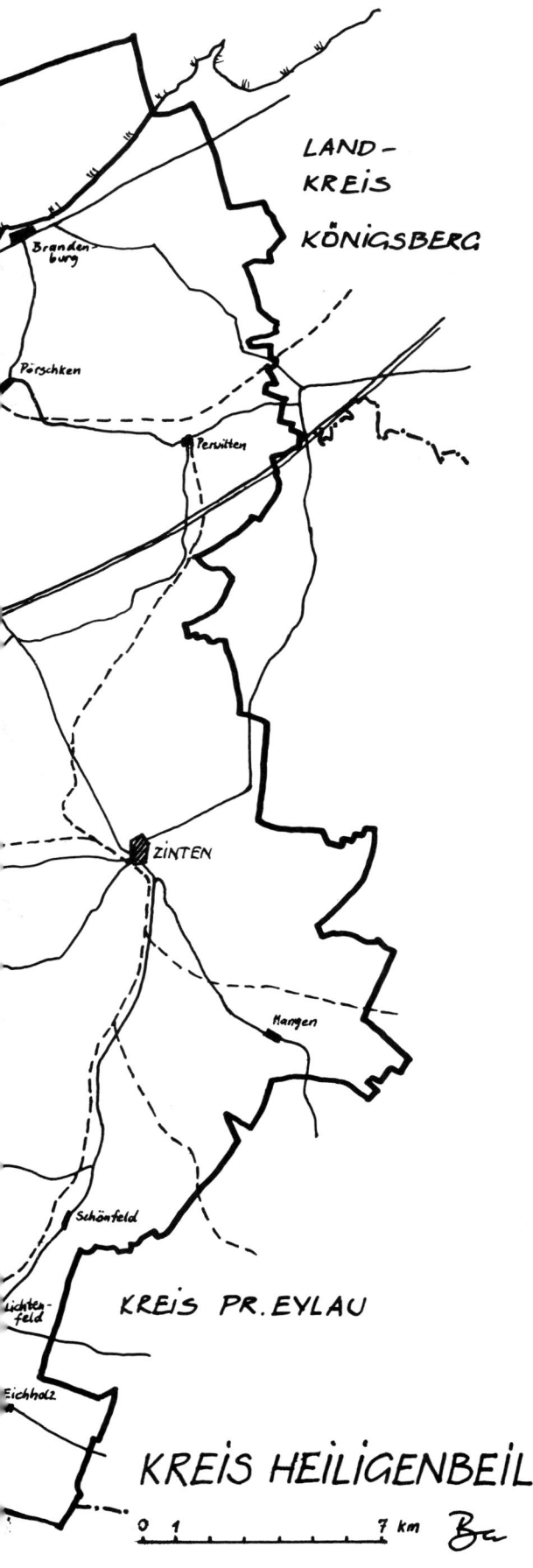

LAND-
KREIS
KÖNIGSBERG

Brandenburg
Pörschken
Peruitten
ZINTEN
Hargen
Schönfeld
Lichtenfeld
Eichholz

KREIS PR. EYLAU

KREIS HEILIGENBEIL

0 1 .... 7 km

Der Kreis Heiligenbeil

Gesamtgröße: 907,86 km², dazu 229 km² Haffanteil = 1136,86 km². 53 207 Einwohner, demnach 58,6 Einwohner auf 1 km².

Im Kreisgebiet 114 Landgemeinden, darunter 2 Städte: Heiligenbeil und Zinten; 321 Wohnplätze.

Die größten Landgemeinden im Kreis waren Brandenburg mit 1596, Bladiau mit 1217, Ludwigsort mit 1252 Einwohnern.

Im Kreis: 78 Volksschulen, 184 Klassen, 7442 Schüler, 152 Lehrer, 15 evangelische Kirchspiele, 3 katholische Kirchen. 1933 waren im Kreis 923 Industrie- und Handelsbetriebe und 509 Handwerks- und Verkehrsbetriebe vorhanden.

Landwirtschaftliche Nutzfläche 72 007 ha; Forsten und Holzungen 10 543 ha, Ackerflächen 48 045 ha, Wiesen 23 107 ha. Landwirtschaftliche Betriebe 744 von 05,–5 ha, 1359 5–20 ha, 687 20–100 ha, 135 über 100 ha.

Rindviehzucht, Schafzucht, Pferdezucht (Warm- und Kaltblut), Schweine- und Geflügelzucht, Teichwirtschaft, Ziegeleien, Spiritusbrennereien, Molkereien.

Angebaut wurden: Weizen, Roggen, Gerste, Hafer, Kartoffeln.

1945 kam der nördliche Teil des Kreises mit beiden Städten unter sowjetische Verwaltung, der südliche Teil unter polnische. Heiligenbeil = Mamonovo, Zinten = Kornevo.

Patenkreis des Kreises ist seit 1974 Kreis Hannover Land, Patenstadt für Zinten: Burgdorf/Hannover, für Heiligenbeil: Lehrte.

Heiligenbeil

Kreisstadt im Regierungsbezirk Königsberg (Pr);
24 m über dem Meer, 3 km südöstlich des Frischen Haffs;
1939: 12 100 Einwohner, meist evangelisch.

An der Stelle einer Prußenfeste (Opferstätte) angelegt, auch Fliehburg und Schutzwehr für heiligen Wald.

1301 vom Deutschen Orden zu Kulmischem Recht angelegt;
1522, 1560 Erteilung neuer Stadtprivilegien;
1320 Pfarrkirche erwähnt
1522 neue Handfeste;
1560 erneuert.

Städt. Volksschule, Mittel- und Landwirtschaftliche Schule, Kreiskrankenhaus, Musikschule (1944), „Heiligenbeiler Spielzeugbüchse", Hafen am Frischen Haff (Rosenberg), Maschinenfabrik, Dampfsägewerk, Leichtmetallwerk, Puddingpulverfabrik, Flugzeugreparaturwerk, Brauerei, Garnisonstadt, Fliegerhorst, Luftwaffenschule.

Zinten

Zinten

Stadt im Kreis Heiligenbeil, Regierungsbezirk Königsberg(Pr); 100 m über dem Meer.

1939: 5800 Einwohner, meist evangelisch.

Um 1290 besteht Siedlung;

1313 Stadtgründung;

1352 Erneuerung der Stadtrechte, Kulmisches Recht;

1341 wird Kirche erwähnt, brannte 1716 ab;

1417 Wassermühle, Hospital gegründet um 1520;

1568 wird ein Schulmeister, Geistlicher erwähnt.

Seifenfabrik, Molkerei, Schneidemühle, Elektrizitätswerk, Wasserwerk, Zementwarenfabrik, Seifenfabrik, Ziegelei, Getreidemahlmühle, Museum.

Stadtschule, höhere Knaben- und Mädchenschule, Stadtbücherei, Warmbadeanstalt, Turnierplatz, Sportplatz, Jugendherberge, Kreiswaisenhaus.

Garnisonsstadt, Luftkur- und Ausflugsort.

1945 unter sowjetische Verwaltung, stark zerstört. Russischer Name: Kornevo.

Patenstadt: Burgdorf bei Hannover.

Der Kreis Heydekrug

Landfläche vor der Abtretung des Memellandes 805,08 km² bei Zugehörigkeit zu Litauen: 645 km² im Jahre 1931, wozu noch ein Teil der Wasserfläche des Kurischen Haffs kam. Einwohner in litauischer Zeit: 38 437 Personen (1937). Landfläche nach Rückgliederung: 862 km² (217 km² von Polen gegen). Einwohner nach Rückgliederung im neu gebildeten Landkreis: 52 227 Personen (1940). Durch die Zugehörigkeit zu Litauen und die Kriegszeit sind die Zahlen nicht genauer zu ermitteln. Im Kreisgebiet gab es 102 politische Gemeinden in 14 Amtsbezirken, darunter die Stadt Heydekrug. Größte Landgemeinde im Kreis war Ruß mit 2454 Einwohnern.

1942/43 waren im Kreis 88 Volksschulen mit ca. 110 Klassen vorhanden, 9 evangelische Kirchengemeinden, 1 katholische Kirche. In dem rein landwirtschaftlichen Kreis waren die kleineren landwirtschaftlichen Betriebe vorherrschend. Die 4066 Betriebe gliederten sich in: 987 Betriebe bis 5 ha, 2569 von 5-20 ha, 468 von 20-50 ha, 34 von 50-100 ha, 8 Betriebe über 100 ha.

Haupterwerbsquellen waren Ackerbau, Viehzucht und Milchverarbeitung, Imkerei, Fischerei, Schiffahrt, Handel, Gewerbe und Handwerk.

Das niedrig gelegene Land wurde durch Deiche gegen Hochwasser geschützt; hier war der Elch heimisch. Es gab Niederungs- und Hochmoore.

Die Kreisgrenze nach Nordosten war gleichzeitig Landesgrenze zu Litauen. Nach starken Zerstörungen im Jahr 1945 kam das ganze Gebiet unter sowjetische Verwaltung. Heydekrug hieß Schilutje. Nachdem Litauen ein selbständiger Staat wurde, gehört der Kreis zu Litauen. Heydekrug heißt litauisch Šilutė.

Patenstadt: Stadt Mannheim.

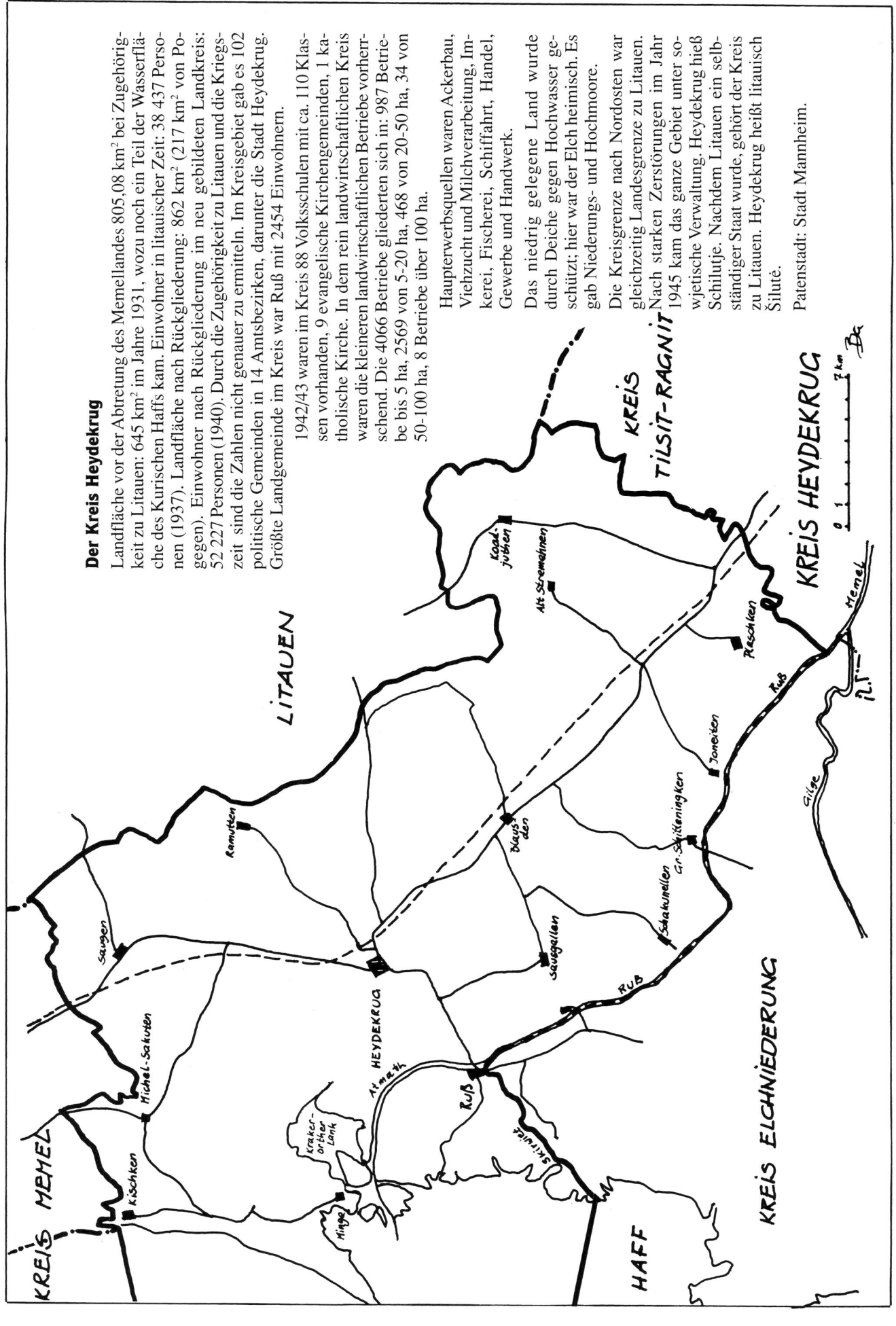

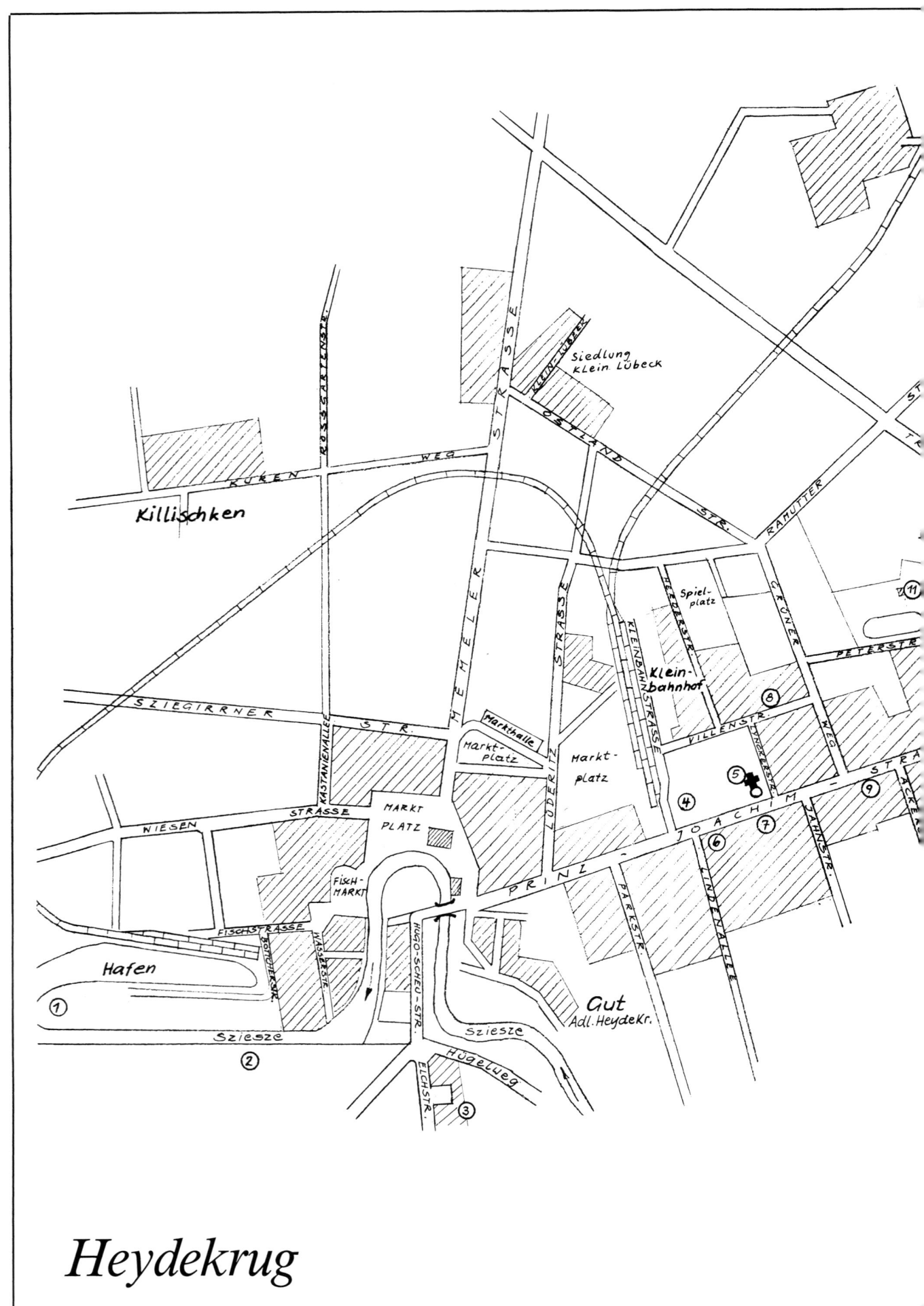

Heydekrug

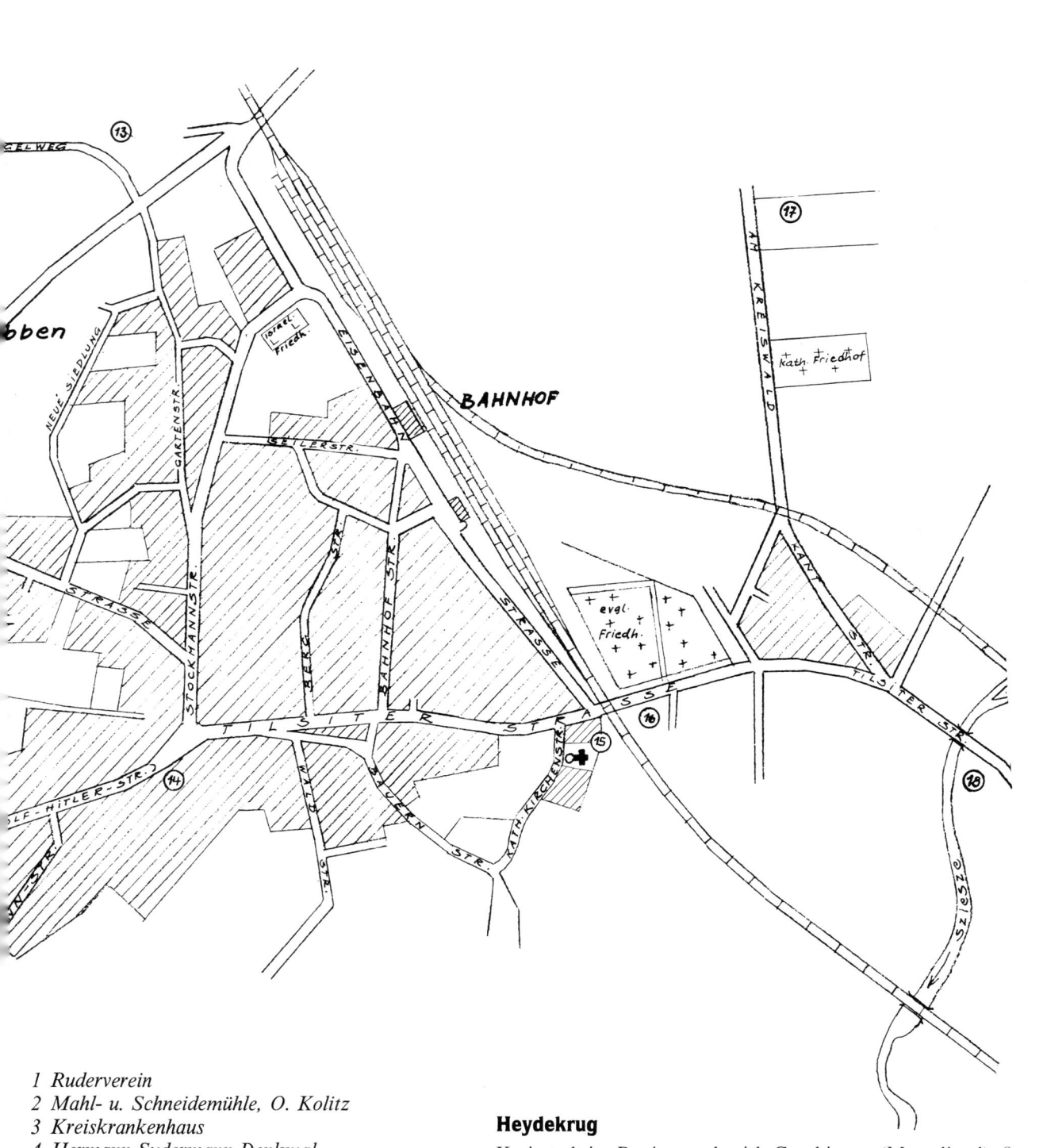

1 Ruderverein
2 Mahl- u. Schneidemühle, O. Kolitz
3 Kreiskrankenhaus
4 Hermann-Sudermann-Denkmal
5 Evang. Kirche
6 Landw. Schule
7 Stadtverwaltung
8 Oberschule für Jungen
9 Volksschule
10 Synagoge
11 Kreisverwaltung
12 E-Werk
13 Ziegelei Barsduhnen
14 Amtsgericht
15 kath. Kirche und Waisenhaus
16 Gaswerk
17 Siedlung Kl. Berlin
18 Evang. Kirche Werden

Heydekrug

Kreisstadt im Regierungsbezirk Gumbinnen (Memelland); 9 m über dem Meer;

1939: 4836 Einwohner, meist evangelisch;

1511 erstmalig erwähnt;

1815 Sitz eines Landrats.

Von 1923 bis 1939 zu Litauen gehörig, nach Rückkehr zu Deutschland im Jahre 1941 zur Stadt erhoben.

Realgymnasium, Berufsschule, Landwirtschaftliche Schule, Landfrauenschule, Kreiskrankenhaus, Schneidemühle, Ziegelei, Flußhafen.

Geburtsort des Dramatikers und Erzählers Hermann Sudermann, 1857 (Matzicken bei Heydekrug) – 1928 (Berlin).

Litauischer Name: Šilutė.

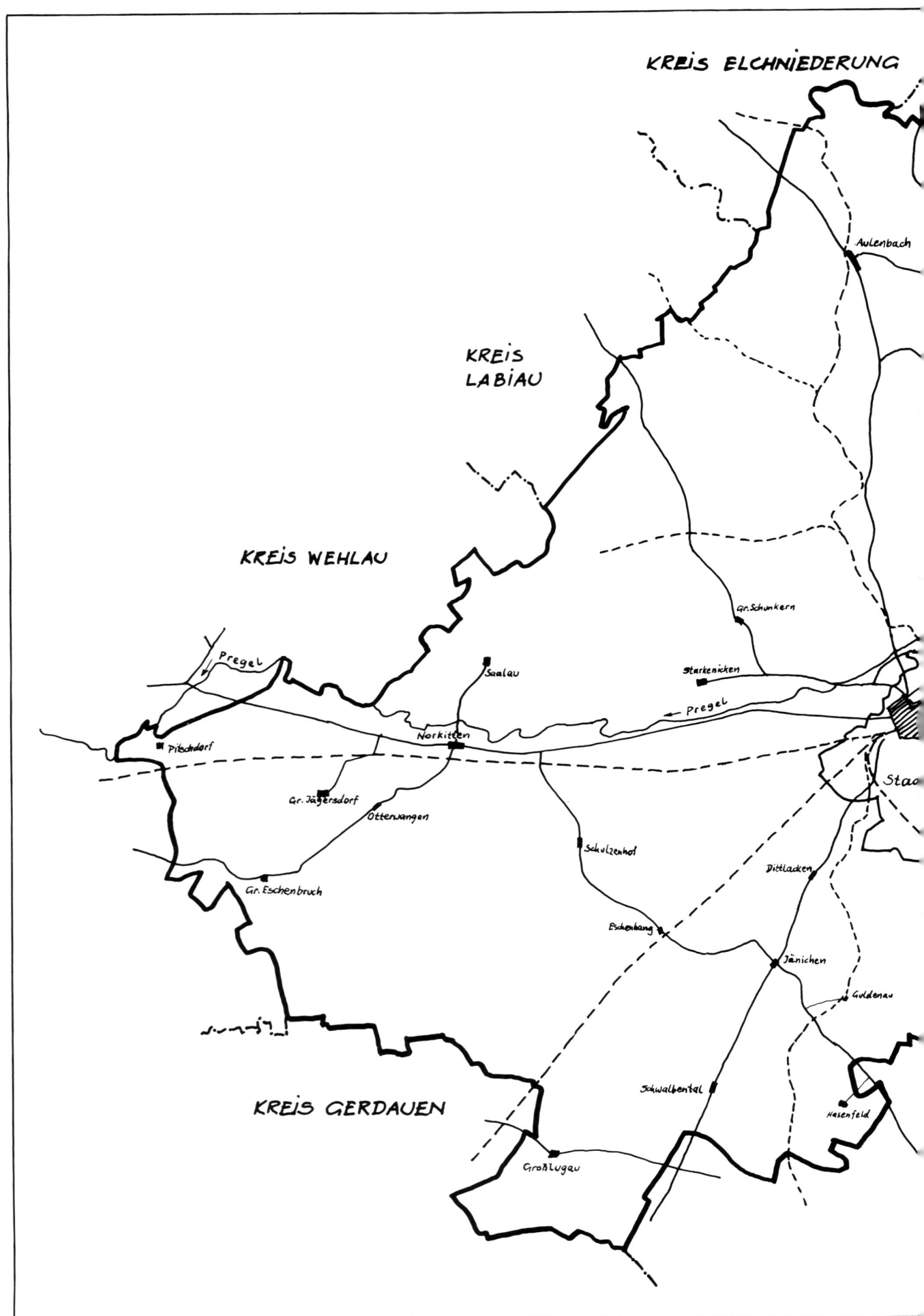

KREIS
LABIAU

KREIS WEHLAU

Aulenbach

Gr.Schunkern

Starkenicken

Saalau

Pregel

Pregel

Norkitten

Pitschdorf

Gr. Jägersdorf

Ottenwangen

Schulzenhof

Dittlacken

Stac

Gr. Eschenbruch

Eschenhang

Jänichen

Goldenau

Schwalbental

Hasenfeld

KREIS GERDAUEN

Großlugau

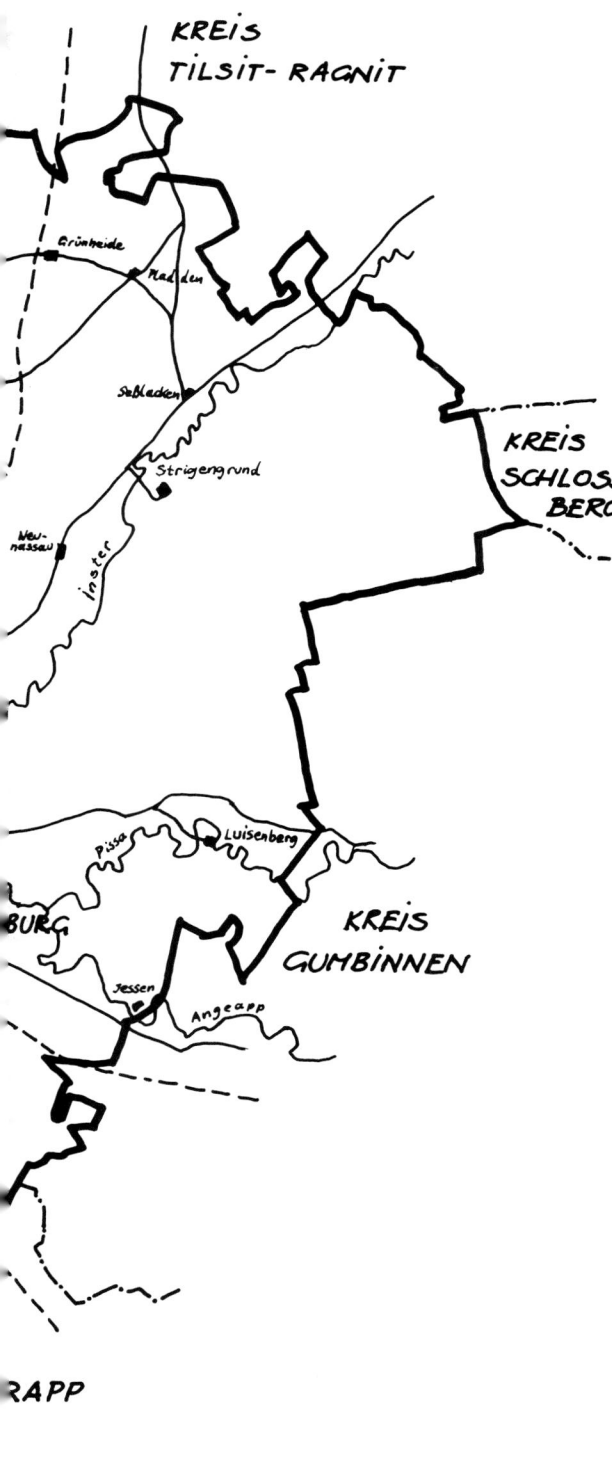

KREIS TILSIT-RAGNIT

Grünheide

Madden

Saßladen

Strigengrund

Neunassau

Inster

KREIS SCHLOSS-BERG

Pissa

Luisenberg

BURG

KREIS GUMBINNEN

Jessen

Angerapp

RAPP

KREIS INSTERBURG

0 1   7 km
Ba

Der Landkreis Insterburg

Gesamtfläche: 1160,83 km^2;
43 224 Einwohner (ohne Stadt), 37,2 Einwohner je km^2.

Der Kreis hatte 177 Landgemeinden, 366 Wohnplätze. Die größten Landgemeinden waren Aulenbach mit 1049, Norkitten mit 1147 Einwohnern.

Im Landkreis ohne Stadt waren 109 Volksschulen mit 153 Klassen, 6260 Schülern und 156 Lehrern, 12 evangelische Kirchspiele. 1 kath. Kirche und Seelsorgestellen.

25 % des Kreisgebietes waren Waldungen;
62,6 % der Bevölkerung arbeiteten in der Land- und Fortwirtschaft, 15,9 % waren in Handwerk und Industrie tätig, 5,6 % im Handel und Verkehr;
Landwirtschaftliche Betriebe: 2642 von = 0,5–5 ha, 1465 = 5–10 ha, 978 = 10–20 ha, 766 = 20–100 ha, 47 über 100 ha;
Landwirtschaft, Vieh- und Pferdezucht, der Großgrundbesitz war stark vertreten.

1945 kamen Stadt und Kreis Insterburg unter sowjetische Verwaltung. Russischer Name für Insterburg: Tschernjachowsk.

Patenstadt für Insterburg Stadt und Land: Krefeld.

Insterburg

Stadtkreis und Kreisstadt im Regierungsbezirk Gumbinnen;
24 m über dem Meer an der Angerapp;
1939: 48 711 Einwohner, meist evangelisch;
Stadtkreis 44,16 km^2, 1104 Einwohner auf 1 km^2;
1336 Burg des Deutschen Ordens, zuletzt Heimatmuseum;
1583 Kulmisches Stadtrecht
1610 Rathaus, 1610–12 Lutherkirche.

Im Stadtkreis gab es 8 Volksschulen mit 96 Klassen. 4131 Schülern und 93 Lehrkräften.

Höhere und Fachschulen, Bibliothek, Tageszeitungen, Krankenhäuser, Behörden, kath. Kirche, Garnison, Flugplatz, Flußhafen, Industrie.

Geburtsort des Schriftstellers Ernst Wichert 1831 und des Graphikers Hans Orlowski 1894.

Insterburg war die Reiter- und Turnierstadt des Ostens.

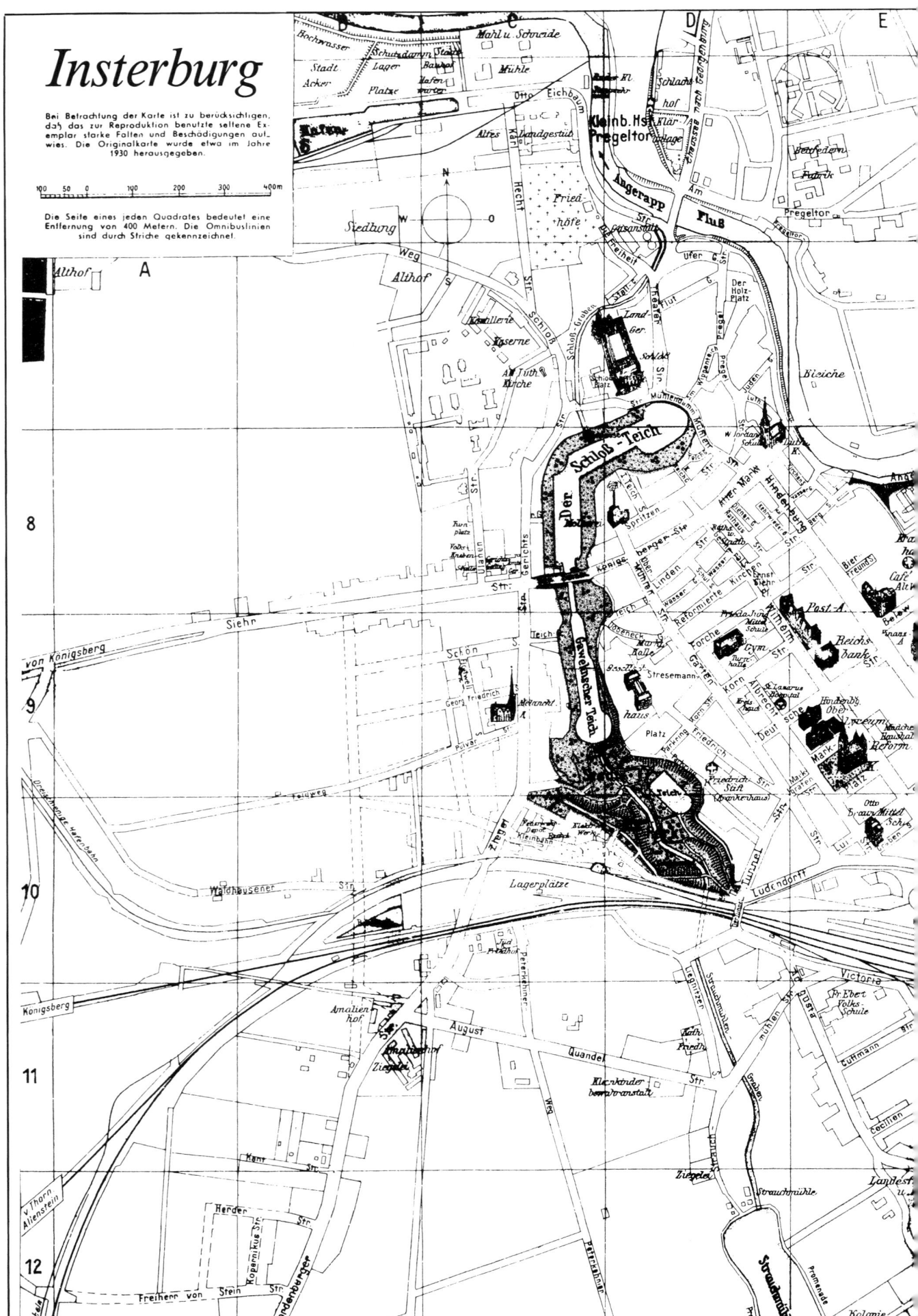

Insterburg

Bei Betrachtung der Karte ist zu berücksichtigen,
daß das zur Reproduktion benutzte seltene Ex-
emplar starke Falten und Beschädigungen auf-
wies. Die Originalkarte wurde etwa im Jahre
1930 herausgegeben.

Die Seite eines jeden Quadrates bedeutet eine
Entfernung von 400 Metern. Die Omnibuslinien
sind durch Striche gekennzeichnet.

n. Angerlinde u. Tammowischken

Exerzierplatz

Polo-
platz

6

Schiller bad

Gut
Lenkeningken

Übungsplätze

Rodelbahn

Angerapp Fluß

Tennisplätze

Jugend-u. Sport-
Park

Luth.
Friedhof

7

Schrebergärten

Stadt-
gärtne-
rei

Haupt-
Friedhof

Promenade

Parkschu

Jugend-
Herberge
Kasernen

Jugend-
Herberge
Haus

Kaserne

Kasernen

Reiteregiment I

Ramswyker

Allee

n. Ramswyken

Infanterie
Kaserne I

platz

II

Offiziers
Kasino

Pestalozzi
Schule

Kaserne
Reiter-
Reg.

Bunte
Reihe

8

Heeres
Verpfleg.
Amt

Artillerie

Artillerie

Kaserne

Memeler
Str.

Standort
Lazarett

Gustav
Lindenau

Sport-
Platz

9

Danziger

Str.

Ziegelei

Kleinb.Hst.Gumbinner Str.

n. Gumbinner

Kleinbahn n. Szargillen Str. u. Kraupischken

10

Grünhof

Auktions-
halle

Abbau
Lehmann

Rangier-

bahnhof

n. Gym chen

11

Sägewerk

Nerhof

Siedlung Ernstfelde

Ziegelei

n. Gumbinnen u.
Eydkuhnen

12

Viehtrift

Heldenfried-
hof

Chaussee

Der Kreis Johannisburg

Gesamtfläche 1939: 1684,02 km² mit großem Anteil Sandboden, davon 44 % landwirtschaftl. Nutzfläche;

35,4 % Forst, Holzungen;

11,6 % Gewässer, 1,5 % Moore, 3,4 % Ödland; 4,1 % Gebäude, Hofflächen, Wege, Eisenbahnen, Plätze; 53 089 Einwohner, mithin 31,5 Einwohner je km².

24 % lebten in den drei Städten Johannisburg, Gehlenburg und Arys. Der Kreis hatte einschl. der Städte 173 politische Gemeinden und 26 Amtsbezirke. Insgesamt 333 Wohnplätze.

Die größten Landgemeinden im Kreis waren Drigelsdorf mit 1798, Seegutten mit 1037 Einwohnern.

Der Kreis hatte 118 Volksschulen mit 231 Klassen, 8961 Schülern und 220 Lehrkräften.

13 evangelische Kirchengemeinden, je 1 kath. Kirche in Arys und Johannisburg.

Roggenanbau auf 34,2 % der Ackerfläche, Kartoffeln 15 %, Klee 35 %, Hafer 7,3 %, Hülsenfrüchte 4,3 %

Landwirtschaftl. Grundstücke: 2075 = 0,5–5 ha, 1122 = 5–10 ha, 1138 = 10–20 ha, 1163 = 20–100 ha, 65 über 100 ha, dazu 9 Staatsgüter je über 1000 ha, der Rest Kleinbetriebe unter 0,5 ha und Kleingärten.

Der Kreis Johannisburg war der waldreichste Kreis in Ostpreußen und einer mit den größten geschlossenen Kiefernwaldungen Deutschlands. Südliche Kreisgrenze war Landesgrenze zu Polen. 1945 kamen Stadt und Kreis Johannisburg unter polnische Verwaltung; schwere Zerstörungen. Polnische Namen: Johannisburg: Pisz, Arys: Orzysz, Gehlenburg: Biała-Piska.

Patenschaft: Landkreis Flensburg.

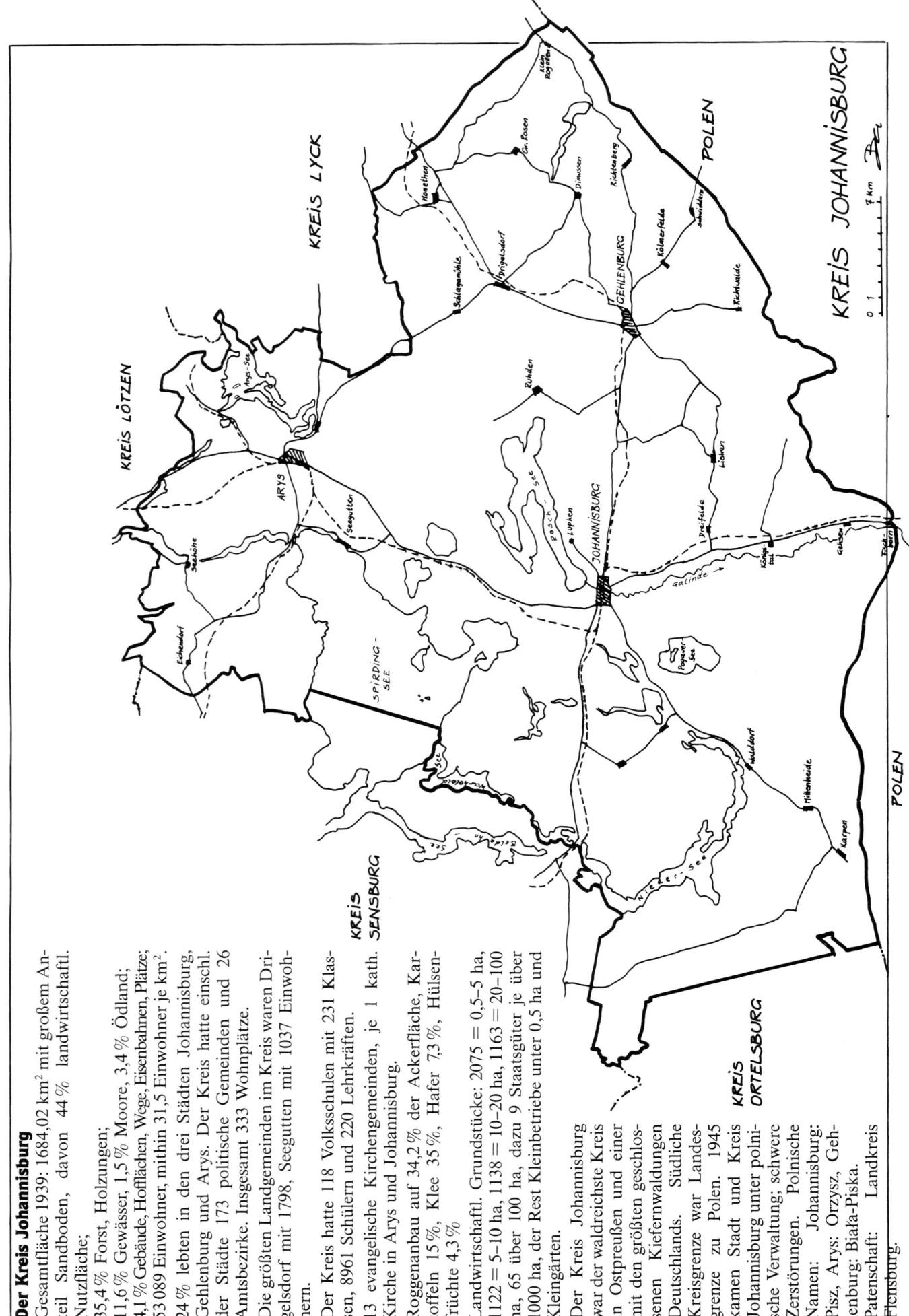

KREIS LÖTZEN

KREIS LYCK

KREIS SENSBURG

KREIS ORTELSBURG

POLEN

POLEN

KREIS JOHANNISBURG

0 1   7 km

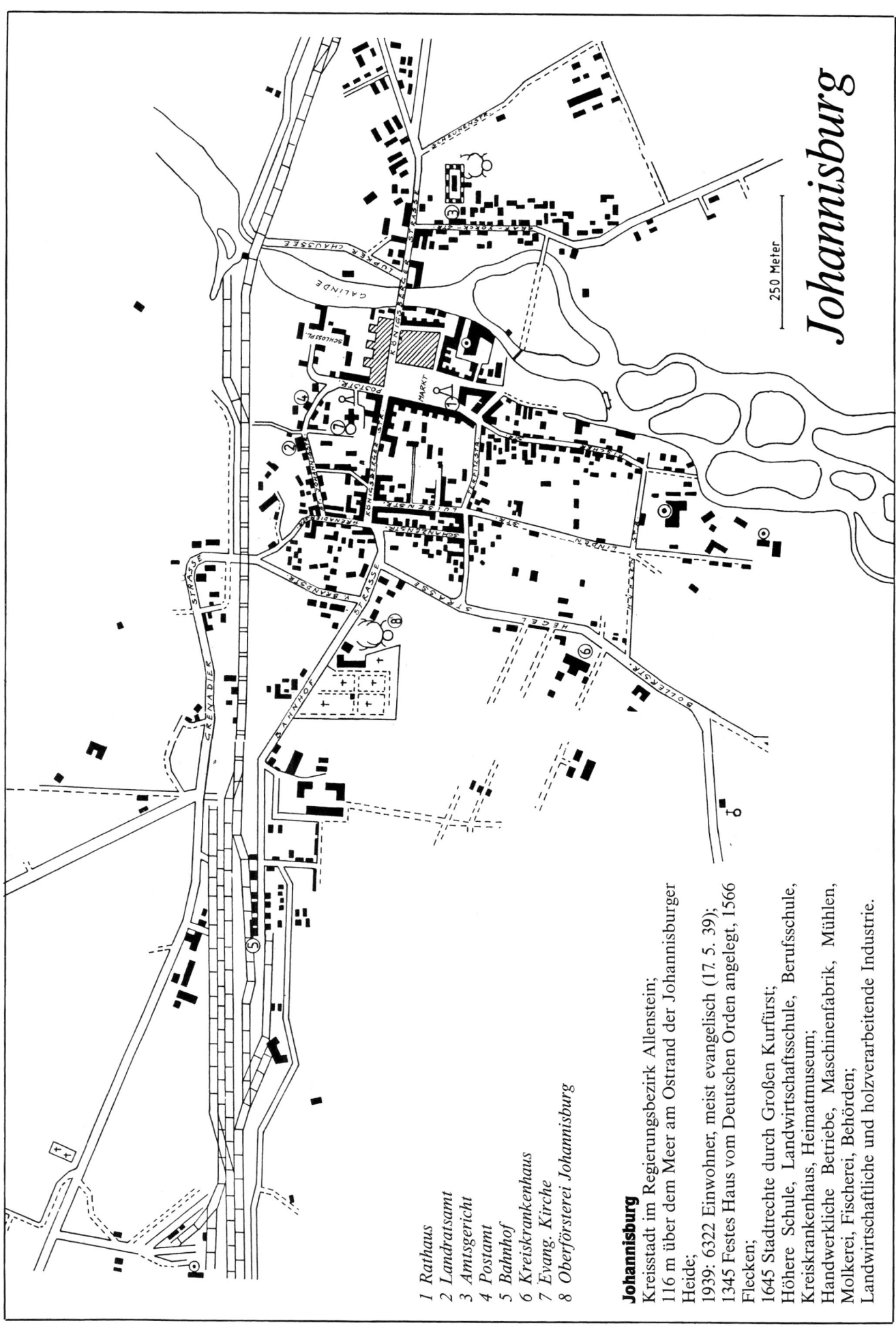

Johannisburg

1 Rathaus
2 Landratsamt
3 Amtsgericht
4 Postamt
5 Bahnhof
6 Kreiskrankenhaus
7 Evang. Kirche
8 Oberförsterei Johannisburg

Johannisburg
Kreisstadt im Regierungsbezirk Allenstein;
116 m über dem Meer am Ostrand der Johannisburger
Heide;
1939: 6322 Einwohner, meist evangelisch (17. 5. 39);
1345 Festes Haus vom Deutschen Orden angelegt, 1566
Flecken;
1645 Stadtrechte durch Großen Kurfürst;
Höhere Schule, Landwirtschaftsschule, Berufsschule,
Kreiskrankenhaus, Heimatmuseum;
Handwerkliche Betriebe, Maschinenfabrik, Mühlen,
Molkerei, Fischerei, Behörden;
Landwirtschaftliche und holzverarbeitende Industrie.

Johannisburg

250 Meter

89

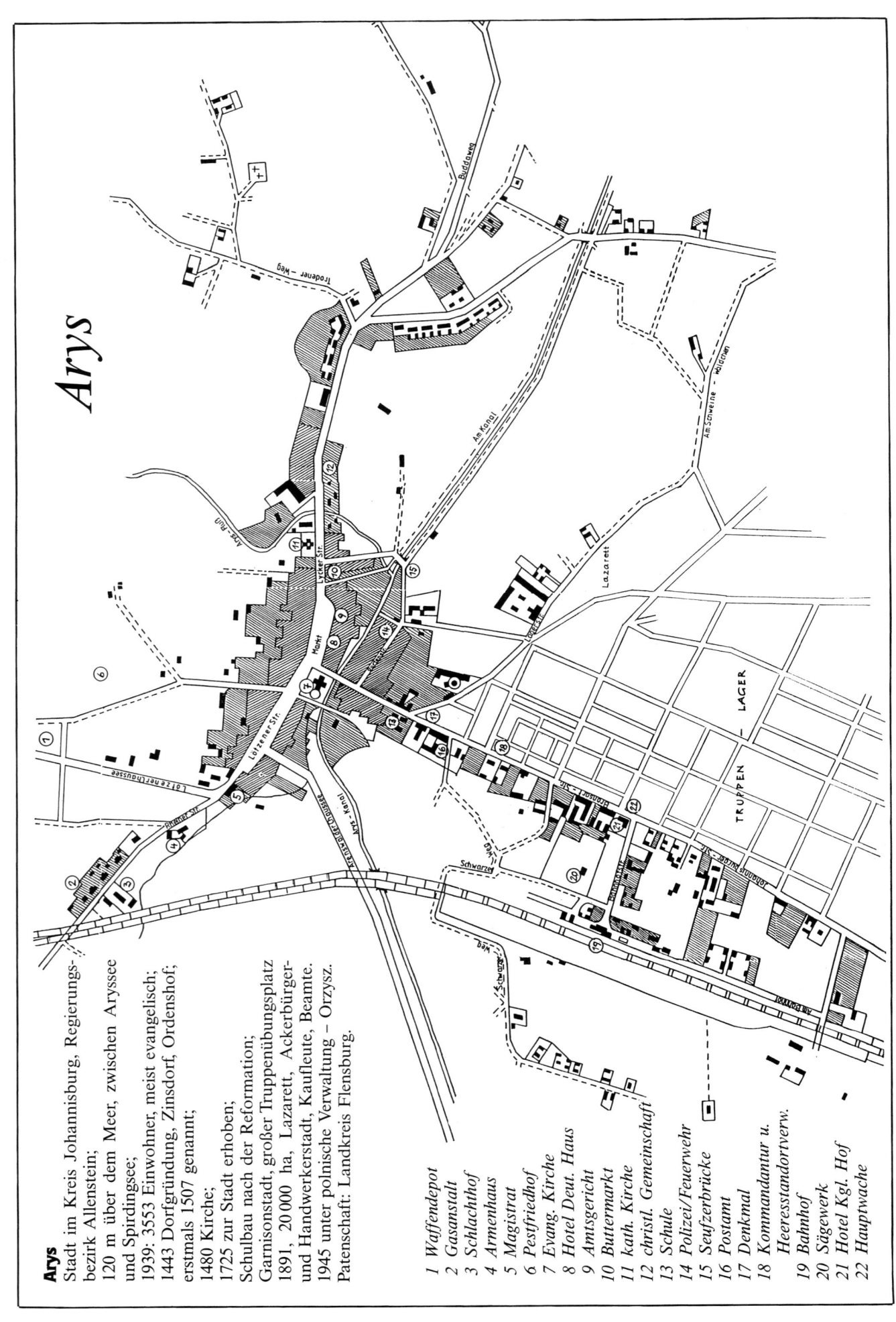

Arys

Arys
Stadt im Kreis Johannisburg, Regierungsbezirk Allenstein;
120 m über dem Meer, zwischen Aryssee
und Spirdingsee;
1939: 3553 Einwohner, meist evangelisch;
1443 Dorfgründung, Zinsdorf, Ordenshof,
erstmals 1507 genannt;
1480 Kirche;
1725 zur Stadt erhoben;
Schulbau nach der Reformation;
Garnisonstadt, großer Truppenübungsplatz
1891, 20 000 ha, Lazarett, Ackerbürger-
und Handwerkerstadt, Kaufleute, Beamte.
1945 unter polnische Verwaltung – Orzysz.
Patenschaft: Landkreis Flensburg.

1 Waffendepot
2 Gasanstalt
3 Schlachthof
4 Armenhaus
5 Magistrat
6 Pestfriedhof
7 Evang. Kirche
8 Hotel Deut. Haus
9 Amtsgericht
10 Buttermarkt
11 kath. Kirche
12 christl. Gemeinschaft
13 Schule
14 Polizei/Feuerwehr
15 Seufzerbrücke
16 Postamt
17 Denkmal
18 Kommandantur u.
   Heeresstandortverw.
19 Bahnhof
20 Sägewerk
21 Hotel Kgl. Hof
22 Hauptwache

Gehlenburg

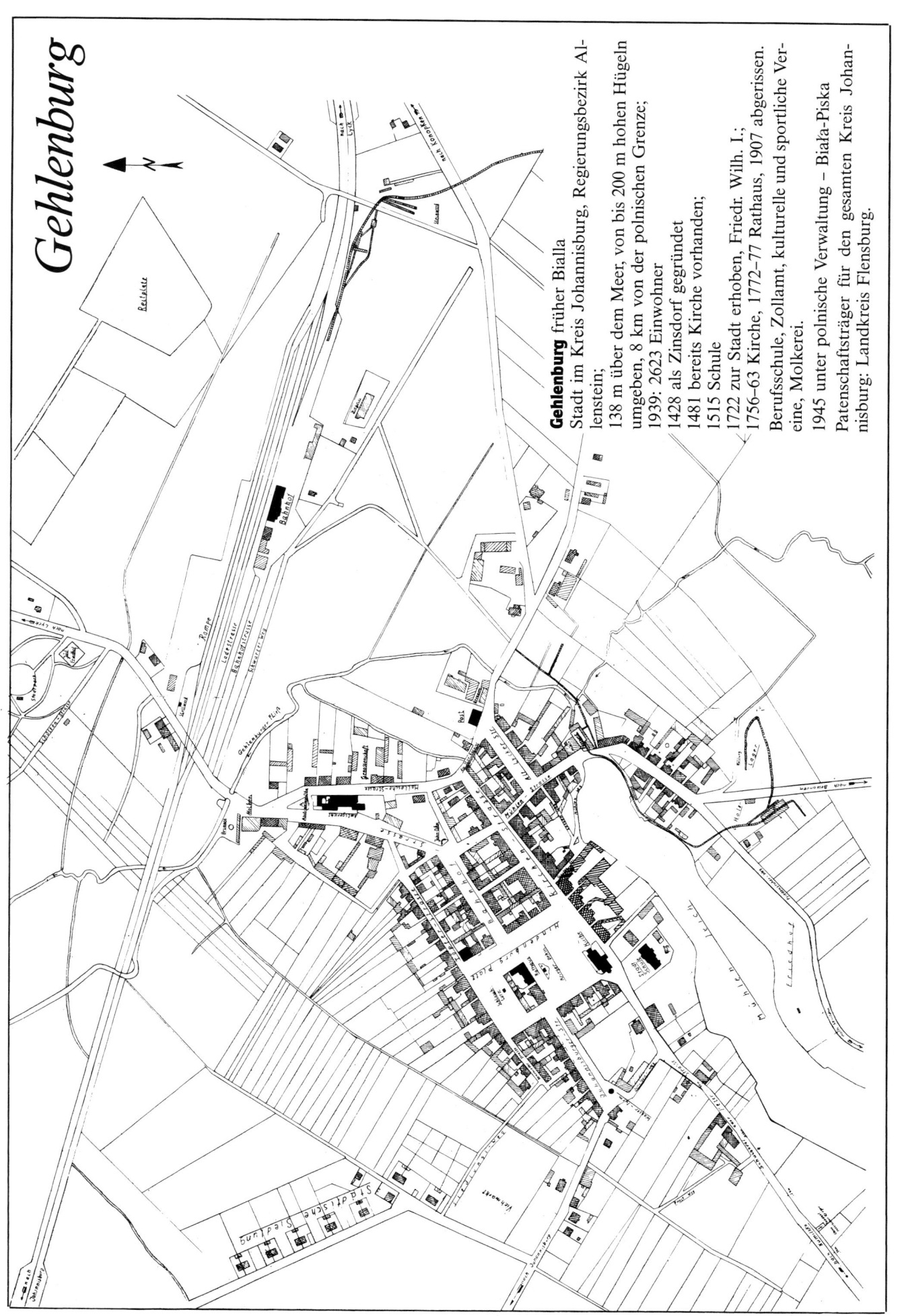

Gehlenburg früher Bialla
Stadt im Kreis Johannisburg, Regierungsbezirk Allenstein;

138 m über dem Meer, von bis 200 m hohen Hügeln umgeben, 8 km von der polnischen Grenze;

1939: 2623 Einwohner

1428 als Zinsdorf gegründet

1481 bereits Kirche vorhanden;

1515 Schule

1722 zur Stadt erhoben, Friedr. Wilh. I.;

1756–63 Kirche, 1772–77 Rathaus, 1907 abgerissen.

Berufsschule, Zollamt, kulturelle und sportliche Vereine, Molkerei.

1945 unter polnische Verwaltung – Biała-Piska

Patenschaftsträger für den gesamten Kreis Johannisburg: Landkreis Flensburg.

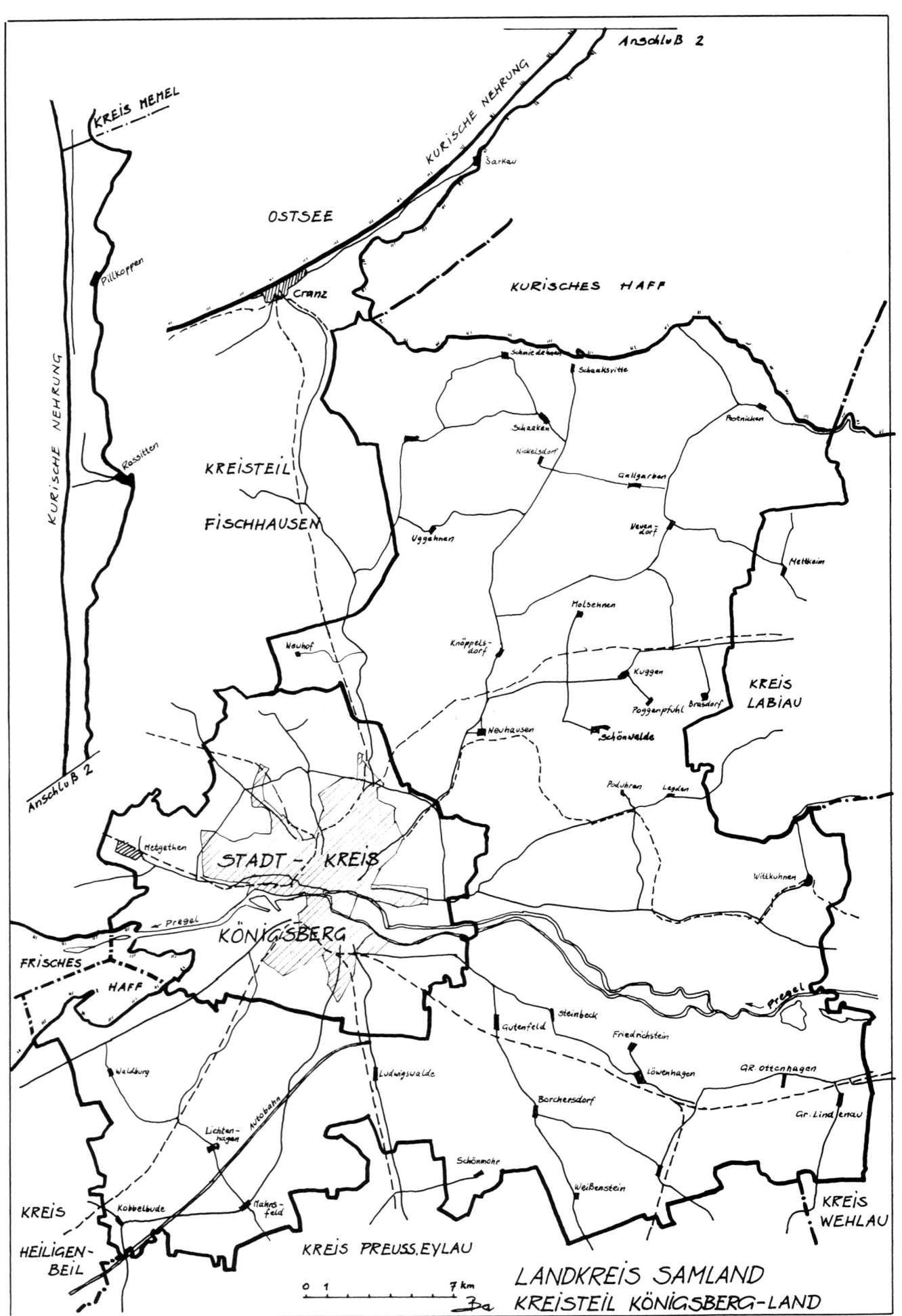

LANDKREIS SAMLAND
KREISTEIL KÖNIGSBERG-LAND

Der Landkreis Königsberg (Pr)

Der Landkreis Königsberg als östlicher Teil des Kreises Samland bestand bis zum 1. 4. 1939 als selbständiger Kreis. Er wurde mit dem Kreis Fischhausen zusammengelegt. Beide Kreise zusammen hießen nun Kreis Samland und waren lebensfähig.

Der Kreisteil **Königsberg** hatte eine Landfläche von 970,35 km² und eine Wasserfläche von 184,51 km² (Kurisches Haff 152,32 km² und Frisches Haff 32,19 km²), somit eine Gesamtfläche von 1154,86 km².

Die Einwohnerzahl betrug 1939: 42 410 Personen, so daß auf 1 km² 36,7 Einwohner lebten bzw. nach Landfläche 43,7 Einwohner.

Die Kreisverwaltung war in Königsberg Pr. untergebracht. Vor der Zusammenlegung der Kreise hatte der Landkreis Königsberg 110 Landgemeinden mit 371 eigennamigen Ortschaften, Gutshöfen, Vorwerken und Abbauten. Etwa 15 Gemeinden wurden von der Großstadt Königsberg eingemeindet.

19 evangelische Kirchspiele in 2 Superintenturbezirken, 5 kath. Kirchen in Königsberg. Bis zur Zusammenlegung der Kreise gab es im Landkreis Königsberg 88 Volksschulen mit 216 Klassen, 8669 Schülern und 175 Lehrkräften.

In ländlichen Berufsschulen wurden die in der Landwirtschaft tätigen Jugendlichen unterrichtet.

Ca. 48,8 % der Bevölkerung arbeiteten in der Land- und Forstwirtschaft, 20 % waren Handwerker, 9 % Angestellte und Beamte.

Ziegeleien, Getreidemühlen, Sägewerke, Molkereien waren über das Kreisgebiet verstreut.

Das Kreisgebiet war schon in vorgeschichtlicher Zeit besiedelt (Hügelgräber, Steinwerkzeuge, Schmuckstücke). Aus der Ordenszeit stammen einige Burgen.

Seit 1945 unter sowjetischer Verwaltung.

Patenschaftsträger für den Landkreis Königsberg ist der Kreis Minden-Lübbecke.

Der Kreis Samland

Am 1. 4. 1939 wurden die beiden Landkreise Fischhausen und Königsberg (Pr) zum Landkreis Samland zusammengelegt.

Die gesamte Landfläche des Landkreises Samland betrug nach Statistik 1922,92 km², wozu Teile des Kurischen Haffs mit 427,19 km² und des Frischen Haffs mit 300,30 km² aus dem Kreis Fischhausen und 152,32 km² des Kurischen Haffs und 32,19 km² des Frischen Haffs aus dem Landkreis Königsberg = 912,00 km² hinzukamen, so daß die Gesamtfläche 2834,92 km² betrug.

Die Einwohnerzahl betrug nach der Zusammenlegung 120 246 Personen einschl. der Städte Fischhausen und Pillau, jedoch ohne den Stadtkreis Königsberg. Auf 1 km² lebten somit 62,5 Einwohner.

Nach Statistik im neuen Landkreis: 197 pol. Gemeinden einschl. Fischhausen und Pillau. 796 Wohnplätze. Die größten Landgemeinden waren Ostseebad Cranz, Germau, Groß Blumenau, Gutenfeld, Kraussen, Löwenhagen, Medenau, Neuhausen, Neukuhren, Palmnicken, Peyse, Pobethen, Rauschen, Rudau, Seerappen, Wargen.

Die Kreisbehörden waren in der Stadt Königsberg untergebracht. Im Kreis gab es 1939 154 Volksschulen mit 395 Klassen, 16 461 Schülern und 347 Lehrkräften. 35 evangelische Kirchengemeinden, 4 kath. Kirchen und Kapellen, dazu Seelsorgestellen.

Landwirtschaftliche Betriebe nach Statistik im neuen Landkreis: 2380 bis 5 ha. 2751 = 5–50 ha, 297 = 50 bis 100 ha, 385 über 100 ha. Fremdenverkehr, Ostseebäder, Segelfliegen, Wassersport, Bäderbahn.

Patenschaft für Kreis Fischhausen: Kreis Pinneberg.

Königsberg (Pr)

Stadtkreis und Hauptstadt des Regierungsbezirks Königsberg und Hauptstadt der Provinz Ostpreußen; 5–15 m über dem Meer beiderseits und auf den Inseln des Pregels, 7 km vor der Pregelmündung in das Frische Haff.

Der Stadtkreis war durch Eingemeindungen bis 1939 auf eine Fläche von 192,76 km² angewachsen mit einer Einwohnerzahl von 372 164 Personen, so daß 1928,3 Einwohner durchschnittlich auf 1 km² lebten, meist evangelisch, 37 Wohnplätze.

1255 Burg durch den Orden, Schloß aus dem 13. und 15. Jahrhundert;

1325–1380 Dom als dreischiffige Hallenkirche in Backsteinen;

drei Städte nach Kulmischem Recht: Altstadt 1286, Löbenicht 1300, Kneiphof 1327;

1340 Mitglied der Hanse;

1523 Einführung der Reformation;

1544 Gründung der Albertus-Universität;

Residenz der Herzöge in Preußen, Krönungsstadt preuß. Könige.

Vor Eingemeindung von Ortschaften des Landkreises in den Stadtkreis Königsberg 1939 gab es im Stadtkreis 50 Volksschulen mit 703 Klassen, 29 070 Schülern und 679 Lehrkräften. Nach Eingemeindung gab es 62 Volksschulen mit 758 Klassen, 30 957 Schülern und 722 Lehrkräften, dazu 5 Hilfsschulen mit 40 Klassen.

Universität, Handelshochschule, Staatl. Kunstakademie, Höhere Schulen, Staatl. Kunst- und Gewerbeschule, Staatsbauschule, Konservatorien, Staats- und Universitätsbibliothek, Staatsarchiv, Oper, Schauspielhaus, Museen, Tiergarten, Börse, Hohe und höchste Behörden, Flughafen Devau, Messestadt (Ost-Messe), Garnison, Fremdenverkehr.

25 evangelische Kirchen, 5 kath. Kirchen gleichzeitig für den Landkreis.

Seeverkehr, Schiffswerften, Holz- und Agrarprodukteverarbeitung, Zellulosefabrik, Landmaschinen- und Waggonbau. Bernsteinmanufaktur, Königsberger Marzipan.

Königsberger Seekanal: Verbindung zur Ostsee durch das Frische Haff.

Geburtsort von Immanuel Kant 1714, E.T.A. Hoffmann 1776, Käthe Kollwitz 1867, Agnes Miegel 1879, Otto Nicolai 1810 u. a.

1945 unter sowjetische Verwaltung, stark zerstört, sowjetischer Name: Kaliningrad.

Patenstadt für Stadt Königsberg (Pr): Duisburg.

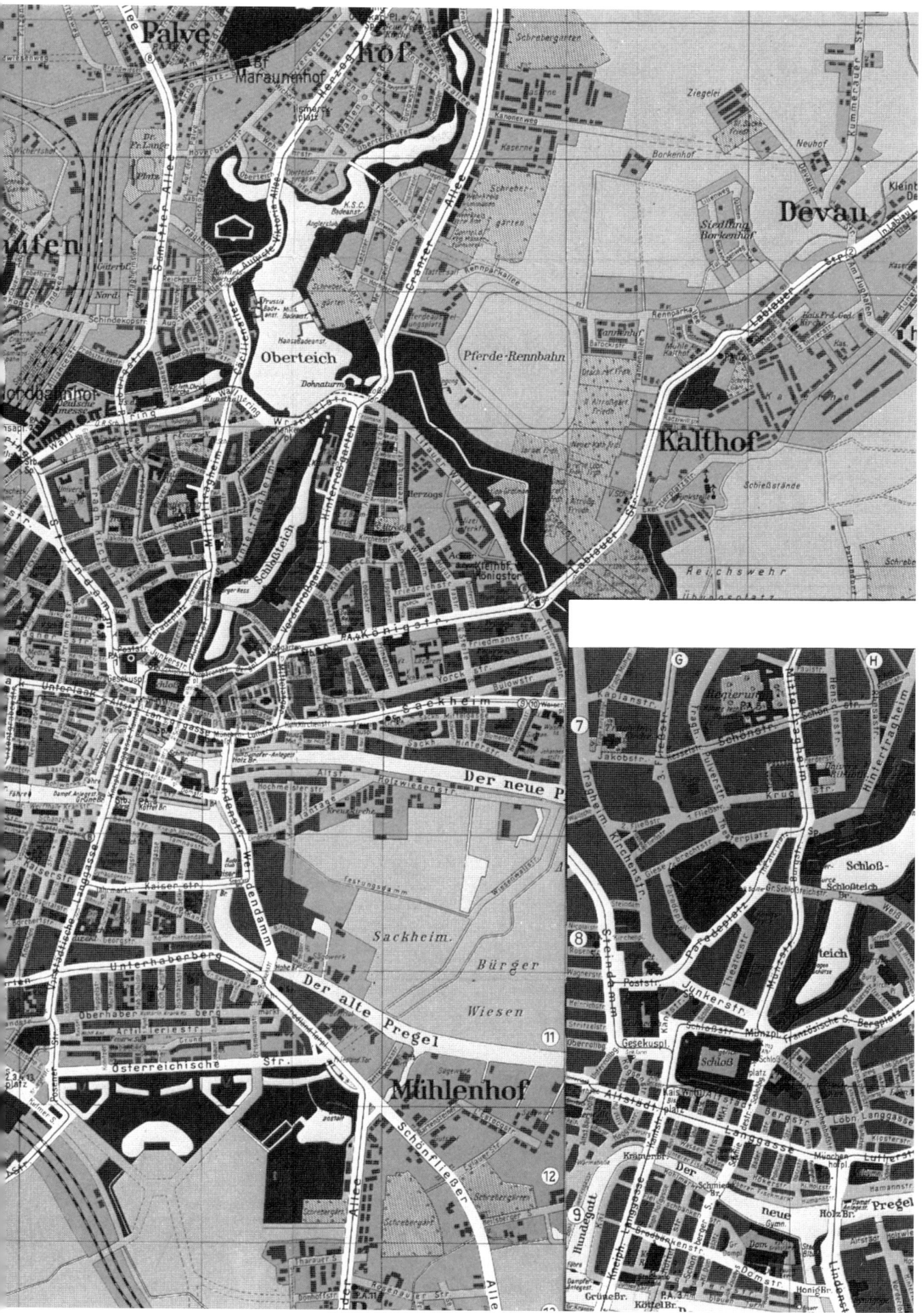

95

Der Kreis Labiau

Gesamtfläche ohne Haffanteil 1065,65 km²; 51 885 Einwohner, demnach auf 1 km² 48,7 Einwohner. Der Kreis hatte 126 politische Gemeinden, darunter die Stadt Labiau. Die Bevölkerung lebte auf 346 Wohnplätzen.

Die größten Landgemeinden waren Elchwerder mit 1048, Gilge mit 1154, Groß Baum mit 1036, Hindenburg mit 1213, Hohenbruch mit 1155, Liebenfelde mit 4089, Markthausen mit 1220 Einwohnern.

10 evangelische Kirchspiele, 1 katholische Kirche in Labiau; 82 Volksschulen mit 177 Klassen, 7740 Schülern, 164 Lehrern, Mittelschule in Liebenfelde, Landwirtschaftsschule, Krankenhaus in Kaimen auch Altersheim, 12 Kindergärten im Kreis.

Das Kreisgebiet liegt 0–12 m über dem Meeresspiegel, daher Schutz durch Deiche und Schleusen des tiefliegenden Landes vor Überschwemmungen durch das Haff.

Von der Gesamtfläche 31,9% Acker, 23,2% Wiesen und Weiden, 33,14% Forsten und Holzungen, 4,8% Moore usw., Rest = Sonstiges. Betriebsgröße: Bis 5 ha =2814 Betriebe, 5-10 ha =1182, 10-20 ha = 717, 20-100 ha = 377, über 100 ha = 100 Betriebe.

Pferdezucht, Rindviehzucht, Rohrweberei, Fischmehlfabrik, Fischerei, Bootsbau, Schnupftabakfabrik, Ziegeleien, Torfwerk, Sägewerke.

Stadt und Kreis Labiau kamen 1945 unter sowjetische Verwaltung, zum Teil zerstört.

Russischer Name: Polessk. Patenkreis: Landkreis Cuxhaven.

Labiauer Heimatmuseum im Torhaus in Otterndorf, Kr. Cuxhaven.

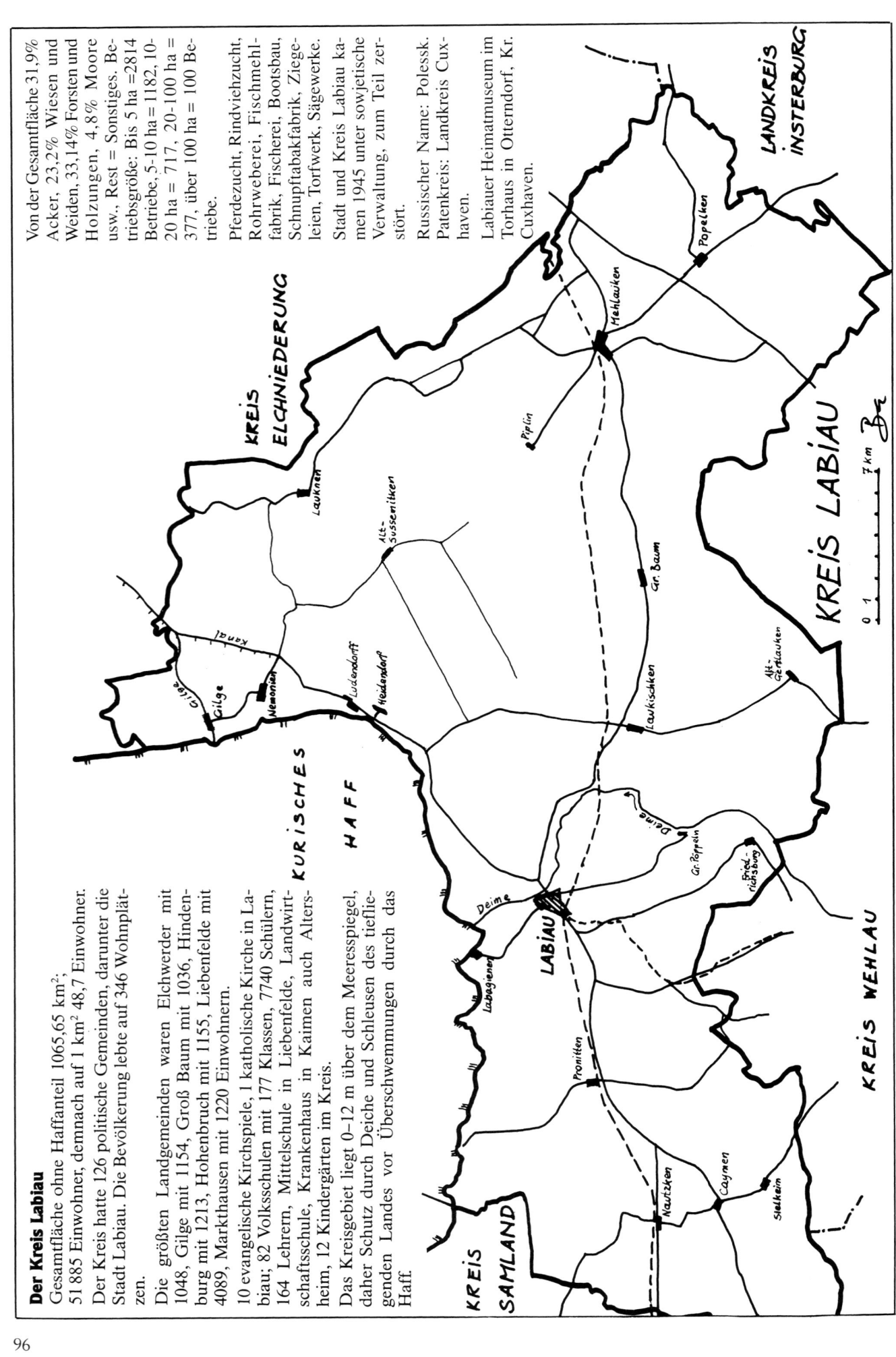

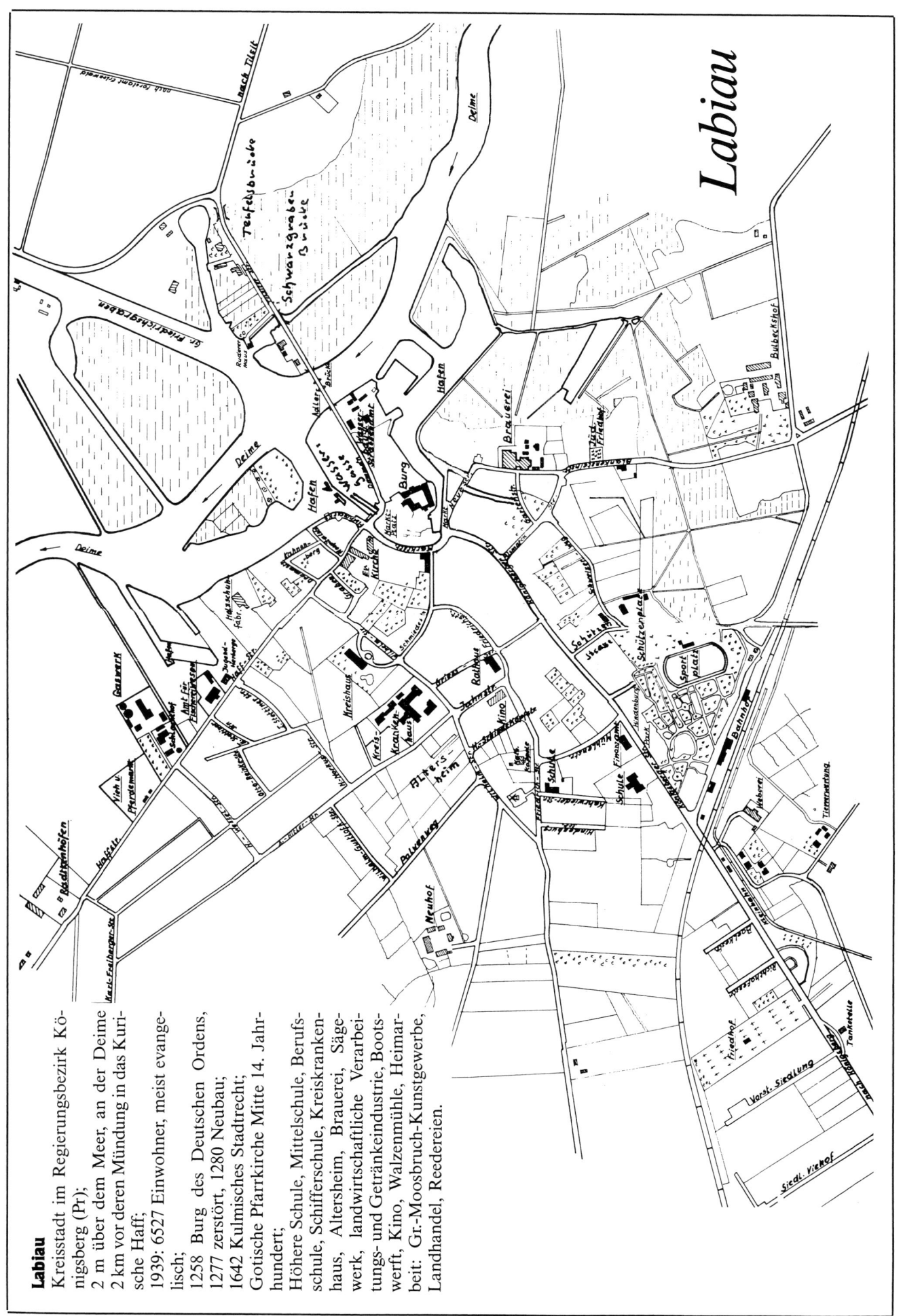

Labiau

Kreisstadt im Regierungsbezirk Königsberg (Pr);

2 m über dem Meer, an der Deime 2 km vor deren Mündung in das Kurische Haff;

1939: 6527 Einwohner, meist evangelisch;

1258 Burg des Deutschen Ordens, 1277 zerstört, 1280 Neubau; 1642 Kulmisches Stadtrecht;

Gotische Pfarrkirche Mitte 14. Jahrhundert;

Höhere Schule, Mittelschule, Berufsschule, Schifferschule, Kreiskrankenhaus, Altersheim, Brauerei, Sägewerk, landwirtschaftliche Verarbeitungs- und Getränkeindustrie, Bootswerft, Kino, Walzenmühle, Heimarbeit: Gr-Moosbruch-Kunstgewerbe, Landhandel, Reedereien.

Labiau

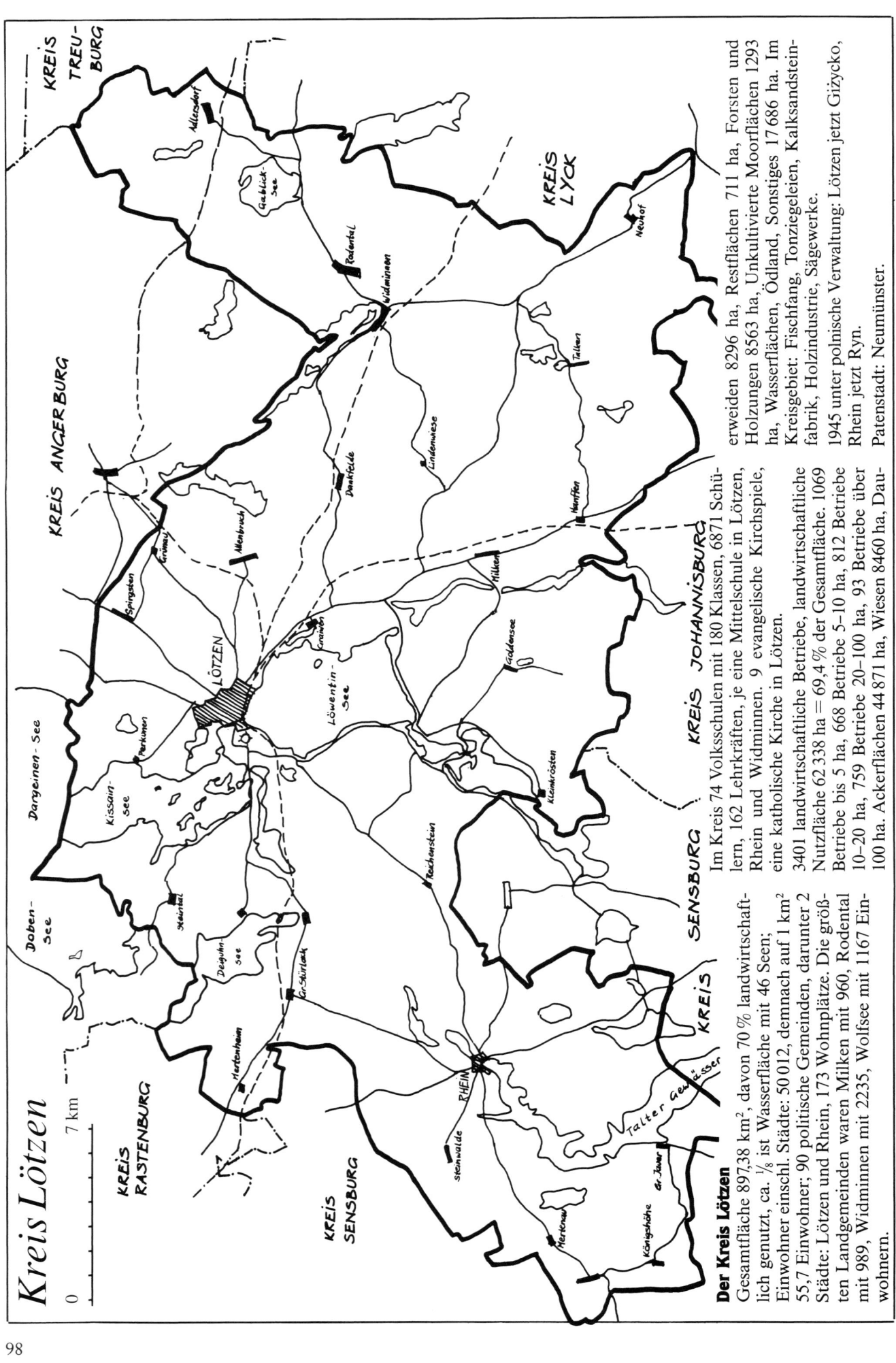

Kreis Lötzen

|← 7 km →|
0

KREIS TREU-BURG

KREIS ANGERBURG

KREIS LYCK

KREIS RASTENBURG

KREIS SENSBURG

KREIS JOHANNISBURG

KREIS SENSBURG

Dargeinen-See
Doben-See
Dejguhn-See
Kissain-See
Perkunen
LÖTZEN
Steintal
Gr.Skirlack
Martenshain
Königshöhe
Gr.Jauer
Mertenau
Steinwalde
RHEIN
Talter Gewässer
Reichenstein
Klein-krösten
Gudensee
Löwentin-See
Grabnick
Milken
Neuflen
Lindenwiese
Dankfelde
Altenbruch
Grunau
Spirgsten
Adlersdorf
Gablick-See
Rodertal
Widminnen
Talken
Neuhof

Der Kreis Lötzen
Gesamtfläche 897,38 km², davon 70 % landwirtschaftlich genutzt, ca. ⅛ ist Wasserfläche mit 46 Seen;
Einwohner einschl. Städte: 50 012, demnach auf 1 km²
55,7 Einwohner; 90 politische Gemeinden, darunter 2
Städte: Lötzen und Rhein, 173 Wohnplätze. Die größten Landgemeinden waren Milken mit 960, Rodental
mit 989, Widminnen mit 2235, Wolfsee mit 1167 Einwohnern.

Im Kreis 74 Volksschulen mit 180 Klassen, 6871 Schülern, 162 Lehrkräften, je eine Mittelschule in Lötzen,
Rhein und Widminnen. 9 evangelische Kirchspiele,
eine katholische Kirche in Lötzen.
3401 landwirtschaftliche Betriebe, landwirtschaftliche
Nutzfläche 62 338 ha = 69,4 % der Gesamtfläche. 1069
Betriebe bis 5 ha, 668 Betriebe 5–10 ha, 812 Betriebe
10–20 ha, 759 Betriebe 20–100 ha, 93 Betriebe über
100 ha. Ackerflächen 44 871 ha, Wiesen 8460 ha, Dau-

erweiden 8296 ha, Restflächen 711 ha, Forsten und
Holzungen 8563 ha, Unkultivierte Moorflächen 1293
ha, Wasserflächen, Ödland, Sonstiges 17 686 ha. Im
Kreisgebiet: Fischfang, Tonziegeleien, Kalksandstein-
fabrik, Holzindustrie, Sägewerke.
1945 unter polnische Verwaltung: Lötzen jetzt Giżycko,
Rhein jetzt Ryn.
Patenstadt: Neumünster.

Rhein

Stadt im Kreis Lötzen, Regierungsbezirk Allenstein;

120 m über dem Meer, am Nordufer des Rheiner Sees;

1939: 2429 Einwohner, meist evangelisch;

1337 an der Stelle einer früheren Prußenfeste Burg des Ordens;

1393 Sitz eines Komturs

1405 Siedlung nachgewiesen;

1723 zur Stadt erhoben;

1724 Stadtschule gegründet.

Mühlen, Molkerei, Fischfang, Sägewerk, Höhere Schule, Amtsgericht mit Gefängnis, Kleinbahnstation.

1945 unter polnische Verwaltung – Ryn.

Patenstadt: Neumünster.

Lötzen

Kreisstadt im Regierungsbezirk Allenstein;

124 m über dem Meer, zwischen den masurischen Seen, am Löwentinsee;

1939: 16 288 Einwohner, meist evangelisch;

1340 Pflegeamt;

1350 Burg des Deutschen Ordens erwähnt (Leczenburg);

1390 an anderer Stelle aus Stein erbaut;

1475 erneuerte Handfeste;

1612 Gründungsurkunde, 1669 erneuertes Stadtrecht;

1613 Rathaus;

1633 Kirche;

1765–72 Verbindungskanal Löwentinsee-Mauersee;

1844–75 Bau des Feste Boyen.

Höhere Schulen, Mittelschule, Diakonissen-Mutterhaus mit Krankenhaus, Landwirtschafts- und Fischereischule, Wassersport, Fremdenverkehr, Vaterländische Gedenkhalle, Behörden, Dampferverkehr, Garnisonstadt, Heeresfachschule, Jugendherberge, Mühlenwerke, Holzschneidewerke, Bootsbau.

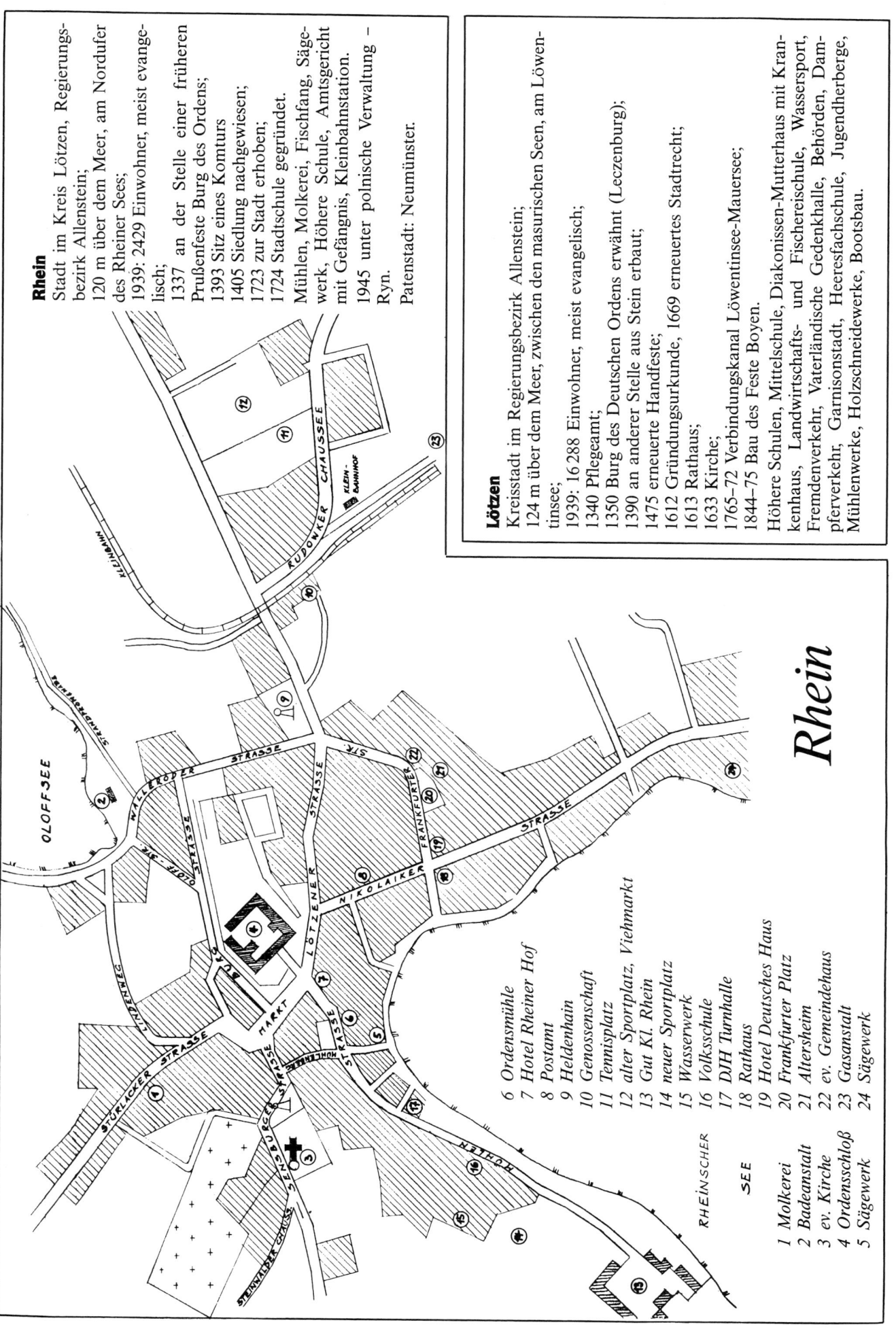

Rhein

1 Molkerei
2 Badeanstalt
3 ev. Kirche
4 Ordensschloß
5 Sägewerk
6 Ordensmühle
7 Hotel Rheiner Hof
8 Postamt
9 Heldenhain
10 Genossenschaft
11 Tennisplatz
12 alter Sportplatz, Viehmarkt
13 Gut Kl. Rhein
14 neuer Sportplatz
15 Wasserwerk
16 Volksschule
17 DJH Turnhalle
18 Rathaus
19 Hotel Deutsches Haus
20 Frankfurter Platz
21 Altersheim
22 ev. Gemeindehaus
23 Gasanstalt
24 Sägewerk

1 Wasserbauamt
2 Fischereischule
3 Kurhaus
4 Schloß
5 Wassersportzentrum
6 Jugendherberge
7 Strandbad
8 Lutherschule,
 Mittelsch./Volkssch.
9 Behördenhaus
10 kath. Kirche
11 Kreishaus
12 Postamt
13 Gymnasium
14 Schlachthof
15 Friedhof
16 Volksschule Mädchen
17 Feierabendhaus

18 Wasserturm
19 Lyzeum
20 Bethanien
21 Rathaus
22 ev. Kirche
23 Reichsbank
24 Amtsgericht/Gefängnis
25 Finanzamt
26 Bahnhof

Lötzen

Löwentin – See

Der Kreis Lyck

Gesamtgröße 1115,08 km²; 56417 Einwohner, damit 50,06 Einwohner je km². Östliche Kreisgrenze war gleichzeitig Landesgrenze zu Polen. Der Kreis hatte 159 politische Gemeinden, darunter die Stadt Lyck, 255 Wohnplätze. Die größten Landgemeinden waren Neuendorf mit 1103, Prostken (Grenzbahnhof) mit 2300 Einwohnern.

Im Kreisgebiet gab es 103 Volksschulen mit 202 Klassen, 8212 Schülern und 196 Lehrkräften. 12 evangelische Kirchspiele, 3 katholische Kirchen und Seelsorgestellen. Der Kreis hatte 85 Seen von 2 bis 1260 ha Größe. 1939 gab es 5268 landwirtschaftliche Betriebe auf 73 281 ha. 1679 Betriebe 0,5–5 ha, 1188 = 5–10 ha, 1153 = 10–20 ha, 1173 = 20–100 ha, 75 über 100 ha.

In der Hauptsache wurden angebaut Roggen, Gerste, Hafer, Kartoffeln, Futterrüben. Schweinezucht, Fischerei, Spiritus-Brennerei, Kalksandsteinfabriken, Ziegeleien, Zementwarenfabrik, Sägewerke, Kiesgewinnnung.

1945 kamen Stadt und Kreis Lyck unter polnische Verwaltung. Polnischer Name für Lyck = Ełk (stark zerstört). Patenschaft für Stadt und Kreis Lyck: Hagen.

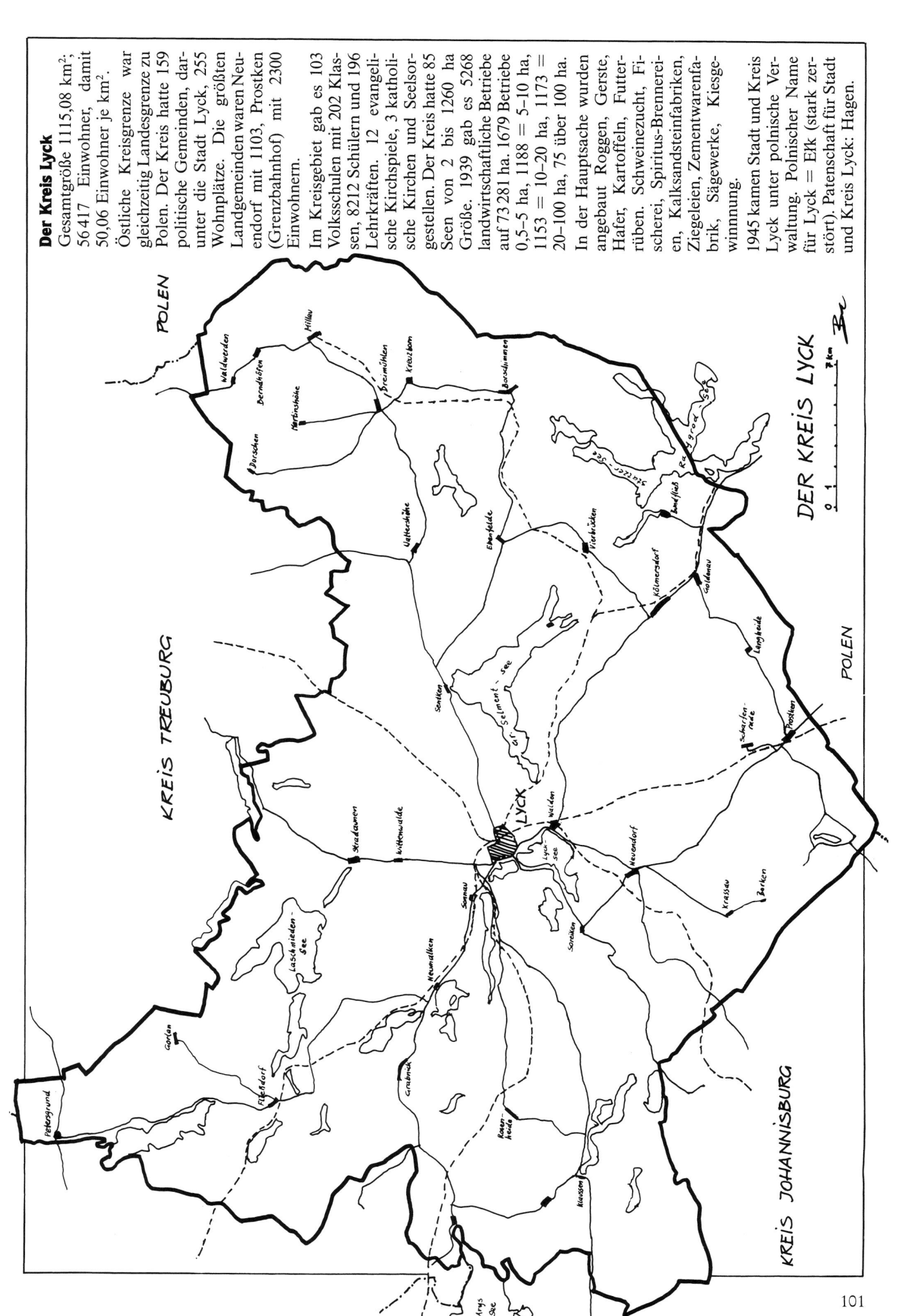

POLEN

KREIS TREUBURG

KREIS JOHANNISBURG

POLEN

DER KREIS LYCK

0 1   7 km

LYCK

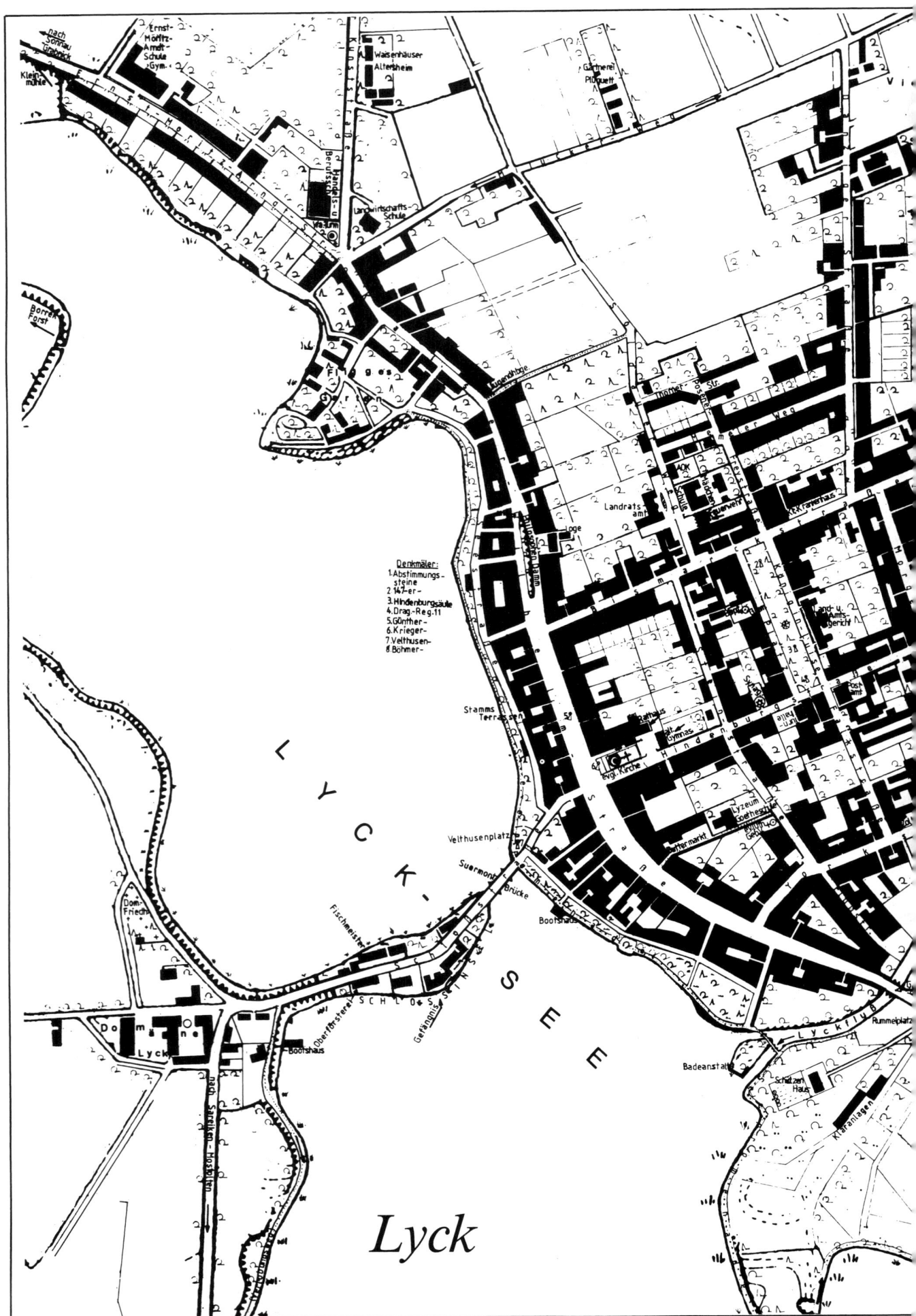

Lyck

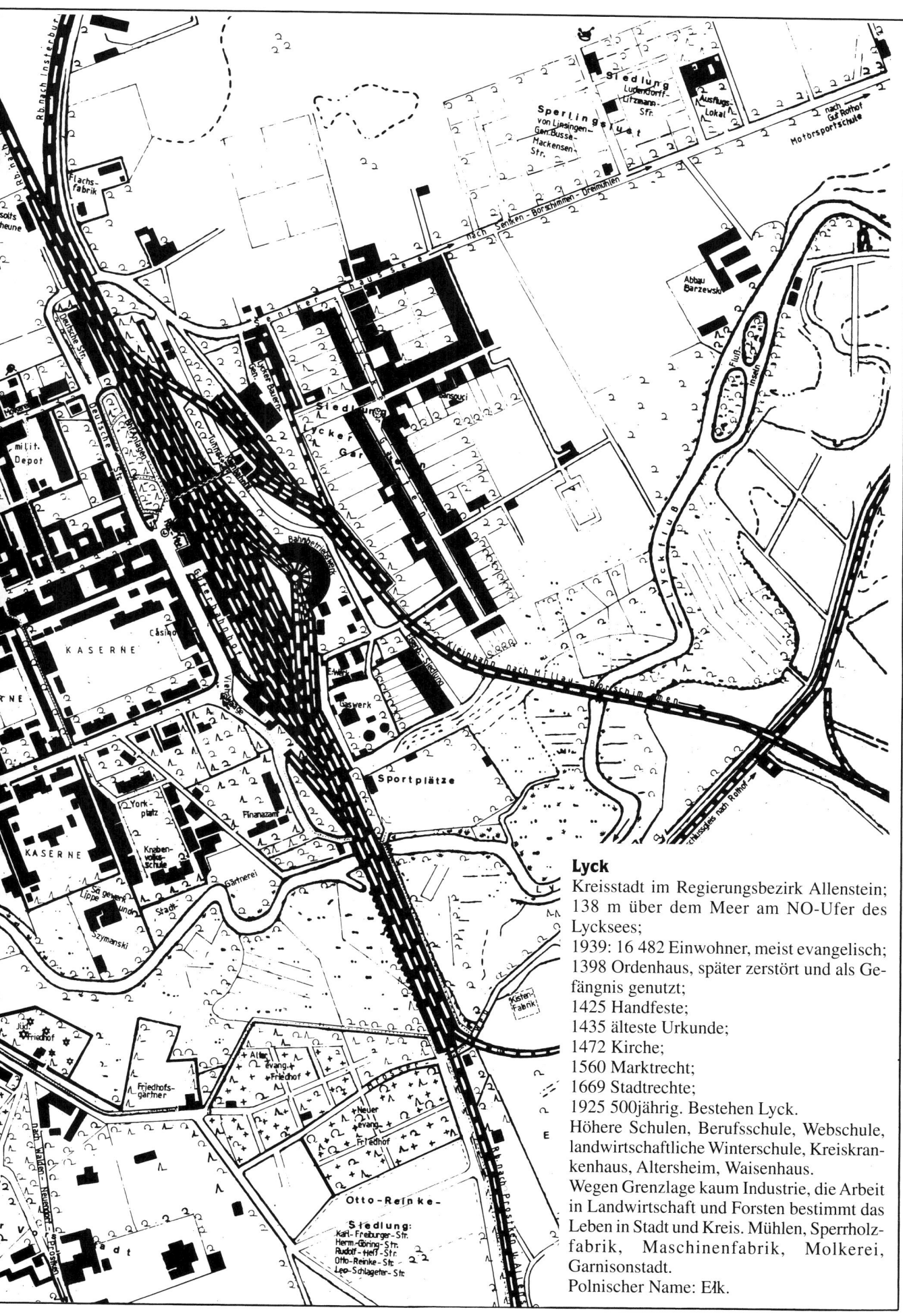

Lyck

Kreisstadt im Regierungsbezirk Allenstein; 138 m über dem Meer am NO-Ufer des Lycksees;

1939: 16 482 Einwohner, meist evangelisch;

1398 Ordenhaus, später zerstört und als Gefängnis genutzt;

1425 Handfeste;

1435 älteste Urkunde;

1472 Kirche;

1560 Marktrecht;

1669 Stadtrechte;

1925 500jährig. Bestehen Lyck.

Höhere Schulen, Berufsschule, Webschule, landwirtschaftliche Winterschule, Kreiskrankenhaus, Altersheim, Waisenhaus.

Wegen Grenzlage kaum Industrie, die Arbeit in Landwirtschaft und Forsten bestimmt das Leben in Stadt und Kreis. Mühlen, Sperrholzfabrik, Maschinenfabrik, Molkerei, Garnisonstadt.

Polnischer Name: Ełk.

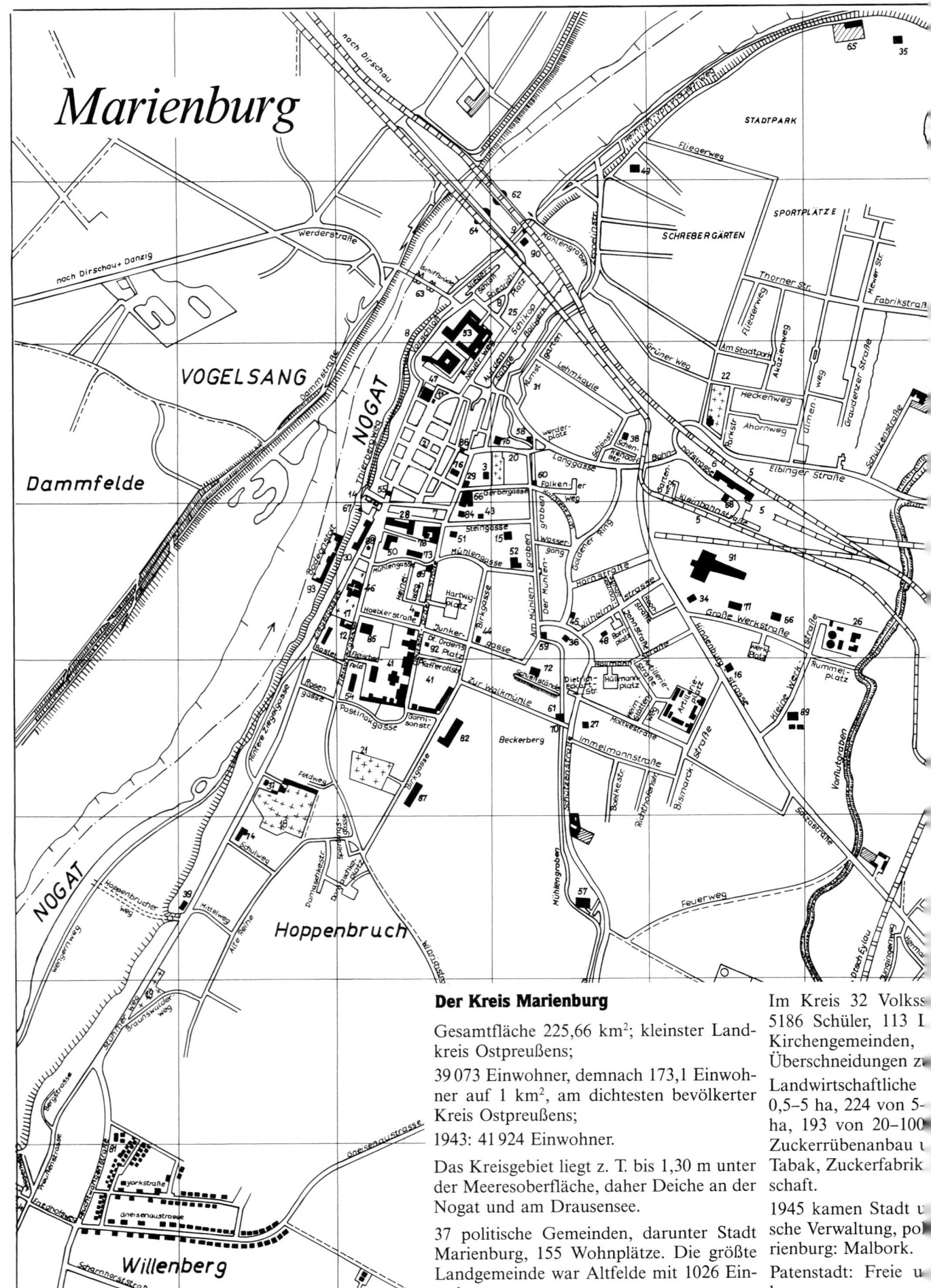

Marienburg

Der Kreis Marienburg

Gesamtfläche 225,66 km²; kleinster Landkreis Ostpreußens;

39 073 Einwohner, demnach 173,1 Einwohner auf 1 km², am dichtesten bevölkerter Kreis Ostpreußens;

1943: 41 924 Einwohner.

Das Kreisgebiet liegt z. T. bis 1,30 m unter der Meeresoberfläche, daher Deiche an der Nogat und am Drausensee.

37 politische Gemeinden, darunter Stadt Marienburg, 155 Wohnplätze. Die größte Landgemeinde war Altfelde mit 1026 Einwohnern.

Im Kreis 32 Volkss
5186 Schüler, 113 I
Kirchengemeinden,
Überschneidungen z

Landwirtschaftliche
0,5–5 ha, 224 von 5-
ha, 193 von 20–100
Zuckerrübenanbau ι
Tabak, Zuckerfabrik
schaft.

1945 kamen Stadt ι
sche Verwaltung, po
rienburg: Malbork.

Patenstadt: Freie ι
burg.

BLUMSTEIN

NOGAT

SCHLEUSE

Sandhof

GALGENBERG

nach Elbing

nach Elbing

Marienburg / Westpr.

Kreisstadt im Regierungsbezirk Westpreußen (Provinz Ostpreußen) bis 1939, danach zum Regierungsbezirk Marienwerder im Reichsgau Danzig-Westpreußen gehörend.

Bis 19,90 m über dem Meer, auf dem rechten hohen Ufer der Nogat;
1939: 27 318 Einwohner, zu 59,6 % evangelisch, 37 % katholisch;
1274–80 Hochschloß, später ausgebaut und erweitert, besonders 1331–1344 infolge der Verlegung des Hochmeistersitzes von Venedig nach Marienburg 1309;
1340 Mosaik Maria mit Kind;
1400 Fertigstellung des Hochmeisterpalastes;
bis 1454 Erweiterung der Befestigungsanlagen;
1276 Handfeste nach Kulmischem Recht;
1304 Bestätigung der Handfeste;
1370–80 Rathaus, Markt mit Laubenhäusern;
Lateinschule (Gründung ungewiß);
1399 erste Erwähnung von Schülern.
Höhere Schulen, etliche Faschschulen. Zwei Krankenhäuser, 5 Kindergärten, Zukkerfabrik, Malzfabrik, Zigarrenfabrik, Dauermilchwerk, Nährmittelfabrik, Gummiwarenfabrik, Dach- und Wellpappenfabrik, Kalksandsteinwerk, Sägewerk, Bauhof, Hafenbetriebe, Handel, Fremdenverkehr, Eisenbahnknotenpunkt und Kleinbahnverkehr, Omnibusverkehr, Personenschiffahrt auf der Nogat, Garnison.

1 Abstimmungsdenkmal	14 Fährtor	43 Städtisches Kinderheim	73 St. Georgenschule
2 Altes Rathaus	16 Finanzamt	44 Baptistenkirche	75 Hindenburgschule
3 Amtsgericht	25 Friedrichsdenkmal	45 Ev. Gemeinschaftshaus	76 St. Johannisschule
4 Arbeitsamt	25 Gasanstalt	46 St. Georgenkirche (ev.)	78 Luisenschule
5 Bahnhöfe	32 Hafen	47 St. Johanniskirche (kath.)	79 Volksschule Sandhof
6 Bahnpostamt	33 Heeres-Zeugamt	48 Mennonitenkirche	80 Volksschule Tessendorf
7 Blumestein	42 Trainkaserne	53 Die Marienburg	81 Volksschule Willenberg
8 Brücktor	36 Katasteramt	55 Marientor	82 Winrich-von-Kniprode-Schule

KREIS MARIENBURG

0 1 . . . . 7 km

Ba

KREIS ELBING

FREIE STADT DANZIG

Rothebude

Sommerau

Grunau

Pr. Königsdorf

Katznase

Fischau

Altfelde

Nogat

Königsdorf

Thiergart

Drausen-see

MARIENBURG

Kiettendorf

Tessendorf

Nogat

KREIS STUHH

KREIS

PR. HOLLAND

Klassen,
angelische
e. Es gab
eisen.

529 von
von 10–20
r 100 ha.

Obst und
Milchwirt-

ter polni-
e für Ma-

dt Ham-

105

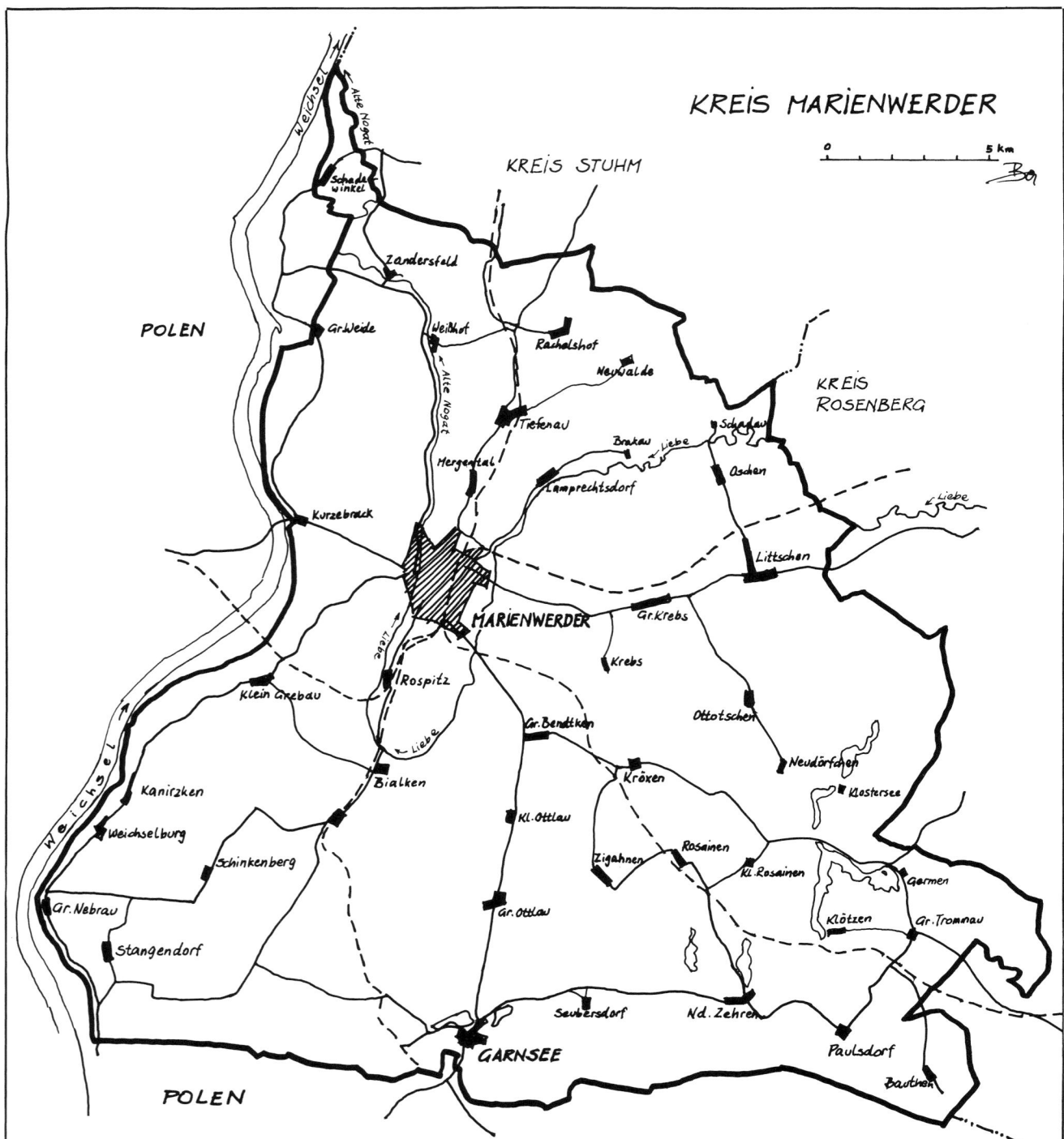

KREIS STUHM

POLEN

KREIS ROSENBERG

Schadewinkel

Zandersfeld

Gr. Weide

Weißhof

Rachelshof

Neuwalde

Tiefenau

Brakau

Liebe

Schadau

Aschen

Liebe

Mergental

Lamprechtsdorf

Kurzebrack

Littschen

MARIENWERDER

Gr. Krebs

Rospitz

Krebs

Klein Grebau

Gr. Bendtken

Ottotschen

Neudörfchen

Kröxen

Klostersee

Kanitzken

Bialken

Kl. Ottlau

Weichselburg

Zigahnen

Rosainen

Kl. Rosainen

Germen

Schinkenberg

Gr. Nebrau

Gr. Ottlau

Klötzen

Gr. Trommau

Stangendorf

Seubersdorf

Nd. Zehren

Paulsdorf

Bauthen

GARNSEE

POLEN

0   5 km

Der Kreis Marienwerder

Gesamtfläche 525,85 km²;

44 943 Einwohner, demnach 85,5 Einwohner auf 1 km².

Der Kreis hatte 53 politische Gemeinden in 15 Amtsbezirken, darunter Stadt Garnsee und Stadt Marienwerder, 134 Wohnplätze. Die größten Landgemeinden: Groß Krebs mit 1031, Mareese mit 1026, Niederzehren mit 1085, Sedlinen mit 906 Einwohnern. 8 evangelische Kirchspiele, 4 katholische Kirchen, Synagoge.

Im Kreis 66 Volksschulen, 149 Klassen, 6198 Schüler, 135 Lehrer.

Der Kleingrundbesitz war vorherrschend. Es gab 2629 landwirtschaftliche Betriebe, 1052 bis 5 ha, 556 von 5–10 ha, 607 von 10–20 ha, 355 von 20–100 ha, 59 über 100 ha.

Beschäftigte in der Landwirtschaft, Forstwirtschaft und Fischerei 49 %, in Industrie und Baugewerbe 14,7 %, Handel und Verkehr 8,5 %, Verwaltung 6,8 %, der Rest in Tabakanbau, Torfabbau, Haushalt, Gesundheitswesen und ohne Beruf usw. (Angaben aus dem Jahre 1925).

Süd- und Westgrenze des Kreises waren Landesgrenze zu Polen. 1945 kamen Städte und Kreis unter polnische Verwaltung, Marienwerder heißt heute polnisch: Kwidzyn.

Patenstadt: Celle.

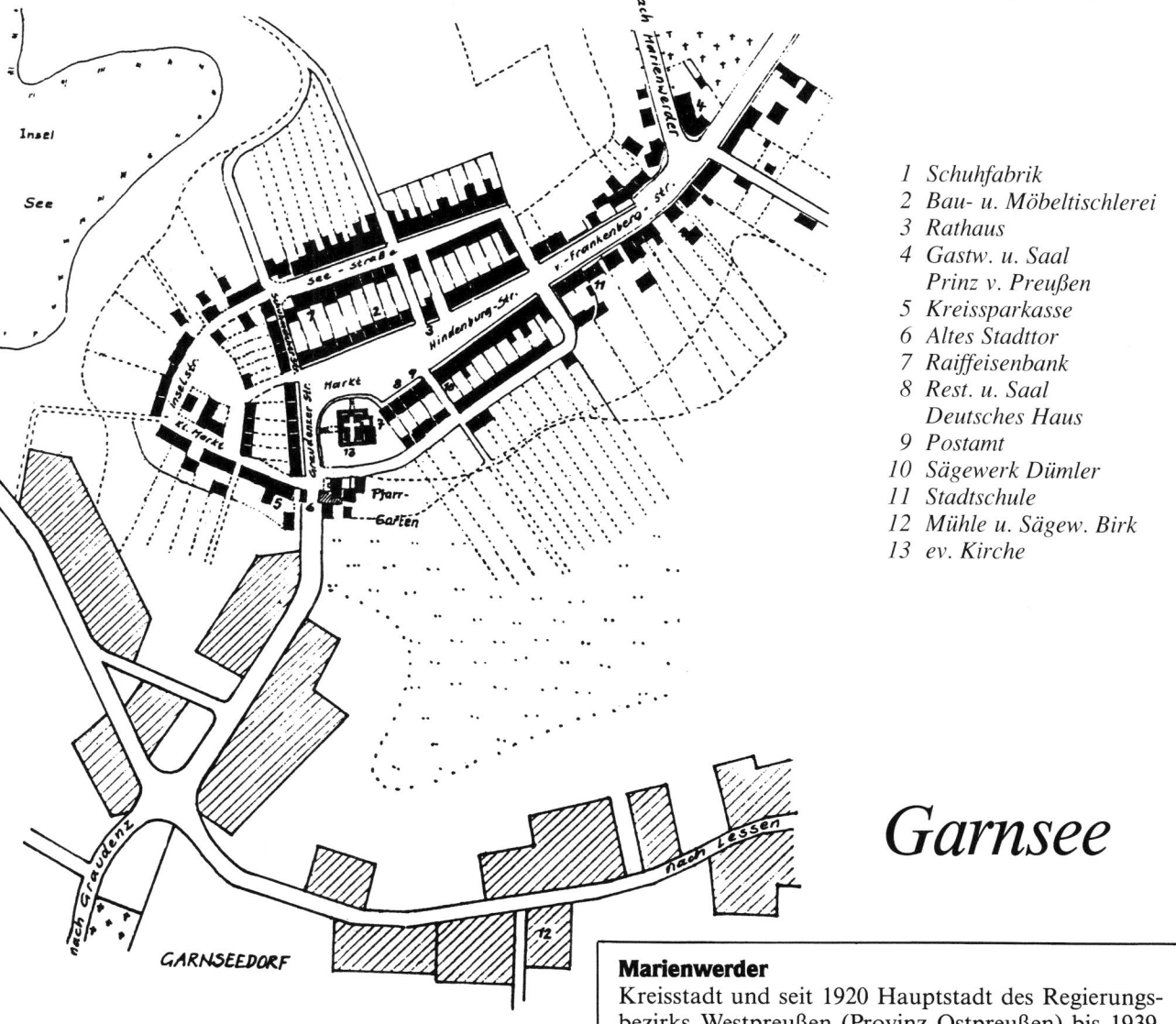

1 Schuhfabrik
2 Bau- u. Möbeltischlerei
3 Rathaus
4 Gastw. u. Saal
Prinz v. Preußen
5 Kreissparkasse
6 Altes Stadttor
7 Raiffeisenbank
8 Rest. u. Saal
Deutsches Haus
9 Postamt
10 Sägewerk Dümler
11 Stadtschule
12 Mühle u. Sägew. Birk
13 ev. Kirche

Garnsee

Garnsee

Stadt im Kreis Marienwerder, bis 1939 Regierungsbezirk Westpreußen (Provinz Ostpreußen), danach Regierungsbezirk Marienwerder, Reichsgau Danzig-Westpreußen.

Seit dem Vertrag von Versailles (1920) dicht an der polnischen Grenze gelegen, daher kaum gewachsen. Am 15. 7. 1934 mit Garnseedorf vereinigt.

90 m über dem Meer;
1939: 2003 Einwohner, meist evangelisch;
1323 erstmals genannt;
1334 Stadtrechte nach Kulmischem Recht;
1330 Pfarrkirche;
1559 nach Brand neu erbaut;
1730 in der jetzigen Form gebaut.

1 evangelische und 1 katholische Kirche, staatl. Schule, Mühlenwerk, Ziegelei, Ackerbau und Handwerk, Molkerei, Zollamt, Schuhfabrik.

1945 unter polnische Verwaltung, polnischer Name: Gardeja.

Patenstadt: Celle.

Marienwerder

Kreisstadt und seit 1920 Hauptstadt des Regierungsbezirks Westpreußen (Provinz Ostpreußen) bis 1939, danach Regierungshaupstadt des Regierungsbezirks Marienwerder im Reichsgau Danzig-Westpreußen.

Die Stadt liegt 14–100 m über dem Meer, 4 km östlich der Weichsel;
1939: 20 594 Einwohner, meist evangelisch;
1943: 20 932 Einwohner;
1233 befestigtes Ordenslager 5 km nördl. Marienwerder;
1234 südwärts verlegt, Ausbau der dort vorhandenen Prußenburg;
1235 Stadtanlage, Handfeste nach Kulmischem Recht
1336 und 1505: Erneuerung der Handfeste;
1254 Burg der Prußen wird Sitz des Bischofs von Pomesanien;
1264–84 Bau der Pfarrkirche;
1322–1360 (etwa) Domschloßanlage entsteht, unter Einbeziehung der Pfarrkirche als Dom. Vierflügeliges Schloß mit Hof und Ecktürmen. Dom, Burg und Danzker, Wahrzeichen Marienwerders. Abriß von 2 Schloßflügeln Ende 18. Jahrh.;
1933 Feier, 700jähriges Stadtjubiläum (ab 1233).

Hohe Behörden, Oberlandesgericht, Höhere- und Fachschulen, Krankenhäuser, Landgestüt, Seifen-, Essig-, Möbel- und Maschinenfabriken, Mühlen, Säge- und Tonwerke, Garnison, Unteroffiziersschule.

Marienwerder

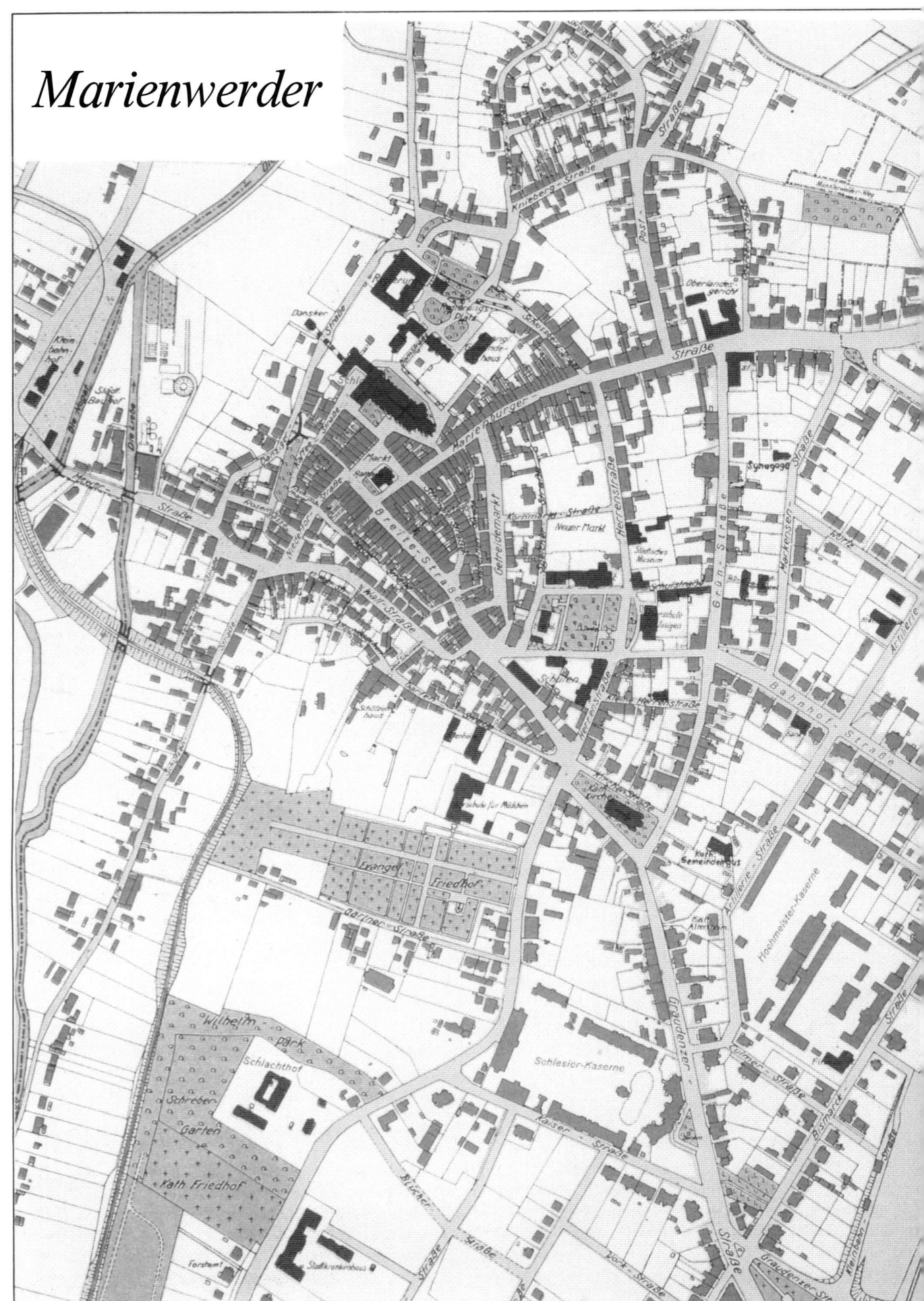

Gemarkung

Marienfelde

Der Landkreis Memel

Gesamtfläche ohne Anteil der Wasserfläche des Kurischen Haffs: 814 km²; Einwohner (ohne Stadt Memel) in litauischer Zeit 1937: 33 356 Personen; 11. 1. 1940: 30 473 Personen. Im Landkreis gab es 75 politische Gemeinden. Die größten Landgemeinden waren Mellneraggen mit 1069, Plicken mit 960, Prökuls mit 1196, Truschellen mit 920 Einwohnern, 73 Volksschulen mit 95 Klassen, 3774 Schülern und 94 Lehrkräften, 11 evangelische Kirchengemeinden sowie 3 kath. Seelsorgestellen. Haupterwerbszweige Ackerbau, Viehzucht, Fischerei, Handwerk, Handel, Gewerbe. 1945 kamen Stadt- und Landkreis Memel unter sowjetische Verwaltung. Nach Auflösung der UdSSR ist Litauen seit 1991 ein selbständiger Staat.

Memel

Stadtkreis im Regierungsbezirk Gumbinnen. An der Mündung (der Nordspitze) des Kurischen Haffs in die Ostsee gelegen. Hauptstadt des Memelgebiets von 1920 bis 1939.

1,80 m bis 10 m über dem Meer.

Der Stadtkreis Memel war 31,28 km² groß und hatte in litauischer Zeit im Jahr 1937 39 056 Einwohner. Im Jahr 1940 (wieder zum Deutschen Reich gehörend) zählte man 43 285 Einwohner, meist evangelisch. Memel ist die älteste Stadt Ostpreußens und wurde 1252 vom livländischen Schwertbrüderorden gegründet. Die Stadt erhielt 1254 Lübisches Recht, 1475 Kulmisches Recht, 1328 wurde Memel an den Deutschen Orden abgetreten, bis 1920 gehörte die Stadt zu Preußen bzw. zur Provinz Ostpreußen. 1678 St. Jakobuskirche, St. Johanniskirche, bereits im 13. Jahrhundert erwähnt. 1854 mit hohem Turm ausgebaut. Katholische Kirche, Reformierte Kirche, Englische Kirche. Höhere und Fachschulen, Altersheim, Säuglingsheim, Krankenhäuser, Theater, Konservatorium. Tageszeitung „Memeler Dampfboot", dazu Zeitungen für die litauischsprechende Bevölkerung. See- und Dangehafen, Lindenau-Werft, Reedereien, Holzverarbeitung, Zellulose-, Düngemittel- und landwirtschaftliche Veredelungsbetriebe, Textilindustrie, Tabakwarenfabriken, Bierbrauerei. Seit 1939 Kriegshafen. Garnisonstadt.

Memel heißt litauisch Klaipėda.

Patenstadt: Mannheim.

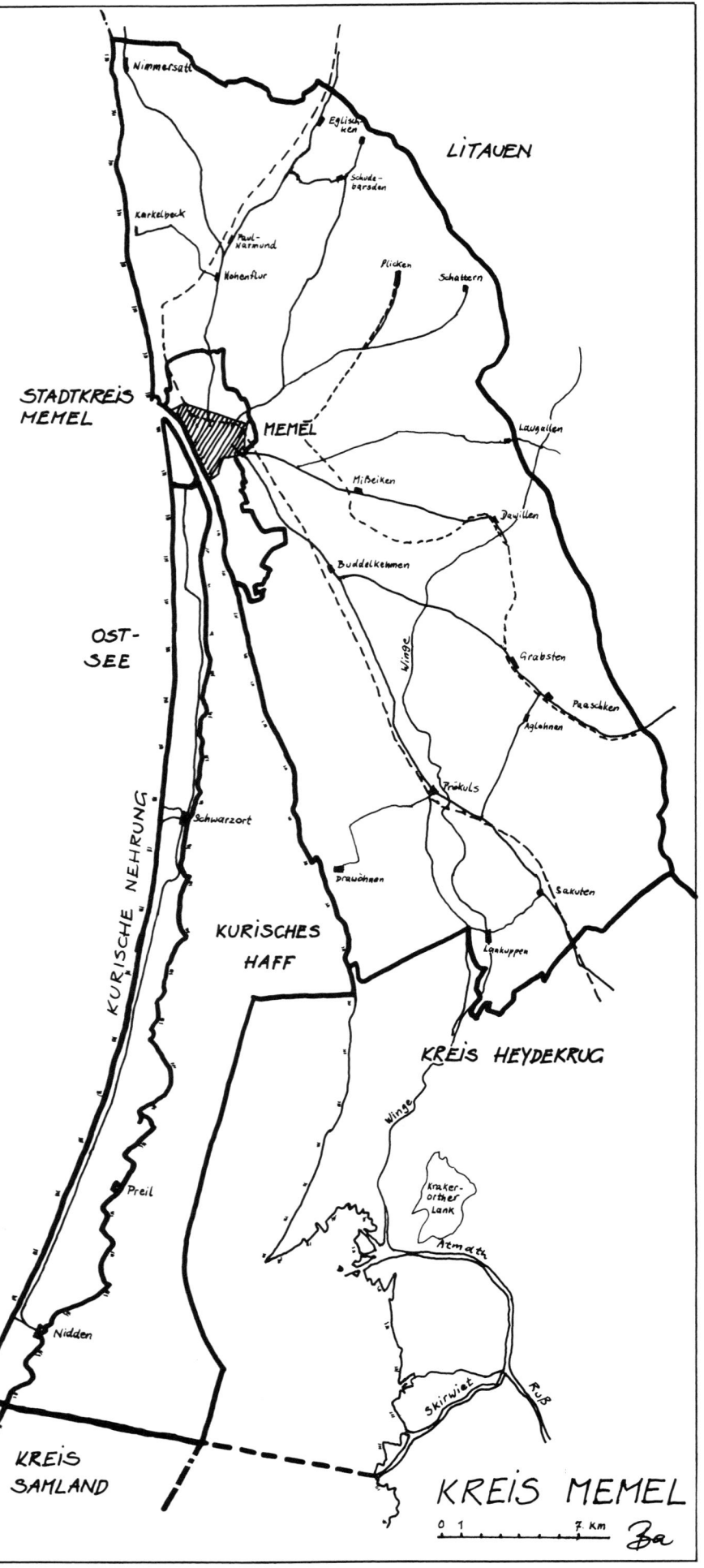

KREIS MEMEL

0 1   7 Km

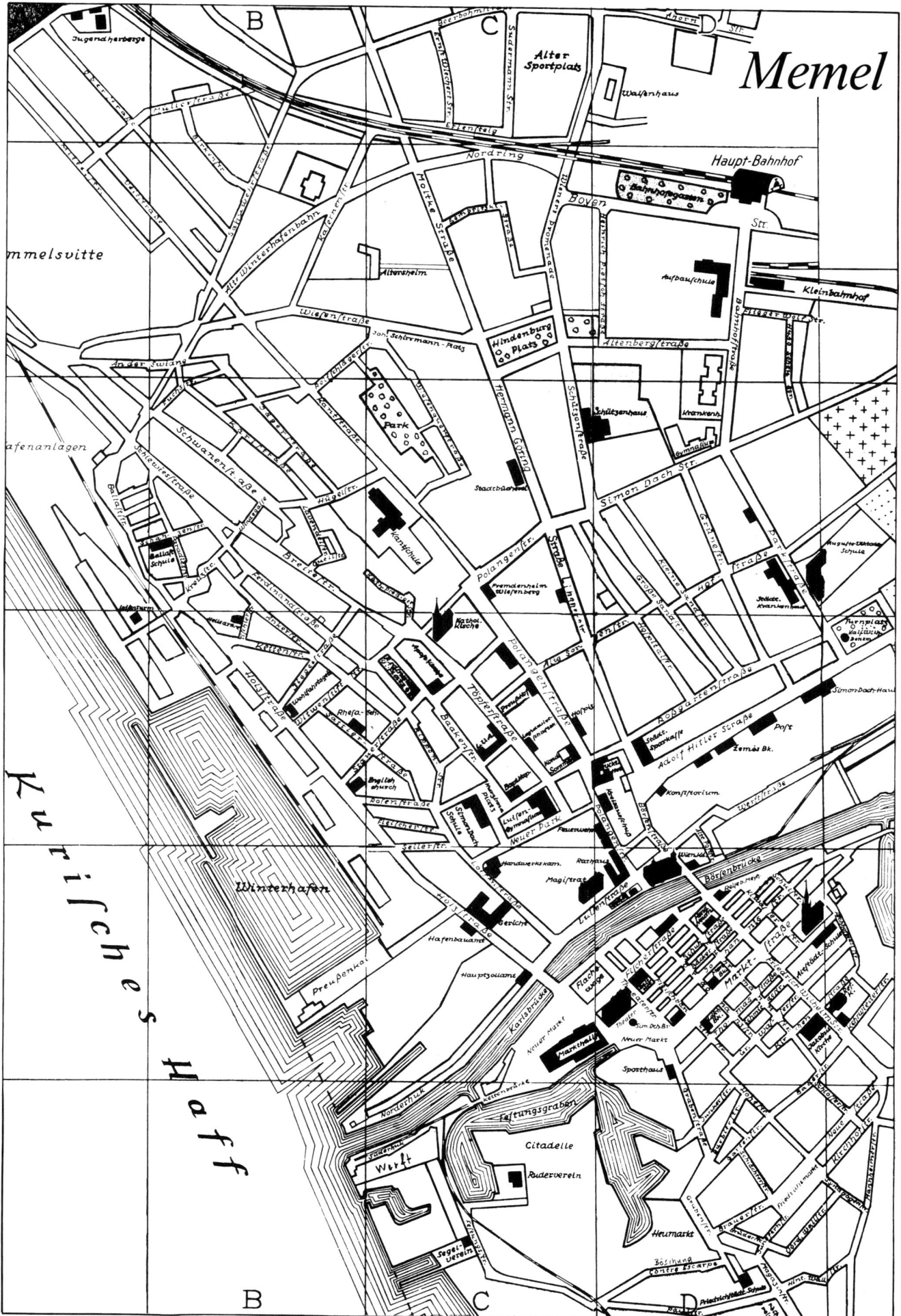

Memel

111

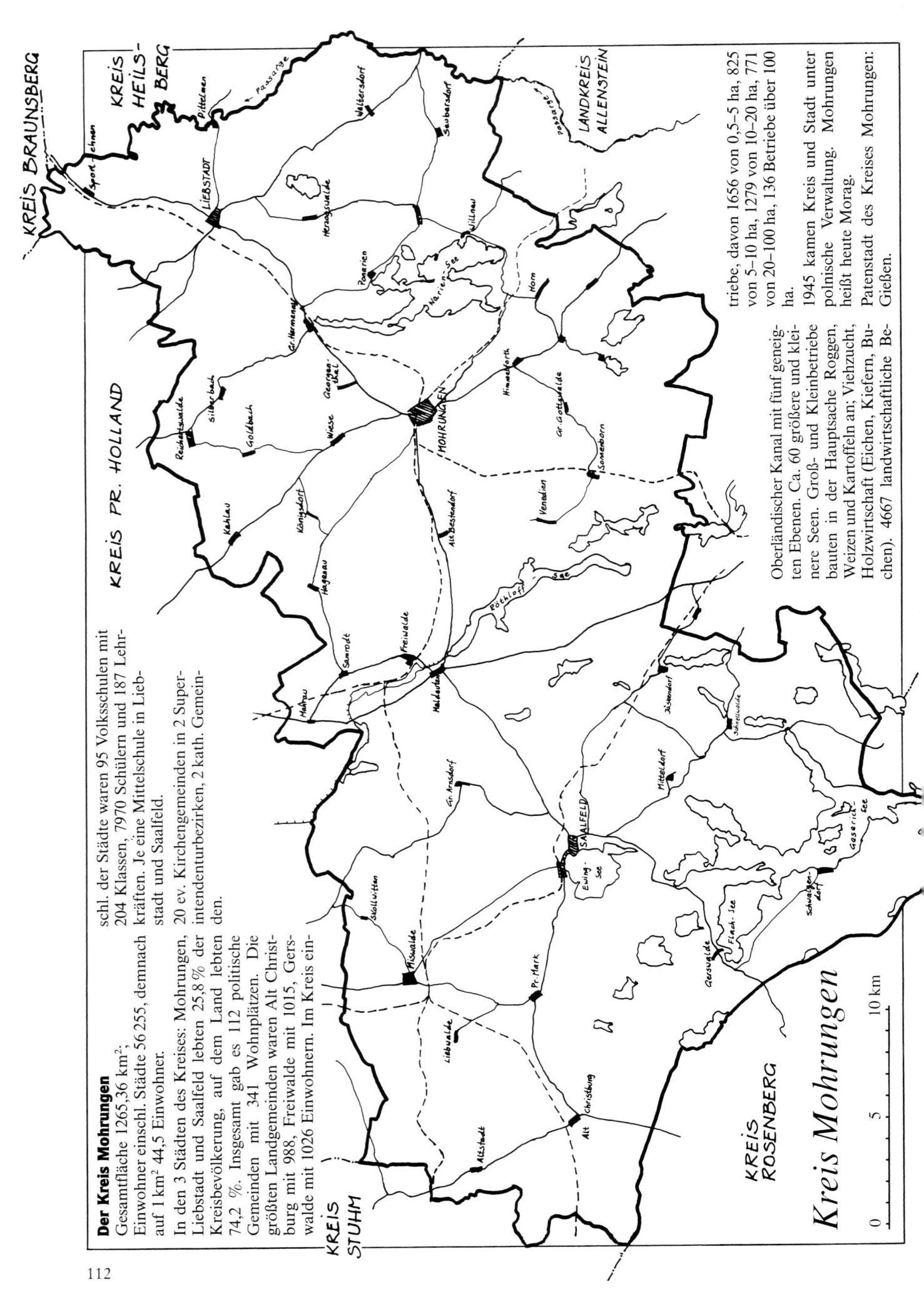

Der Kreis Mohrungen

Gesamtfläche 1265,36 km²; Einwohner einschl. Städte 56 255, demnach auf 1 km² 44,5 Einwohner.

In den 3 Städten des Kreises: Mohrungen, Liebstadt und Saalfeld lebten 25,8 % der Kreisbevölkerung, auf dem Land lebten den 74,2 %. Insgesamt gab es 112 politische Gemeinden waren Alt Christburg mit 988, Freiwalde mit 1015, Gerswalde mit 1026 Einwohnern. Im Kreis ein-

schl. der Städte waren 95 Volksschulen mit 204 Klassen, 7970 Schülern und 187 Lehrkräften. Je eine Mittelschule in Liebstadt und Saalfeld.

20 ev. Kirchengemeinden in 2 Superintendenturbezirken, 2 kath. Gemeinden.

triebe, davon 1656 von 0,5–5 ha, 825 von 5–10 ha, 1279 von 10–20 ha, 771 von 20–100 ha, 136 Betriebe über 100 ha.

1945 kamen Kreis und Stadt unter polnische Verwaltung. Mohrungen heißt heute Morag. Patenstadt des Kreises Mohrungen: Gießen.

Oberländischer Kanal mit fünf geneigten Ebenen. Ca. 60 größere und kleinere Seen. Groß- und Kleinbetriebe bauten in der Hauptsache Roggen, Weizen und Kartoffeln an; Viehzucht, Holzwirtschaft (Eichen, Kiefern, Buchen). 4667 landwirtschaftliche Be-

Kreis Mohrungen

KREIS BRAUNSBERG

KREIS HEILS-BERG

KREIS PR. HOLLAND

LANDKREIS ALLENSTEIN

KREIS STUHM

KREIS ROSENBERG

| 0 | 5 | 10 km |

Saalfeld (Ostpr)

Stadt im Kreis Mohrungen, Regierungsbezirk Königsberg (Pr);

110 m über dem Meer, am Ostufer des Ewingsees;

1939: 3120 Einwohner, meist evangelisch;

1299 Stadtanlage;

1305 von Dt. Orden Kulmisches Stadtrecht;

1334 erweitert;

1320 Erwähnung der Pfarrkirche.

Lederfabrik, 2 Maschinenfabriken, Sägewerke.

Mittelschule, Amtsgericht, kath. Kirche.

1945 unter polnische Verwaltung. Polnischer Name: Zalewo.

Patenstadt des Kreises Mohrungen: Gießen.

1 Sägewerk
2 Maschinenfabrik
3 Lederfabrik
4 Rathaus
5 Postamt
6 Schule
7 Feuerwehr

8 ev. Kirche
9 Amtsgericht und Gefängnis
10 Beamtensiedlung
11 Maschinenfabrik
12 Schützenhaus
13 Elbinger Siedlung
14 Bahnhof
15 kath. Kirche
16 kath. Friedhof

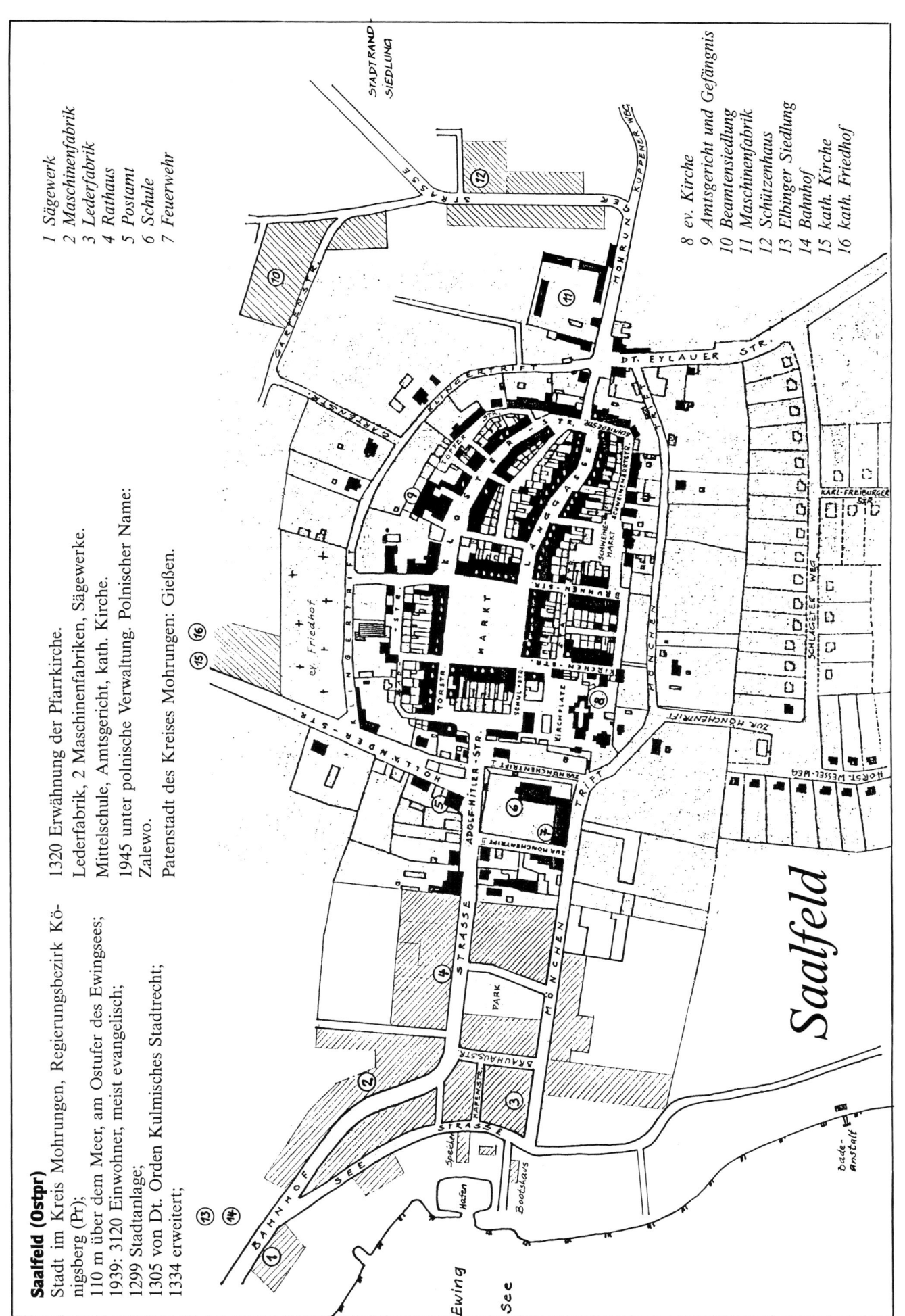

Saalfeld

113

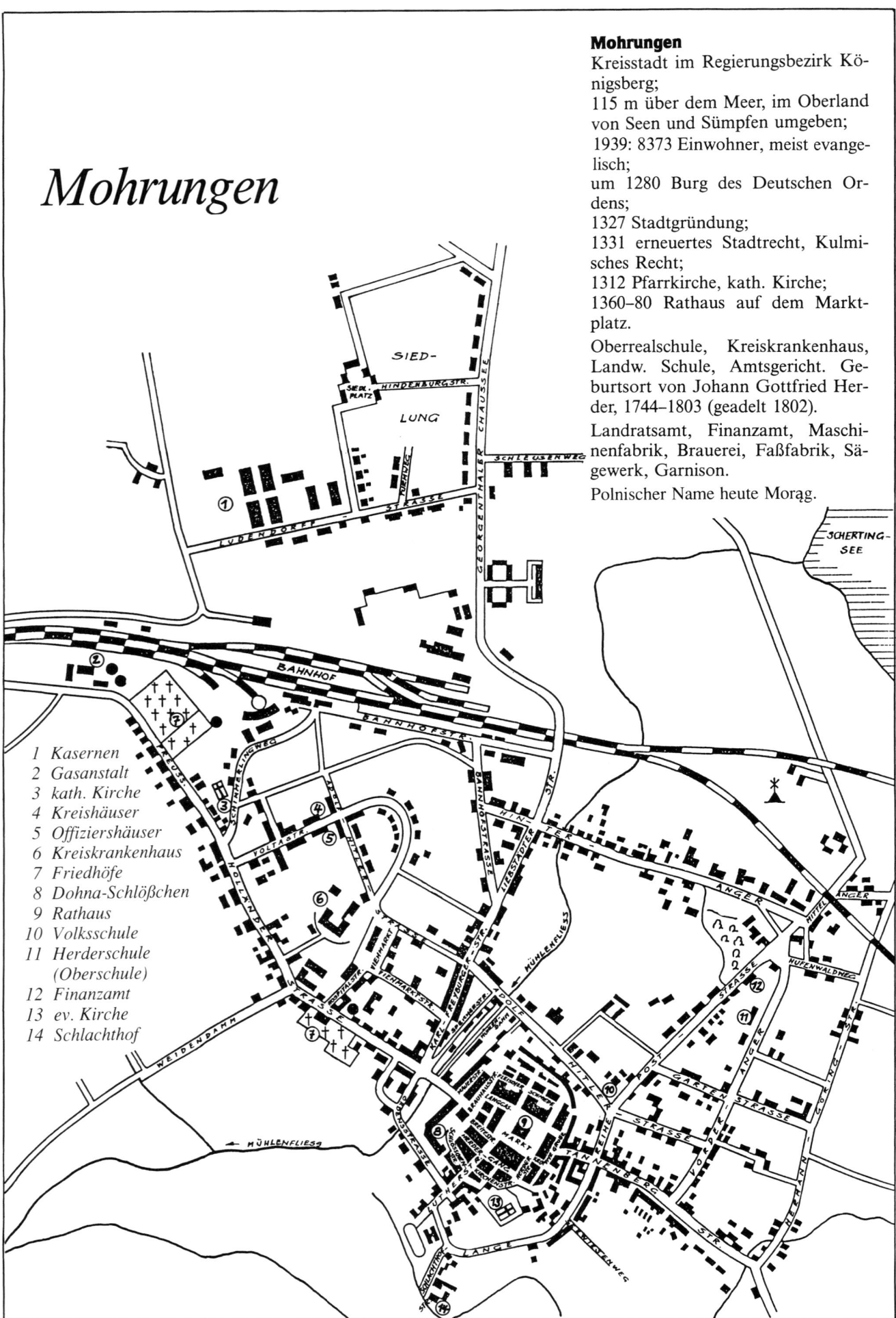

Mohrungen

Mohrungen

Kreisstadt im Regierungsbezirk Königsberg;

115 m über dem Meer, im Oberland von Seen und Sümpfen umgeben;

1939: 8373 Einwohner, meist evangelisch;

um 1280 Burg des Deutschen Ordens;

1327 Stadtgründung;

1331 erneuertes Stadtrecht, Kulmisches Recht;

1312 Pfarrkirche, kath. Kirche;

1360–80 Rathaus auf dem Marktplatz.

Oberrealschule, Kreiskrankenhaus, Landw. Schule, Amtsgericht. Geburtsort von Johann Gottfried Herder, 1744–1803 (geadelt 1802).

Landratsamt, Finanzamt, Maschinenfabrik, Brauerei, Faßfabrik, Sägewerk, Garnison.

Polnischer Name heute Morąg.

1 Kasernen
2 Gasanstalt
3 kath. Kirche
4 Kreishäuser
5 Offiziershäuser
6 Kreiskrankenhaus
7 Friedhöfe
8 Dohna-Schlößchen
9 Rathaus
10 Volksschule
11 Herderschule
   (Oberschule)
12 Finanzamt
13 ev. Kirche
14 Schlachthof

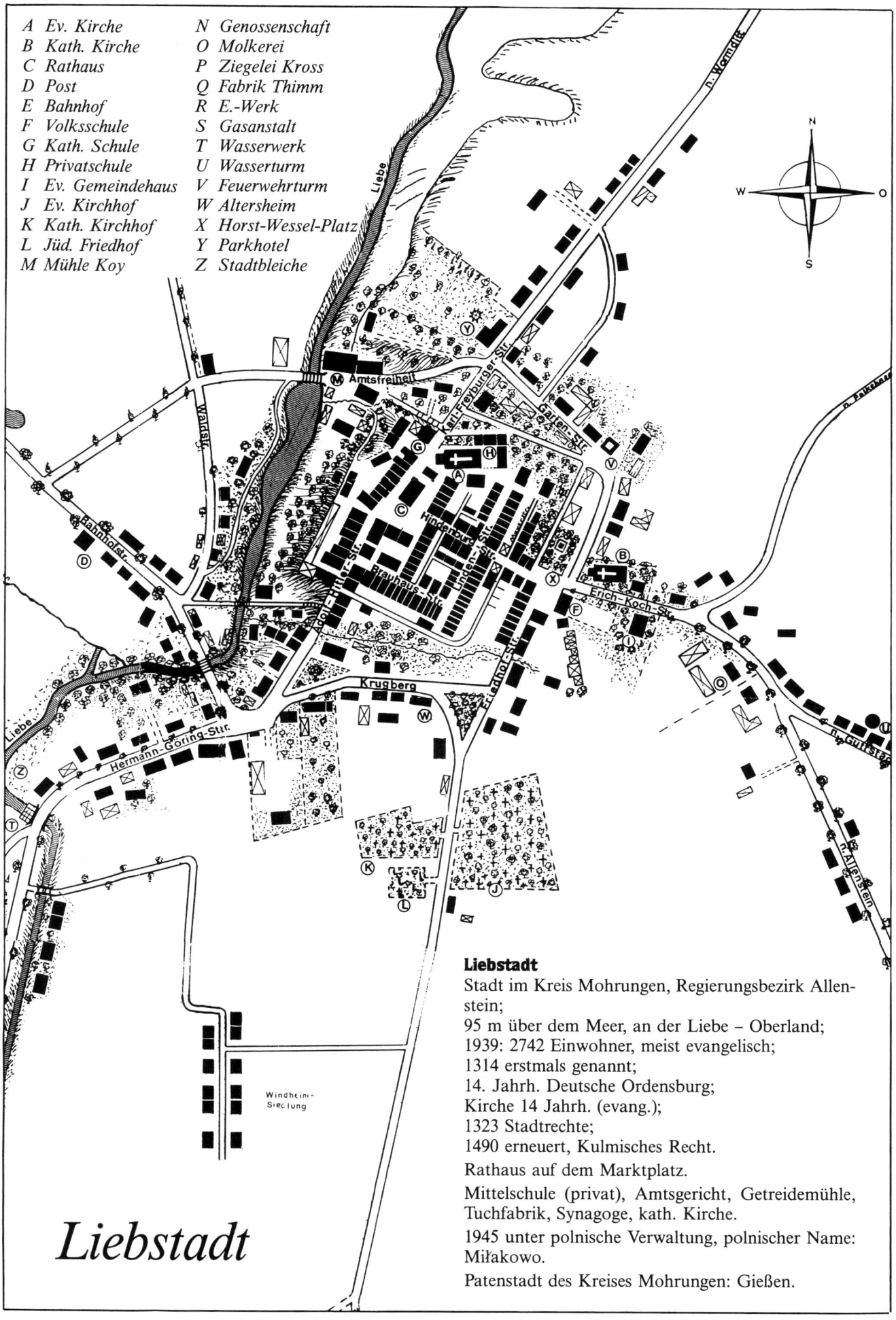

Liebstadt

Legende:

A Ev. Kirche
B Kath. Kirche
C Rathaus
D Post
E Bahnhof
F Volksschule
G Kath. Schule
H Privatschule
I Ev. Gemeindehaus
J Ev. Kirchhof
K Kath. Kirchhof
L Jüd. Friedhof
M Mühle Koy
N Genossenschaft
O Molkerei
P Ziegelei Kross
Q Fabrik Thimm
R E.-Werk
S Gasanstalt
T Wasserwerk
U Wasserturm
V Feuerwehrturm
W Altersheim
X Horst-Wessel-Platz
Y Parkhotel
Z Stadtbleiche

Liebstadt

Stadt im Kreis Mohrungen, Regierungsbezirk Allenstein;

95 m über dem Meer, an der Liebe – Oberland;

1939: 2742 Einwohner, meist evangelisch;

1314 erstmals genannt;

14. Jahrh. Deutsche Ordensburg;

Kirche 14 Jahrh. (evang.);

1323 Stadtrechte;

1490 erneuert, Kulmisches Recht.

Rathaus auf dem Marktplatz.

Mittelschule (privat), Amtsgericht, Getreidemühle, Tuchfabrik, Synagoge, kath. Kirche.

1945 unter polnische Verwaltung, polnischer Name: Miłakowo.

Patenstadt des Kreises Mohrungen: Gießen.

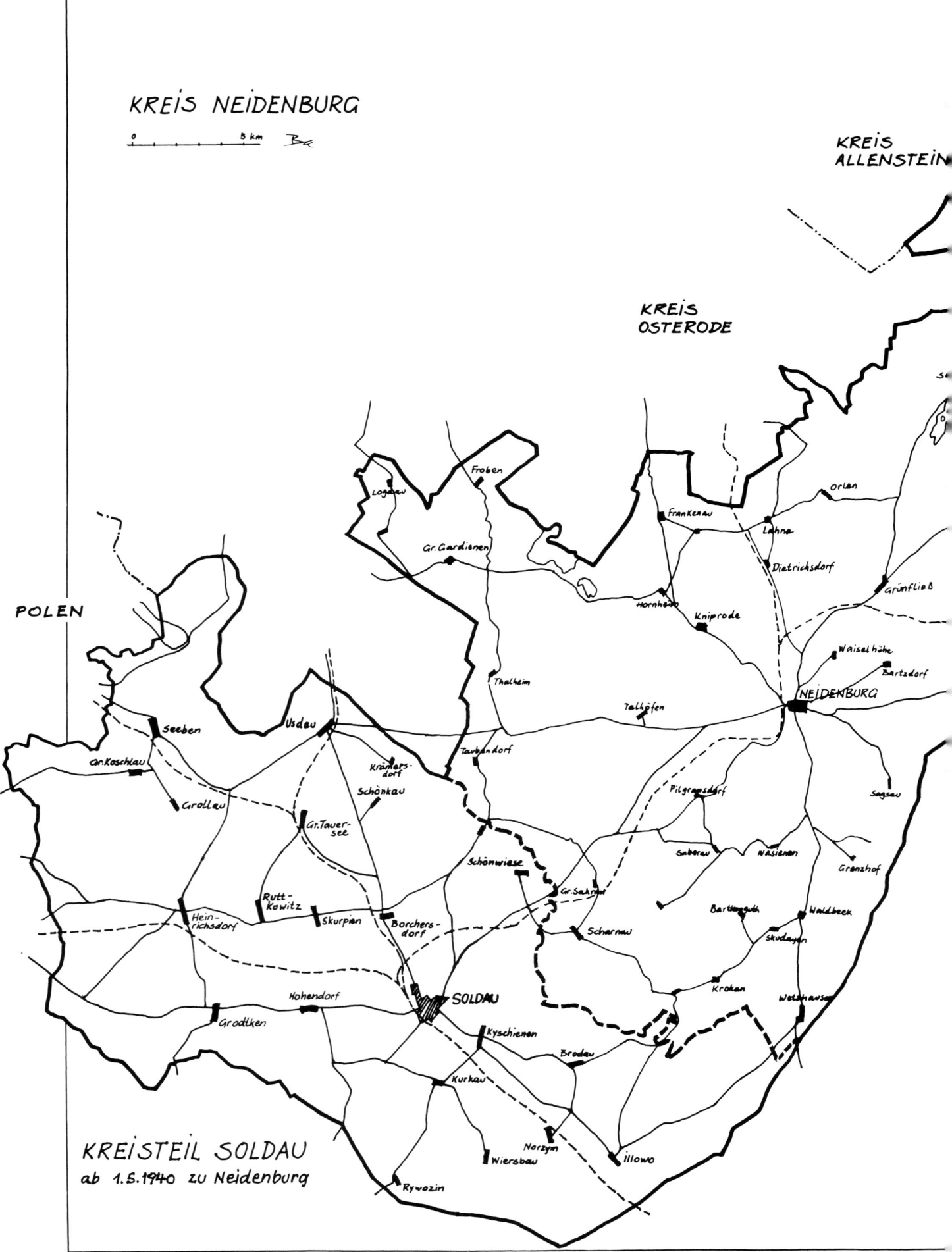

KREIS NEIDENBURG

0 _____ 5 km

KREIS ALLENSTEIN

KREIS OSTERODE

POLEN

Froben
Logdau
Gr.Gardienen
Frankenau
Orlan
Lahna
Dietrichsdorf
Grünfließ
Hornheim
Kniprode
Waiselhöhe
Thalheim
Bartzdorf
Talhöfen
NEIDENBURG
Seeben
Usdau
Taubendorf
Sagsau
Gr.Koschlau
Krämersdorf
Schönkau
Pilgramsdorf
Grollau
Gr.Tauersee
Saberau
Nasienen
Grenzhof
Schönwiese
Gr.Sakrau
Rutt-kowitz
Heinrichsdorf
Skurpien
Borchersdorf
Scharnau
Barthenguth
Waldbeck
Skudayen
Krokau
Welehausen
Hohendorf
SOLDAU
Grodlken
Kyschienen
Brodau
Kurkau
Norzym
Illowo
Wiersbau
Rywozin

KREISTEIL SOLDAU
ab 1.5.1940 zu Neidenburg

116

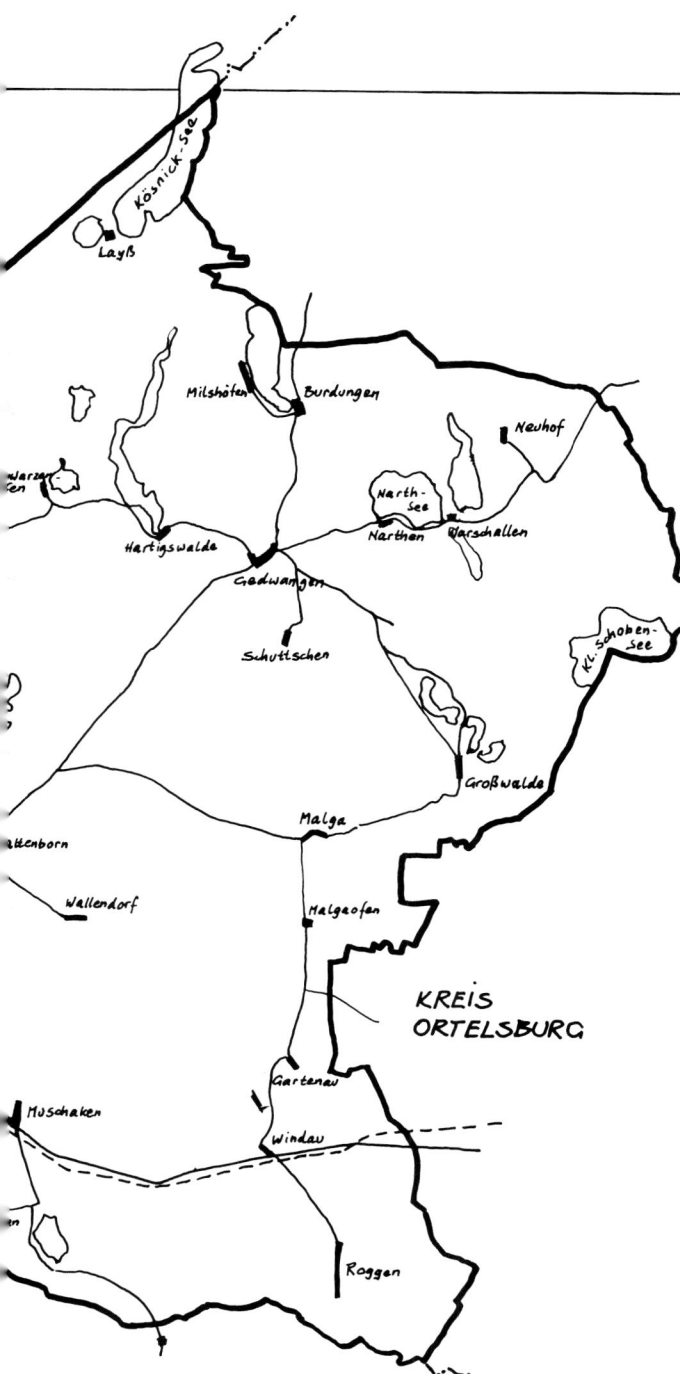

Der Kreis Neidenburg (ohne Kreisteil Soldau)
Gesamtfläche 1146,11 km².

Einwohnerzahl 39 730 Personen, demnach 34,7 Einwohner je km². Im Kreis waren 113 Gemeinden in 19 Amtsbezirken, darunter 1 Stadt, 199 Wohnplätze.

Die größte Landgemeinde war Gedwangen mit 1288 Einwohnern. Neidenburg war der südlichste Kreis Ostpreußens, seine Südgrenze war Landesgrenze zu Polen.

Im Kreisgebiet 12 evangelische Kirchspiele, 3 katholische Kirchen, 96 Volksschulen mit 174 Klassen, 6745 Schülern, 162 Lehrern. 57,9 % der Gesamtfläche waren landwirtschaftlich genutzt, 32 % waren Forst und Holzungen, 3,5 % Gewässer, 4,9 % Moore und Ödland, 3,5 % bebaute Fläche.

3745 landwirtschaftliche Betriebe, davon 1094 bis 5 ha, 661 von 5–10 ha, 949 von 10–20 ha, 972 von 20–100 ha, 69 über 100 ha. In der Land- und Forstwirtschaft arbeiteten 63,6 % der Kreisbevölkerung. Es wurden Roggen und Kartoffeln in der Hauptsache angebaut. Rindvieh- und Schweinezucht, Spiritus-Brennereien. Das Krankenhaus in Gedwangen wurde 1937 Altersheim.

1945 kam der gesamte Kreis unter polnische Verwaltung.

Patenschaft: Bochum.

Kreisteil Soldau,
1940 an Kreis Neidenburg angeschlossen;
Fläche: 500 km², Einwohner: 24 830;
34 Landgemeinden in 5 Amtsbezirken und die Stadt Soldau;
8 evangelische Kirchengemeinden, 3 katholische;
36 Volksschulen.

Die größten Landgemeinden im Kreisteil Soldau waren Heinrichsdorf mit 1075, Illowo mit 2434, Narzym mit 903 Einwohnern.

Patenstadt: Bochum.

Neidenburg
Kreisstadt im Regierungsbezirk Allenstein;
170 m über dem Meer;
1939: 9201 Einwohner, meist evangelisch;
1359 Ordensburg;
1370 in Stein ausgebaut;
1376 erstmals erwähnt;
1381 Kulmisches Stadtrecht;
1420 Stadtrecht erneuert;
1381 Pfarrkirche;
1679 Städtlein;
1723 Stadt 2. Klasse genannt.

Höhere Schulen, Museum, Krankenhaus, Landwirtschaftsschule, Zementwarenfabrik (Eisengießerei), Getreide- und Holzhandel, Holzverarbeitung, Berufsschule.

Geburtsort des Operetten-Komponisten Walter Kollo.

1945 zu 80 % zerstört, unter polnische Verwaltung – Nidzica.

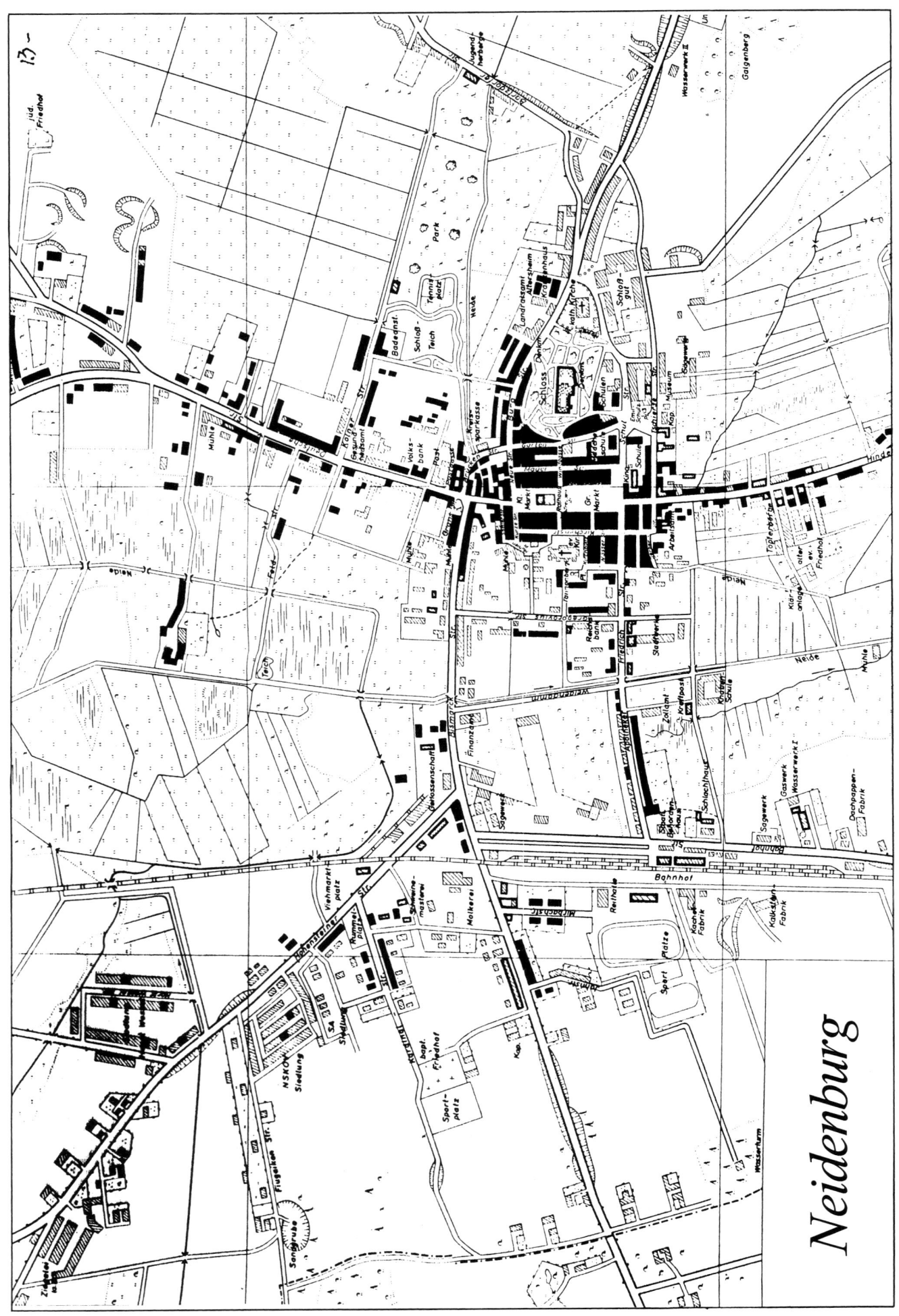

Neidenburg

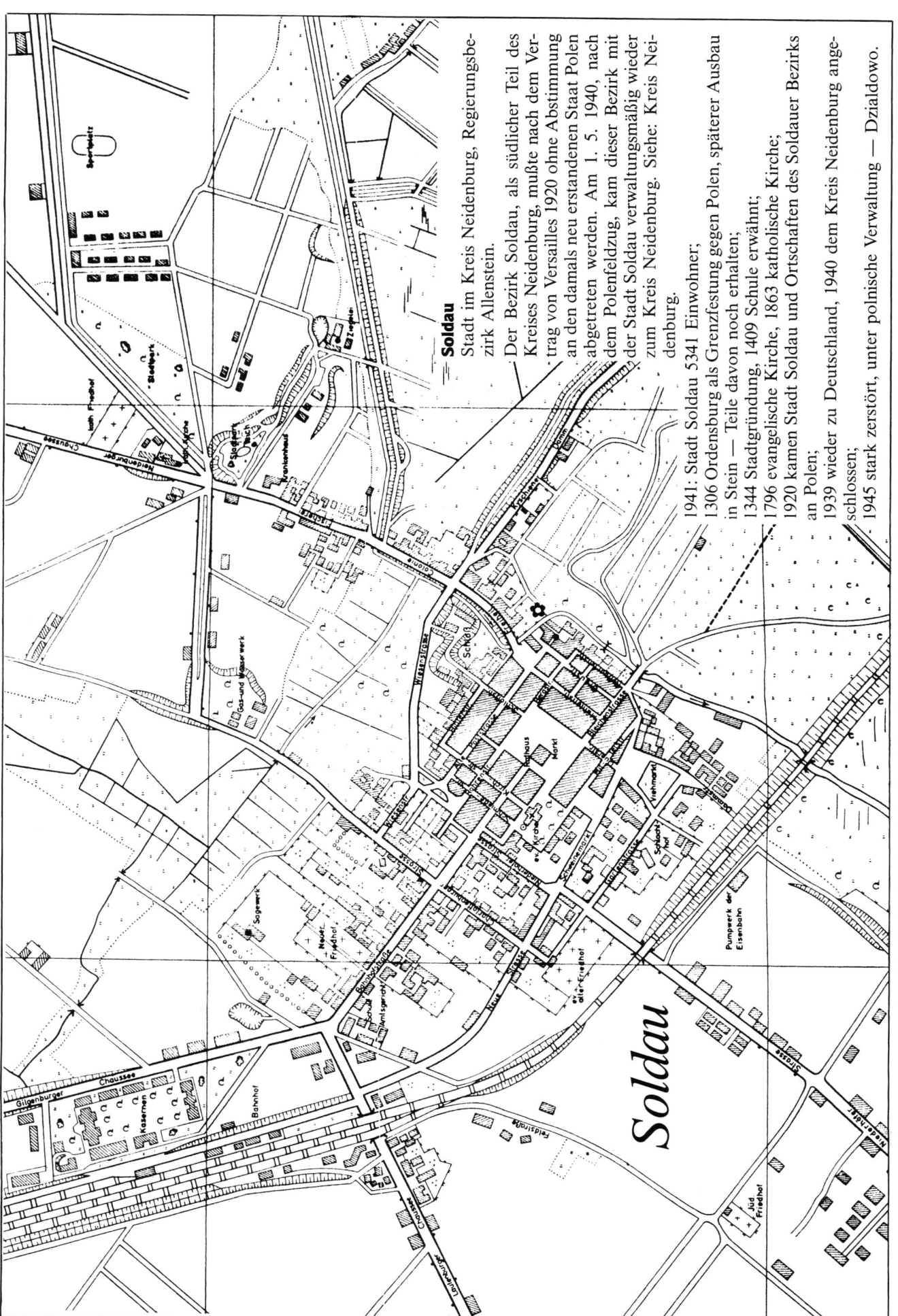

Soldau

Stadt im Kreis Neidenburg, Regierungsbezirk Allenstein.

Der Bezirk Soldau, als südlicher Teil des Kreises Neidenburg, mußte nach dem Vertrag von Versailles 1920 ohne Abstimmung an den damals neu erstandenen Staat Polen abgetreten werden. Am 1. 5. 1940, nach dem Polenfeldzug, kam dieser Bezirk mit der Stadt Soldau verwaltungsmäßig wieder zum Kreis Neidenburg. Siehe: Kreis Neidenburg.

1941: Stadt Soldau 5341 Einwohner;
1306 Ordensburg als Grenzfestung gegen Polen, späterer Ausbau in Stein — Teile davon noch erhalten;
1344 Stadtgründung, 1409 Schule erwähnt;
1796 evangelische Kirche, 1863 katholische Kirche;
1920 kamen Stadt Soldau und Ortschaften des Soldauer Bezirks an Polen;
1939 wieder zu Deutschland, 1940 dem Kreis Neidenburg angeschlossen;
1945 stark zerstört, unter polnische Verwaltung — Dzialdowo.

Soldau

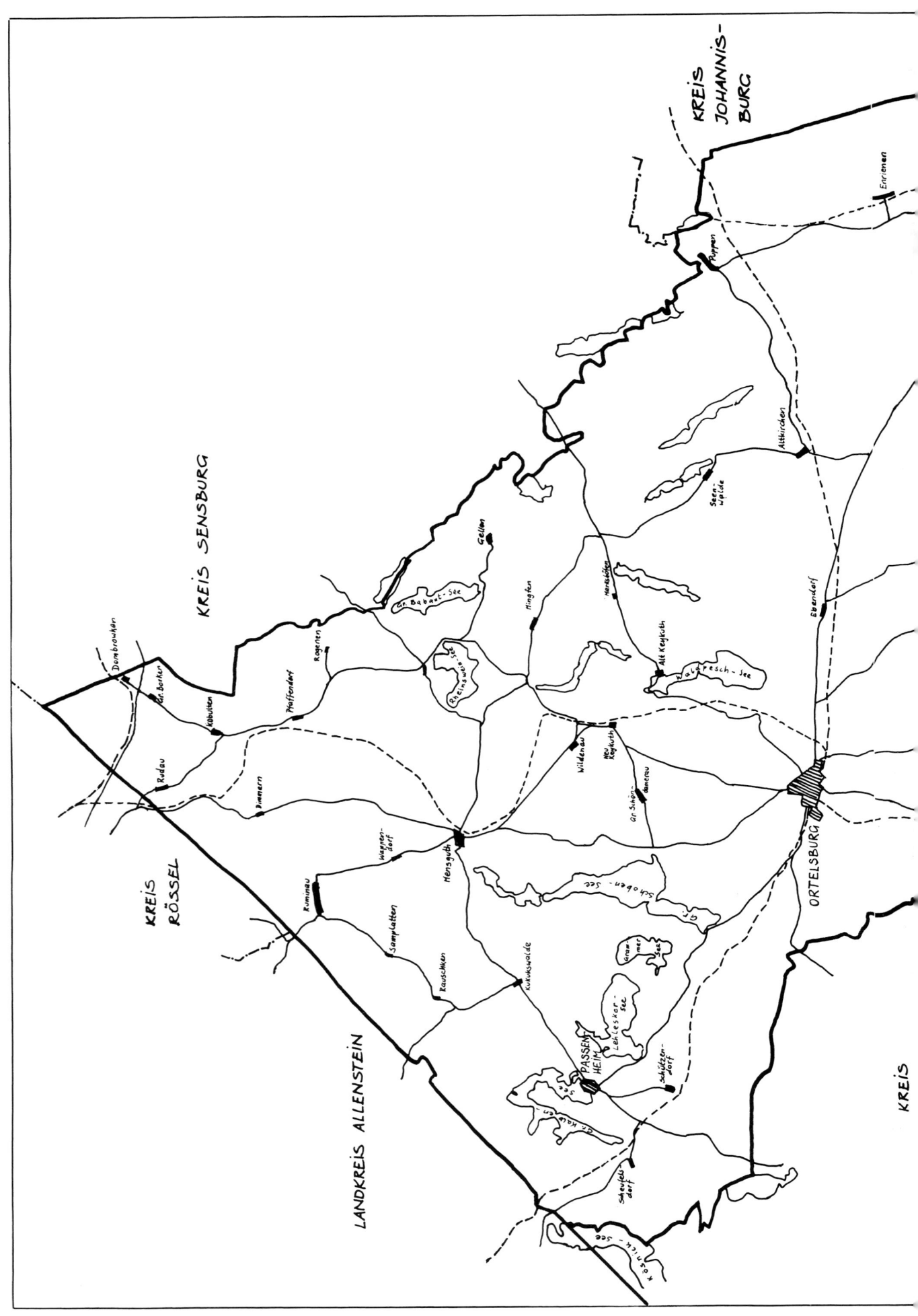

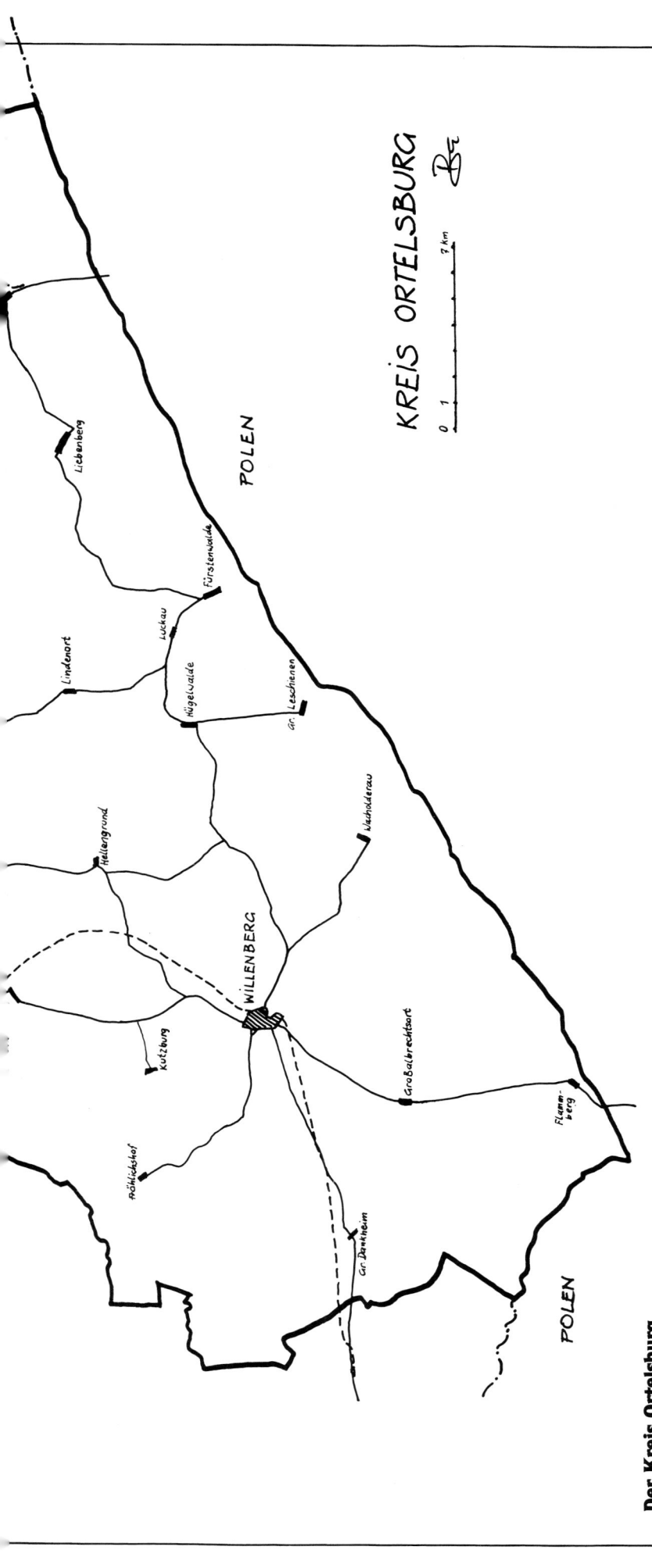

KREIS ORTELSBURG

0 1   7 km

Der Kreis Ortelsburg

Gesamtfläche: 1702,84 km²;

73 442 Einwohner, demnach 43,1 Einwohner auf 1 km²;

3 Städte im Kreis: Ortelsburg, Passenheim, Willenberg, 164 Gemeinden, 33 Amtsbezirke, darunter 3 Städte, 315 Wohnplätze.

Die größten Landgemeinden waren Altkirchen mit 1666, Friedrichshof mit 1802, Groß Schiemanen mit 1133, Liebenberg mit 985, Lindenort mit 1230, Mensguth mit 1637, Puppen mit 1515, Seenwalde mit 913 Einwohnern.

Im Kreis, einschl. der Städte, gab es 142 Volksschulen mit 293 Klassen, 12 335 Schülern und 264 Lehrkräften, 17 evangelische Kirchspiele in 2 Superintendenturbezirken, 8 katholische Kirchen.

35,3 % der Gesamtfläche des Kreises waren Acker-

land, 20 % Weiden, 32,5 % Waldfläche, 11,6 % Ödland, Wasserfläche und Sonstiges.

Landwirtschaftliche Betriebe: bis 5 ha = 2332 Betriebe, 5–10 ha = 1653 Betriebe, 10–20 ha = 1953 Betriebe, 20–100 ha = 1788 Betriebe, über 100 ha = 58 Betriebe, insgesamt 7784 landwirtsch. Betriebe.

Berufe: Land- und Forstwirtschaft 65,7 %, Industrie und Handwerk 16,3 %, Handel und Verkehr 3,5 %, Beamte, Angestellte, Freie Berufe 12,5 %.

Südgrenze des Kreises war gleichzeitig Landesgrenze zu Polen.

1945 kamen Städte und Kreis unter polnische Verwaltung, die Stadt Ortelsburg war zu 45 % zerstört. Polnischer Name Ortelsburg: Szczytno, Passenheim: Pasym, Willenberg: Wielbark.

Patenstadt: Wanne-Eickel.

Ortelsburg

Kreisstadt im Regierungsbezirk Allenstein; 149 m über dem Meer, zwischen Großem und Kleinem Haussee;

1939: 14 234 Einwohner, meist evangelisch; 1350 Ordensburg, 1483 Kirche, später Neubau; 1581 Stadtrechte (nach Gollub), 1723 Anerkennung als Stadt.

Höhere Schulen, Handelsschule, Heimatmuseum, Landwirtschaftliche Schule, Kreiskrankenhaus, Holzindustrie, Mühlen, Ziegelei, Brauerei, Molkerei, Handwerk, Falknerei, Garnison.

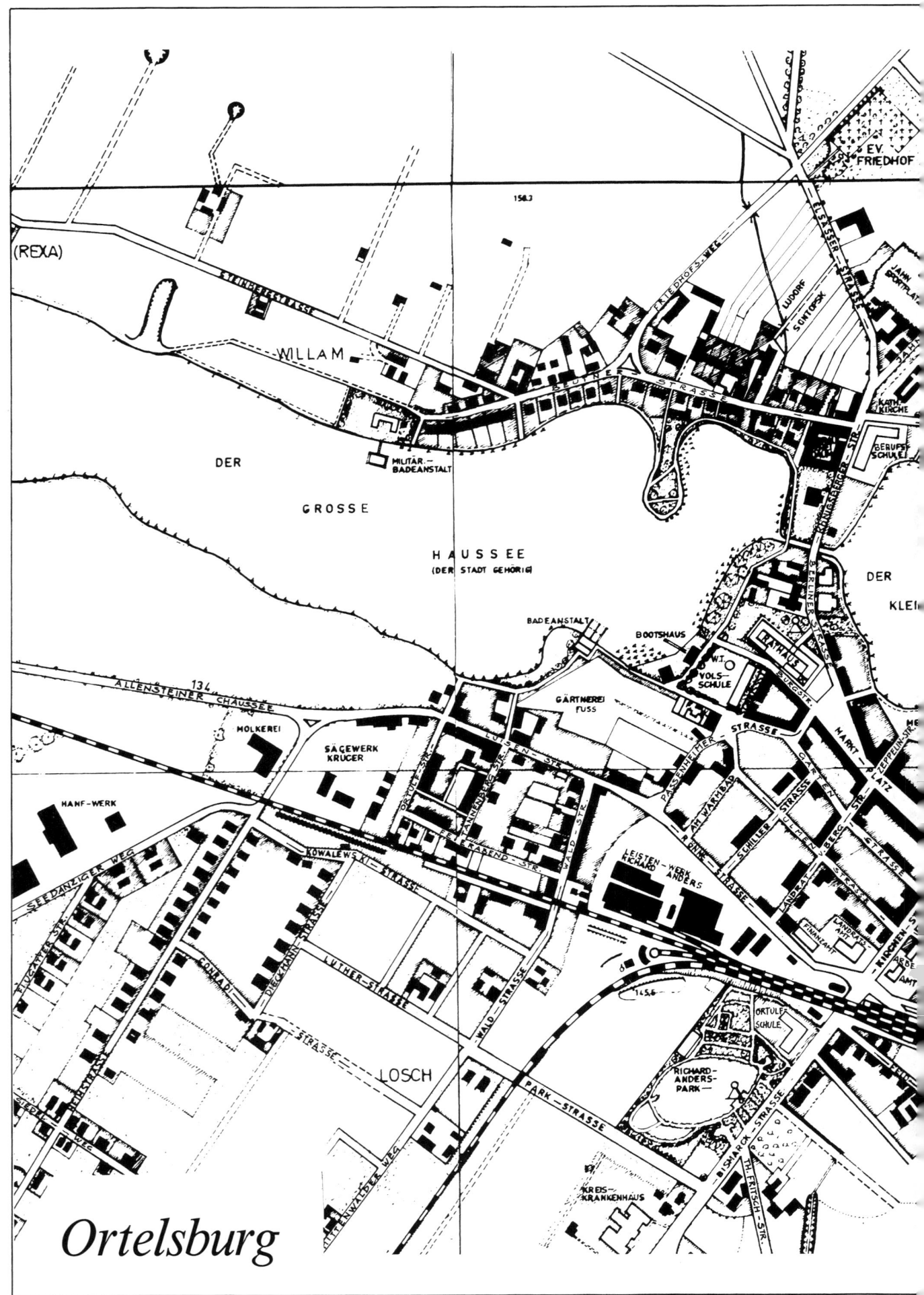

Ortelsburg

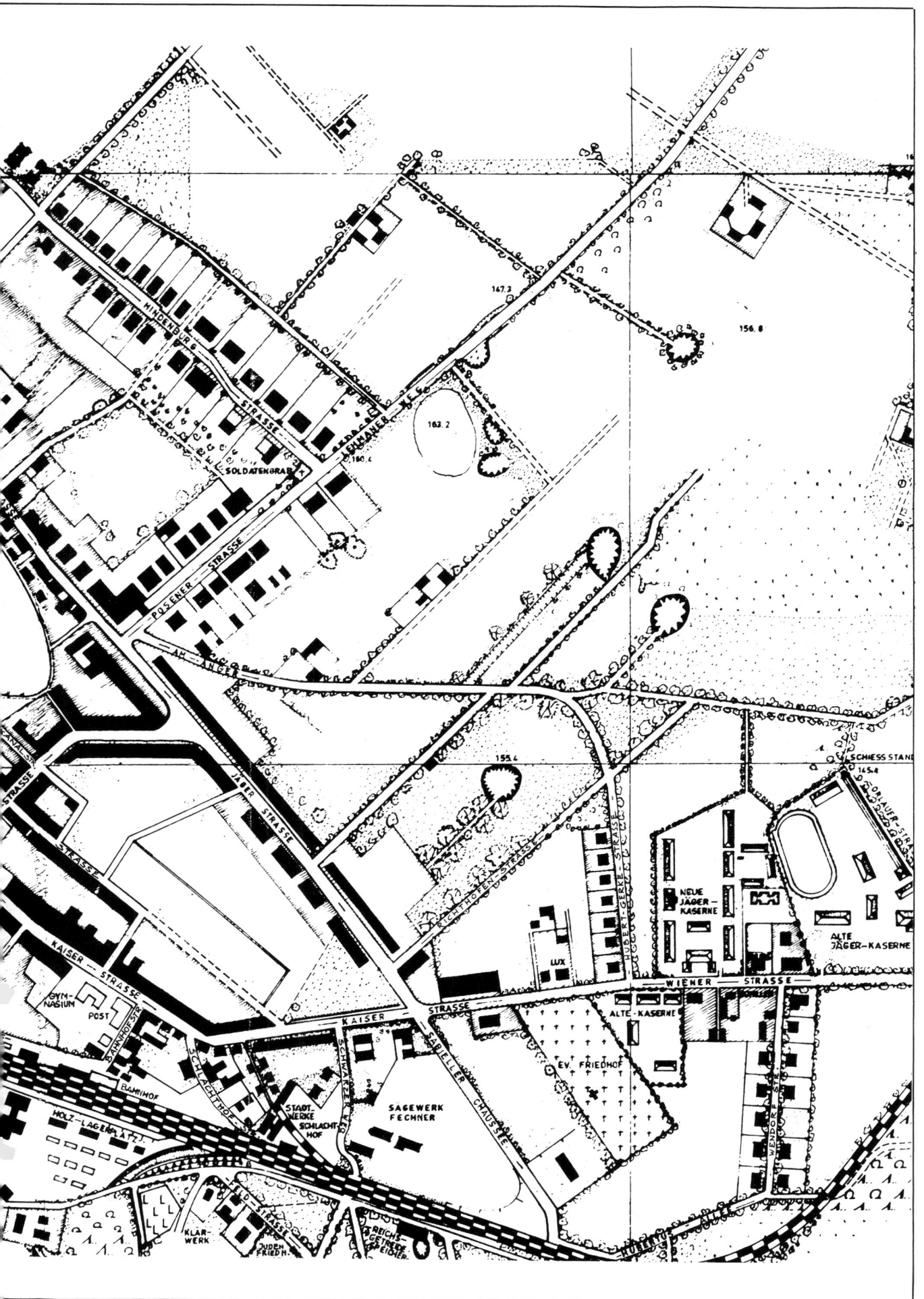

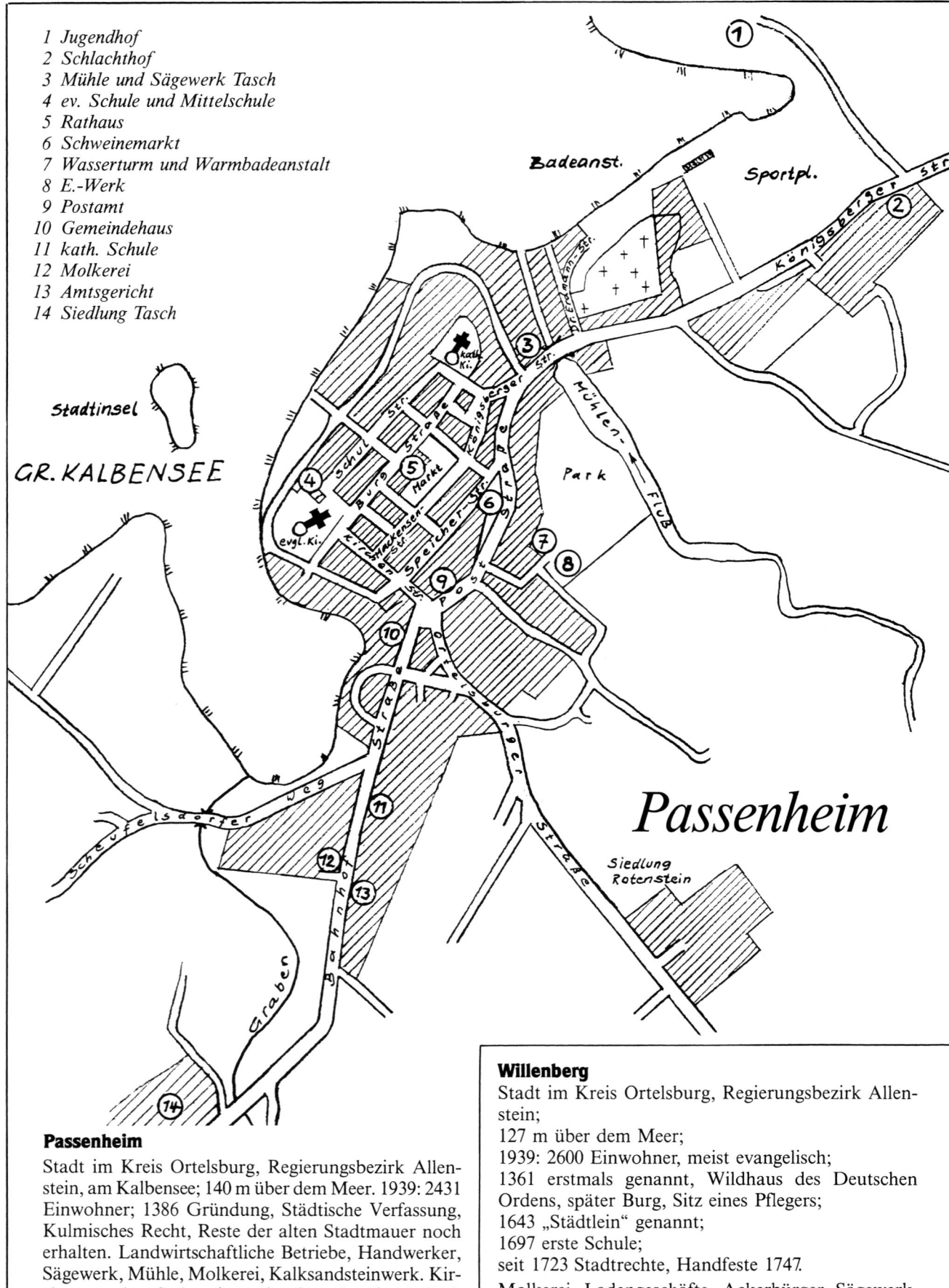

1 Jugendhof
2 Schlachthof
3 Mühle und Sägewerk Tasch
4 ev. Schule und Mittelschule
5 Rathaus
6 Schweinemarkt
7 Wasserturm und Warmbadeanstalt
8 E.-Werk
9 Postamt
10 Gemeindehaus
11 kath. Schule
12 Molkerei
13 Amtsgericht
14 Siedlung Tasch

Stadtinsel

GR. KALBENSEE

Passenheim

Passenheim

Stadt im Kreis Ortelsburg, Regierungsbezirk Allenstein, am Kalbensee; 140 m über dem Meer. 1939: 2431 Einwohner; 1386 Gründung, Städtische Verfassung, Kulmisches Recht, Reste der alten Stadtmauer noch erhalten. Landwirtschaftliche Betriebe, Handwerker, Sägewerk, Mühle, Molkerei, Kalksandsteinwerk. Kirche aus der Ordensritterzeit. Grenzlandjugendhof, Haushaltungsschule. 1945 unter polnische Verwaltung — Pasym.

Patenstadt: Wanne-Eickel.

Willenberg

Stadt im Kreis Ortelsburg, Regierungsbezirk Allenstein;
127 m über dem Meer;
1939: 2600 Einwohner, meist evangelisch;
1361 erstmals genannt, Wildhaus des Deutschen Ordens, später Burg, Sitz eines Pflegers;
1643 „Städtlein" genannt;
1697 erste Schule;
seit 1723 Stadtrechte, Handfeste 1747.

Molkerei, Ladengeschäfte, Ackerbürger, Sägewerk, Zementwarenherstellung.

1945 unter polnische Verwaltung — Wielbark.

Patenstadt: Wanne-Eickel.

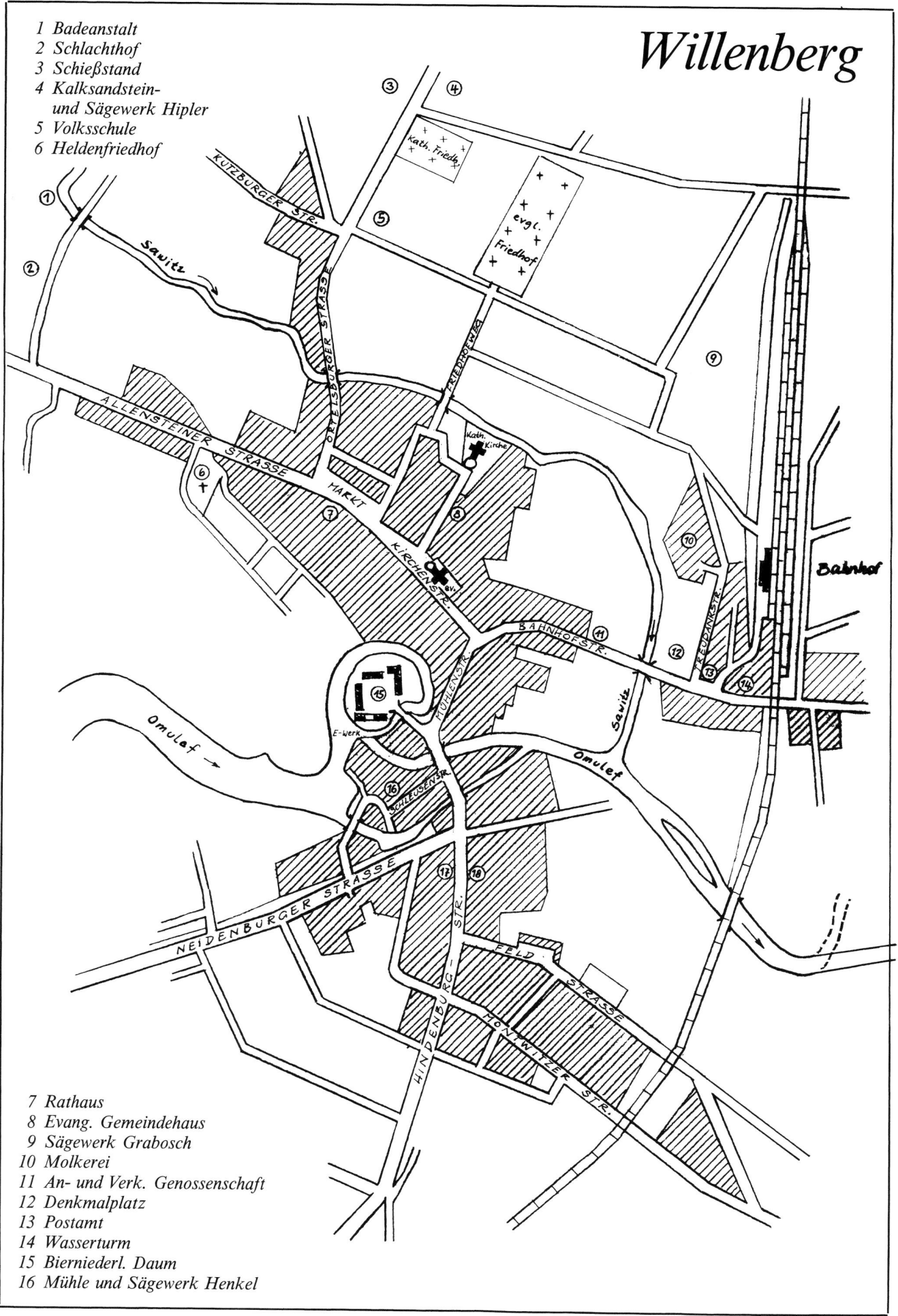

Willenberg

1 Badeanstalt
2 Schlachthof
3 Schießstand
4 Kalksandstein-
  und Sägewerk Hipler
5 Volksschule
6 Heldenfriedhof

7 Rathaus
8 Evang. Gemeindehaus
9 Sägewerk Grabosch
10 Molkerei
11 An- und Verk. Genossenschaft
12 Denkmalplatz
13 Postamt
14 Wasserturm
15 Bierniederl. Daum
16 Mühle und Sägewerk Henkel

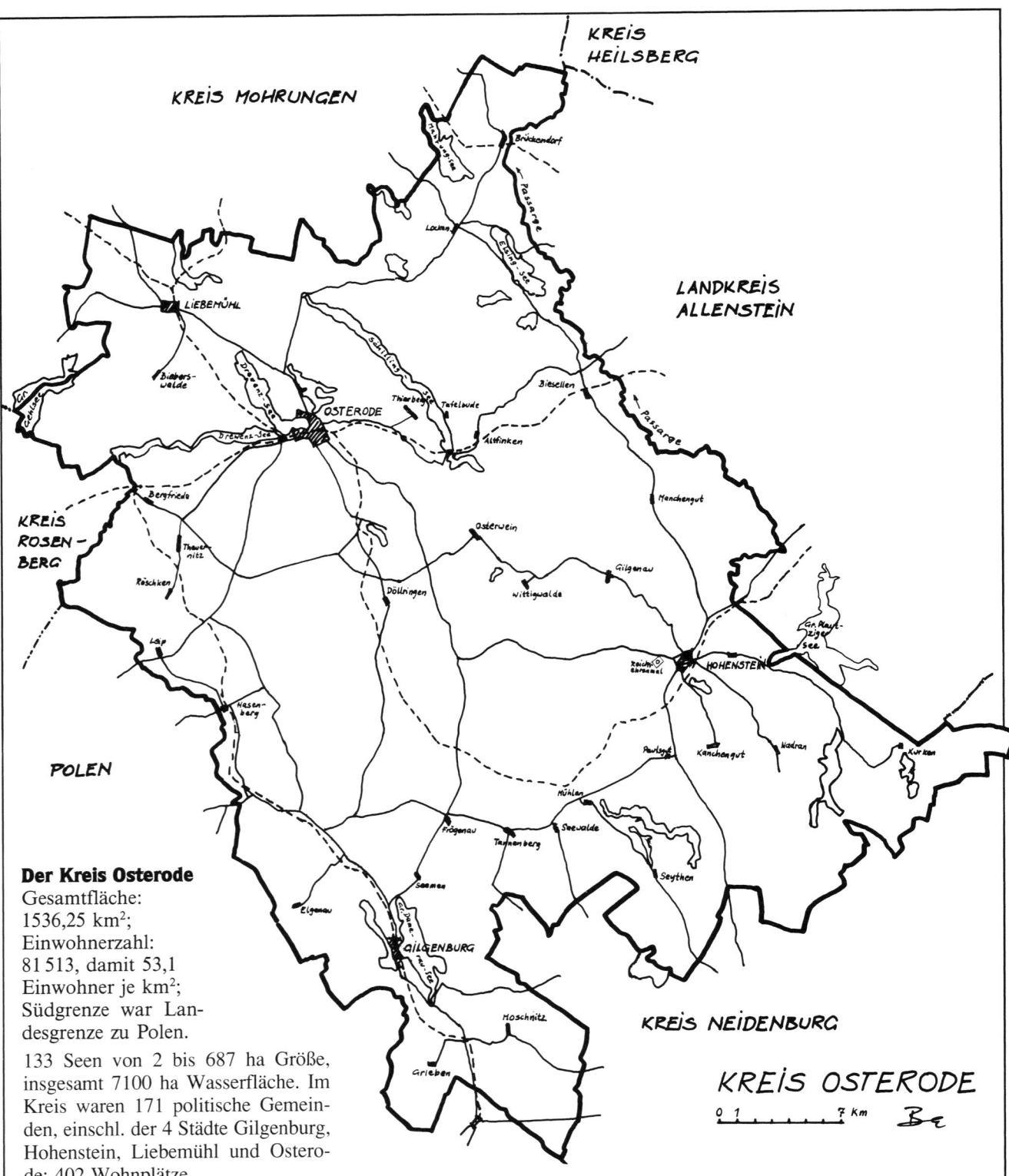

KREIS HEILSBERG

KREIS MOHRUNGEN

LANDKREIS ALLENSTEIN

KREIS ROSEN-BERG

POLEN

KREIS NEIDENBURG

KREIS OSTERODE

0 1 . . . . . . 7 km

Der Kreis Osterode

Gesamtfläche: 1536,25 km²; Einwohnerzahl: 81 513, damit 53,1 Einwohner je km²; Südgrenze war Landesgrenze zu Polen.

133 Seen von 2 bis 687 ha Größe, insgesamt 7100 ha Wasserfläche. Im Kreis waren 171 politische Gemeinden, einschl. der 4 Städte Gilgenburg, Hohenstein, Liebemühl und Osterode; 402 Wohnplätze.

Die größten Landgemeinden waren Bieberswalde mit 1027, Buchwalde mit 1330, Dröbnitz mit 1008, Osterwein mit 1268 Einwohnern.

Im Kreis gab es 136 Volksschulen mit 304 Klassen, 11 495 Schülern und 276 Lehrkräften, 17 evangelische Kirchengemeinden, 4 katholische Kirchen.

Tannenbergdenkmal „Reichsehrenmal", Oberländischer Kanal nach Elbing und Deutsch Eylau.

Landwirtschaftliche Nutzfläche = 95 167 ha (62 %), Forstwirtschaftliche Nutzfläche = 37 589 ha (25 %), Moor = 1397 ha (0,9 %). Sonstiges einschl. Wasser = 19 477 ha (12 %).

Betriebsgröße: 0,5–2 ha = 1078 Betriebe, 2–10 ha = 1953 Betriebe, 10–50 ha = 2120 Betriebe, 50–100 ha = 178 Betriebe, 100–500 ha = 90 Betriebe, über 500 ha = 45 Betriebe.

Angebaut wurden Roggen, Kartoffeln, Hackfrüchte, Futterpflanzen, Sommergetreide.

Im Kreisgebiet Molkereien, Spiritusbrennereien, Kartoffeltrocknerei, Holzverarbeitung, Fischzuchtbetrieb, Imkerei: Königinnenzucht, Sägewerke, Holzhandel.

1945 unter polnische Verwaltung.

Patenschaft: Landkreis Osterode am Harz.

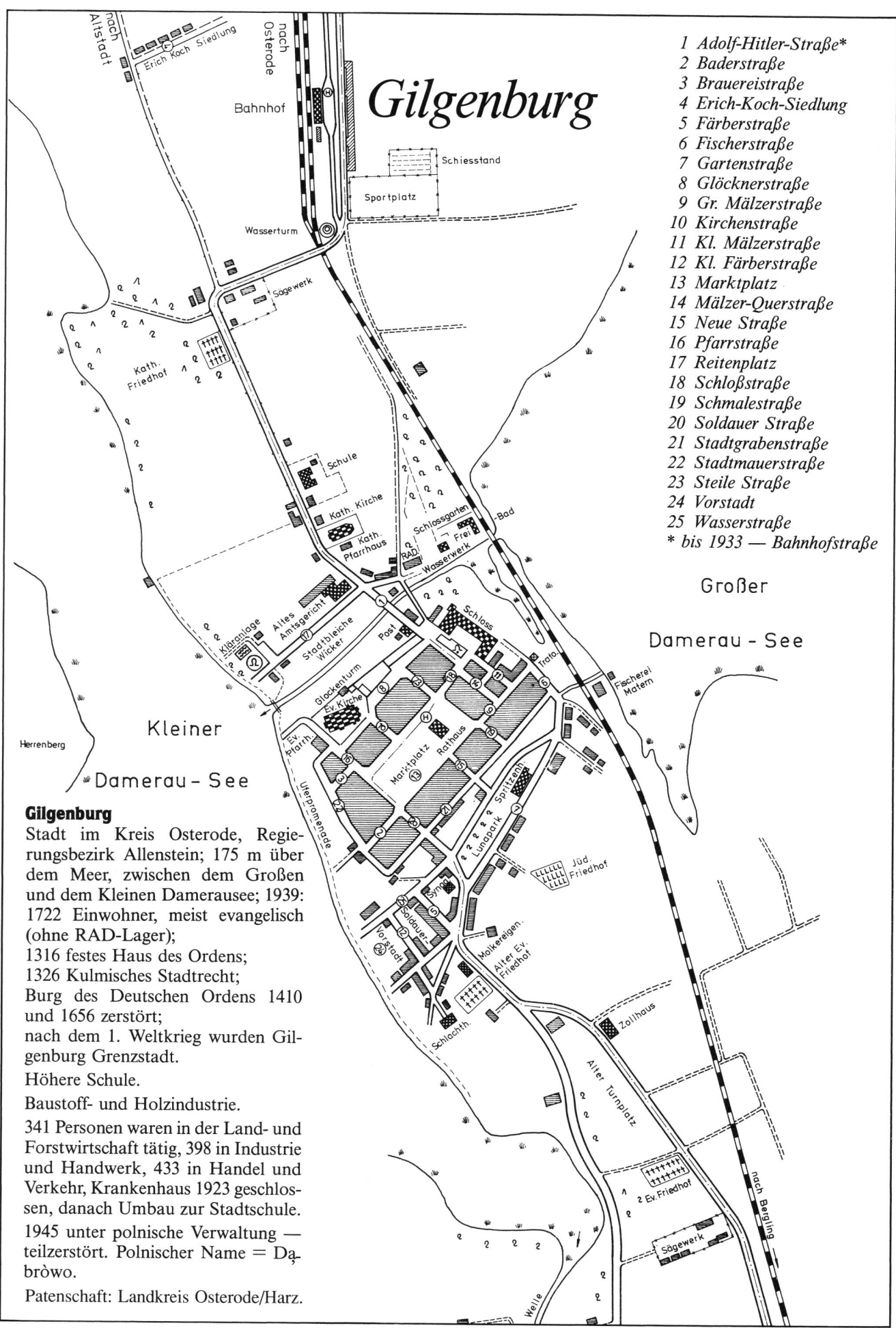

Gilgenburg

1 Adolf-Hitler-Straße*
2 Baderstraße
3 Brauereistraße
4 Erich-Koch-Siedlung
5 Färberstraße
6 Fischerstraße
7 Gartenstraße
8 Glöcknerstraße
9 Gr. Mälzerstraße
10 Kirchenstraße
11 Kl. Mälzerstraße
12 Kl. Färberstraße
13 Marktplatz
14 Mälzer-Querstraße
15 Neue Straße
16 Pfarrstraße
17 Reitenplatz
18 Schloßstraße
19 Schmalestraße
20 Soldauer Straße
21 Stadtgrabenstraße
22 Stadtmauerstraße
23 Steile Straße
24 Vorstadt
25 Wasserstraße
* bis 1933 — Bahnhofstraße

Gilgenburg

Stadt im Kreis Osterode, Regierungsbezirk Allenstein; 175 m über dem Meer, zwischen dem Großen und dem Kleinen Damerausee; 1939: 1722 Einwohner, meist evangelisch (ohne RAD-Lager);

1316 festes Haus des Ordens;

1326 Kulmisches Stadtrecht;

Burg des Deutschen Ordens 1410 und 1656 zerstört;

nach dem 1. Weltkrieg wurden Gilgenburg Grenzstadt.

Höhere Schule.

Baustoff- und Holzindustrie.

341 Personen waren in der Land- und Forstwirtschaft tätig, 398 in Industrie und Handwerk, 433 in Handel und Verkehr, Krankenhaus 1923 geschlossen, danach Umbau zur Stadtschule.

1945 unter polnische Verwaltung — teilzerstört. Polnischer Name = Dąbrowo.

Patenschaft: Landkreis Osterode/Harz.

Osterode

Pausen -

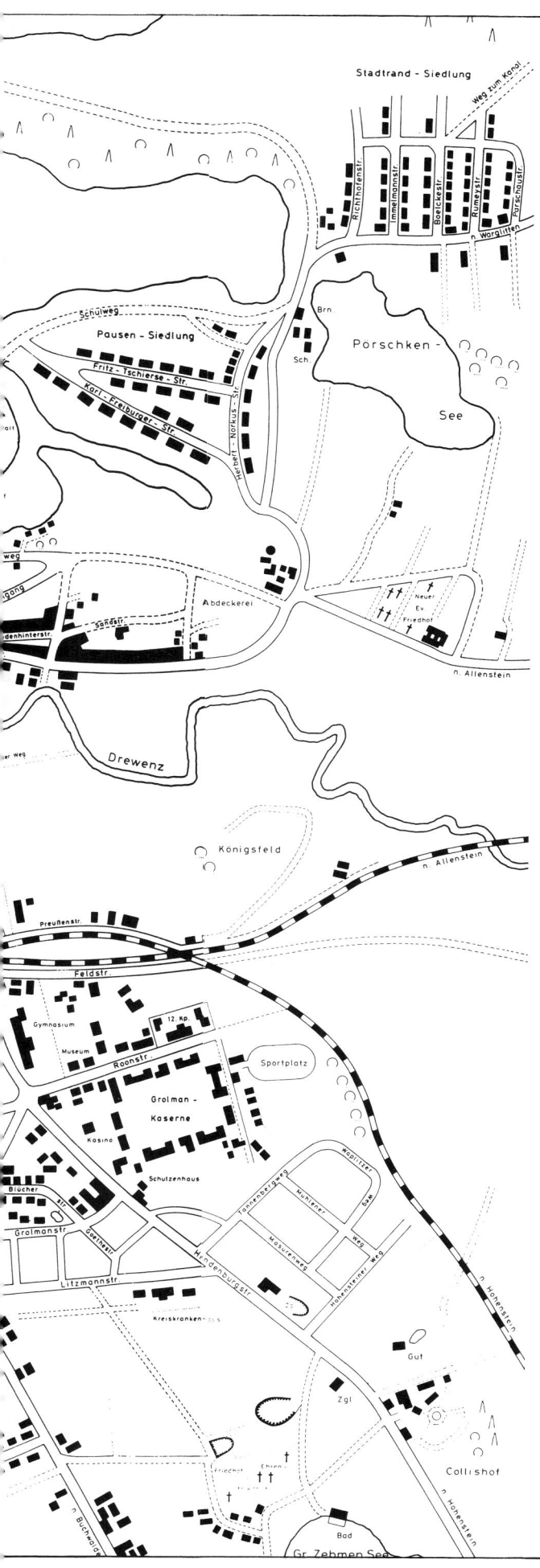

Osterode (Ostpr)

Kreisstadt im Regierungsbezirk Allenstein;

113 m über dem Meer am Drewenzsee und Oberländischen Kanal;

1939: 19 519 Einwohner, meist evangelisch;

vor 1300 Deutsche Ordensburg, später in Stein erbaut;

Handfeste nach Kulmischem Recht 1329, 1335 und 1348 erneuert;

1349—1370 Bau einer festen Burg;

1407 erste Schule;

1791 Rathaus auf dem Markt.

Gymnasium, Oberlyzeum, Präparandenanstalt bis 1923, Landwirtschaftliche Winterschule, Fachschulen, Reichsbank, Garnison, Fremdenverkehr, Hauptzollamt, Eisenbahnknotenpunkt.

Polnischer Name heute: Ostróda (war zu 65 % zerstört).

Patenschaft: Stadt Osterode am Harz.

Liebemühl

Stadt im Kreis Osterode, Regierungsbezirk Allenstein;

100 m über dem Meer, am Oberländischen Kanal;

1335 erstmals erwähnt, Handfeste nach Kulmischem Recht, 1438 erneuert;

vor 1335 schon Ordenshaus, Reste nicht mehr vorhanden;

1939: 2434 Einwohner, meist evangelisch.

Ackerbürger- und Handwerkerstadt.

Gewerbebetriebe, Knotenpunkt des Oberländischen Kanals. Es arbeiteten 446 Personen in der Land- und Forstwirtschaft, 1036 in Industrie und Handwerk, 422 in Handel und Verkehr.

1945 unter polnischer Verwaltung = Miłomłyn.

Patenschaft: Landkreis Osterode/Harz.

Hohenstein (Ostpr)

Stadt im Kreis Osterode, Regierungsbezirk Allenstein;

166 m über dem Meer;

1939: 4245 Einwohner, meist evangelisch;

1351 erstmals erwähnt;

1359 durch Deutschen Orden Kulmisches Stadtrecht;

Stadtmauer aus dem 15. Jahrh. teilweise erhalten.

Ackerbürger- und Handwerkerstadt.

1903 Lungenheilanstalt, 1930 geschlossen.

Höhere- und Fachschulen; Präparandenanstalt, später geschlossen. Westlich der Stadt Reichsehrenmal Tannenberg, 1945 z. T. gesprengt, von den Polen ganz abgetragen.

1945 unter polnische Verwaltung – Olsztynek.

Patenschaft: Landkreis Osterode/Harz.

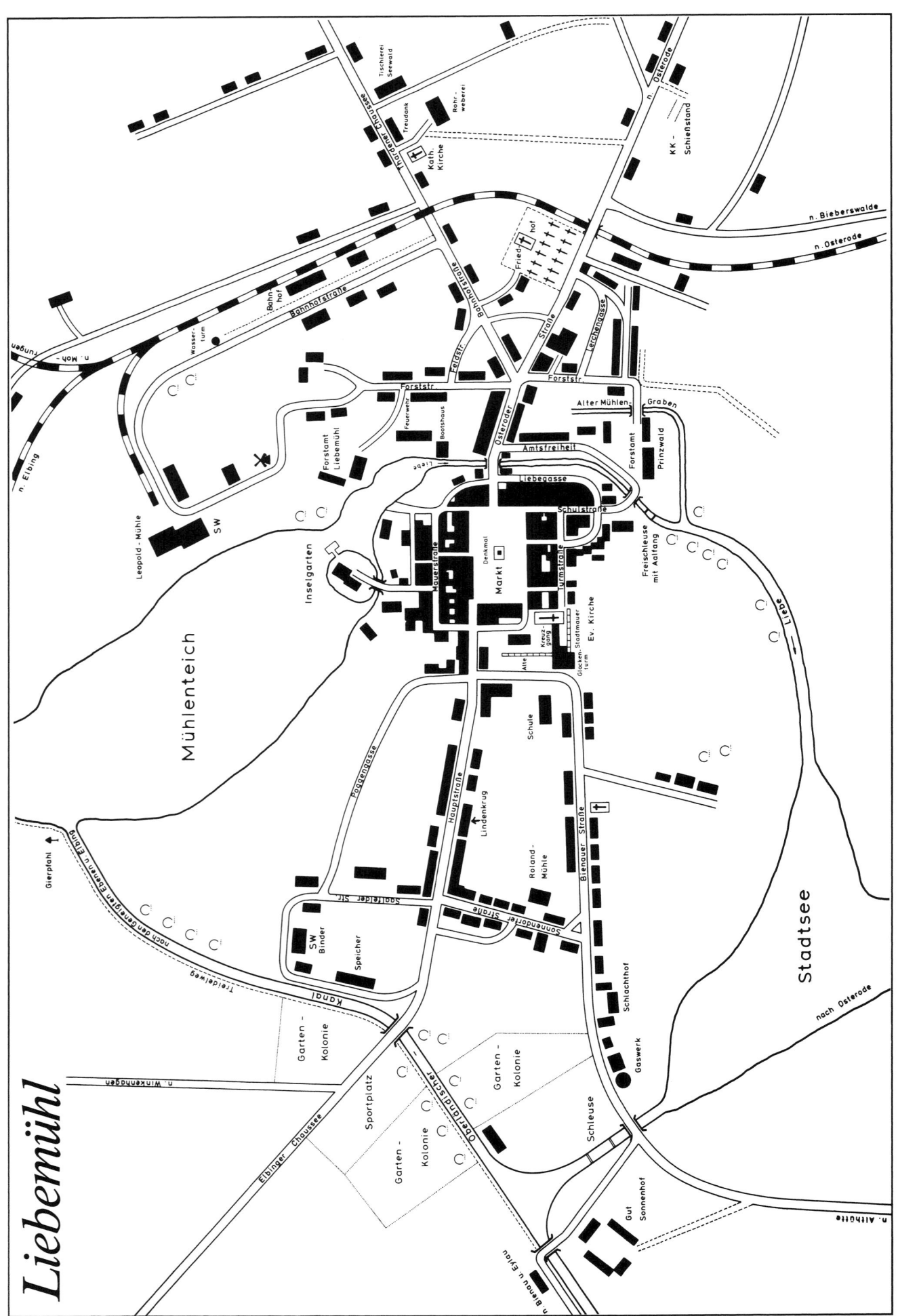

Liebemühl

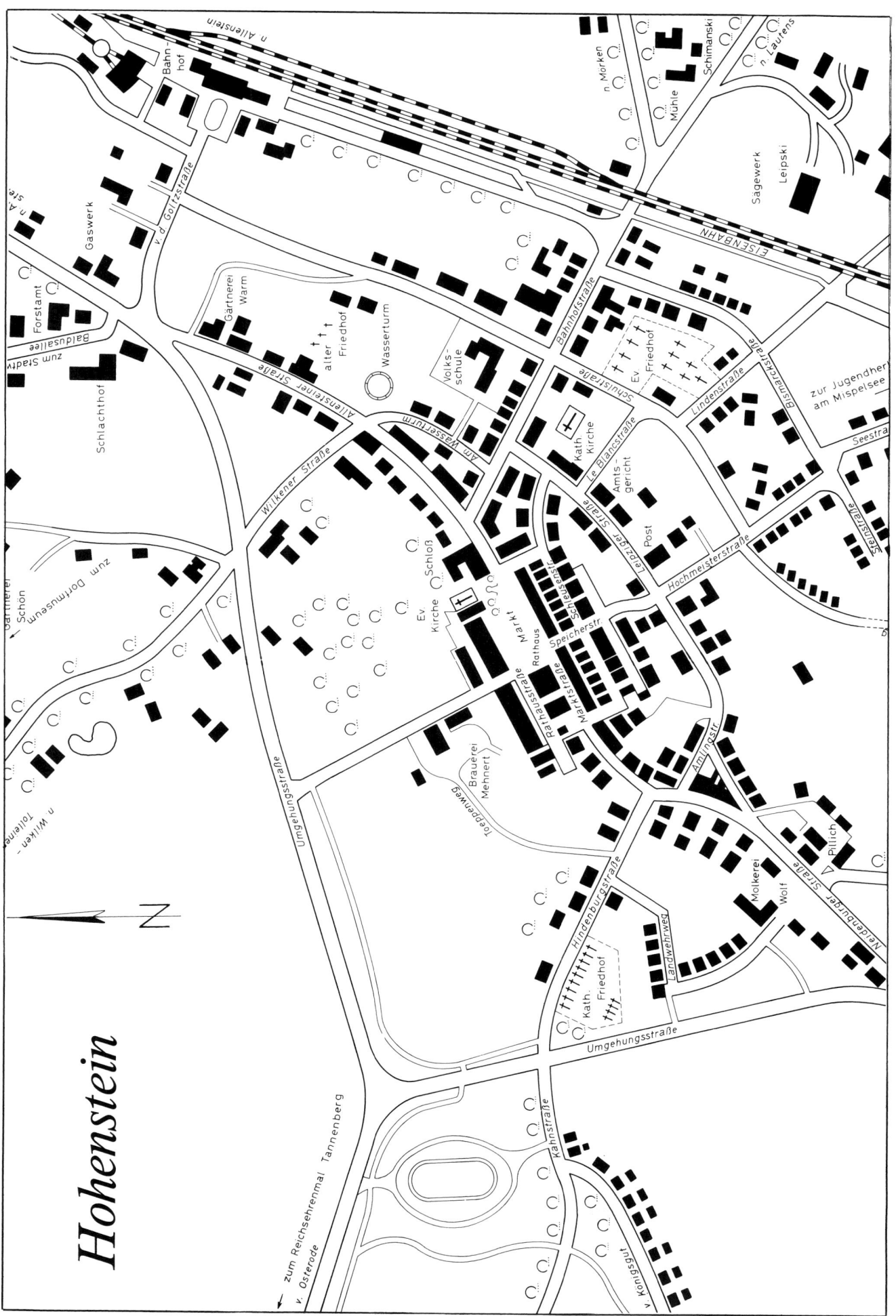

Hohenstein

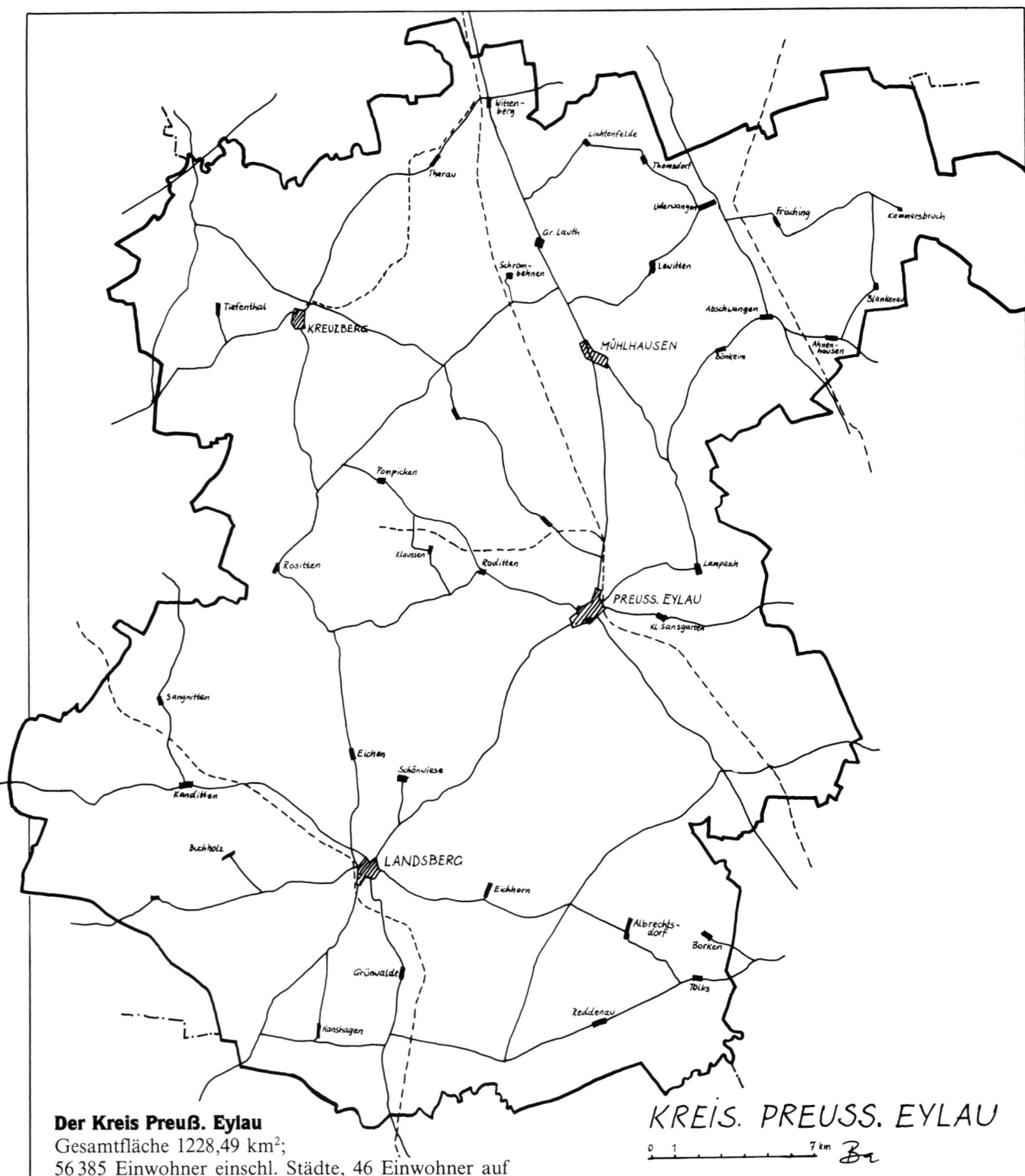

KREIS. PREUSS. EYLAU

0 1   7 km

Der Kreis Preuß. Eylau

Gesamtfläche 1228,49 km²;
56 385 Einwohner einschl. Städte, 46 Einwohner auf
1 km².

Im Kreisgebiet 3 Städte: Landsberg, Kreuzburg,
Preuß. Eylau. 117 Gemeinden in 35 Amtsbezirken,
darunter 3 Städte; 392 Wohnplätze.

Die größten Landgemeinden im Kreis waren Jesau mit
1976, Mühlhausen mit 939, Uderwangen mit 1616
Einwohnern.

Im Kreis Pr. Eylau Truppenübungsplatz Stablack.

Im Kreis gab es 89 Volksschulen mit 194 Klassen, 7910
Schülern und 167 Lehrern, eine Mittelschule in jeder
Stadt, 20 evangelische Kirchspiele in 2 Superinten-
denturbezirken, 2 kath. Kirchen.

3489 Landwirtschaftliche Betriebe, davon 837 von
0,5–5 ha, 582 von 5–10 ha, 1124 von 10–20 ha, 780 von
20–100 ha, 166 über 100 ha.

Der Kreis wurde 1945 durch die Demarkationslinie in
einen polnischen und einen sowjetischen Teil getrennt,
die Städte Preuß. Eylau und Kreuzburg wurden sowjetischer, die Stadt Landsberg polnischer Verwaltung unterstellt.

Heute heißt Preuß. Eylau: Bagrationowsk, Kreuzburg:
Slawskoje, Landsberg: Górowo Iławecki.

Patenschaft für die Stadt Preuß. Eylau: Stadt Verden,
für den Kreis Preuß. Eylau: Landkreis Verden/Aller.

Kreuzburg

Kreuzburg (Ostpr.)

Stadt im Kreis Preuß. Eylau, Regierungsbezirk Königsberg (Pr); 30 m über dem Meer;

1939: 2007 Einwohner, meist evangelisch;

1240 Deutsche Ordensburg nach Eroberung prußischer Feste, später abgebrochen;

1315 Stadt nach Kulmischem Recht;

14. Jahrh. Pfarrkirche, mehrfach umgebaut.

Mittelschule, Dampfmühle, Wollspinnerei, Zwirnfabrik, Ackerbürgerstadt, Molkerei, Ziegelei.

1945 fast völlig zerstört, unter sowjetische Verwaltung. Russischer Name: Slavskoje.

Patenschaft für den Kreis Pr. Eylau: Kreis Verden/Aller.

1 ev. Kirche
2 Rathaus
3 Postamt
4 Amtsgericht mit Gefängnis
5 Schule
6 Schneidemühle
7 Dampfmühle
8 Weiße Brücke
9 Neuapost. Kirche
10 alter Friedhof
11 neuer Friedhof

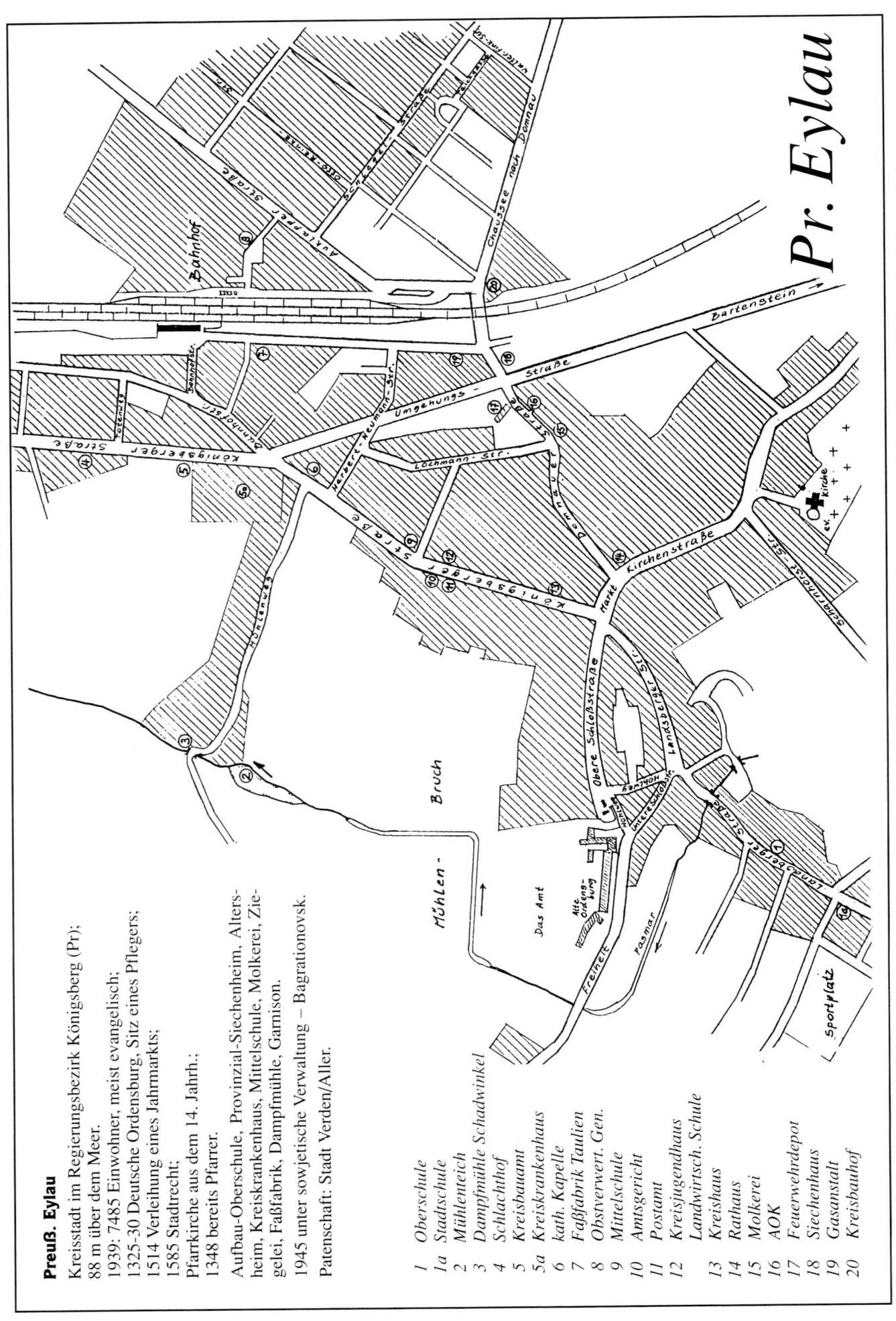

Pr. Eylau

Preuß. Eylau

Kreisstadt im Regierungsbezirk Königsberg (Pr); 88 m über dem Meer.

1939: 7485 Einwohner, meist evangelisch; 1325-30 Deutsche Ordensburg, Sitz eines Pflegers; 1514 Verleihung eines Jahrmarkts; 1585 Stadtrecht; Pfarrkirche aus dem 14. Jahrh.; 1348 bereits Pfarrer.

Aufbau-Oberschule, Provinzial-Siechenheim, Altersheim, Kreiskrankenhaus, Mittelschule, Molkerei, Ziegelei, Faßfabrik, Dampfmühle, Garnison.

1945 unter sowjetische Verwaltung – Bagrationovsk.

Patenschaft: Stadt Verden/Aller.

1   Oberschule
1a   Stadtschule
2   Mühlenteich
3   Dampfmühle Schadwinkel
4   Schlachthof
5   Kreisbauamt
5a   Kreiskrankenhaus
6   kath. Kapelle
7   Faßfabrik Taulien
8   Obstverwert. Gen.
9   Mittelschule
10   Amtsgericht
11   Postamt
12   Kreisjugendhaus
     Landwirtsch. Schule
13   Kreishaus
14   Rathaus
15   Molkerei
16   AOK
17   Feuerwehrdepot
18   Siechenhaus
19   Gasanstalt
20   Kreisbauhof

134

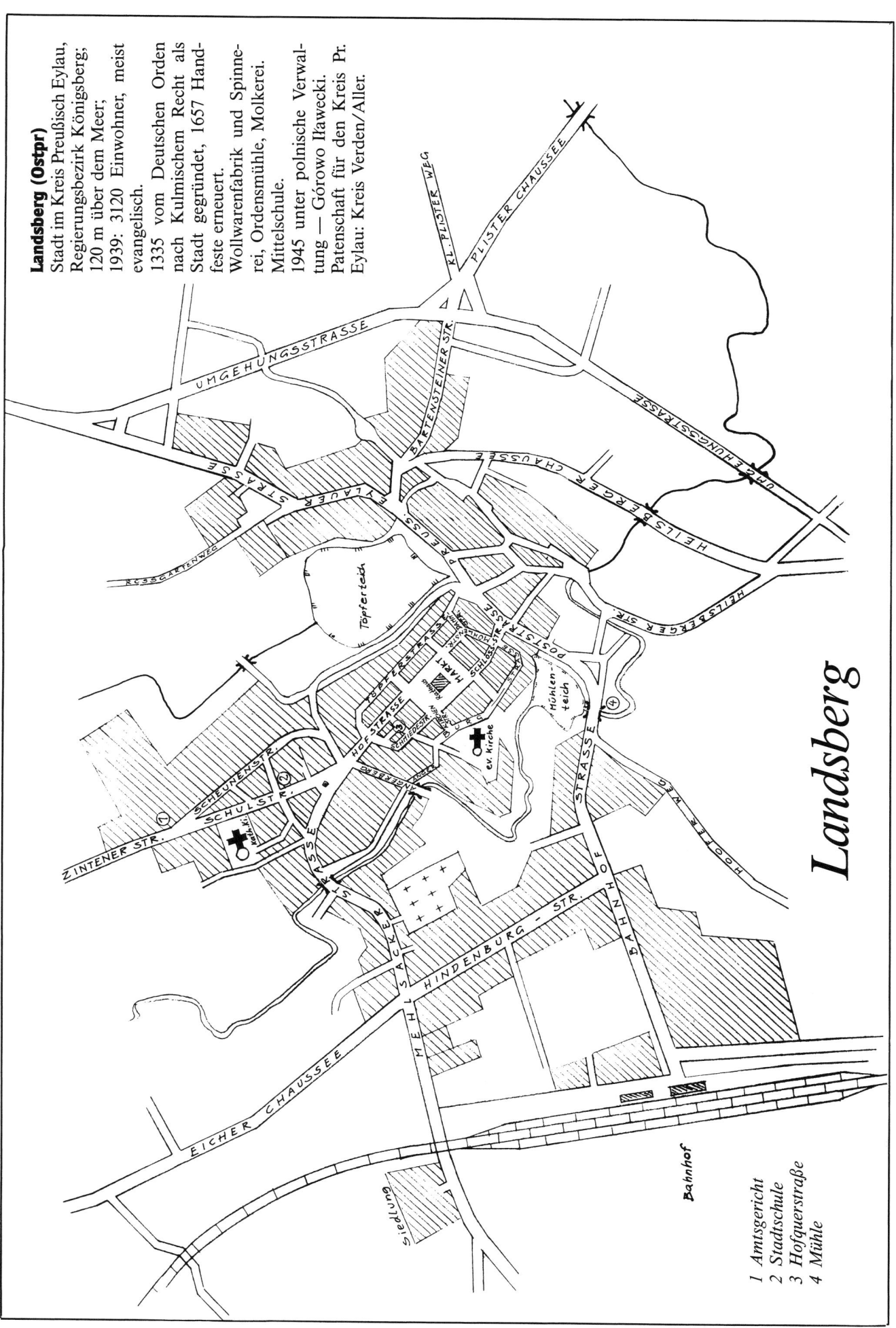

Landsberg (Ostpr)

Stadt im Kreis Preußisch Eylau, Regierungsbezirk Königsberg; 120 m über dem Meer; 1939: 3120 Einwohner, meist evangelisch.

1335 vom Deutschen Orden nach Kulmischem Recht als Stadt gegründet, 1657 Handfeste erneuert. Wollwarenfabrik und Spinnerei, Ordensmühle, Molkerei. Mittelschule.

1945 unter polnische Verwaltung — Górowo Iławecki. Patenschaft für den Kreis Pr. Eylau: Kreis Verden/Aller.

Landsberg

1 Amtsgericht
2 Stadtschule
3 Hofquerstraße
4 Mühle

135

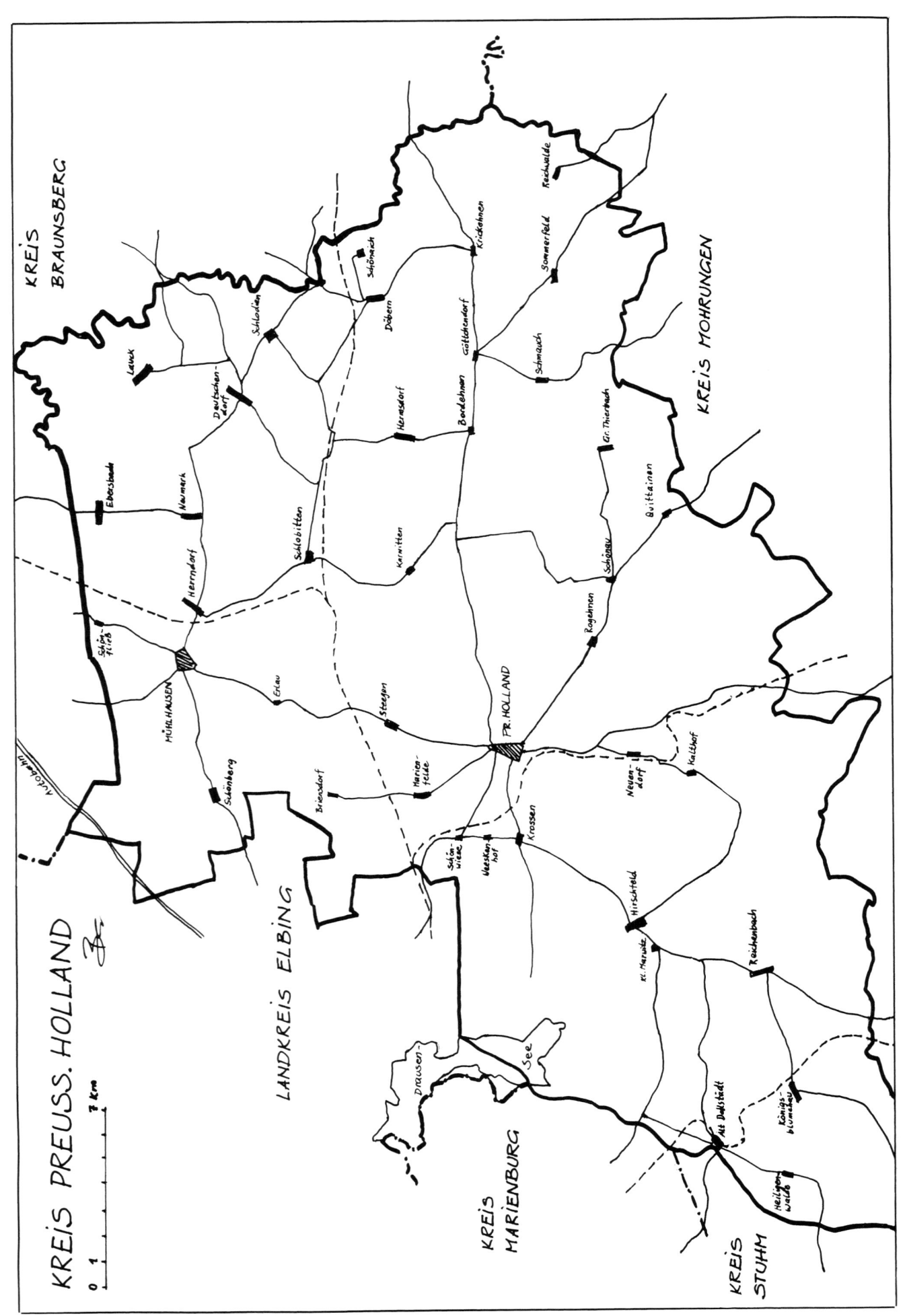

KREIS PREUSS. HOLLAND

KREIS BRAUNSBERG

KREIS MOHRUNGEN

LANDKREIS ELBING

KREIS MARIENBURG

KREIS STUHM

Autobahn

0 1   3 Km

Lauck
Schlodien
Schönrade
Döbern
Krickehnen
Sommerfeld
Reichwalde
Deutschen-dorf
Hermsdorf
Gottchendorf
Bordehnen
Schmauch
Neumark
Ebersbach
Schlobitten
Karwitten
Gr. Thierbach
Quittainen
Herrndorf
Schön-fließ
Schönberg
Erlau
Steegen
Rogehnen
Schönau
MÜHLHAUSEN
PR. HOLLAND
Schönberg
Briensdorf
Marien-felde
Krossen
Neuen-dorf
Kahlhof
Schön-wiese
Westen-hof
Hirschfeld
Reichenbach
Kl. Marwitz
Drausen-
See
Alt Dollstädt
Königs-blumenau
Heiligen-walde

136

Mühlhausen

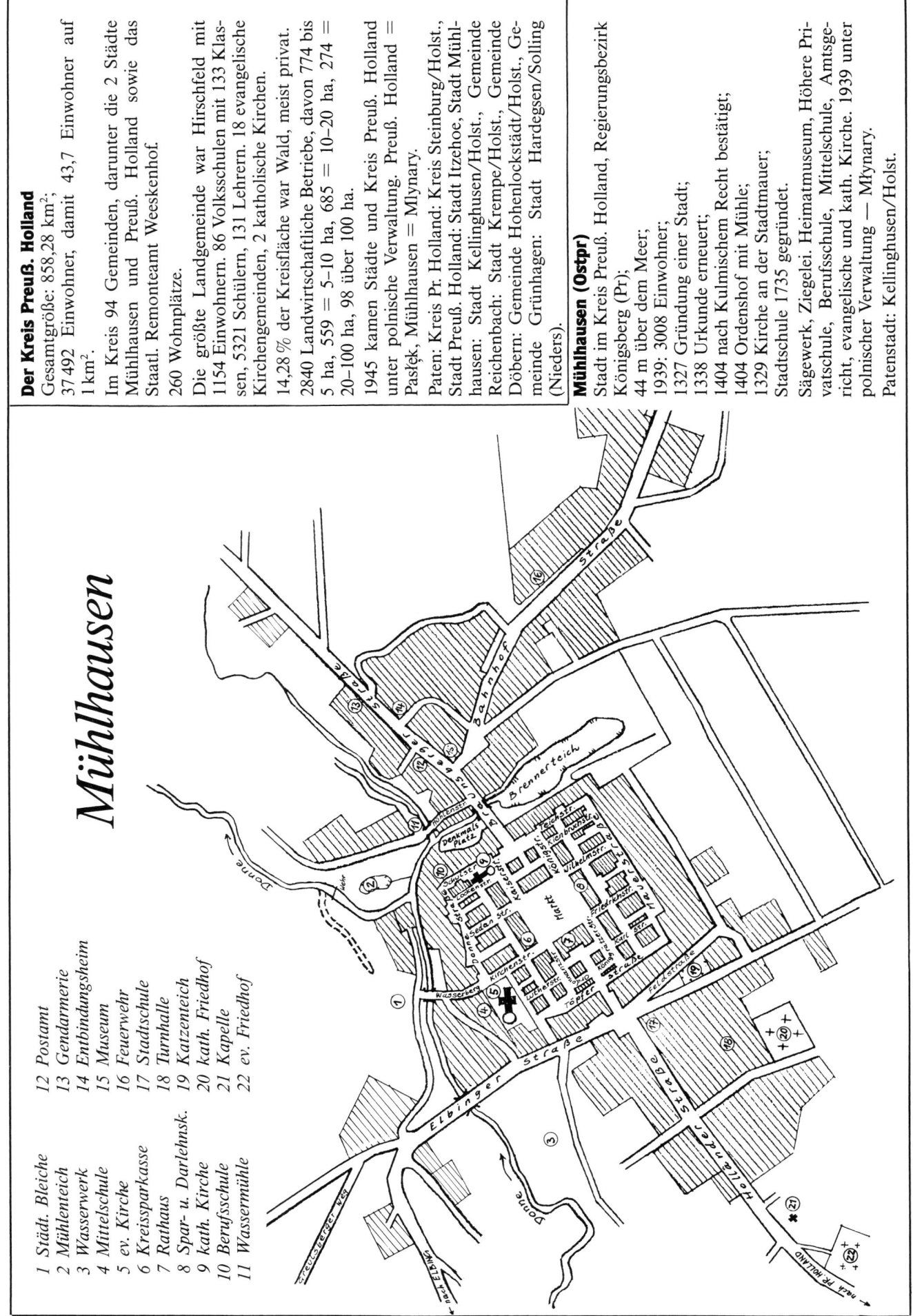

1 Städt. Bleiche
2 Mühlenteich
3 Wasserwerk
4 Mittelschule
5 ev. Kirche
6 Kreissparkasse
7 Rathaus
8 Spar- u. Darlehnsk.
9 kath. Kirche
10 Berufsschule
11 Wassermühle

12 Postamt
13 Gendarmerie
14 Entbindungsheim
15 Museum
16 Feuerwehr
17 Stadtschule
18 Turnhalle
19 Katzenteich
20 kath. Friedhof
21 Kapelle
22 ev. Friedhof

Der Kreis Preuß. Holland

Gesamtgröße: 858,28 km².

37492 Einwohner, damit 43,7 Einwohner auf 1 km².

Im Kreis 94 Gemeinden, darunter die 2 Städte Mühlhausen und Preuß. Holland sowie das Staatl. Remonteamt Weeskenhof.

260 Wohnplätze.

Die größte Landgemeinde war Hirschfeld mit 1154 Einwohnern. 86 Volksschulen mit 133 Klassen, 5321 Schülern, 131 Lehrern. 18 evangelische Kirchengemeinden, 2 katholische Kirchen.

14,28 % der Kreisfläche war Wald, meist privat.

2840 Landwirtschaftliche Betriebe, davon 774 bis 5 ha, 559 = 5–10 ha, 685 = 10–20 ha, 274 = 20–100 ha, 98 über 100 ha.

1945 kamen Städte und Kreis Preuß. Holland unter polnische Verwaltung. Preuß. Holland = Pasłęk, Mühlhausen = Młynary.

Paten: Kreis Pr. Holland: Kreis Steinburg/Holst., Stadt Preuß. Holland: Stadt Itzehoe, Stadt Mühlhausen: Stadt Kellinghusen/Holst., Gemeinde Reichenbach: Stadt Krempe/Holst., Gemeinde Döbern: Gemeinde Hohenlockstädt/Holst., Gemeinde Grünhagen: Stadt Hardegsen/Solling (Nieders).

Mühlhausen (Ostpr)

Stadt im Kreis Preuß. Holland, Regierungsbezirk Königsberg (Pr);

44 m über dem Meer;

1939: 3008 Einwohner;

1327 Gründung einer Stadt;

1338 Urkunde erneuert;

1404 nach Kulmischem Recht bestätigt;

1404 Ordenshof mit Mühle;

1329 Kirche an der Stadtmauer;

Stadtschule 1735 gegründet.

Sägewerk, Ziegelei. Heimatmuseum, Höhere Privatschule, Berufsschule, Mittelschule, Amtsgericht, evangelische und kath. Kirche. 1939 unter polnischer Verwaltung — Młynary.

Patenstadt: Kellinghusen/Holst.

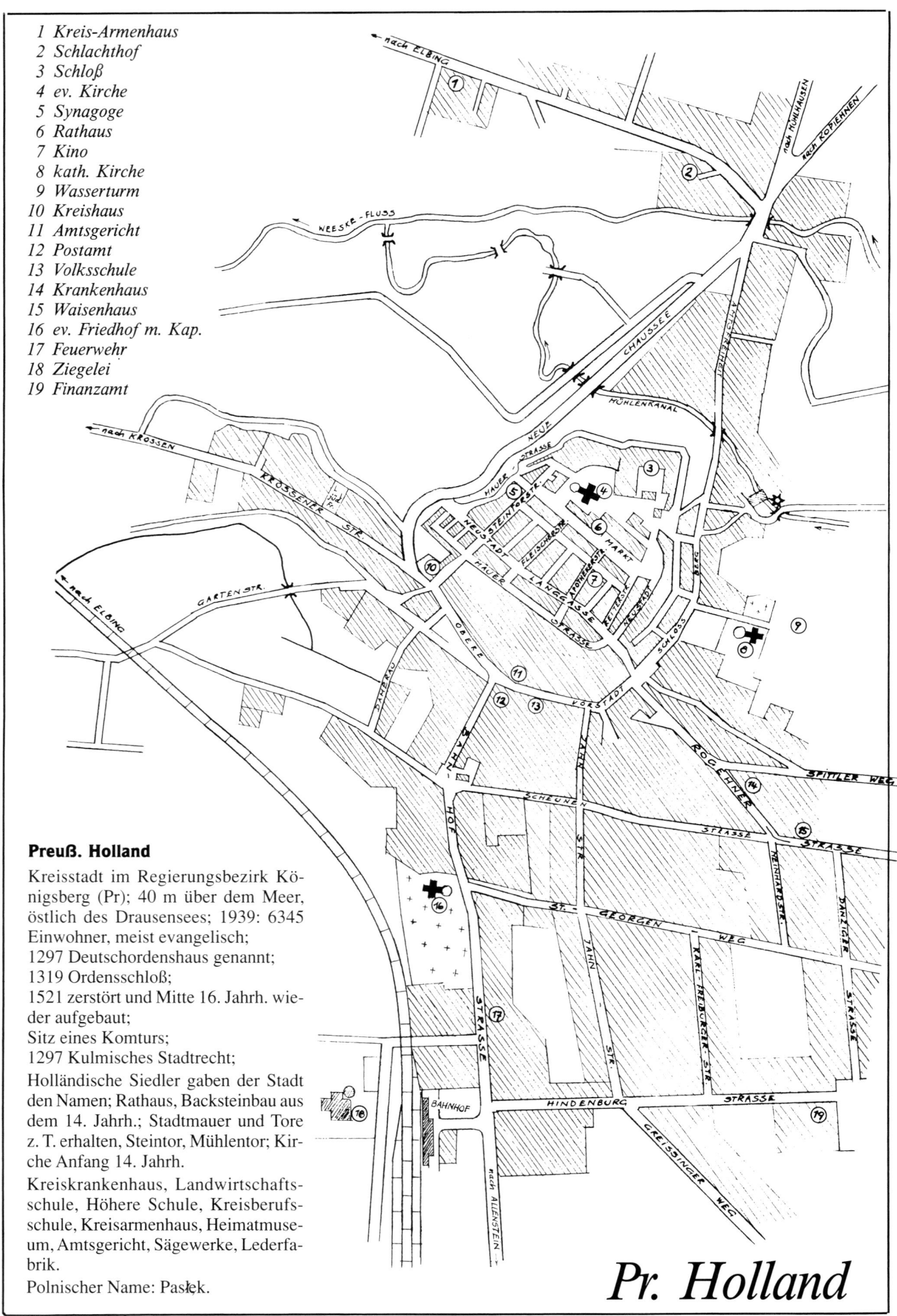

1 Kreis-Armenhaus
2 Schlachthof
3 Schloß
4 ev. Kirche
5 Synagoge
6 Rathaus
7 Kino
8 kath. Kirche
9 Wasserturm
10 Kreishaus
11 Amtsgericht
12 Postamt
13 Volksschule
14 Krankenhaus
15 Waisenhaus
16 ev. Friedhof m. Kap.
17 Feuerwehr
18 Ziegelei
19 Finanzamt

Preuß. Holland

Kreisstadt im Regierungsbezirk Königsberg (Pr); 40 m über dem Meer, östlich des Drausensees; 1939: 6345 Einwohner, meist evangelisch;

1297 Deutschordenshaus genannt;

1319 Ordensschloß;

1521 zerstört und Mitte 16. Jahrh. wieder aufgebaut;

Sitz eines Komturs;

1297 Kulmisches Stadtrecht;

Holländische Siedler gaben der Stadt den Namen; Rathaus, Backsteinbau aus dem 14. Jahrh.; Stadtmauer und Tore z. T. erhalten, Steintor, Mühlentor; Kirche Anfang 14. Jahrh.

Kreiskrankenhaus, Landwirtschaftsschule, Höhere Schule, Kreisberufsschule, Kreisarmenhaus, Heimatmuseum, Amtsgericht, Sägewerke, Lederfabrik.

Polnischer Name: Pasłek.

Pr. Holland

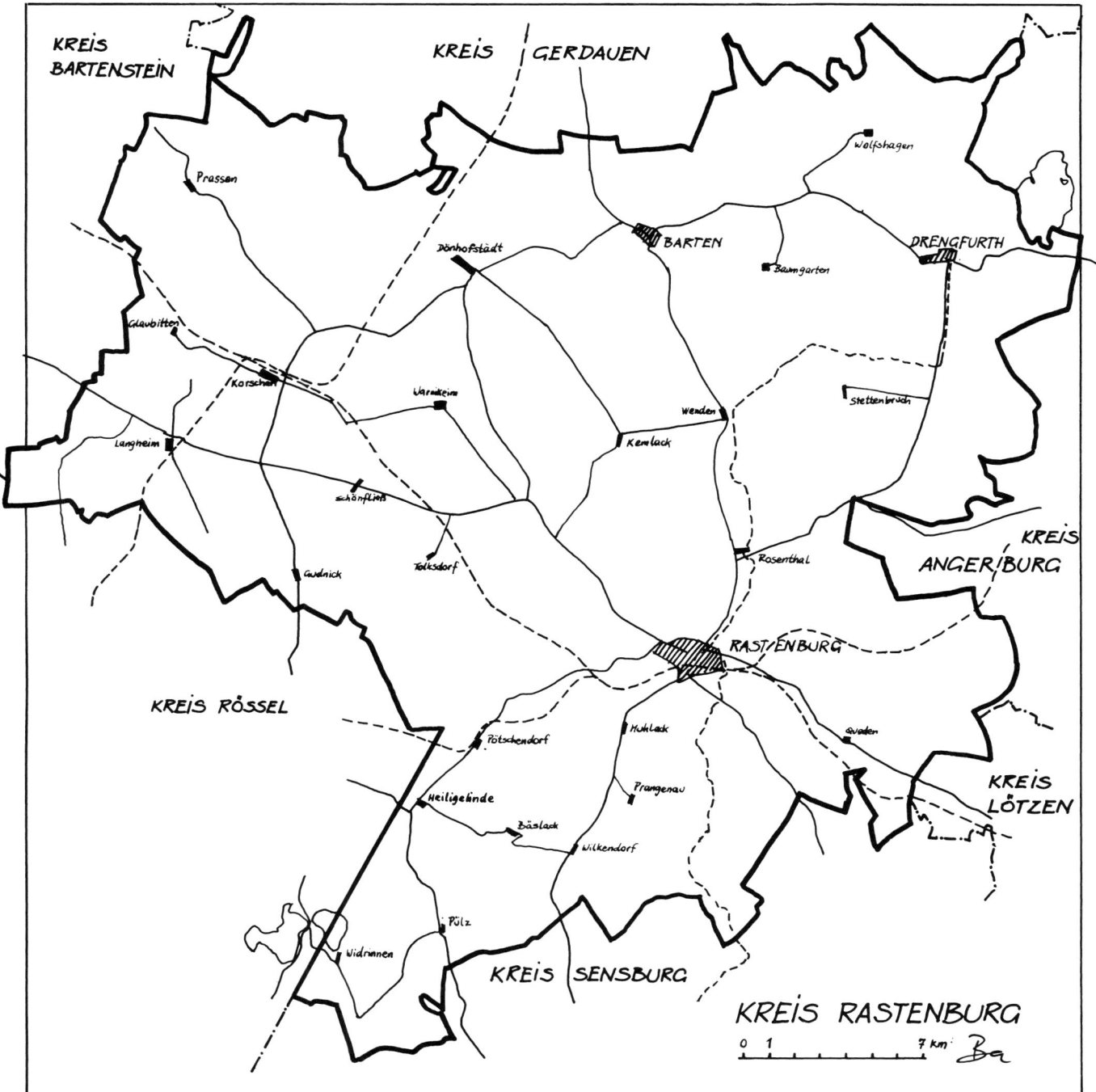

KREIS BARTENSTEIN

KREIS GERDAUEN

Prassen

Wolfshagen

Dönhofstädt

BARTEN

DRENGFURTH

Baumgarten

Glaubitten

Korschen

Warnkeim

Stettenbruch

Langheim

Wenden

Kerwlack

Schönfließ

Gudnick

Tolksdorf

Rosenthal

KREIS ANGERBURG

KREIS RÖSSEL

RASTENBURG

Queden

KREIS LÖTZEN

Pötschendorf

Muklack

Heiligelinde

Prangenau

Bäslack

Wilkendorf

Widrinnen

Pülz

KREIS SENSBURG

KREIS RASTENBURG

0   1   7 km

Der Kreis Rastenburg

Gesamtgröße: 871,08 km²;

57 223 Einwohner, damit 65,7 Einwohner auf 1 km² (einschl. Städte);

der Kreis hatte 79 politische Gemeinden, darunter die 3 Städte: Barten, Drengfurt und Rastenburg, 366 Wohnplätze.

Die größten Landgemeinden waren Dönhofstädt mit 1526, Korschen mit 3042, Prassen mit 1469, Schwarzstein mit 1590 Einwohnern.

80 Volksschulen mit 187 Klassen, 7891 Schülern, 172 Lehrern;

13 evangelische Kirchengemeinden, 2 katholische Kirchengemeinden;

80 % der gesamten Kreisfläche wurden landwirtschaftlich genutzt: 49 832 ha Ackerland, 19 094 ha Wiesen und Weiden, 911 ha Garten- und Obstanlagen = 69 837 ha; Forsten und Holzungen = 9783 ha, Moorflächen, Öd- und Unland;

Gewässer und bebautes Gelände = 7703 ha.

Es wurden Winterroggen, Winterweizen, Gerste, Hafer, Klee, Kartoffeln, Zucker- und Futterrüben angebaut. Im Kreis 11 Molkereien, 14 Ziegeleien.

1940 landwirtschaftliche Betriebe, davon 501 bis 5 ha, 276 von 5—10 ha, 545 von 10—20 ha, 458 von 20 bis 100 ha, 160 über 100 ha.

In der Nähe der Kreisgrenze zum ermländischen Kreis Rößel lag der Wallfahrtsort Heiligelinde mit der Wallfahrtskirche im Barockstil (1687 Grundsteinlegung) mit mächtigem Hochaltar.

1945 unter polnische Verwaltung — Rastenburg = Kętrzyn, Barten = Barciany, Drengfurt = Srokowo.

Patenschaft für Kreis Rastenburg: Kreis Wesel, bis 1975 Kreis Rees.

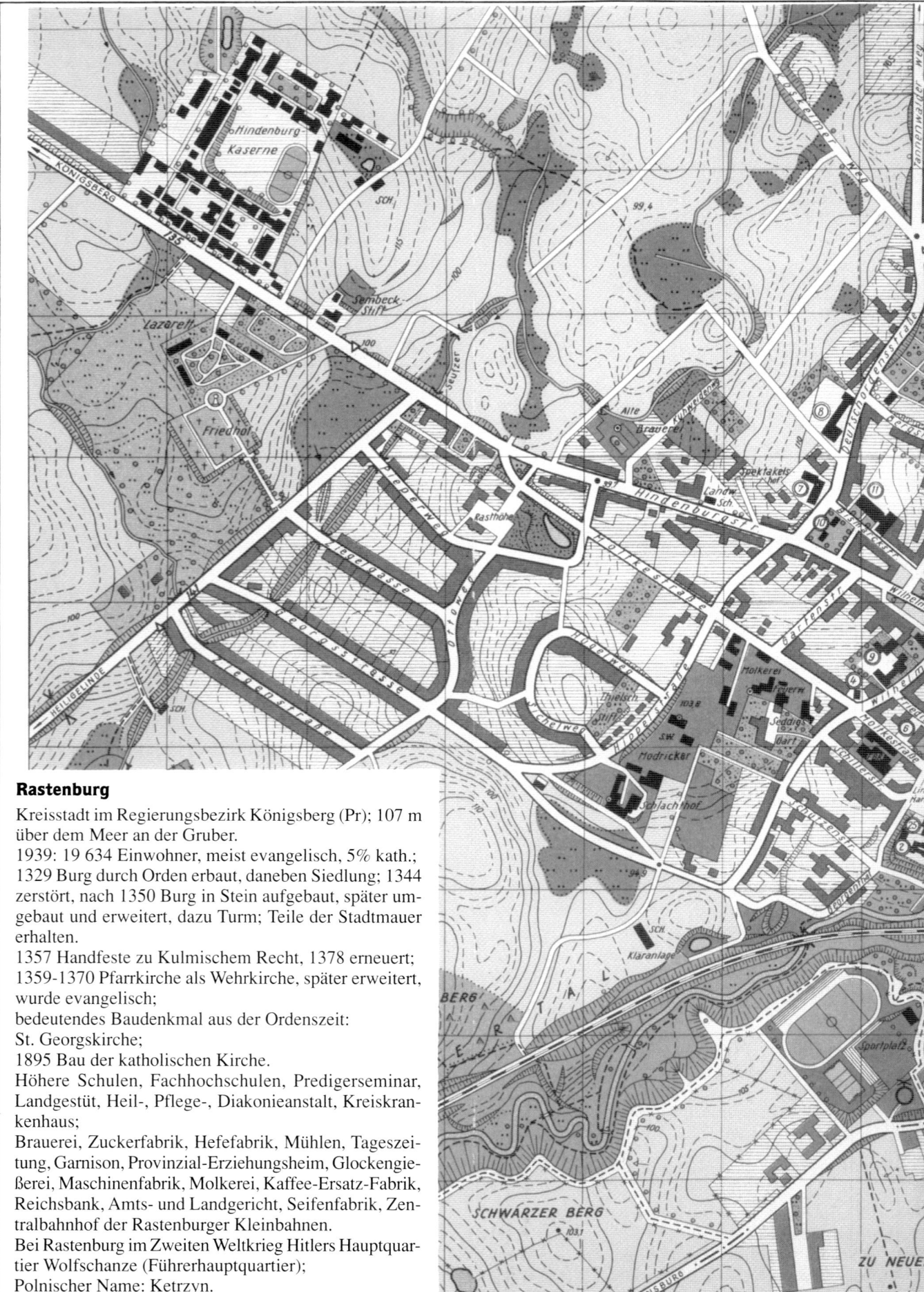

Rastenburg

Kreisstadt im Regierungsbezirk Königsberg (Pr); 107 m über dem Meer an der Gruber.

1939: 19 634 Einwohner, meist evangelisch, 5% kath.; 1329 Burg durch Orden erbaut, daneben Siedlung; 1344 zerstört, nach 1350 Burg in Stein aufgebaut, später umgebaut und erweitert, dazu Turm; Teile der Stadtmauer erhalten.

1357 Handfeste zu Kulmischem Recht, 1378 erneuert; 1359-1370 Pfarrkirche als Wehrkirche, später erweitert, wurde evangelisch;

bedeutendes Baudenkmal aus der Ordenszeit:

St. Georgskirche;

1895 Bau der katholischen Kirche.

Höhere Schulen, Fachhochschulen, Predigerseminar, Landgestüt, Heil-, Pflege-, Diakonieanstalt, Kreiskrankenhaus;

Brauerei, Zuckerfabrik, Hefefabrik, Mühlen, Tageszeitung, Garnison, Provinzial-Erziehungsheim, Glockengießerei, Maschinenfabrik, Molkerei, Kaffee-Ersatz-Fabrik, Reichsbank, Amts- und Landgericht, Seifenfabrik, Zentralbahnhof der Rastenburger Kleinbahnen.

Bei Rastenburg im Zweiten Weltkrieg Hitlers Hauptquartier Wolfschanze (Führerhauptquartier);

Polnischer Name: Ketrzyn.

Patenstadt: Stadt Wesel.

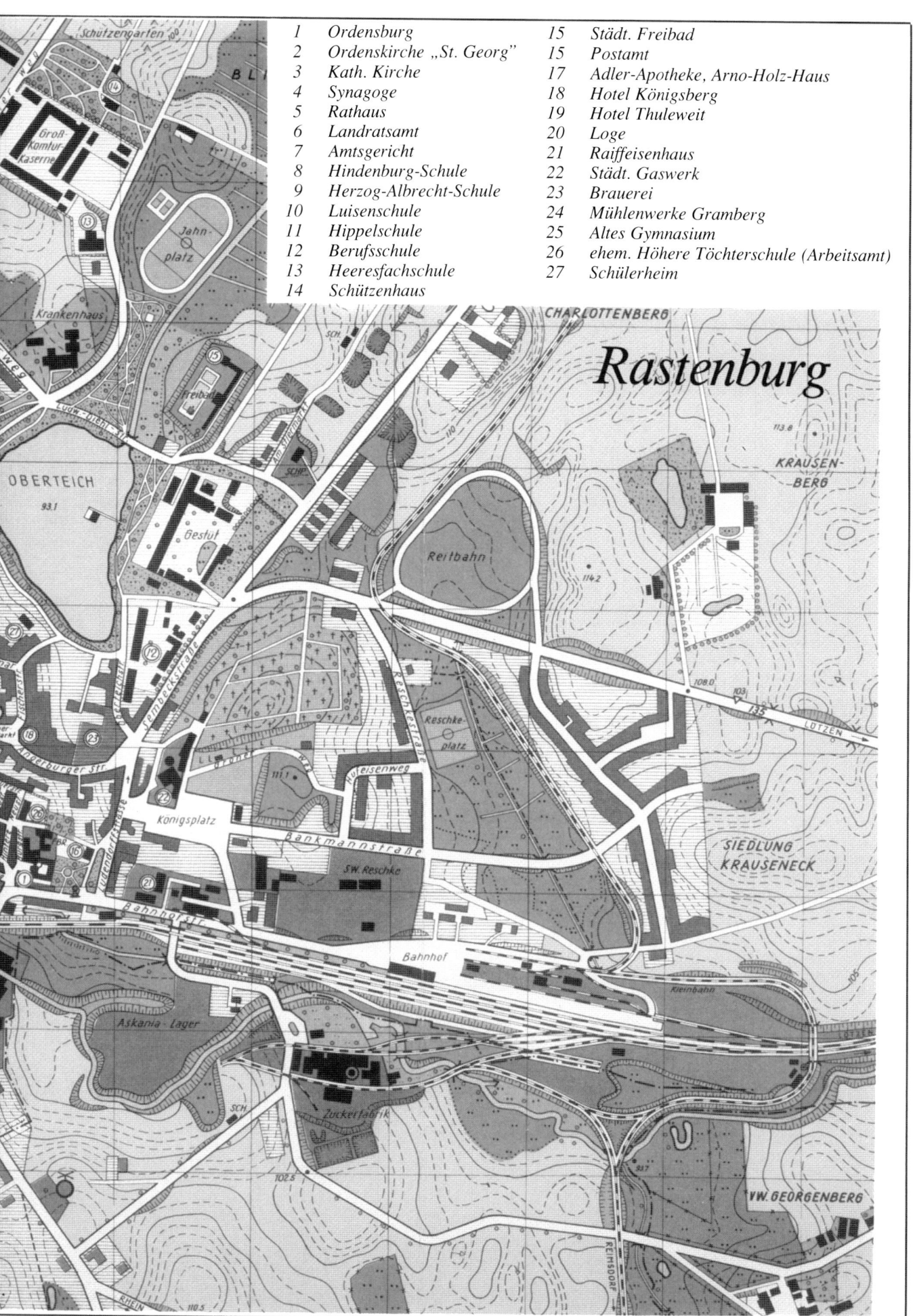

1	Ordensburg	15	Städt. Freibad
2	Ordenskirche „St. Georg"	15	Postamt
3	Kath. Kirche	17	Adler-Apotheke, Arno-Holz-Haus
4	Synagoge	18	Hotel Königsberg
5	Rathaus	19	Hotel Thuleweit
6	Landratsamt	20	Loge
7	Amtsgericht	21	Raiffeisenhaus
8	Hindenburg-Schule	22	Städt. Gaswerk
9	Herzog-Albrecht-Schule	23	Brauerei
10	Luisenschule	24	Mühlenwerke Gramberg
11	Hippelschule	25	Altes Gymnasium
12	Berufsschule	26	ehem. Höhere Töchterschule (Arbeitsamt)
13	Heeresfachschule	27	Schülerheim
14	Schützenhaus		

Rastenburg

Barten

69,2

Reichsstraße
Nr. 141 Gerdauer straße

Kriegerweg

Schießstand

Trafostr. 4

Friedhof

Großer Markt

Amtsgericht

Rathaus

Kirche

Kleiner Markt

Schulstraße

Haupt straße

Mühlenstr.

Schule

Spritzen haus

Post

Badeanstalt

Mühle

Mühlen-Teich

Molkerei

Maschinen fabrik Rau

Ziegelei

Siedlung

Kl. Bahnhof

75,6

Friedhof

Sportplatz

Schloßberg

Heim

Schloß-Teich

Schloß

Rastenburger Chaussee

Liebe

Siedlung

Domäne

BARLEN

1359

Kurt Windt

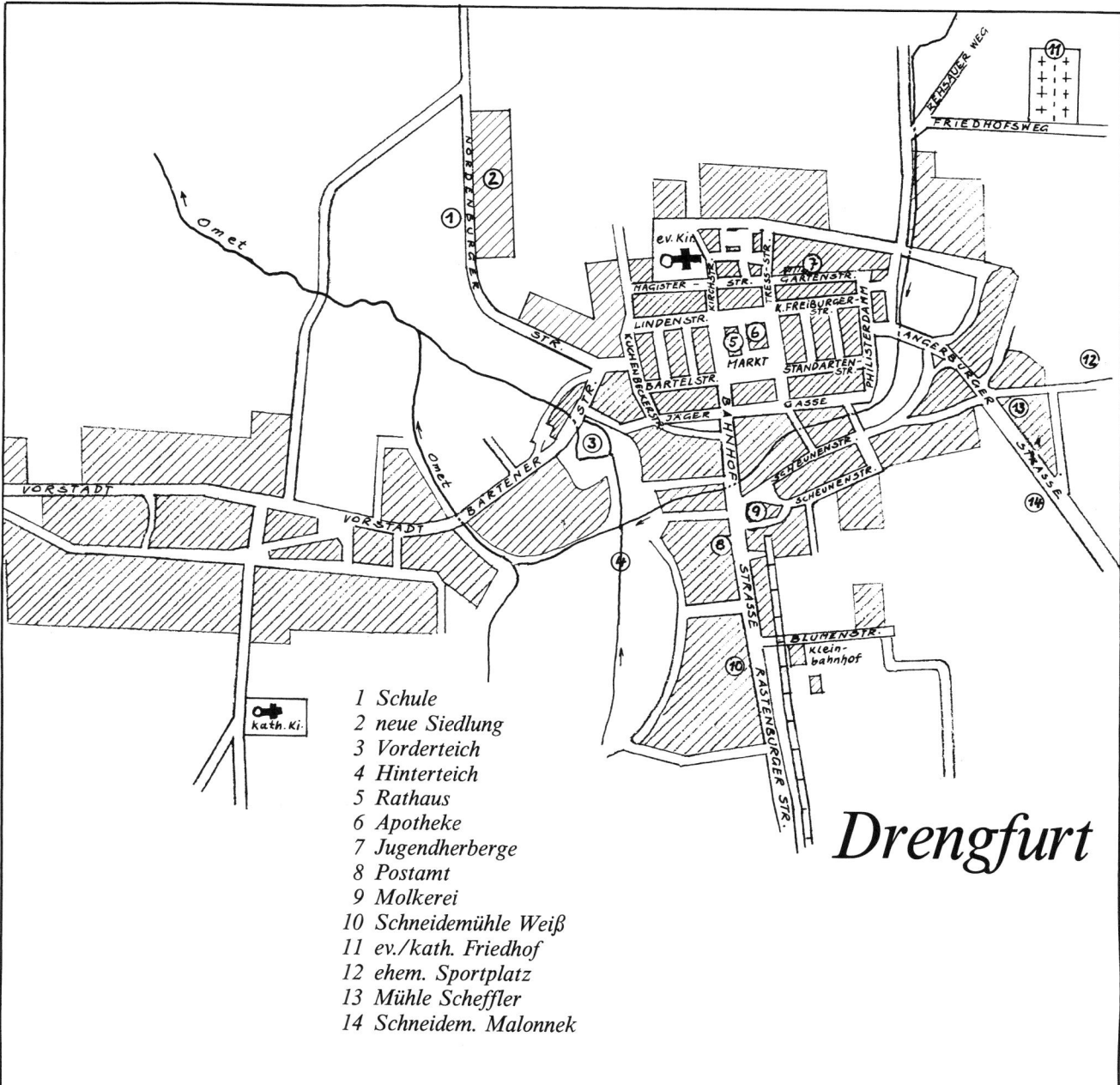

1 Schule
2 neue Siedlung
3 Vorderteich
4 Hinterteich
5 Rathaus
6 Apotheke
7 Jugendherberge
8 Postamt
9 Molkerei
10 Schneidemühle Weiß
11 ev./kath. Friedhof
12 ehem. Sportplatz
13 Mühle Scheffler
14 Schneidem. Malonnek

Drengfurt

Barten

Stadt im Kreis Rastenburg, Regierungsbezirk Königsberg (Pr), 68 m über dem Meer an der Liebe;
1939: 1543 Einwohner, meist evangelisch;
1325 Burg des Deutschen Ordens, Konventhaus, 1455 teilweise zerstört;
schon 1389 Kirche;
1630 Stadtrecht;
Amtsgericht, Molkereigenossenschaft, Raiffeisenkasse, Mühlen;
Kleinbahnstation: Rastenburg, Nordenburg, Gerdauen;
Volksschule, Berufsschule, Hospital, Höhere private Knaben- und Mädchenschule, Ackerbau, Viehzucht, Kleingewerbe, Handel;
1945 unter polnische Verwaltung, polnischer Name: Barciany;
Patenstadt: Stadt Rees, sie erlosch 1975 wegen Gebietsreform; Kreis Rastenburg: Kreis Wesel.

Drengfurt

Stadt im Kreis Rastenburg, Regierungsbezirk Königsberg (Pr), 89 m über dem Meer;
1939: 2289 Einwohner, meist evangelisch;
1397 als Angerdorf angelegt, später Vorstadt;
1405 Kulmisches Stadtrecht;
1592 Schule, später Mädchenwaisenhaus;
Rathaus 1775/78;
Sägewerke, Dampfmühle, 1883 Dampfmolkerei, Raiffeisenkasse; ab 1887 Kleinbahnstation, handwerkliche Betriebe;
1945 unter polnische Verwaltung — Srokowo;
Patenschaft 1956 mit der Stadt Isselburg, 1975 wegen Gebietsreform erloschen; für Kreis Rastenburg jetzt Kreis Wesel.

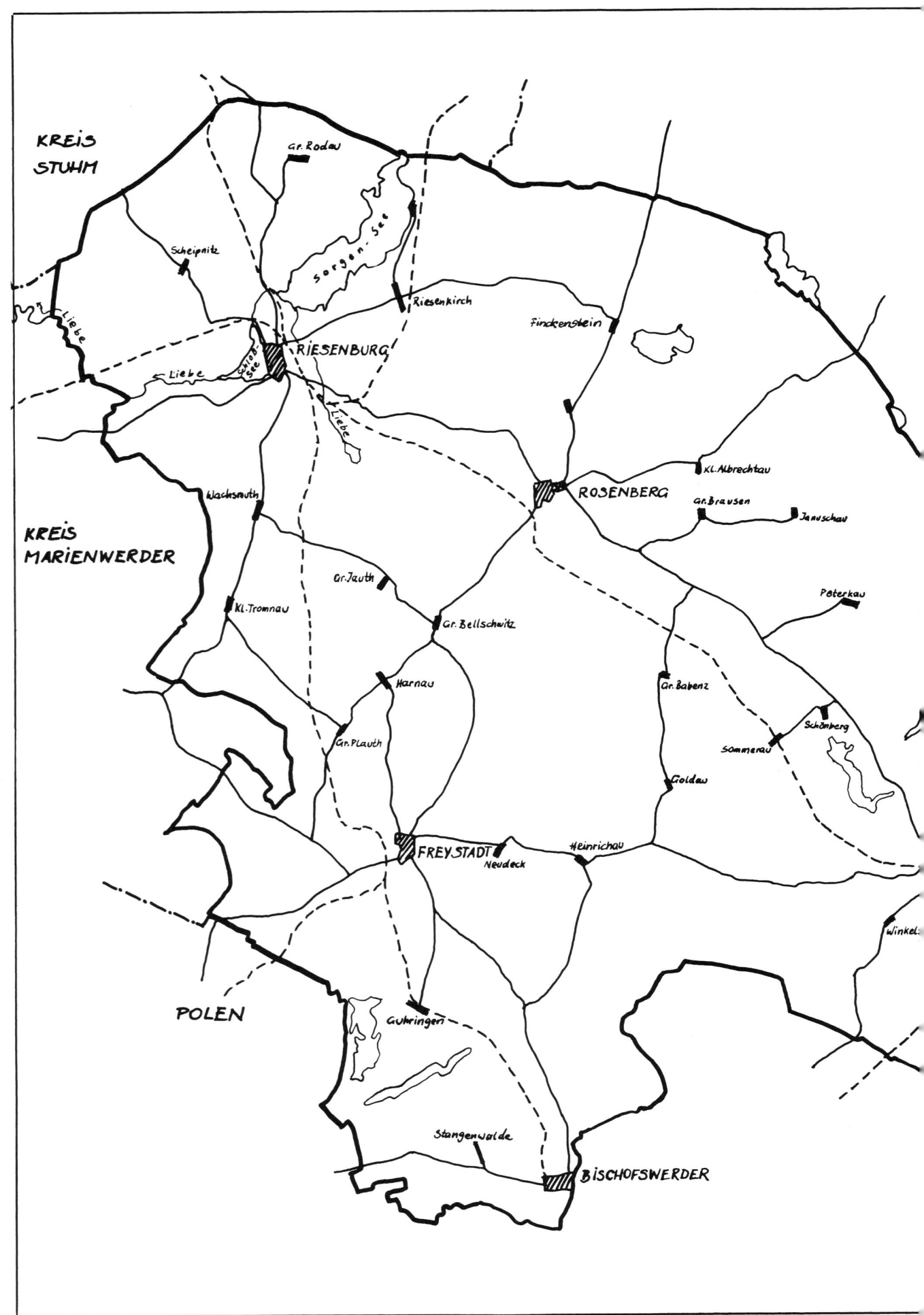

KREIS
STUHM

Gr. Rodau

Scheipnitz

Sorgen-See

Liebe

Riesenkirch

Finckenstein

Liebe

Schloß-See

RIESENBURG

Liebe

Kl. Albrechtau

Wachsmuth

ROSENBERG

Gr. Brausen

Januschau

KREIS
MARIENWERDER

Gr. Jauth

Peterkau

Kl. Tromnau

Gr. Bellschwitz

Gr. Babenz

Schönberg

Harnau

Sommerau

Gr. Plauth

Goldau

Heinrichau

FREYSTADT

Neudeck

Winkel

POLEN

Guhringen

Stangenwalde

BISCHOFSWERDER

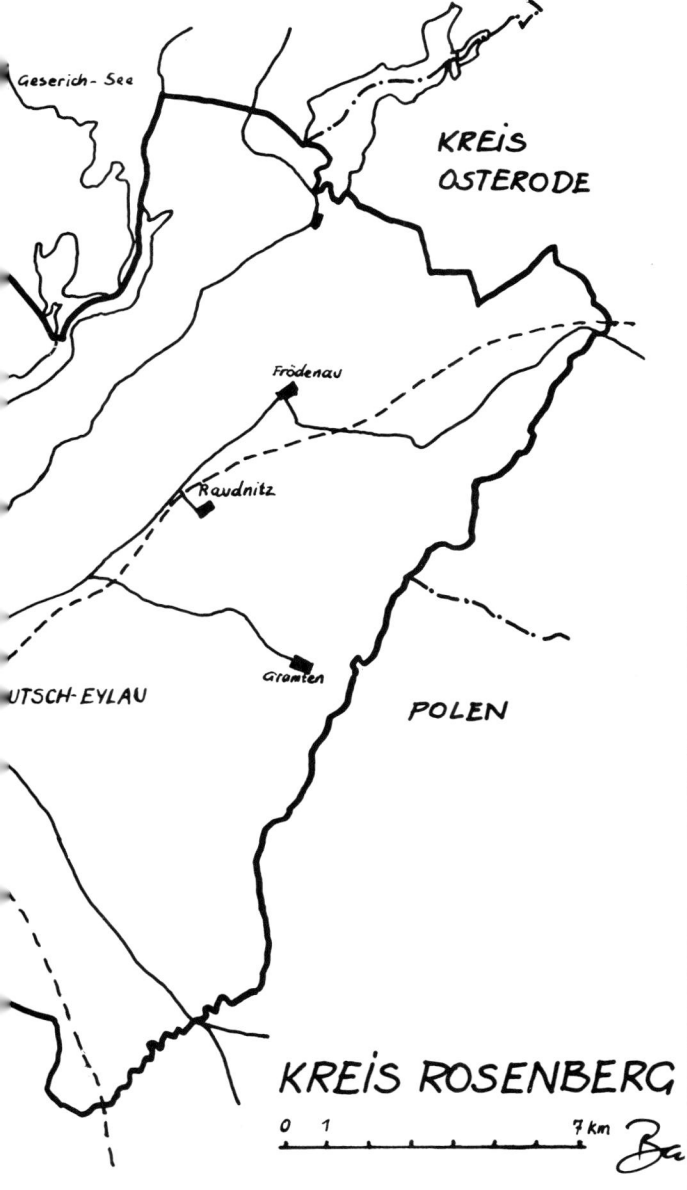

Der Kreis Rosenberg

Gesamtfläche: 1038,31 km², 80—200 m über dem Meer; 63 368 Einwohner einschl. aller Städte, 61 Einwohner auf 1 km²; 5 Städte im Kreis: Bischofswerder, Deutsch Eylau, Freystadt, Riesenburg und Rosenberg; Südgrenze des Kreises gleichzeitig Landesgrenze zu Polen; 84 politische Gemeinden in 28 Amtsbezirken, darunter 5 Städte, 243 Wohnplätze. Die größten Landgemeinden im Kreis waren: Finckenstein mit 1822, Groß Peterwitz mit 1083, Guhringen mit 1092, Heinrichau mit 1122, Riesenkirch mit 917, Schönberg mit 905, Sommerau mit 922 Einwohnern. Im Kreis 22 evangelische Kirchen, 4 katholische;
88 Volksschulen, 212 Klassen, 8898 Schüler, 195 Lehrer, landwirtschaftliche Berufsschulen verstreut im Kreisgebiet.

Von der gesamten Kreisfläche waren 67 % (69 000 ha) landwirtschaftlich genutzt, 22 % (23 000) ha Forsten, 5 % (5200 ha) Seen, der Rest bebaute Flächen, Eisenbahnen, Straßen, Wege, Moore.

Die Forsten waren Gutswälder — kein Staatsbesitz. 3730 landwirtschaftliche Betriebe, davon 1225 bis 5 ha, 607 von 5—10 ha, 1260 von 10—20 ha, 561 von 20 bis 100 ha, 77 über 100 ha. Pferde- und Rindviehhaltung, Schweinezucht, Schafzucht, Holzwirtschaft, Fischfang.

In Hansdorf im Kreis Rosenberg wurde 1845 Emil von Behring geboren;
Abstimmungsergebnis 1920: 97 % deutsch, 3 % polnisch.

1945 kamen die Städte und der Kreis unter polnische Verwaltung; Rosenberg heißt nun polnisch: Susz, Bischofswerder: Biskupiec, Deutsch Eylau: Ilawa, Freystadt: Kisielice, Riesenburg: Prabuty;
Patenkreis auch für die Städte: Kreis Gütersloh.

Freystadt

Stadt im Kreis Rosenberg, bis 1939 Regierungsbezirk Westpreußen (Provinz Ostpreußen), danach Regierungsbezirk Marienwerder, Reichsgau Danzig-Westpreußen;
100 m über dem Meer;
1939: 3351 Einwohner, meist evangelisch;
1331 Kulmisches Stadtrecht, Kirchenbau und Kirchschule;
Rathaus 1406, brannte 1860 ab;
Reste der Stadtmauer noch vorhanden;
1897 Anschluß an Eisenbahnnetz;
Landwirtschaftsschule, Mittelschule, Stadtschule (Volkssch.), Maschinenfabrik, Gerberei, Molkerei, Sägewerk, Schlachthof, Ackerbürger, Kaufleute, Zollamt bis 1940, Kadaververwertung, Försterei;
1920 wurde Freystadt Grenzstadt.
Das Stammgut v. Hindenburgs — Neudeck — gehörte zur unmittelbaren Nachbarschaft.
1920 Volksabstimmung: 1875 Stimmen deutsch, 36 polnisch;
1945 unter polnische Verwaltung — Kisielice;
Patenkreis: Gütersloh.

KREIS OSTERODE

Geserich-See

Frödenau

Raudnitz

Gromten

POLEN

KREIS ROSENBERG

HRUNGEN

UTSCH-EYLAU

0 1   7 km

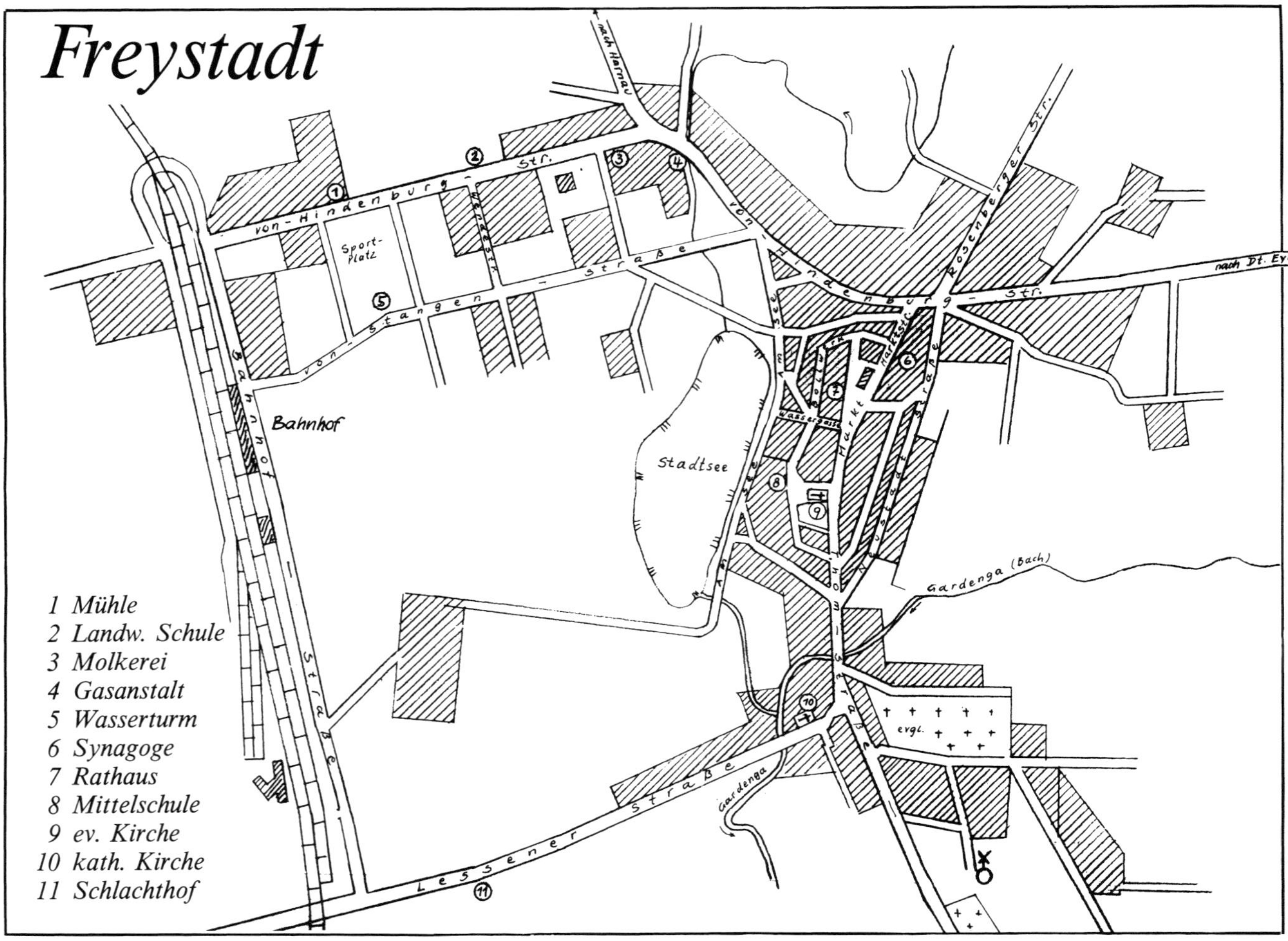

Freystadt

1 Mühle
2 Landw. Schule
3 Molkerei
4 Gasanstalt
5 Wasserturm
6 Synagoge
7 Rathaus
8 Mittelschule
9 ev. Kirche
10 kath. Kirche
11 Schlachthof

Bahnhof

Sport-Platz

Stadtsee

Gardenga (Bach)

evgl.

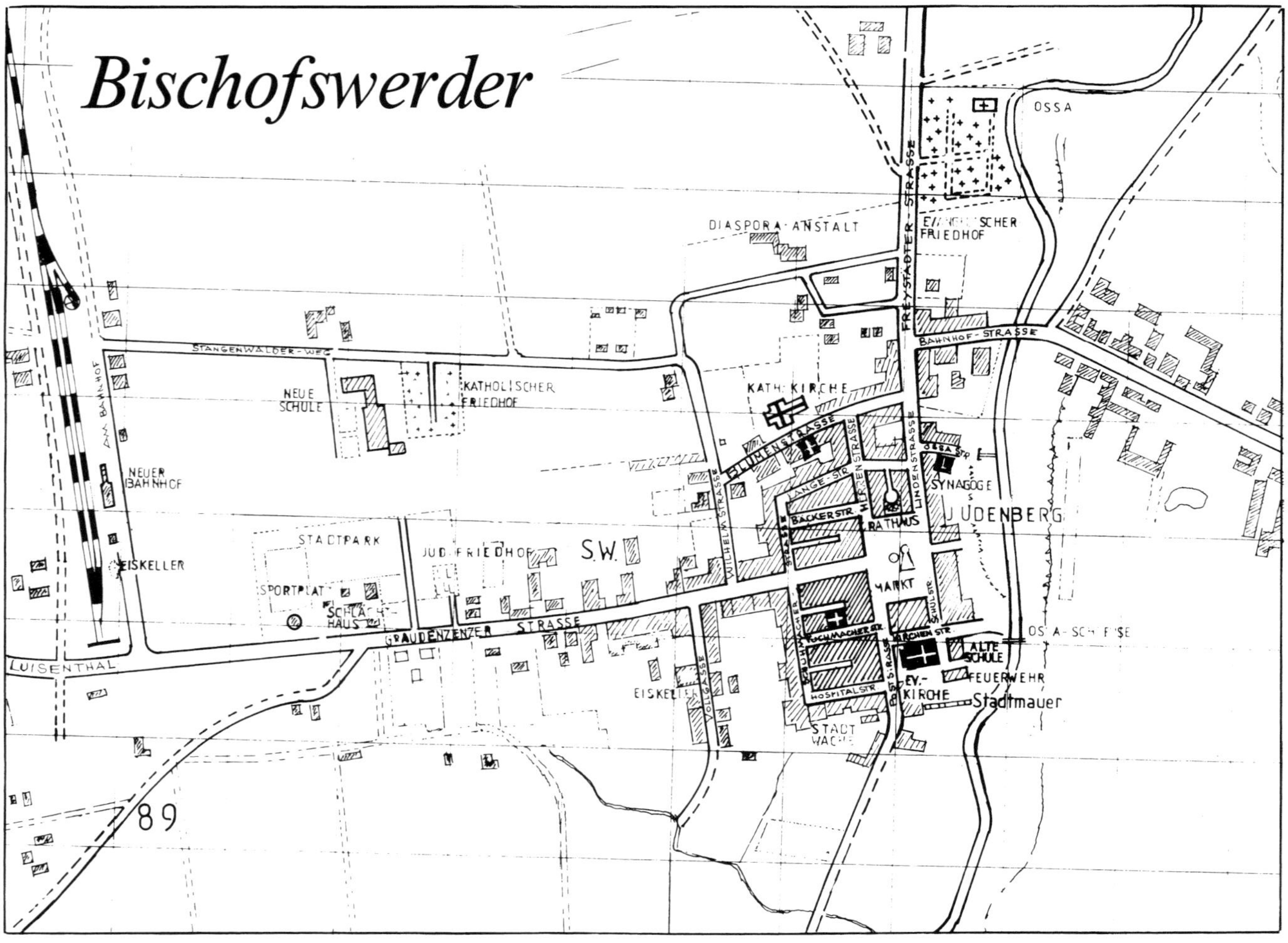

Bischofswerder

OSSA

DIASPORA-ANSTALT

EVANGELISCHER FRIEDHOF

STANGENWALDER WEG

NEUE SCHULE

KATHOLISCHER FRIEDHOF

KATH. KIRCHE

BAHNHOF-STRASSE

NEUER BAHNHOF

EISKELLER

STADTPARK

JUD. FRIEDHOF

S.W.

SYNAGOGE

JUDENBERG

BÄCKER STR.

RATHAUS

MARKT

SPORTPLATZ

SCHLACHT-HAUS

GRAUDENZENZER STRASSE

SCHUMACHER STR.

ALTE SCHULE

OSSA-SCHLEUSE

LUISENTHAL

EISKELLER

EV.-KIRCHE

FEUERWEHR

Stadtmauer

STADT WACHE

HOSPITAL STR.

789

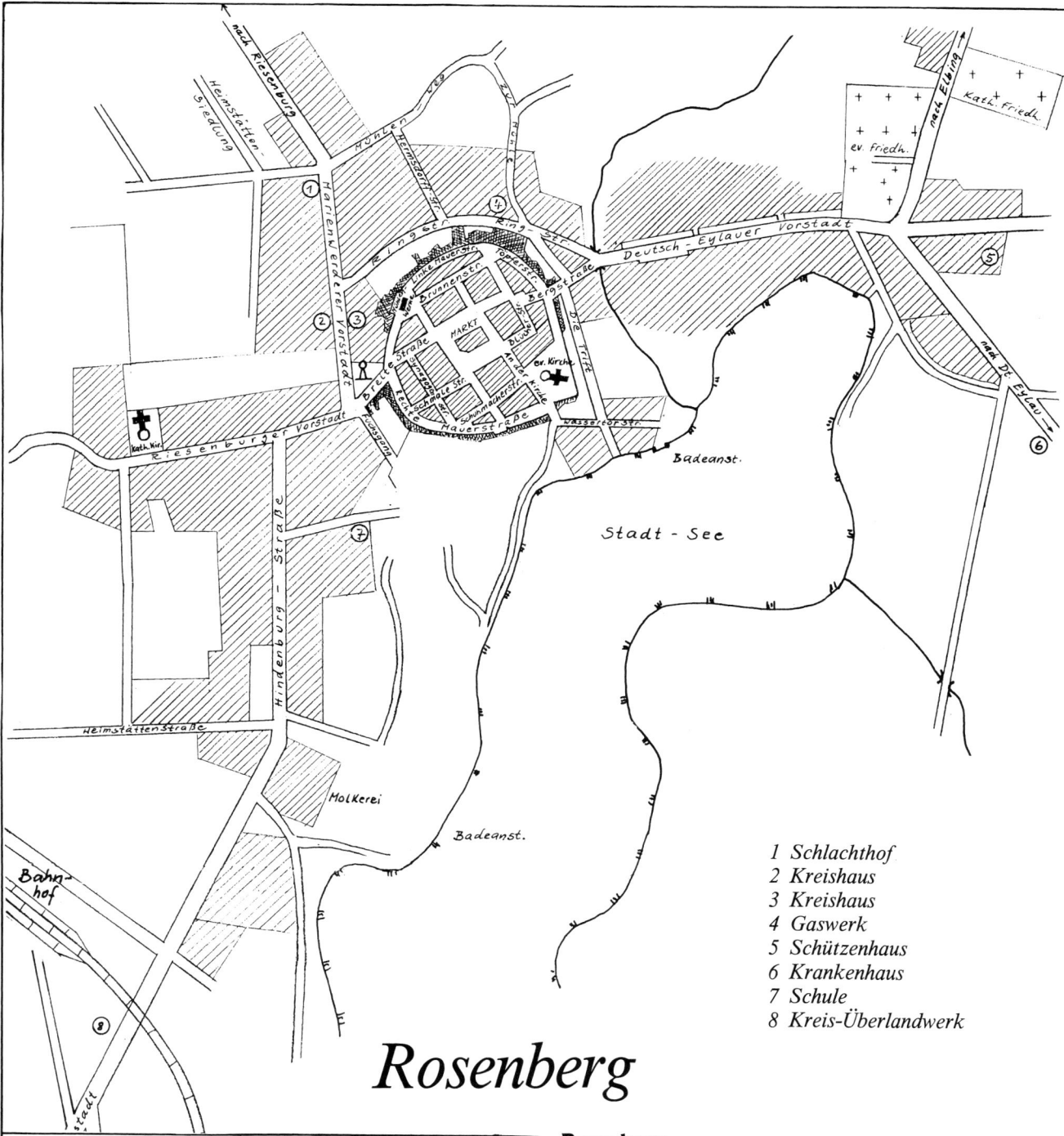

1 Schlachthof
2 Kreishaus
3 Kreishaus
4 Gaswerk
5 Schützenhaus
6 Krankenhaus
7 Schule
8 Kreis-Überlandwerk

Rosenberg

Bischofswerder

Stadt im Kreis Rosenberg, bis 1939 Regierungsbezirk Westpreußen (Provinz Ostpreußen), danach Regierungsbezirk Marienwerder, Reichsgau Danzig-Westpreußen; 80 m über dem Meer an der Ossa; 1939: 1828 Einwohner, meist evangelisch;
1325 Gründung;
1331 Kulmisches Stadtrecht;
mittelalterliche Stadtmauer, Reste noch erhalten;
1543 erste Stadtschule erwähnt, Stadt 1726 ganz abgebrannt; Pfarrkirche; Ackerbürgerstadt, Gewerbetreibende. Die 1920 errichtete Grenze zu Polen lähmte die Entwicklung.
Garnison, Ziegelei, Sägewerk, Maschinenfabrik, Handweberei; 1945, zu fast 60 % zerstört, unter polnische Verwaltung — Biskupiecz;
Patenschaft: Kreis Gütersloh.

Rosenberg

Kreisstadt im Regierungsbezirk Westpreußen (Ostpreußen). Ab 26. 10. 1939 zum Regierungsbezirk Marienwerder, Reichsgau Danzig-Westpreußen gehörend;
110 m über dem Meer, am Nordufer des Rosenberger Sees;
1939: 4480 Einwohner, meist evangelisch;
1305 gegründet, 1315 Privileg nach Kulmischem Recht;
1376 Hof des Pomesanischen Domkapitels, seit 1532 Sitz des Lehnsherrn, seit 1818 der Landräte;
Stadtmauer mit 17 Türmen kreisförmig um die Stadt;
Kirchschule 1535, Pfarrkirche Backsteingotik 14. Jahrh.; Höhere Schulen, Kreisbehörden, Kreiskrankenhaus; Kalksandstein- und Zementwarenfabrik, Mühlen und Holzschneidewerke, Molkerei.
Polnischer Name: Susz.

Deutsch Eylau

Stadt im Kreis Rosenberg, bis 1939 Regierungsbezirk Westpreußen (Provinz Ostpreußen), danach Regierungsbezirk Marienwerder Reichsgau Danzig-Westpreußen;

105 m über dem Meer, am Südende des Geserichsees auf einer Landzunge;

1939: 13 922 Einwohner, meist evangelisch;

1280 vom Ritterorden angelegt;

1305 Gründung vom Komtur von Christburg;

1317 als Ylavia erstmals genannt, Handfeste;

1318 Bau einer Ordenskirche;

1333 nach Kulmischem Recht erweitert;

1920 Volksabstimmung; 96 % für Deutschland;

Staatliches Gymnasium, Lyzeum, 2 Volksschulen, Haushaltungsschule, Handelsschule, Schwesternschule, Berufs- und Berufsfachschulen;

Holzindustrie (Sägewerke), Glukosefabrik, Maschinenfabriken, Dachpappenfabrik;

landwirtschaftlich orientierte Stadt;

Garnison;

1945 zu etwa 75 % zerstört, unter polnische Verwaltung, polnischer Name: Iława;

Patenstadt: Gütersloh.

Dt. Eylau

Riesenburg

Stadt im Kreis Rosenberg, bis 1939 Regierungsbezirk Westpreußen (Provinz Ostpreußen), danach Regierungsbezirk Marienwerder Reichsgau Danzig-Westpreußen;

100 m über dem Meer;

1939: 8051 Einwohner, meist evangelisch;

1236 Prußenfeste vom Orden zerstört, darauf Stadt erbaut;

1277 Gründung Riesenburgs durch Bischof Albert;

1330—1340 Burgbau als Residenz für Bischof von Pomesanien, später abgebrannt;

1305—1321 Stadt angelegt;

1330 erneuerte und erweiterte Handfeste nach Kulmischem Recht;

1330 Bau der Pfarrkirche (evangelisch);

seit 1405 Schule im Schloß;

1878 Bau der katholischen Kirche;

1920 Volksabstimmung, 3321 Stimmen für Deutschland, 50 für Polen;

evangelische Volksschule, katholische Volksschule, staatl. Realgymnasium (Vollanstalt), Mittelschule, Gasanstalt, Elektrizitätswerk, Wasserwerk, Kläranlage, Zuckerfa-brik, Mühlen und Sägewerke, Schlachthaus, Landwirtschaftliche Maschinenfabriken, Kalksandsteinfabrik;

Heil- und Pflegeanstalt, Krankenhaus;

Jugendherberge auf Insel im Sorgensee;

Riesenburg war Knotenpunkt von 5 Eisenbahnlinien;

1945, zu mehr als 50 % zerstört, unter polnische Verwaltung, polnischer Name nun: Prabuty;

Patenkreis: Gütersloh.

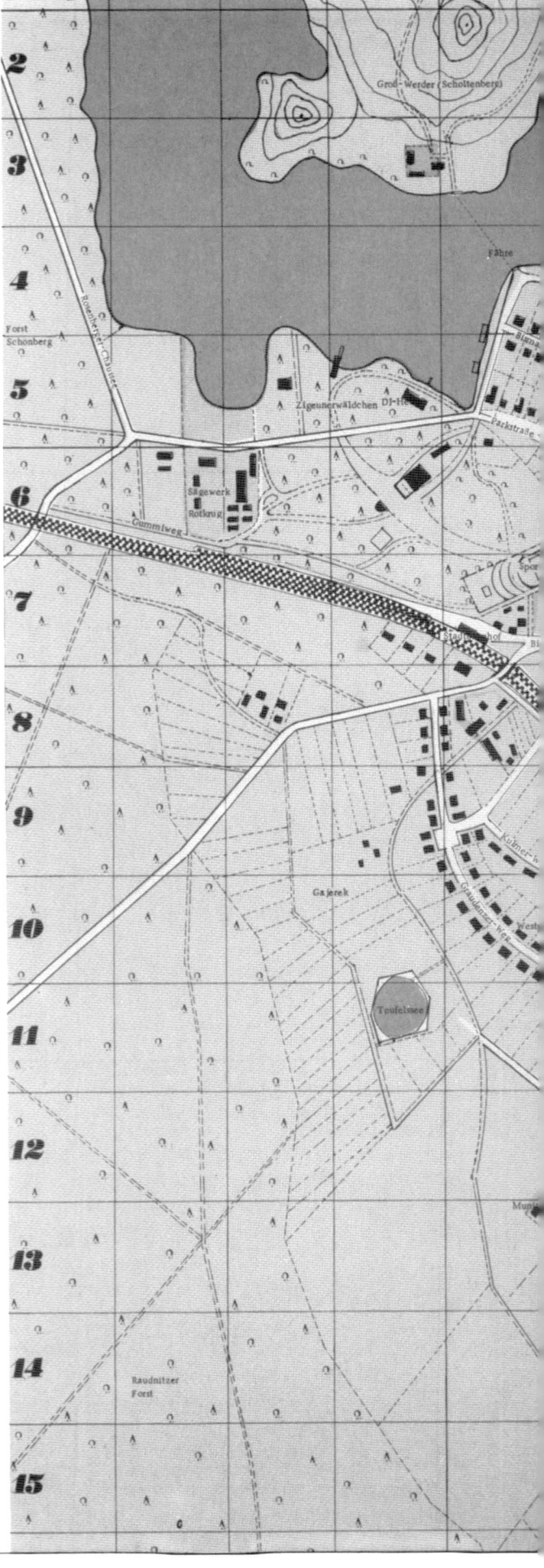

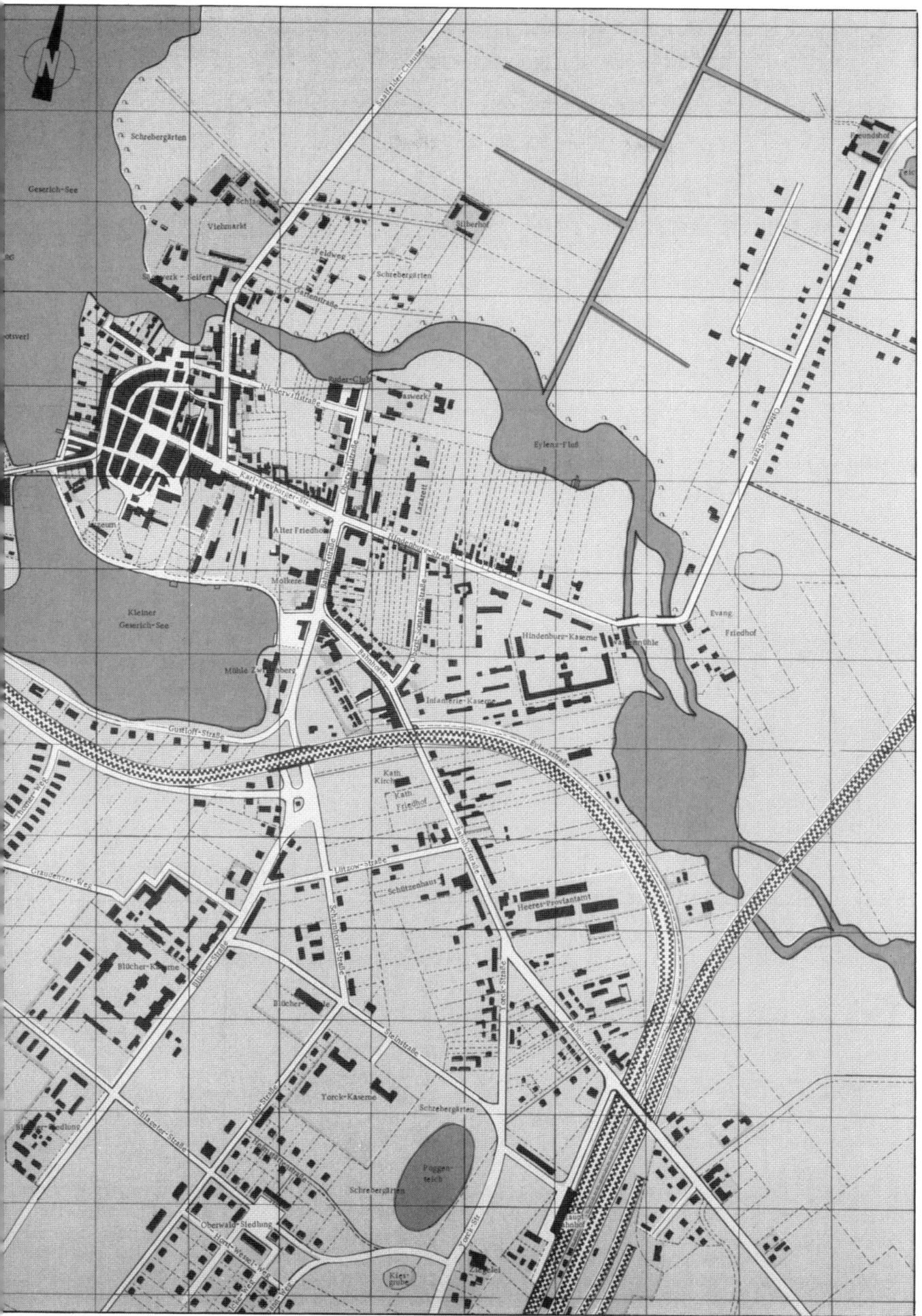

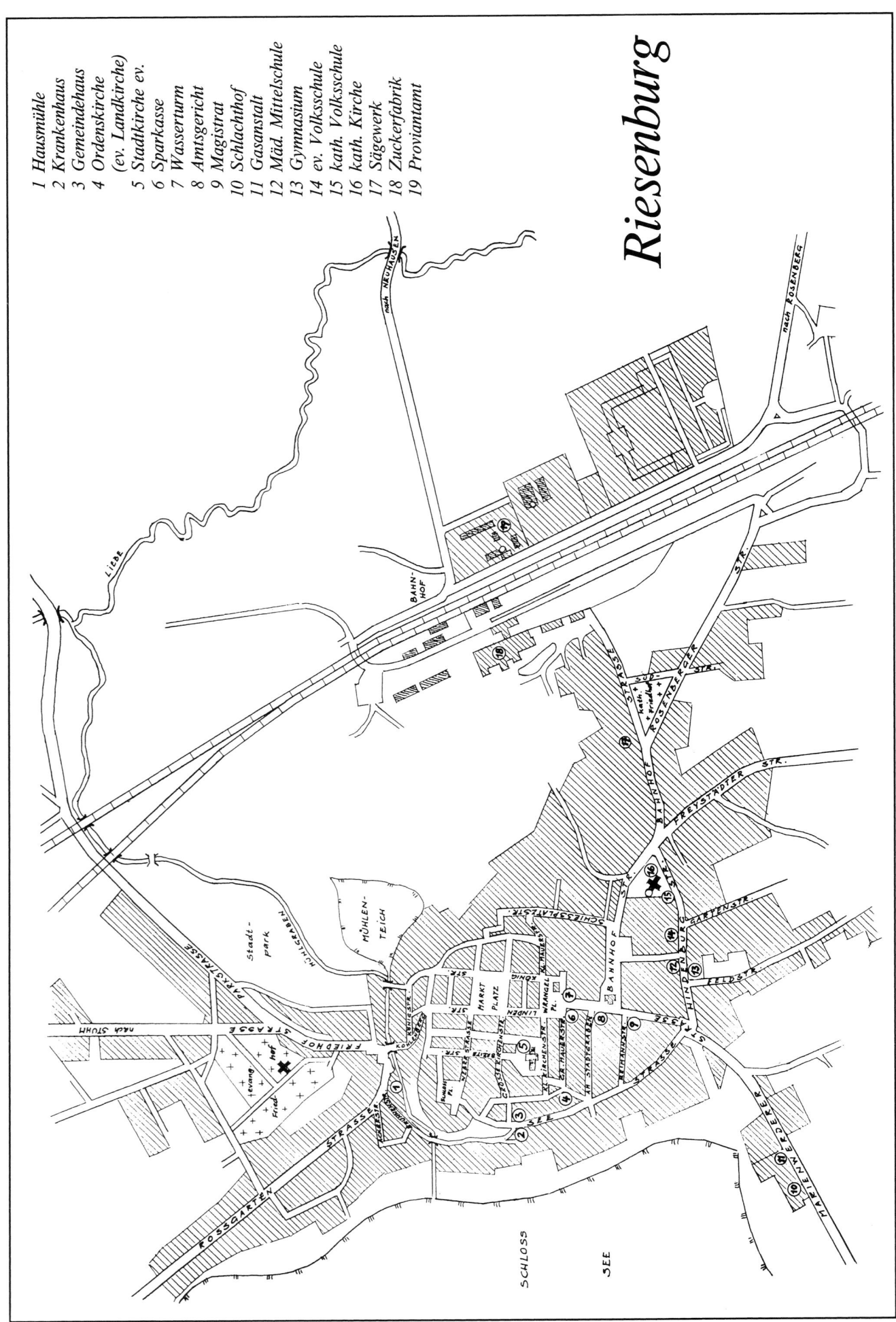

Riesenburg

1 Hausmühle
2 Krankenhaus
3 Gemeindehaus
4 Ordenskirche
  (ev. Landkirche)
5 Stadtkirche ev.
6 Sparkasse
7 Wasserturm
8 Amtsgericht
9 Magistrat
10 Schlachthof
11 Gasanstalt
12 Mäd. Mittelschule
13 Gymnasium
14 ev. Volksschule
15 kath. Volksschule
16 kath. Kirche
17 Sägewerk
18 Zuckerfabrik
19 Proviantamt

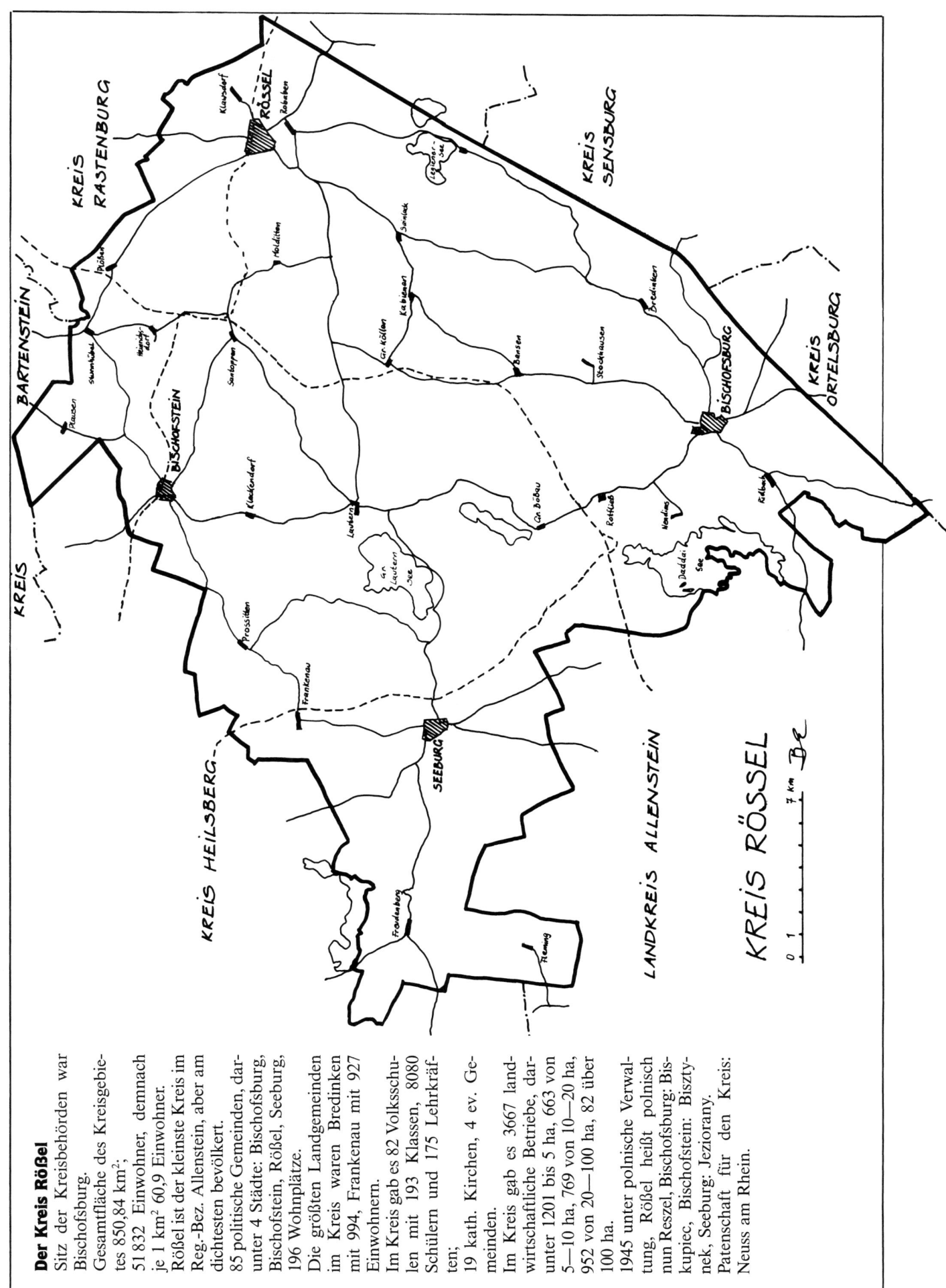

Der Kreis Rößel

Sitz der Kreisbehörden war Bischofsburg.

Gesamtfläche des Kreisgebietes 850,84 km²;

51 832 Einwohner, demnach je 1 km² 60,9 Einwohner. Rößel ist der kleinste Kreis im Reg.-Bez. Allenstein, aber am dichtesten bevölkert.

85 politische Gemeinden, darunter 4 Städte: Bischofsburg, Bischofstein, Rößel, Seeburg, 196 Wohnplätze.

Die größten Landgemeinden im Kreis waren Bredinken mit 994, Frankenau mit 927 Einwohnern.

Im Kreis gab es 82 Volksschulen mit 193 Klassen, 8080 Schülern und 175 Lehrkräften;

19 kath. Kirchen, 4 ev. Gemeinden.

Im Kreis gab es 3667 landwirtschaftliche Betriebe, darunter 1201 bis 5 ha, 663 von 5—10 ha, 769 von 10—20 ha, 952 von 20—100 ha, 82 über 100 ha.

1945 unter polnische Verwaltung, Rößel heißt polnisch nun Reszel, Bischofsburg: Biskupiec, Bischofstein: Bisztynek, Seeburg: Jeziorany. Patenschaft für den Kreis: Neuss am Rhein.

151

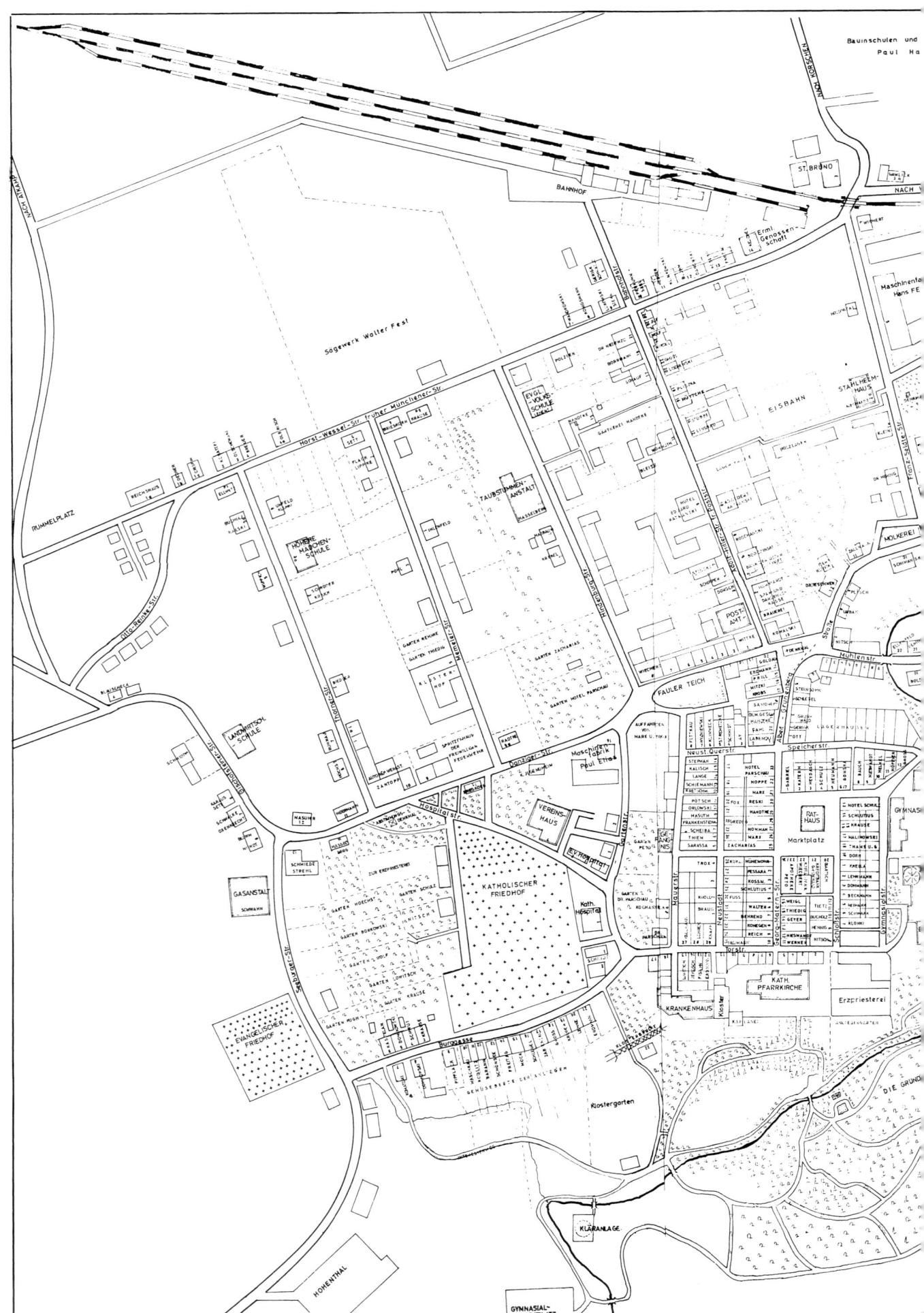

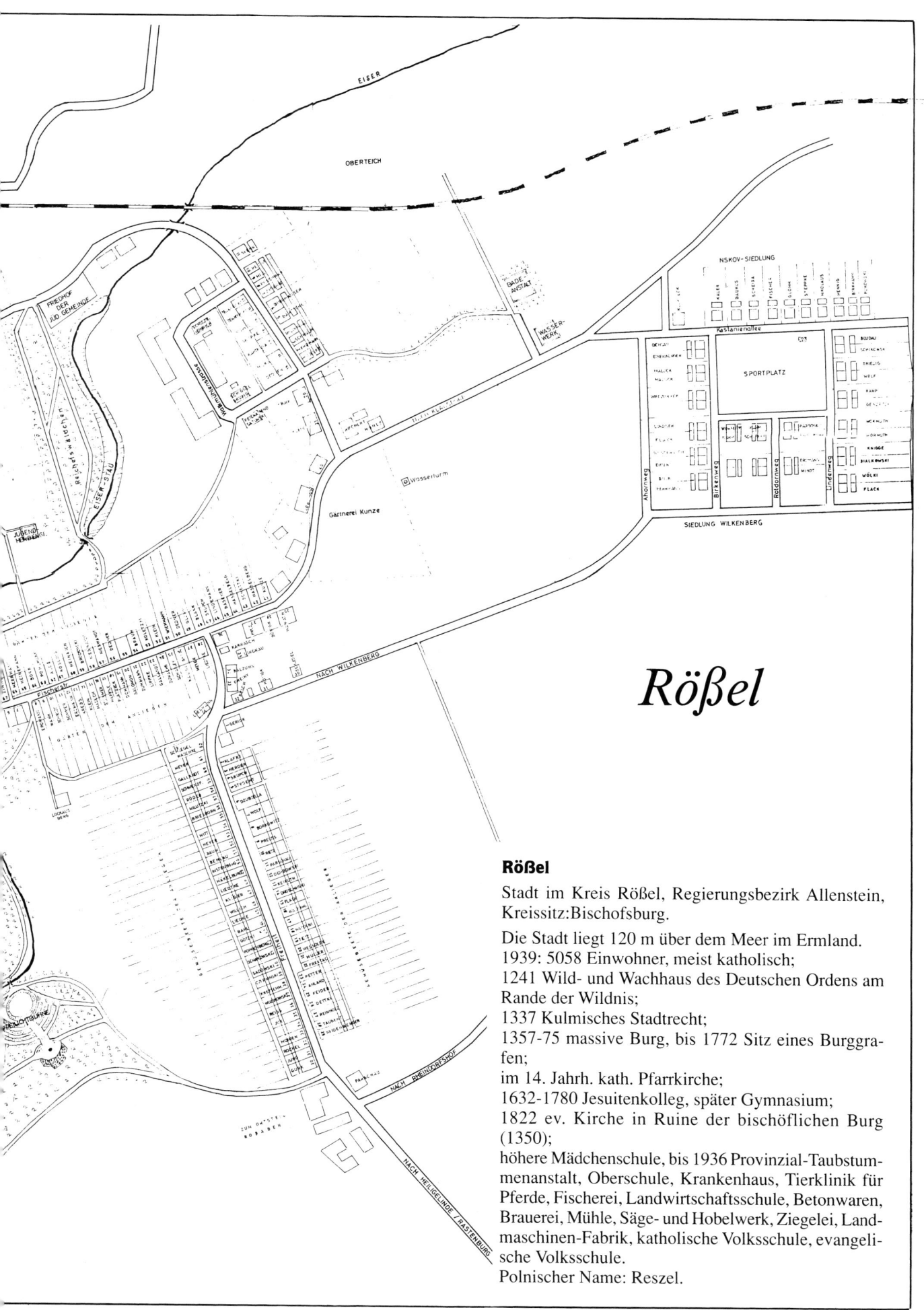

Rößel

Rößel

Stadt im Kreis Rößel, Regierungsbezirk Allenstein, Kreissitz:Bischofsburg.

Die Stadt liegt 120 m über dem Meer im Ermland.
1939: 5058 Einwohner, meist katholisch;
1241 Wild- und Wachhaus des Deutschen Ordens am Rande der Wildnis;
1337 Kulmisches Stadtrecht;
1357-75 massive Burg, bis 1772 Sitz eines Burggrafen;
im 14. Jahrh. kath. Pfarrkirche;
1632-1780 Jesuitenkolleg, später Gymnasium;
1822 ev. Kirche in Ruine der bischöflichen Burg (1350);
höhere Mädchenschule, bis 1936 Provinzial-Taubstummenanstalt, Oberschule, Krankenhaus, Tierklinik für Pferde, Fischerei, Landwirtschaftsschule, Betonwaren, Brauerei, Mühle, Säge- und Hobelwerk, Ziegelei, Landmaschinen-Fabrik, katholische Volksschule, evangelische Volksschule.
Polnischer Name: Reszel.

Bischofsburg

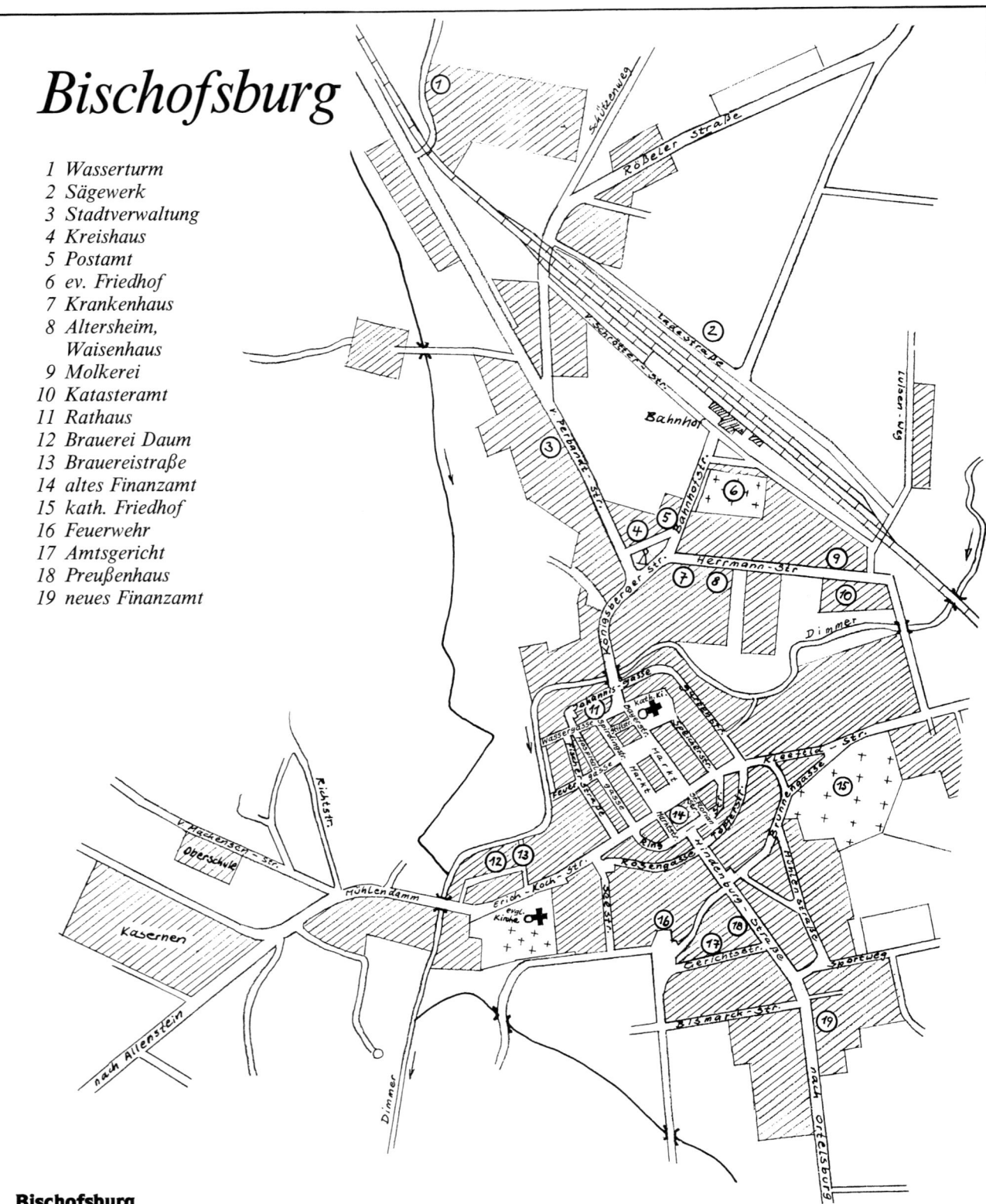

1 Wasserturm
2 Sägewerk
3 Stadtverwaltung
4 Kreishaus
5 Postamt
6 ev. Friedhof
7 Krankenhaus
8 Altersheim,
   Waisenhaus
9 Molkerei
10 Katasteramt
11 Rathaus
12 Brauerei Daum
13 Brauereistraße
14 altes Finanzamt
15 kath. Friedhof
16 Feuerwehr
17 Amtsgericht
18 Preußenhaus
19 neues Finanzamt

Bischofsburg

Kreisstadt des Kreises Rößel mit Sitz der Kreisbehörden; Regierungsbezirk Allenstein, Ermland;
160 m über dem Meer;
1939: 8463 Einwohner, meist katholisch;
1389 Wacht- und Wildhaus;
1395 gegründet neben der Burg des Deutschen Ordens, die später zerstört wurde, Handfeste nach Kulmischem Recht;
1565 erstes Schulgebäude;
1580 Johanniskirche, später erweitert;
1586 Hospital, 1910 Waisenhaus.

In der Zeit zwischen 1466 und 1772 stand das Ermland unter der Oberhoheit des polnischen Königs.
Oberrealschule, evangelische Volksschule, kath. Volksschule, Behörden des Kreises Rößel, ev. Kirche;
Betonsteinwerke, Brauerei, Essig- und Likörfabrik, Sägewerk, Mühlenwerke, Maschinenfabrik, Lazarett;
Garnisonstadt;
1945 unter polnische Verwaltung, jetziger Name: Biskupiec, 50 % zerstört;
Patenstadt: Neuss/Rh.

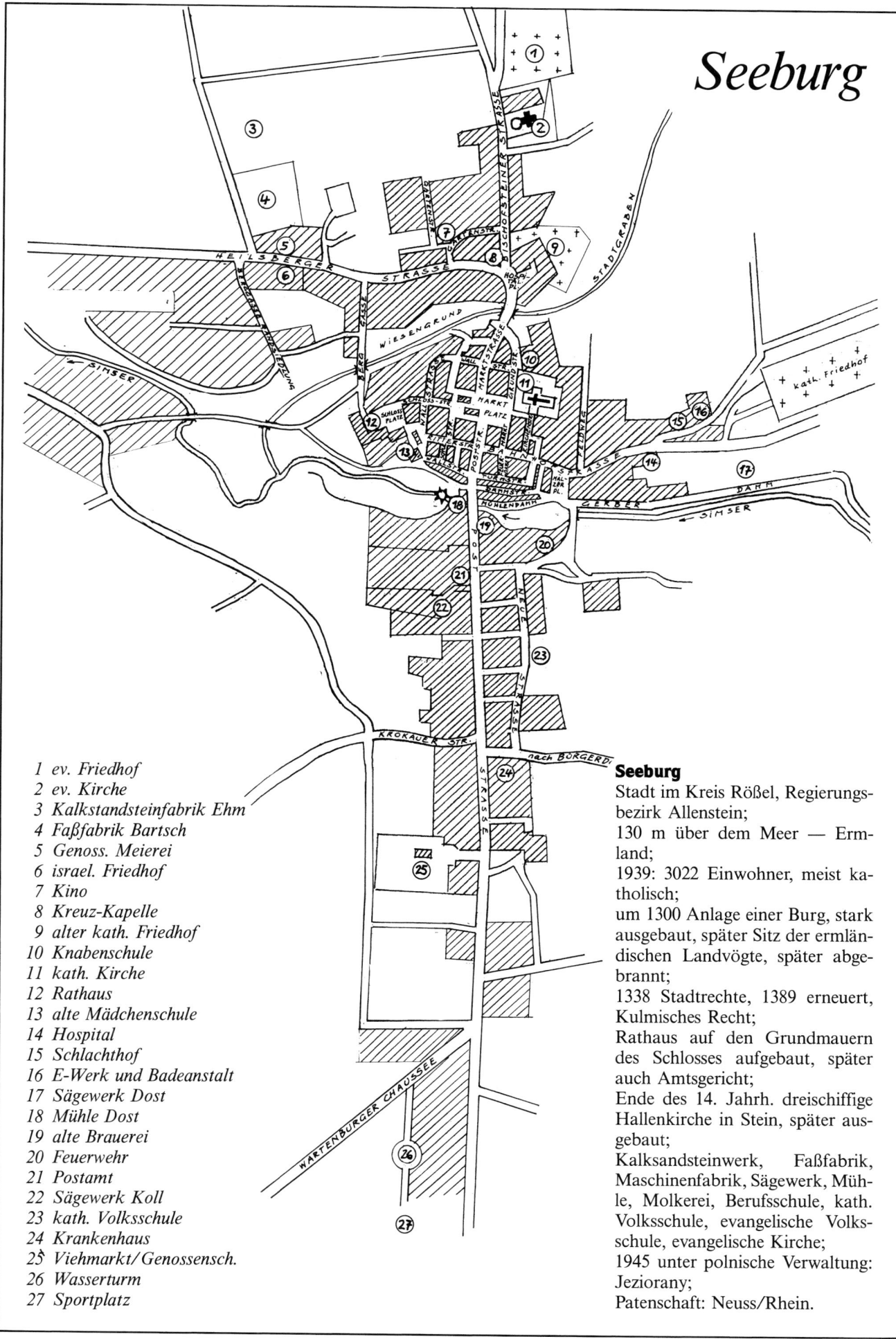

Seeburg

1 ev. Friedhof
2 ev. Kirche
3 Kalkstandsteinfabrik Ehm
4 Faßfabrik Bartsch
5 Genoss. Meierei
6 israel. Friedhof
7 Kino
8 Kreuz-Kapelle
9 alter kath. Friedhof
10 Knabenschule
11 kath. Kirche
12 Rathaus
13 alte Mädchenschule
14 Hospital
15 Schlachthof
16 E-Werk und Badeanstalt
17 Sägewerk Dost
18 Mühle Dost
19 alte Brauerei
20 Feuerwehr
21 Postamt
22 Sägewerk Koll
23 kath. Volksschule
24 Krankenhaus
25 Viehmarkt/Genossensch.
26 Wasserturm
27 Sportplatz

Seeburg

Stadt im Kreis Rößel, Regierungsbezirk Allenstein;
130 m über dem Meer — Ermland;
1939: 3022 Einwohner, meist katholisch;
um 1300 Anlage einer Burg, stark
ausgebaut, später Sitz der ermländischen Landvögte, später abgebrannt;
1338 Stadtrechte, 1389 erneuert,
Kulmisches Recht;
Rathaus auf den Grundmauern
des Schlosses aufgebaut, später
auch Amtsgericht;
Ende des 14. Jahrh. dreischiffige
Hallenkirche in Stein, später ausgebaut;
Kalksandsteinwerk, Faßfabrik,
Maschinenfabrik, Sägewerk, Mühle, Molkerei, Berufsschule, kath.
Volksschule, evangelische Volksschule, evangelische Kirche;
1945 unter polnische Verwaltung:
Jeziorany;
Patenschaft: Neuss/Rhein.

155

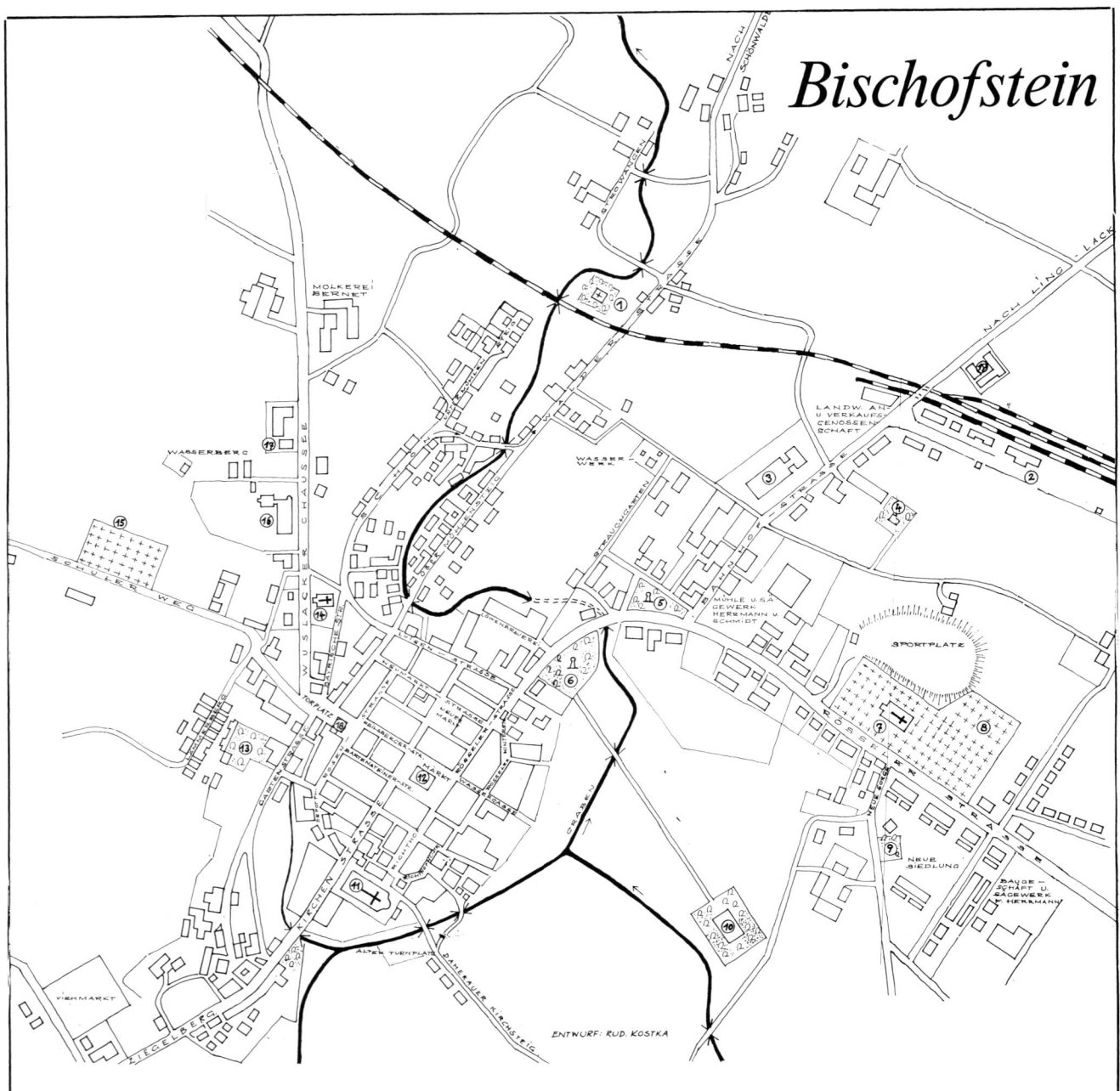

Bischofstein

Bischofstein

Stadt im Kreis Rößel, Regierungsbezirk Allenstein;
130 m über dem Meer — Ermland ;
1939: 3163 Einwohner, meist katholisch;
1346 Dorf Schönfließ gegründet, an der Prußensiedlung Strowangen angelehnt;
1385 Gründung Bischofsteins, neben Strowangen angelegt und dieses eingegliedert;
Kulmisches Stadtrecht, 1447 erneuert, 1548 vierte
Handfeste;
1400 Weihe der Pfarrkirche St. Matthias, 1776—81
erweitert; Heilsberger Tor noch erhalten.
Maschinenfabrik, Brauerei, 2 Sägewerke;
riesiger Findlingsblock, der „Griffstein", gab der
Stadt den Namen;
kath. Volksschule, ev. Volksschule, ev. Kirche;
1945 unter polnische Verwaltung, polnischer Name:
Bisztynek, 35 % zerstört;
Patenstadt: Neuss/Rh.

1 St. Marthakapelle
2 Bahnhof
3 Neue Volksschule
4 Griffstein
5 Kriegerdenkmal
6 Abstimmungsstein
7 St. Michaelskirche
8 kath. Friedhof
9 jüd. Friedhof
10 Badeanstalt
11 kath. Pfarrkirche
   St. Mathias
12 Rathaus
13 Wichmanns Garten
14 ev. Kirche
15 ev. Friedhof
16 St. Barbara-Krankenh.
17 Schlachthof
18 Heilsberger Tor
19 Landw. Masch.-Gen.

Der Kreis Schloßberg (Pillkallen)

Gesamtgröße 1059,40 km², 42 656 Einwohner, somit durchschnittlich 40,3 Einwohner/km². Die östliche Kreisgrenze war gleichzeitig Staatsgrenze zu Litauen. Der Kreis hatte 2 Städte: Schloßberg und Schirwindt, insgesamt 245 politische Gemeinden, 413 Wohnplätze. Die größte Landgemeinde war Haselberg mit 2066 Einwohnern. Im Kreis waren 94 Volksschulen mit 148 Klassen, 6099 Schülern und 146 Lehrern. 3 private Mittelschulen. 9 evangelische Kirchspiele, 2 katholische Gemeinden; 78,5% der Kreisfläche landwirtschaftlich genutzt, Anbau von Roggen, Futterrüben, Kartoffeln, Hackfrüchten; Klee, Wiesen, Rindviehzucht, Pferdezucht, Milchwirtschaft;

4181 landwirtschaftliche Betriebe, davon 1326 bis 5 ha, 1146 von 5-10 ha, 790 von 10-20 ha, 761 von 20-100 ha, 158 über 100 ha.

15 413 ha waren Waldbestand = 14,7% der Gesamtfläche; 25 225 Menschen (fast 60%) arbeiteten in der Landwirtschaft; Hochmoore (7% der Gesamtfläche): Holzindustrie, Ziegeleien, Berufsschulen, landwirtsch. Schulen. 1945 kam der ganze Kreis unter sowjetische Verwaltung, russischer Name jetzt: Dobrovolsk;

Patenschaft für den Kreis: Landkreis Harburg, für die Stadt: Winsen (Luhe).

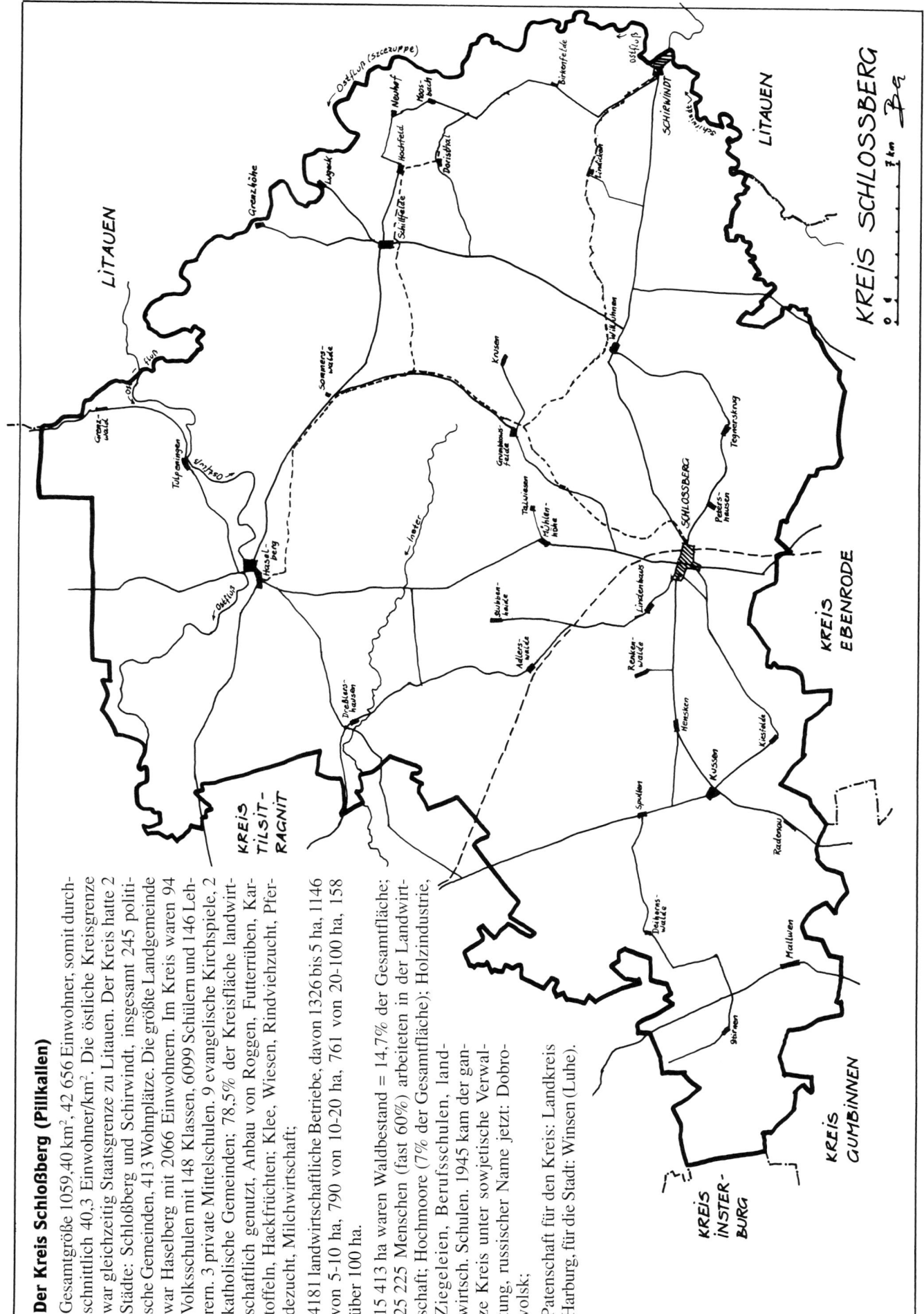

KREIS SCHLOSSBERG

Schloßberg

1 Städt. Schlachthof
2 Kreislandw. Schule
3 Kreiskrankenhaus
4 Städt. Jugendherberge
5 ev. Kirche
6 Rathaus
7 Gew. Berufsschule
8 Volksschule
9 Reichsbank
10 Finanzamt
11 Städt. Werke
12 Postamt
13 Landratsamt
14 Amtsgericht
15 Friedr.-Wilhelm-Gymnasium

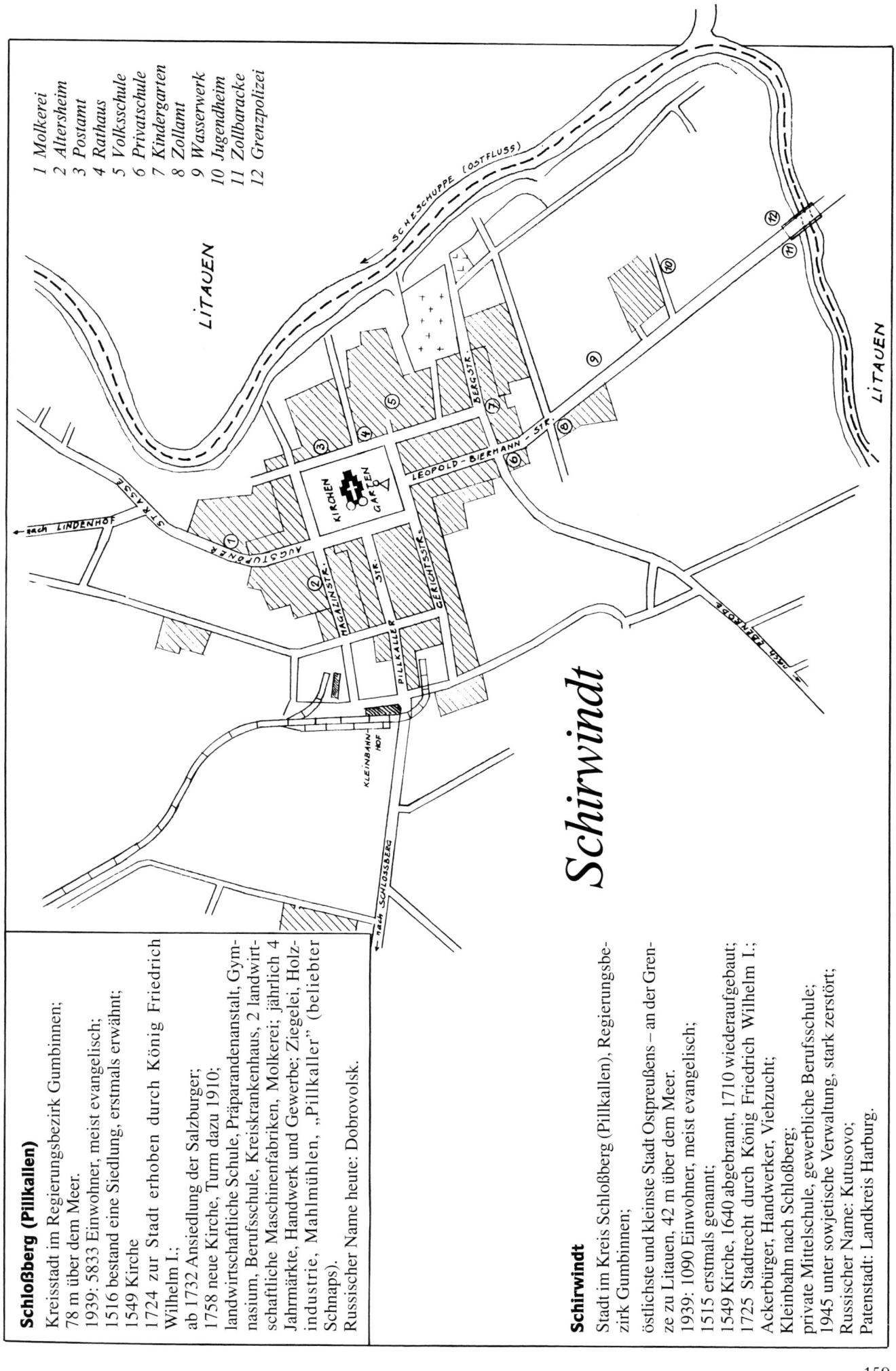

Schloßberg (Pillkallen)

Kreisstadt im Regierungsbezirk Gumbinnen;

78 m über dem Meer.

1939: 5833 Einwohner, meist evangelisch;

1516 bestand eine Siedlung, erstmals erwähnt;

1549 Kirche

1724 zur Stadt erhoben durch König Friedrich Wilhelm I.;

ab 1732 Ansiedlung der Salzburger;

1758 neue Kirche, Turm dazu 1910;

landwirtschaftliche Schule, Präparandenanstalt, Gymnasium, Berufsschule, Kreiskrankenhaus, 2 landwirtschaftliche Maschinenfabriken, Molkerei; jährlich 4 Jahrmärkte, Handwerk und Gewerbe; Ziegelei, Holzindustrie, Mahlmühlen, „Pillkaller" (beliebter Schnaps).

Russischer Name heute: Dobrovolsk.

Schirwindt

Stadt im Kreis Schloßberg (Pillkallen), Regierungsbezirk Gumbinnen;

östlichste und kleinste Stadt Ostpreußens – an der Grenze zu Litauen, 42 m über dem Meer.

1939: 1090 Einwohner, meist evangelisch;

1515 erstmals genannt;

1549 Kirche, 1640 abgebrannt, 1710 wiederaufgebaut;

1725 Stadtrecht durch König Friedrich Wilhelm I.;

Ackerbürger, Handwerker, Viehzucht;

Kleinbahn nach Schloßberg;

private Mittelschule, gewerbliche Berufsschule;

1945 unter sowjetischer Verwaltung, stark zerstört;

Russischer Name: Kutusovo;

Patenstadt: Landkreis Harburg.

Schirwindt

1 Molkerei
2 Altersheim
3 Postamt
4 Rathaus
5 Volksschule
6 Privatschule
7 Kindergarten
8 Zollamt
9 Wasserwerk
10 Jugendheim
11 Zollbaracke
12 Grenzpolizei

KREIS LÖTZEN

KREIS JOHANNISBURG

KREIS SENSBURG

KREIS RASTENBURG

KREIS RÖSSEL

KREIS ORTELSBURG

NIKOLAIKEN

SENSBURG

Talter- Gewässer

Spirding See

0 1   7 km

Der Kreis Sensburg

Gesamtfläche: 1231,53 km²; Einwohner: 54 443 Personen, demnach 44,2 Einwohner je km². Der Kreis hatte 126 politische Gemeinden, darunter 2 Städte: Nikolaiken und Sensburg, 301 Wohnplätze. Die größten Landgemeinden waren Peitschendorf mit 1645, Salpkeim mit 1495, Ukta mit 1274 Einwohnern. Im Kreisgebiet waren 11 evangelische Kirchspiele und 2 katholische, 106 Volksschulen, 205 Klassen, 8601 Schüler, 191 Lehrkräfte. In Kleinort bei Sensburg wurde 1887 Ernst Wiechert (Romane und Novellen) geboren. Viele in Ketten aneinander gereihte Rinnenseen und weite Wälder, 66 288 ha landwirtschaftliche Nutzfläche, 31 271 ha Forsten und Holzungen, 1545 ha unkultivierte und Moorflächen, 22 104 ha Gewässer und bebaute Flächen;

4827 landwirtschaftliche Betriebe, davon 1959 bis 5 ha, 979 von 5—10 ha, 1023 von 10—20 ha, 753 von 20—100 ha, 113 über 100 ha. In der Landwirtschaft arbeiteten 26006 Personen, fast 50 % der Gesamtbevölkerung; Getreide-, Hackfrucht- und Futteranbau, Kartoffelanbau, Vieh-, Schweine- und Pferdezucht.

1945 kam der gesamte Kreis unter polnische Verwaltung, 45 % zerstört; polnischer Name für Sensburg: Mrągowo, Nikolaiken: Mikołajki; Patenstadt für Stadt und Kreis: Remscheid.

Nikolaiken

Stadt im Kreis Sensburg, Regierungsbezirk Allenstein; zwischen Talter Gewässer und Spirdingsee, 125 m über dem Meer; 1939: 2627 Einwohner, meist evangelisch; 1444 erstmals genannt, seit 1726 Stadtrechte durch König Friedrich Wilhelm I.; 1535 Kirche erwähnt, erste Dorfschule 1581, zur Stadtschule 1726 erhoben, 1764/65 Kanal zum Spirdingsee gebaut; Fremdenverkehr, Dampferverkehr, Fischfang, Sage vom Stinthengst, Maränen, Ackerbau, Molkerei; Mittelschule, Berufsschule; 1945 unter polnische Verwaltung — Mikołajki;

Patenstadt: Remscheid.

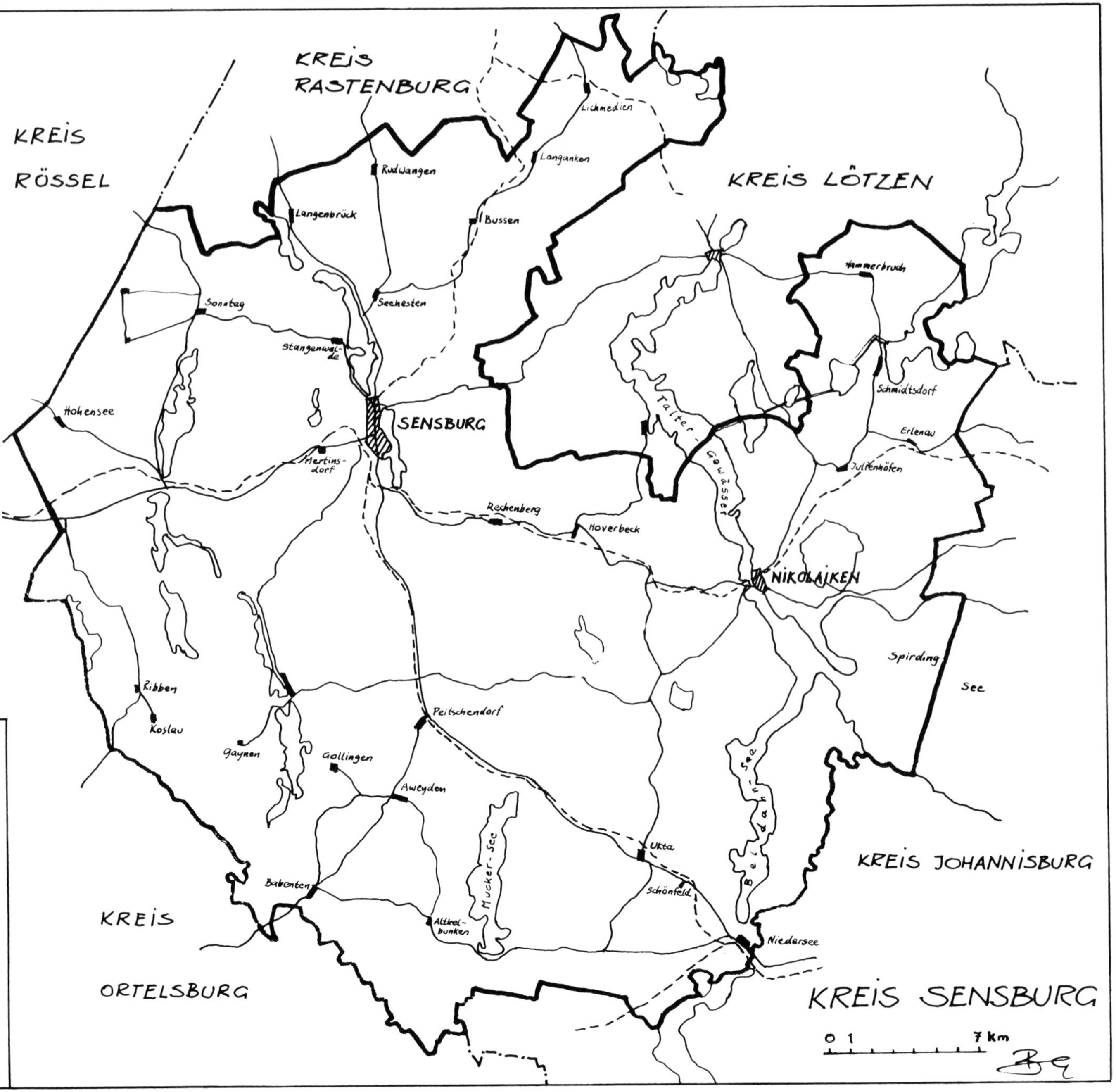

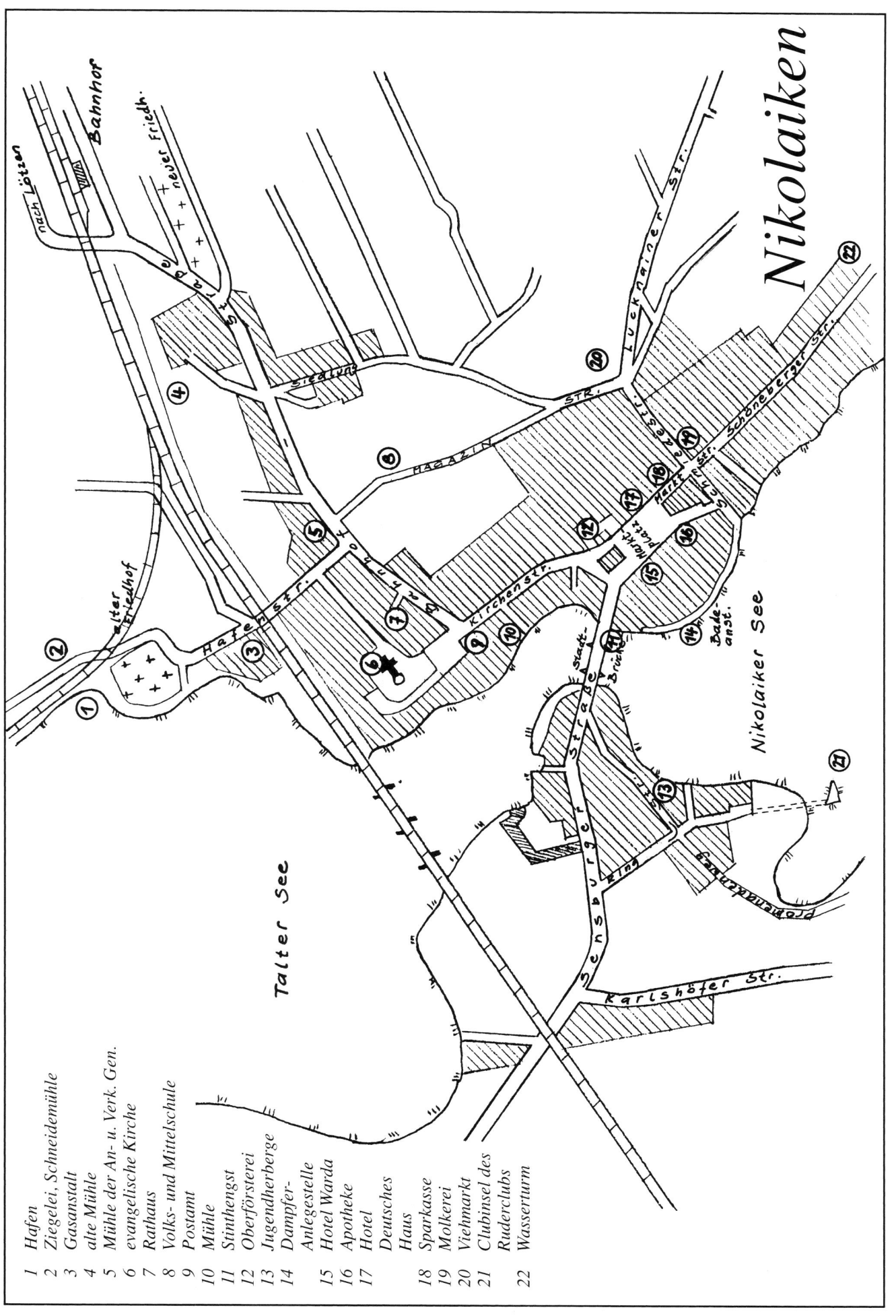

Nikolaiken

1 Hafen
2 Ziegelei, Schneidemühle
3 Gasanstalt
4 alte Mühle
5 Mühle der An- u. Verk. Gen.
6 evangelische Kirche
7 Rathaus
8 Volks- und Mittelschule
9 Postamt
10 Mühle
11 Stinthengst
12 Oberförsterei
13 Jugendherberge
14 Dampfer-
    Anlegestelle
15 Hotel Warda
16 Apotheke
17 Hotel
    Deutsches
    Haus
18 Sparkasse
19 Molkerei
20 Viehmarkt
21 Clubinsel des
    Ruderclubs
22 Wasserturm

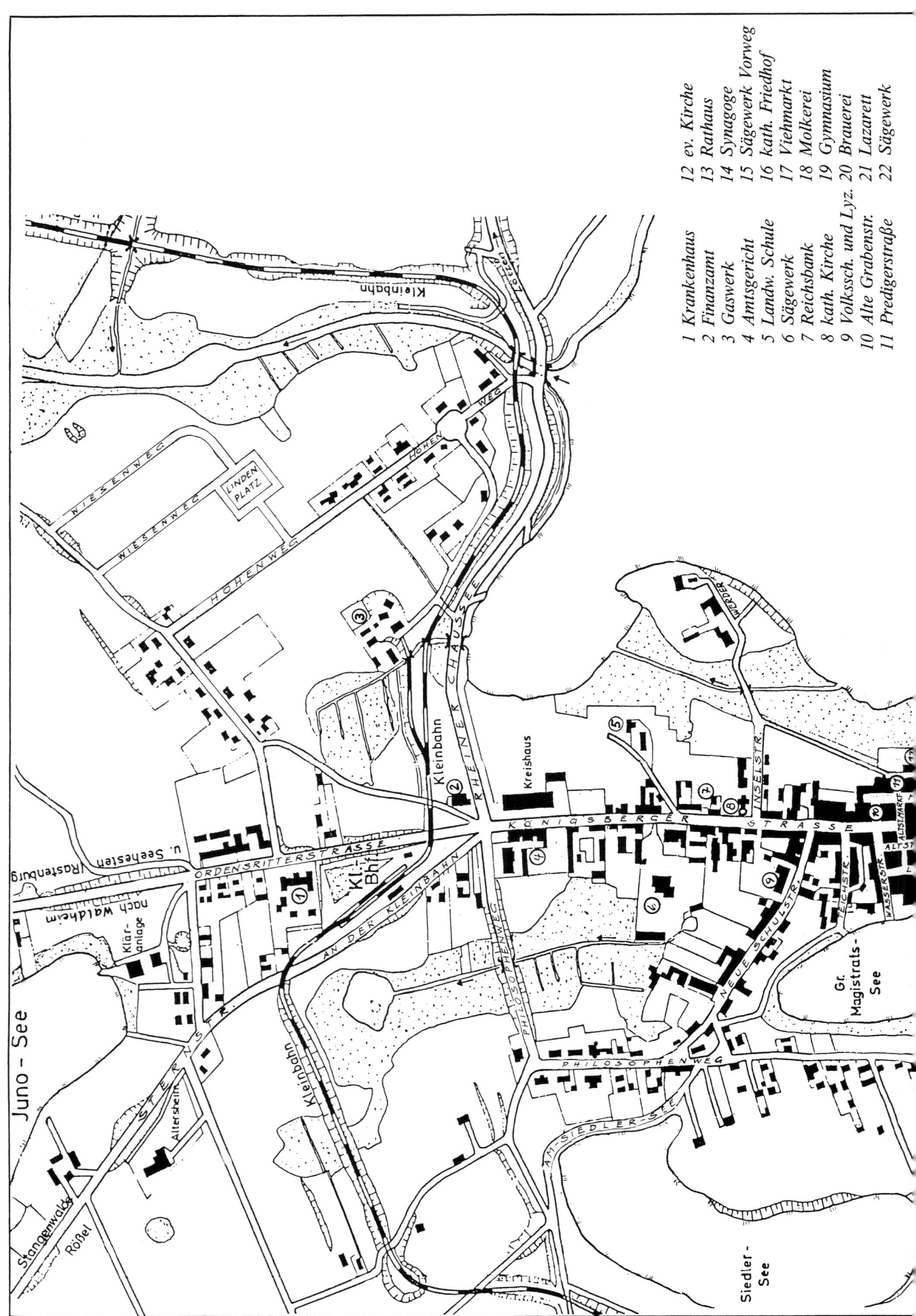

1 Krankenhaus
2 Finanzamt
3 Gaswerk
4 Amtsgericht
5 Landw. Schule
6 Sägewerk
7 Reichsbank
8 kath. Kirche
9 Volkssch. und Lyz.
10 Alte Grabenstr.
11 Predigerstraße
12 ev. Kirche
13 Rathaus
14 Synagoge
15 Sägewerk Vorweg
16 kath. Friedhof
17 Viehmarkt
18 Molkerei
19 Gymnasium
20 Brauerei
21 Lazarett
22 Sägewerk

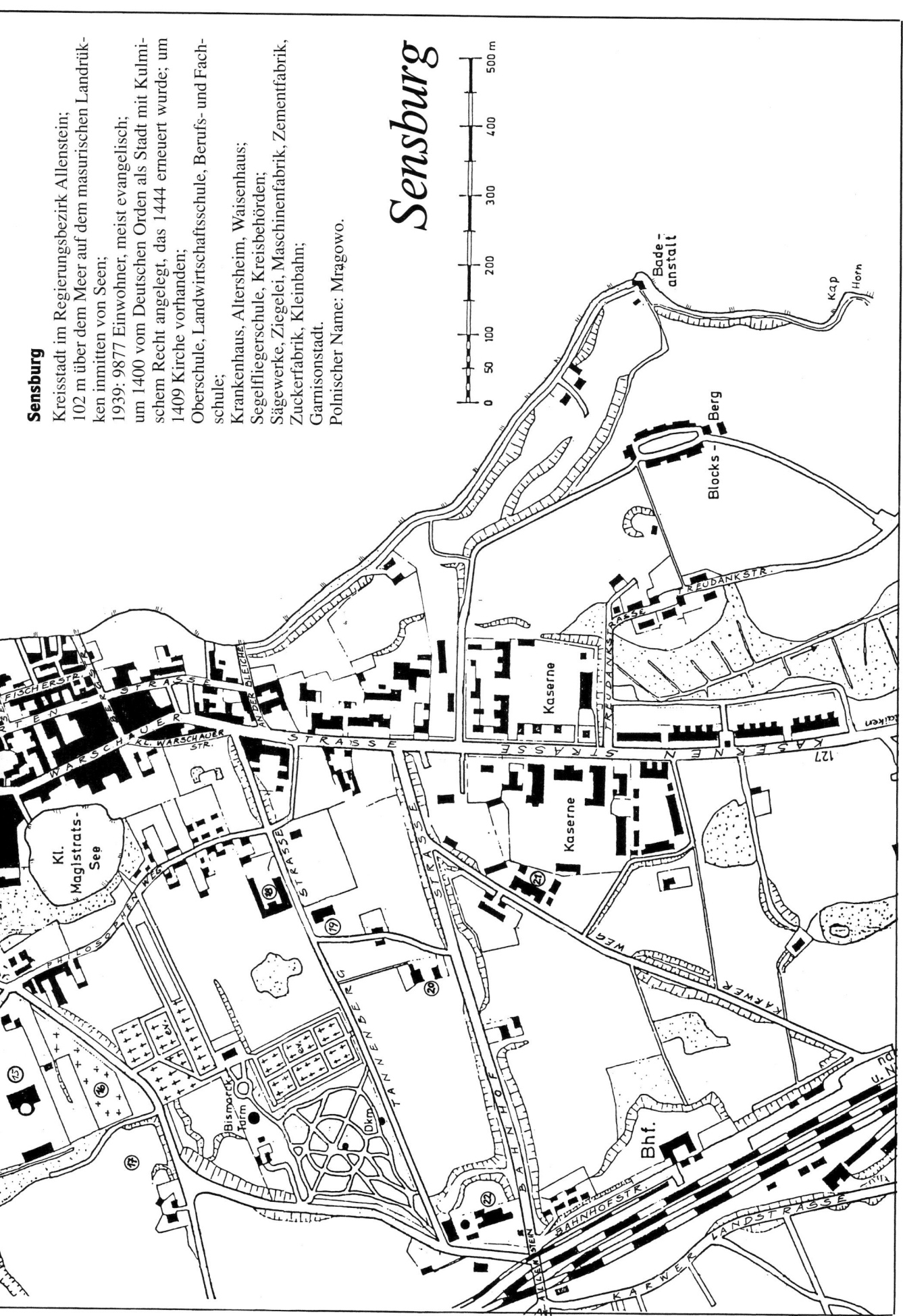

Sensburg

Kreisstadt im Regierungsbezirk Allenstein; 102 m über dem Meer auf dem masurischen Landrücken inmitten von Seen;

1939: 9877 Einwohner, meist evangelisch; um 1400 vom Deutschen Orden als Stadt mit Kulmischem Recht angelegt, das 1444 erneuert wurde; um 1409 Kirche vorhanden;

Oberschule, Landwirtschaftsschule, Berufs- und Fachschule;

Krankenhaus, Altersheim, Waisenhaus; Segelfliegerschule, Kreisbehörden; Sägewerke, Ziegelei, Maschinenfabrik, Zementfabrik, Zuckerfabrik, Kleinbahn; Garnisonstadt.

Polnischer Name: Mrągowo.

Sensburg

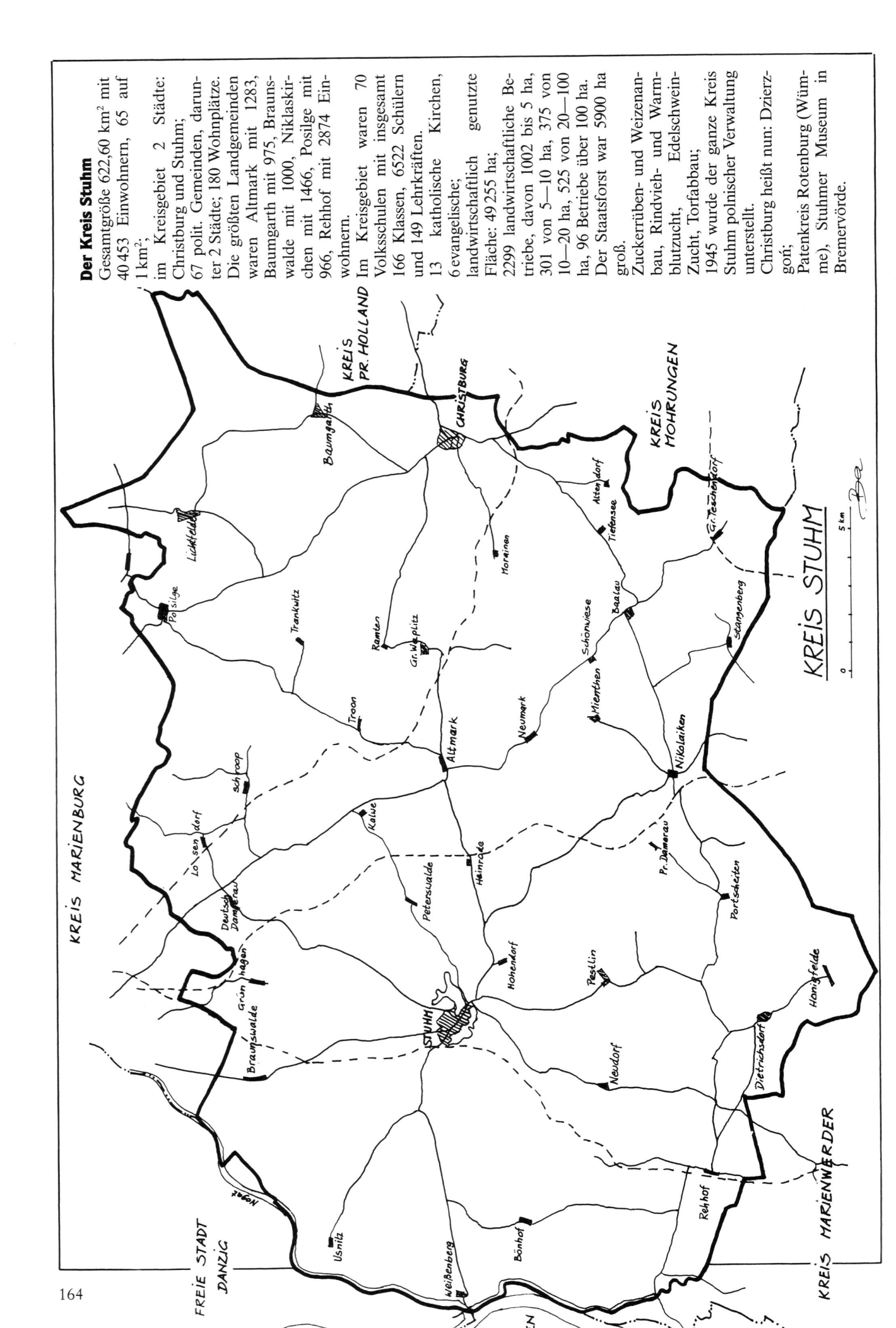

Der Kreis Stuhm

Gesamtgröße 622,60 km² mit 40453 Einwohnern, 65 auf 1 km²;

im Kreisgebiet 2 Städte: Christburg und Stuhm; 67 polit. Gemeinden, darunter 2 Städte; 180 Wohnplätze. Die größten Landgemeinden waren Altmark mit 1283, Baumgarth mit 975, Braunswalde mit 1000, Niklaskirchen mit 1466, Posilge mit 966, Rehhof mit 2874 Einwohnern.

Im Kreisgebiet waren 70 Volksschulen mit insgesamt 166 Klassen, 6522 Schülern und 149 Lehrkräften.

13 katholische Kirchen, 6 evangelische;

landwirtschaftlich genutzte Fläche: 49 255 ha;

2299 landwirtschaftliche Betriebe, davon 1002 bis 5 ha, 301 von 5—10 ha, 375 von 10—20 ha, 525 von 20—100 ha, 96 Betriebe über 100 ha.

Der Staatsforst war 5900 ha groß.

Zuckerrüben- und Weizenanbau, Rindvieh- und Warmblutzucht, Edelschweinzucht, Torfabbau;

1945 wurde der ganze Kreis Stuhm polnischer Verwaltung unterstellt.

Christburg heißt nun: Dzierzgoń;

Patenkreis Rotenburg (Wümme), Stuhmer Museum in Bremervörde.

KREIS PR. HOLLAND

KREIS MOHRUNGEN

KREIS MARIENBURG

FREIE STADT DANZIG

KREIS MARIENWERDER

KREIS STUHM

5 km

Nogat

Baumgarth

Lickfeld

Posilge

Trankwitz

Schroop

Loosendorf

Deutsch Damerau

Grünhagen

Braunswalde

Usnitz

Weißenberg

Bönhof

Rehhof

Stuhm

Neudorf

Hohendorf

Pestlin

Dietrichsdorf

Honigfelde

Portscheiten

Pr. Damerau

Nikolaiken

Stangenberg

Gr. Teschendorf

Baalau

Schönwiese

Milenthen

Neumark

Altmark

Heinrode

Petersvalde

Kalwe

Troon

Ramten

Gr. Wesplitz

Morainen

Tiefensee

Altendorf

CHRISTBURG

164

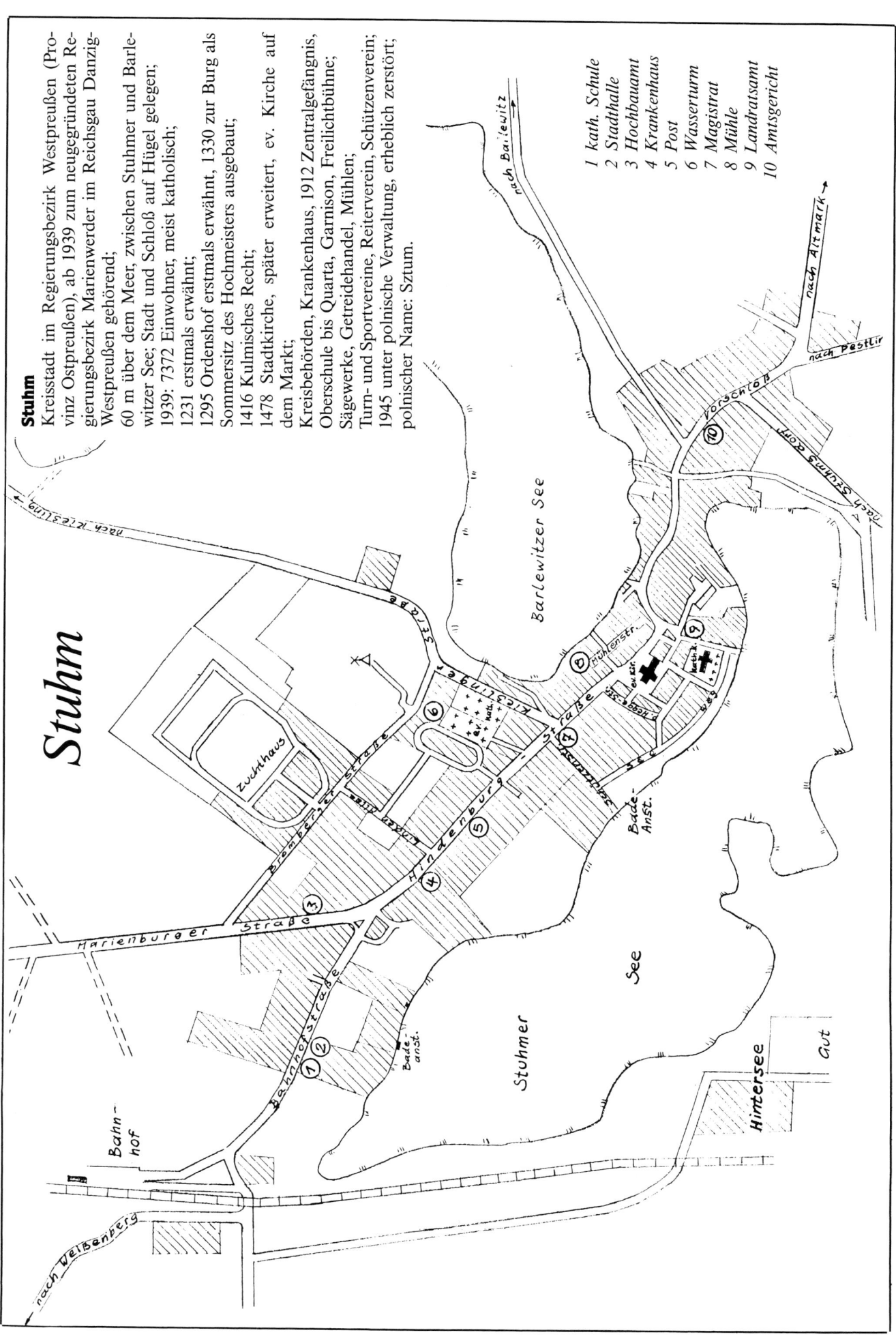

Stuhm

Kreisstadt im Regierungsbezirk Westpreußen (Provinz Ostpreußen), ab 1939 zum neugegründeten Regierungsbezirk Marienwerder im Reichsgau Danzig-Westpreußen gehörend;

60 m über dem Meer, zwischen Stuhmer und Barlewitzer See; Stadt und Schloß auf Hügel gelegen;

1939: 7372 Einwohner, meist katholisch;

1231 erstmals erwähnt;

1295 Ordenshof erstmals erwähnt, 1330 zur Burg als Sommersitz des Hochmeisters ausgebaut;

1416 Kulmisches Recht;

1478 Stadtkirche, später erweitert, ev. Kirche auf dem Markt;

Kreisbehörden, Krankenhaus, 1912 Zentralgefängnis, Oberschule bis Quarta, Garnison, Freilichtbühne; Sägewerke, Getreidehandel, Mühlen; Turn- und Sportvereine, Reiterverein, Schützenverein; 1945 unter polnische Verwaltung, erheblich zerstört; polnischer Name: Sztum.

1 kath. Schule
2 Stadthalle
3 Hochbauamt
4 Krankenhaus
5 Post
6 Wasserturm
7 Magistrat
8 Mühle
9 Landratsamt
10 Amtsgericht

Stuhm

165

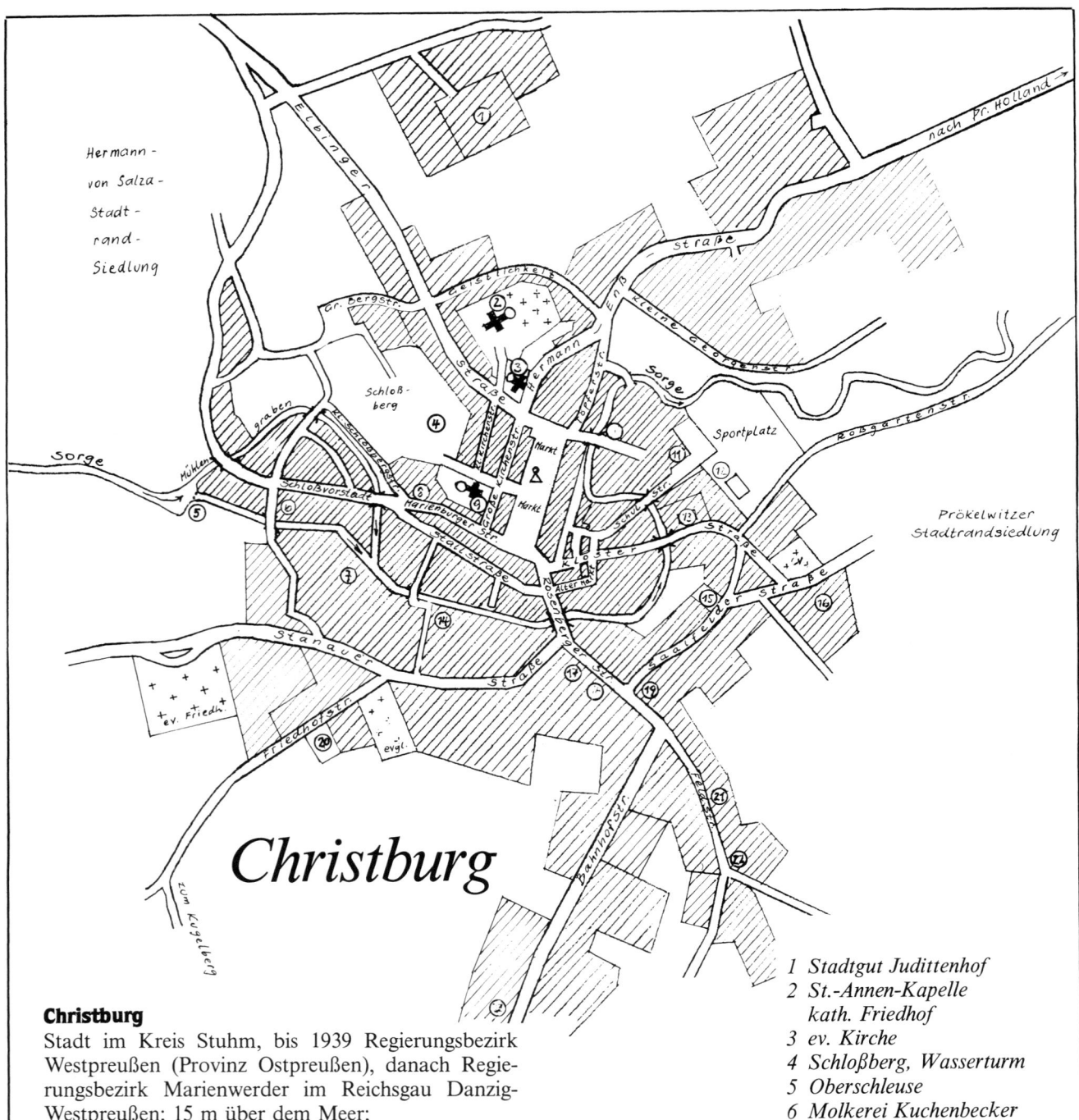

Christbug

Christburg

Stadt im Kreis Stuhm, bis 1939 Regierungsbezirk
Westpreußen (Provinz Ostpreußen), danach Regierungsbezirk Marienwerder im Reichsgau Danzig-
Westpreußen; 15 m über dem Meer;
1939: 3604 Einwohner, meist evangelisch;
1329 erstmals erwähnt;
1248 Burg des Deutschen Ordens, 1456 zerstört, später abgetragen;
1288 Gründungsurkunde eines Schulzenamtes
1290 Kulmisches Stadtrecht
1299 erste Schule
1310—20 St. Katharinenkirche, Franziskanerkloster,
später Altenheim;
Vorlaubenhäuser am Markt;
Sägewerke, Mühlen, Beton- und Kieswerk, Bierbrauerei.
Der Pferdemarkt war der größte in ganz Westpreußen.
1945 kam Christburg, 80% zerstört, unter polnische
Verwaltung, polnischer Name: Dzierzgoń/Gdańsk.
Patenkreis Rotenburg (Wümme), Stuhmer Museum
in Bremervörde.

 1 Stadtgut Judittenhof
 2 St.-Annen-Kapelle
   kath. Friedhof
 3 ev. Kirche
 4 Schloßberg, Wasserturm
 5 Oberschleuse
 6 Molkerei Kuchenbecker
 7 Trinkwasserpumpstation
 8 Molkerei Bremer
 9 kath. Kirche
10 Sorgestau
11 Stadtschule, Bücherei
12 Badeanstalt
13 Ehem. Franziskanerkloster
   mit Kirche
14 Umspannwerk
15 Christl. Gemeinde
16 Gaswerk
17 Stadtgut Welski
18 Rathaus
19 Postamt
20 Neuapostol. Gemeinde
21 Landw. Schule
22 Schlachthof
23 Schützenhaus

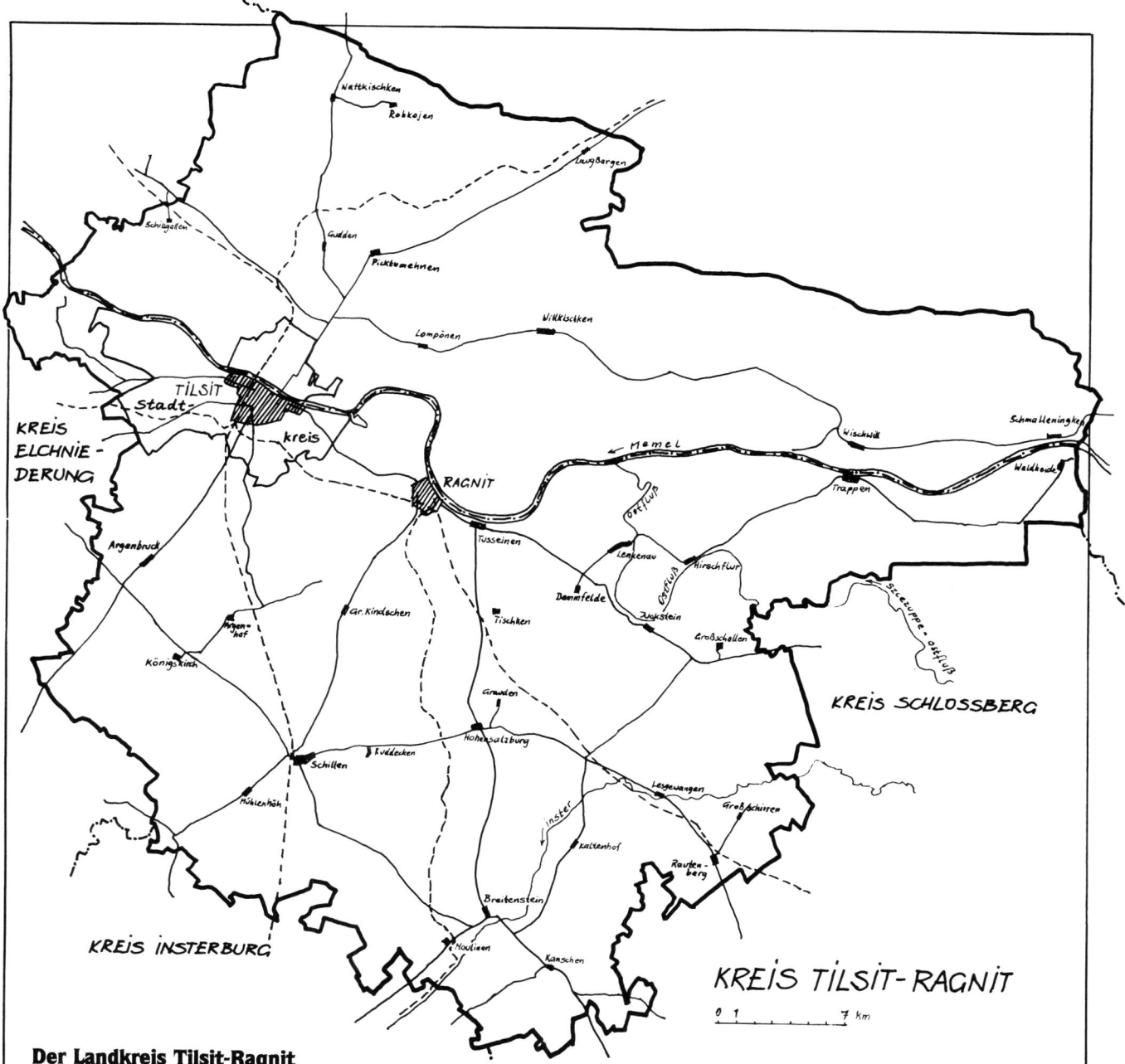

KREIS TILSIT-RAGNIT

0 1 ——————— 7 km

Der Landkreis Tilsit-Ragnit

Die Kreise Tilsit und Ragnit waren bis Ende des Ersten Weltkrieges selbständig. Durch die Abtretung des Memelgebietes verlor der Kreis Tilsit 647 km² Fläche mit 160 Gemeinden und 33 654 Einwohnern an Litauen. Aus den Restgebieten der beiden Kreise südlich der Memel und durch die zusätzliche Eingliederung einiger Gemeinden aus dem Kreis Niederung wurde im Jahr 1922 der Landkreis Tilsit-Ragnit gebildet. Der neue Kreis Tilsit-Ragnit südlich der Memel war im Jahre 1922 insgesamt 1100,45 km² groß und hatte, ohne den Stadtkreis Tilsit, 56 117 Einwohner, so daß auf 1 km² 51 Menschen lebten. Die Kreisbehörden waren in der Stadt Tilsit untergebracht. Der neue Landkreis hatte 269 Gemeinden einschl. Stadt Ragnit, 401 Wohnplätze. Die größten Landgemeinden waren Breitenstein mit 1263, Pogegen mit 2761, Schillen mit 1942, Schmalleningken mit 1321, Trappen mit 1095, Willkischken mit 981, Wischwill mit 1174 Einwohnern. Es gab 118 Volksschulen. Die 8128 Schüler wurden von 204 Lehrern in 224 Klassen unterrichtet. In Ragnit Mittelschule. 14 evangelische Kirchen, 2 katholische.

Es gab 6483 land- und forstwirtschaftliche Betriebe, davon 2875 bis 5 ha Größe, 2713 von 5—20 ha, 600 von 20—50 ha, 166 von 50—100 ha, 129 über 100 ha Größe. In der Hauptsache wurden angebaut: Brotgetreide, Futtergetreide, Kartoffeln, Futterhackfrüchte, Körnerhülsenfrüchte, Futterpflanzen. Pferdezucht, Rinderzucht, Milcherzeugung, „Tilsiter Käse". Aus dem in litauischer Zeit gegründeten Kreis Pogegen kamen nach seiner Auflösung am 22. 3. 1939 28 Gemeinden zum Kreis Heydekrug, die anderen 65 Gemeinden zum Kreis Tilsit-Ragnit (711 km² Fläche). Die Gesamtfläche nach 1939 Kreis Tilsit-Ragnit: 1797,56 km²; Einwohnerzahl ohne Stadtkreis Tilsit: 79382 Personen. Zu den 118 Volksschulen kamen 64 hinzu, so daß die Gesamtzahl an Volksschulen 182 betrug. Zu den 269 politischen Gemeinden kamen 65 (nördl. der Memel) hinzu. Gesamtzahl demnach 334 Gemeinden. Die Zahl der ev. Kirchen erhöhte sich auf 25. Der Kreis und die Städte kamen 1945 unter sowjetische Verwaltung. Tilsit heißt heute: Sowjetsk, Ragnit: Njeman, Patenschaft: Kreis Plön.

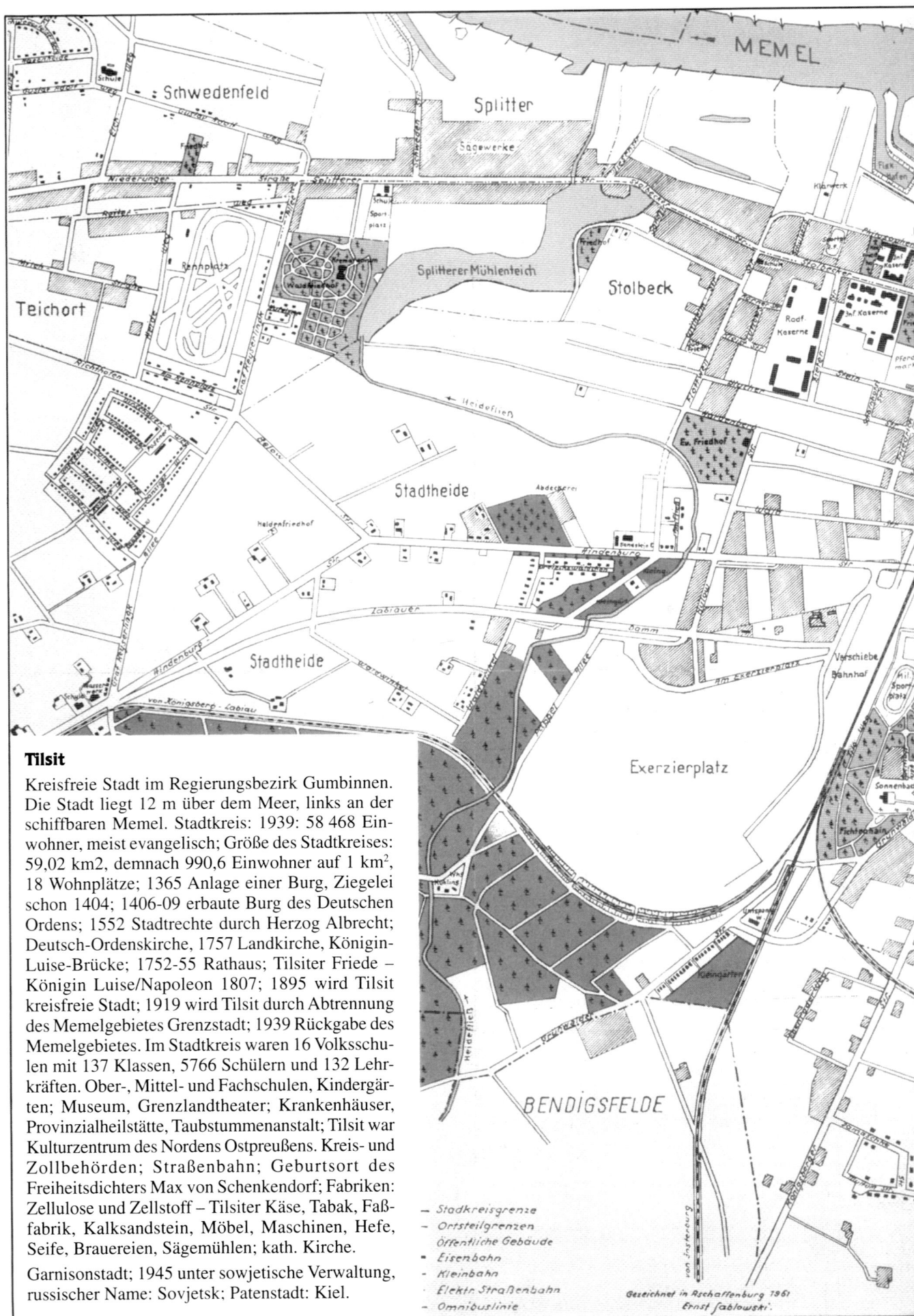

Tilsit

Kreisfreie Stadt im Regierungsbezirk Gumbinnen. Die Stadt liegt 12 m über dem Meer, links an der schiffbaren Memel. Stadtkreis: 1939: 58 468 Einwohner, meist evangelisch; Größe des Stadtkreises: 59,02 km2, demnach 990,6 Einwohner auf 1 km², 18 Wohnplätze; 1365 Anlage einer Burg, Ziegelei schon 1404; 1406-09 erbaute Burg des Deutschen Ordens; 1552 Stadtrechte durch Herzog Albrecht; Deutsch-Ordenskirche, 1757 Landkirche, Königin-Luise-Brücke; 1752-55 Rathaus; Tilsiter Friede – Königin Luise/Napoleon 1807; 1895 wird Tilsit kreisfreie Stadt; 1919 wird Tilsit durch Abtrennung des Memelgebietes Grenzstadt; 1939 Rückgabe des Memelgebietes. Im Stadtkreis waren 16 Volksschulen mit 137 Klassen, 5766 Schülern und 132 Lehrkräften. Ober-, Mittel- und Fachschulen, Kindergärten; Museum, Grenzlandtheater; Krankenhäuser, Provinzialheilstätte, Taubstummenanstalt; Tilsit war Kulturzentrum des Nordens Ostpreußens. Kreis- und Zollbehörden; Straßenbahn; Geburtsort des Freiheitsdichters Max von Schenkendorf; Fabriken: Zellulose und Zellstoff – Tilsiter Käse, Tabak, Faßfabrik, Kalksandstein, Möbel, Maschinen, Hefe, Seife, Brauereien, Sägemühlen; kath. Kirche.

Garnisonstadt; 1945 unter sowjetische Verwaltung, russischer Name: Sovjetsk; Patenstadt: Kiel.

– Stadtkreisgrenze
– Ortsteilgrenzen
Öffentliche Gebäude
▪ Eisenbahn
– Kleinbahn
– Elektr. Straßenbahn
– Omnibuslinie

Gezeichnet in Aschaffenburg 1961
Ernst Sablowski.

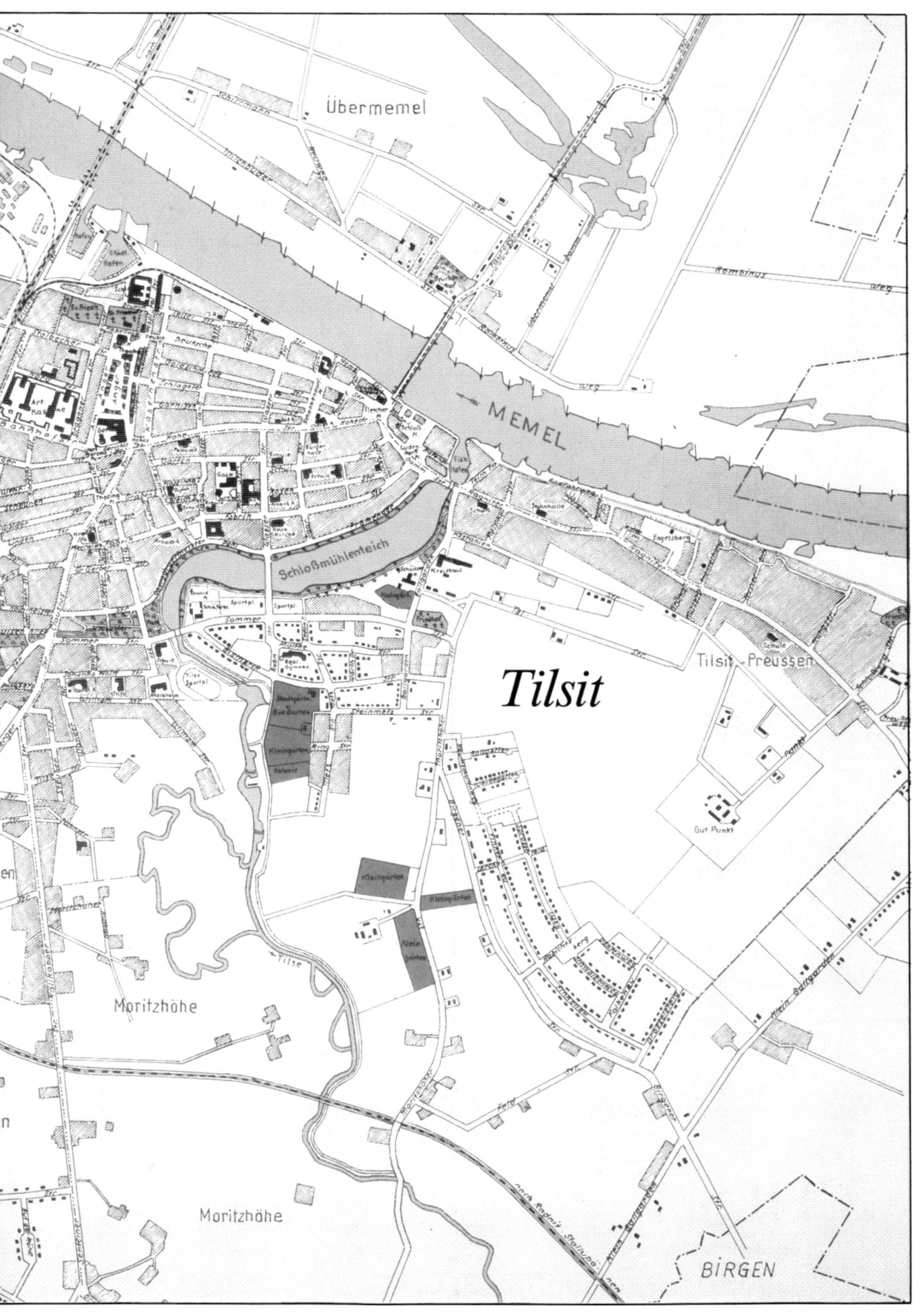

Tilsit

Ragnit

Stadt im Kreis Tilsit-Ragnit, Regierungsbezirk Gumbinnen; 12 m über dem Meer, links am Steilufer der Memel, Südufer;

1939: 10 094 Einwohner, meist evangelisch;

1289 Burg vom Deutschen Orden an der Stelle einer Prußenbefestigung angelegt, 1355 zerstört;

1397—1409 Ordenshaus Ragnit, Sitz eines Komturs, zu einer der stärksten Festungen des Ordens ausgebaut;

1722 Stadtrechte durch König Friedrich Wilhelm I.;

1772 Pfarrkirche als Saalbau;

Ackerbau, Getreidehandel, Holzindustrie, Brauerei, Ziegeleien, Binnenschifferhafen, Zellstoffabrik, Maschinenfabrik;

Aufbauschule, Provinzial-Erziehungsanstalt, Krankenhaus, kath. Kirche;

Güterverkehr auf der Memel;

1945 unter sowjetische Verwaltung — Njeman;

Kreis Tilsit-Ragnit siehe dort;

Patenstadt für Stadt Ragnit: Stadt Preetz/Holstein.

Durch die Bestimmungen des Versailler Vertrages wurde 1920 der nördlich der Memel gelegene Teil des selbständigen Kreises Ragnit aus dem Verband der Provinz Ostpreußen herausgelöst. Ebenso wurde der nördlich der Memel gelegene Teil des Kreises Tilsit behandelt, so daß die bei Deutschland verbliebenen Reste allein nicht mehr lebensfähig waren. Diese südlich der Memel gelegenen Teile wurden zum Kreis Tilsit-Ragnit vereinigt.

267 km² des Kreises Ragnit mit 40 Ortschaften und 8800 Einwohnern nördlich der Memel gingen verloren.

1 *Aufbauschule*
2 *Berufsschule*
  Landwirtsch. Sch.
  Mittelschule
3 *Ev. Kirche*
4 *Schule*
5 *Kreis-Pflegehaus*
6 *Zollhaus*
7 *Sperrholzwerk*
8 *Maschinenfabrik*
9 *Gaswerk*

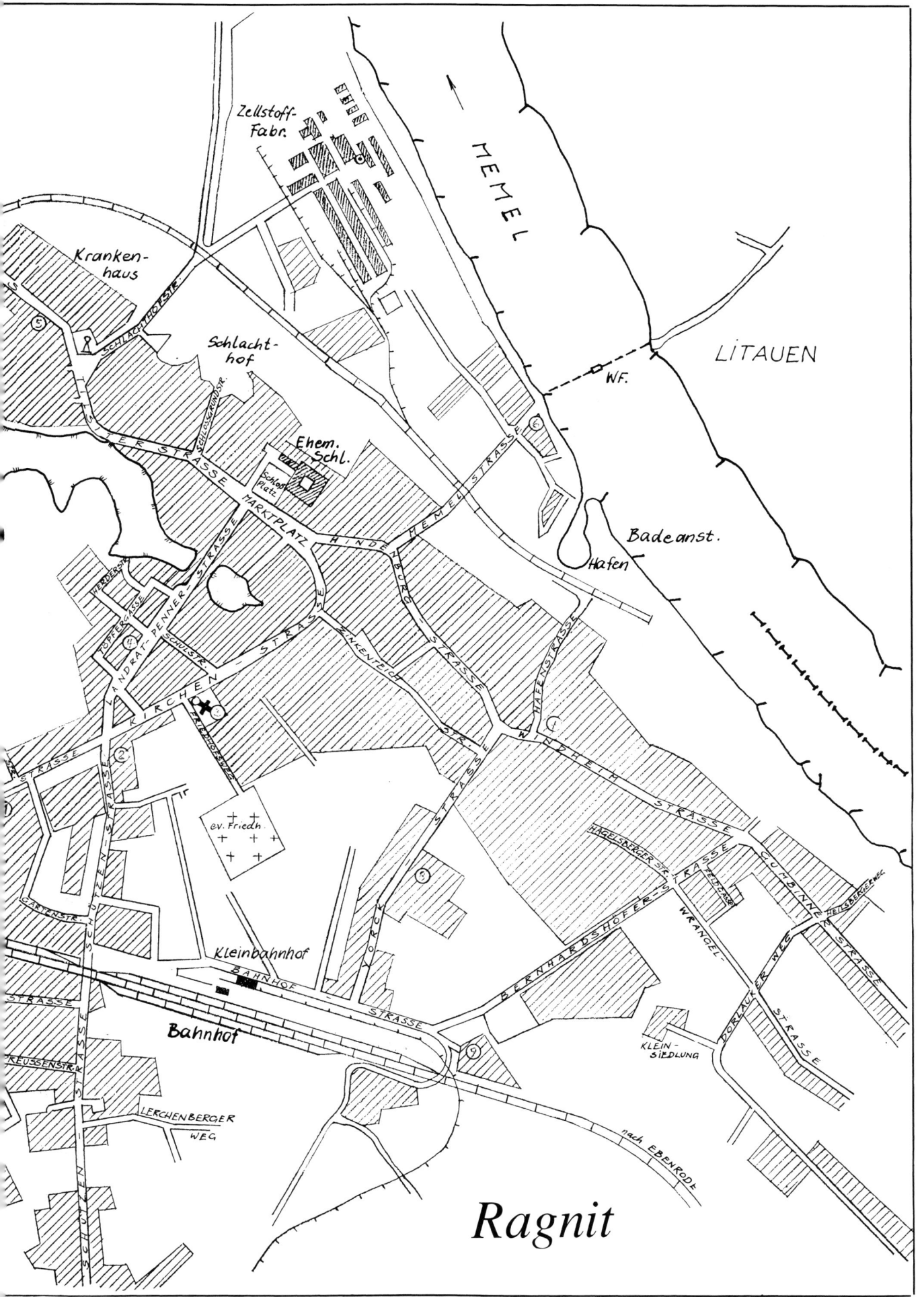

Ragnit

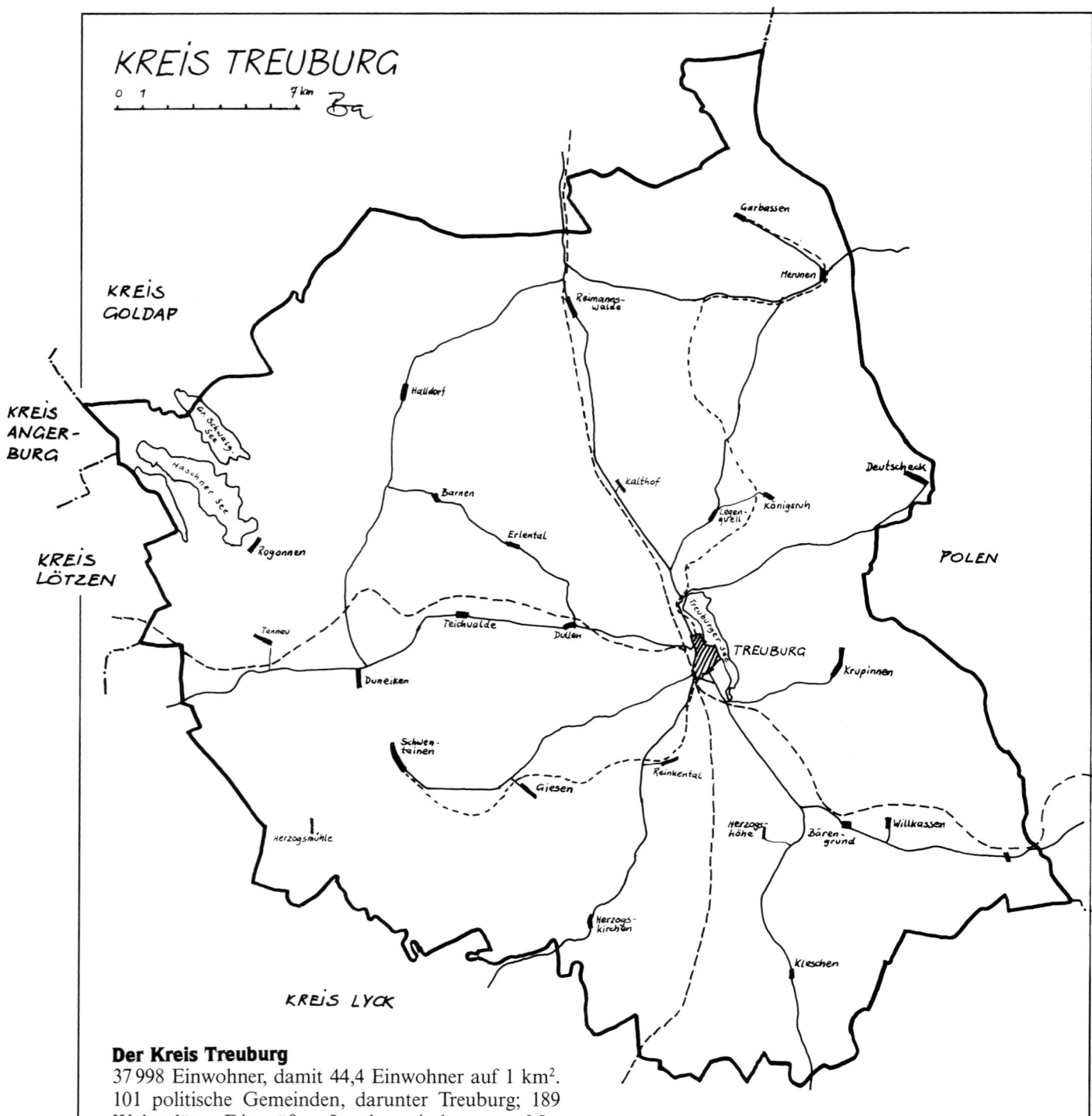

KREIS TREUBURG

0   1   7 km   Bq

KREIS GOLDAP

KREIS ANGER-BURG

KREIS LÖTZEN

POLEN

KREIS LYCK

Garbassen
Merunen
Reimanns-walde
Halldorf
Gr. Schwalg-See
Maschner See
Barnen
kalthof
Deutscheck
Erlental
Legen-quell
Königsruh
Rogonnen
Tannau
Teichwalde
Dullen
Treuburger-See
TREUBURG
Krupinnen
Duneiken
Schwen-tainen
Giesen
Reinkental
Herzogs-höhe
Bären-grund
Willkassen
Herzogsmühle
Herzogs-kirchen
Kleschen

Der Kreis Treuburg

37 998 Einwohner, damit 44,4 Einwohner auf 1 km². 101 politische Gemeinden, darunter Treuburg; 189 Wohnplätze. Die größten Landgemeinden waren Merunen mit 1087 und Reimannswalde mit 1231 Einwohnern.

9 evangelische Kirchengemeinden, 1 katholische Kirche Treuburg; 87 Volksschulen, 140 Klassen, 5369 Schüler, 131 Lehrkräfte, Berufsschulen in verschiedenen Gemeinden, 5 Zollämter im Kreis; 4423 landwirtschaftliche Betriebe, davon 1367 bis 5 ha, 1085 von 5—10 ha, 1014 von 10—20 ha, 879 von 20—100 ha, 78 Betriebe über 100 ha. Die landwirtschaftlich genutzte Fläche betrug 68 000 ha, 8000 ha waren Forsten, 9000 ha Seen und bebaute Flächen. Es wurden angebaut: Winterroggen, Winterweizen, Sommergerste, Hafer und Kartoffeln. Seit 1945 unter polnischer Verwaltung — Olecko;
Patenstadt: Leverkusen.

Treuburg

Bis 1928 Marggrabowa (Markgrafenstadt), Kreisstadt im Regierungsbezirk Gumbinnen; 158 m über dem Meer, südl. der Seesker Höhen am Treuburger See; 1939: 7114 Einwohner, meist evangelisch; 1560 Stadtgründung nach Kulmischem Recht; 1619 oder 1654 Schloßbau; Höhere Schulen, Gewerbliche Berufsschule, Landwirtsch.-Schule, Landwirtschaftliche Verarbeitungsindustrie, Mühlen, Molkerei, Kreiskrankenhaus, Kleinbahn, Ziegeleien, Eisengießerei und Maschinenfabrik, Stein- und Kieswerk, Strickwarenfabrik. Größter Marktplatz Deutschlands: 7 ha = 28 Morgen. Treuburg galt als die kälteste Stadt Ostpreußens.

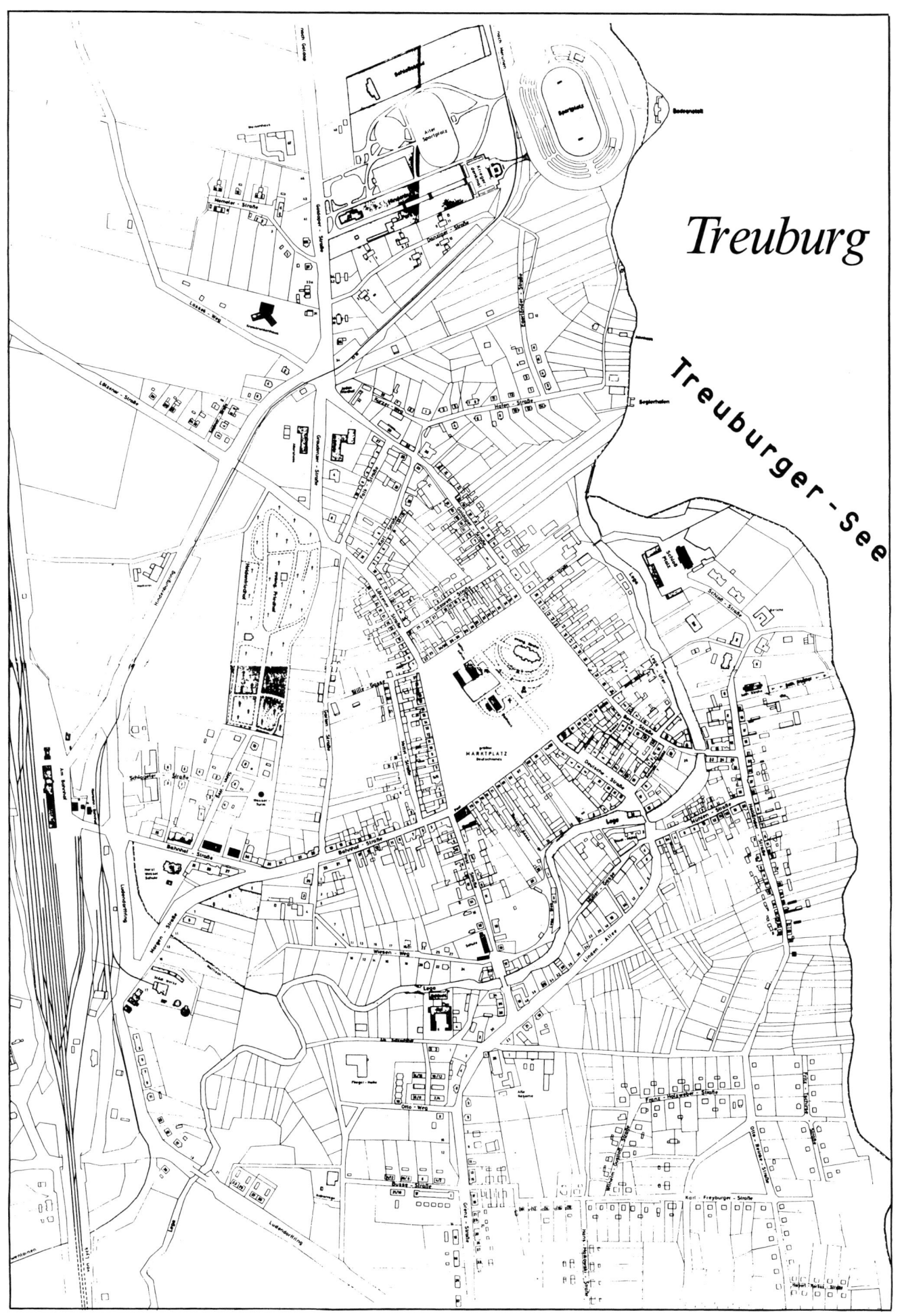

Treuburg

Treuburger-See

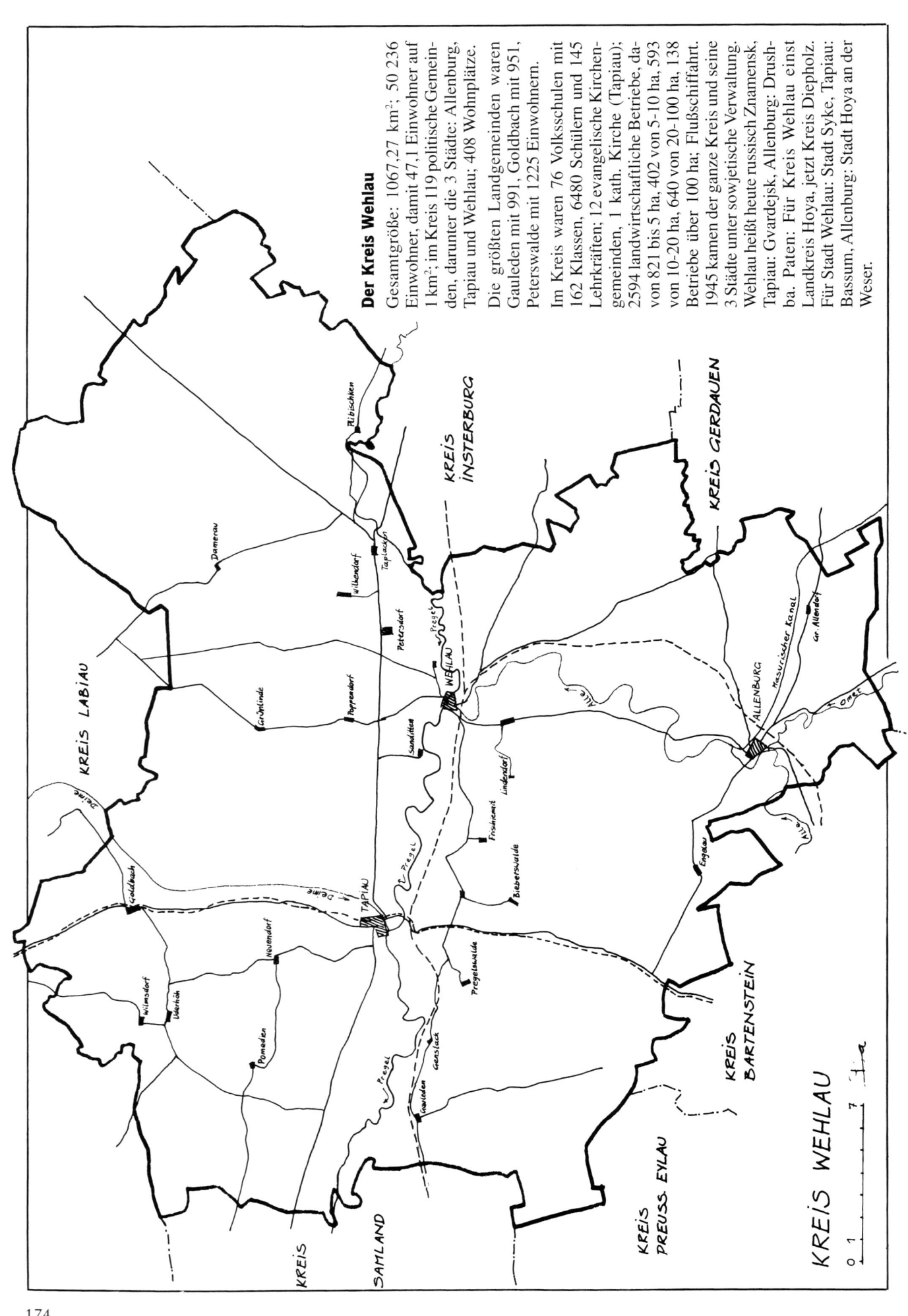

Der Kreis Wehlau

Gesamtgröße: 1067,27 km²; 50 236 Einwohner, damit 47,1 Einwohner auf 1 km²; im Kreis 119 politische Gemeinden, darunter die 3 Städte: Allenburg, Tapiau und Wehlau; 408 Wohnplätze.

Die größten Landgemeinden waren Gauleden mit 991, Goldbach mit 951, Peterswalde mit 1225 Einwohnern.

Im Kreis waren 76 Volksschulen mit 162 Klassen, 6480 Schülern und 145 Lehrkräften; 12 evangelische Kirchengemeinden, 1 kath. Kirche (Tapiau); 2594 landwirtschaftliche Betriebe, davon 821 bis 5 ha, 402 von 5-10 ha, 593 von 10-20 ha, 640 von 20-100 ha, 138 Betriebe über 100 ha; Flußschiffahrt. 1945 kamen der ganze Kreis und seine 3 Städte unter sowjetische Verwaltung. Wehlau heißt heute russisch Znamensk, Tapiau: Gvardejsk, Allenburg: Drushba. Paten: Für Kreis Wehlau einst Landkreis Hoya, jetzt Kreis Diepholz. Für Stadt Wehlau: Stadt Syke, Tapiau: Bassum, Allenburg: Stadt Hoya an der Weser.

KREIS WEHLAU

174

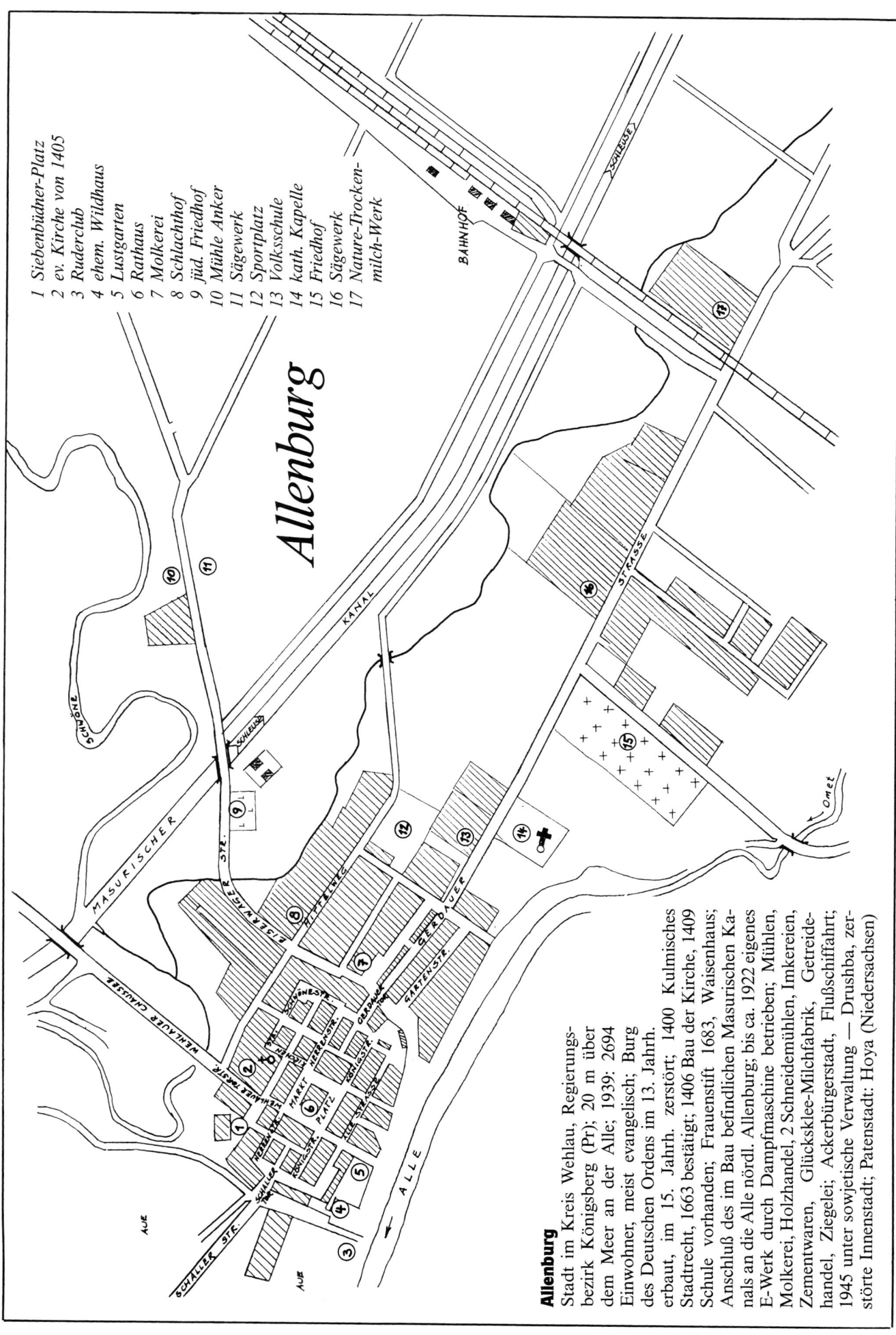

Allenburg

1 Siebenbüdner-Platz
2 ev. Kirche von 1405
3 Ruderclub
4 ehem. Wildhaus
5 Lustgarten
6 Rathaus
7 Molkerei
8 Schlachthof
9 jüd. Friedhof
10 Mühle Anker
11 Sägewerk
12 Sportplatz
13 Volksschule
14 kath. Kapelle
15 Friedhof
16 Sägewerk
17 Nature-Trocken-
  milch-Werk

Allenburg

Stadt im Kreis Wehlau, Regierungs-
bezirk Königsberg (Pr); 20 m über
dem Meer an der Alle; 1939: 2694
Einwohner, meist evangelisch; Burg
des Deutschen Ordens im 13. Jahrh.
erbaut, im 15. Jahrh. zerstört; 1400 Kulmisches
Stadtrecht, 1663 bestätigt; 1406 Bau der Kirche, 1409
Schule vorhanden; Frauenstift 1683, Waisenhaus;
Anschluß des im Bau befindlichen Masurischen Kanals an die Alle nördl. Allenburg; bis ca. 1922 eigenes
E-Werk durch Dampfmaschine betrieben; Mühlen,
Molkerei, Holzhandel, 2 Schneidemühlen, Imkereien,
Zementwaren, Glücksklee-Milchfabrik, Getreide-
handel, Ziegelei; Ackerbürgerstadt, Flußschiffahrt;
1945 unter sowjetische Verwaltung — Drushba, zer-
störte Innenstadt; Patenstadt: Hoya (Niedersachsen)

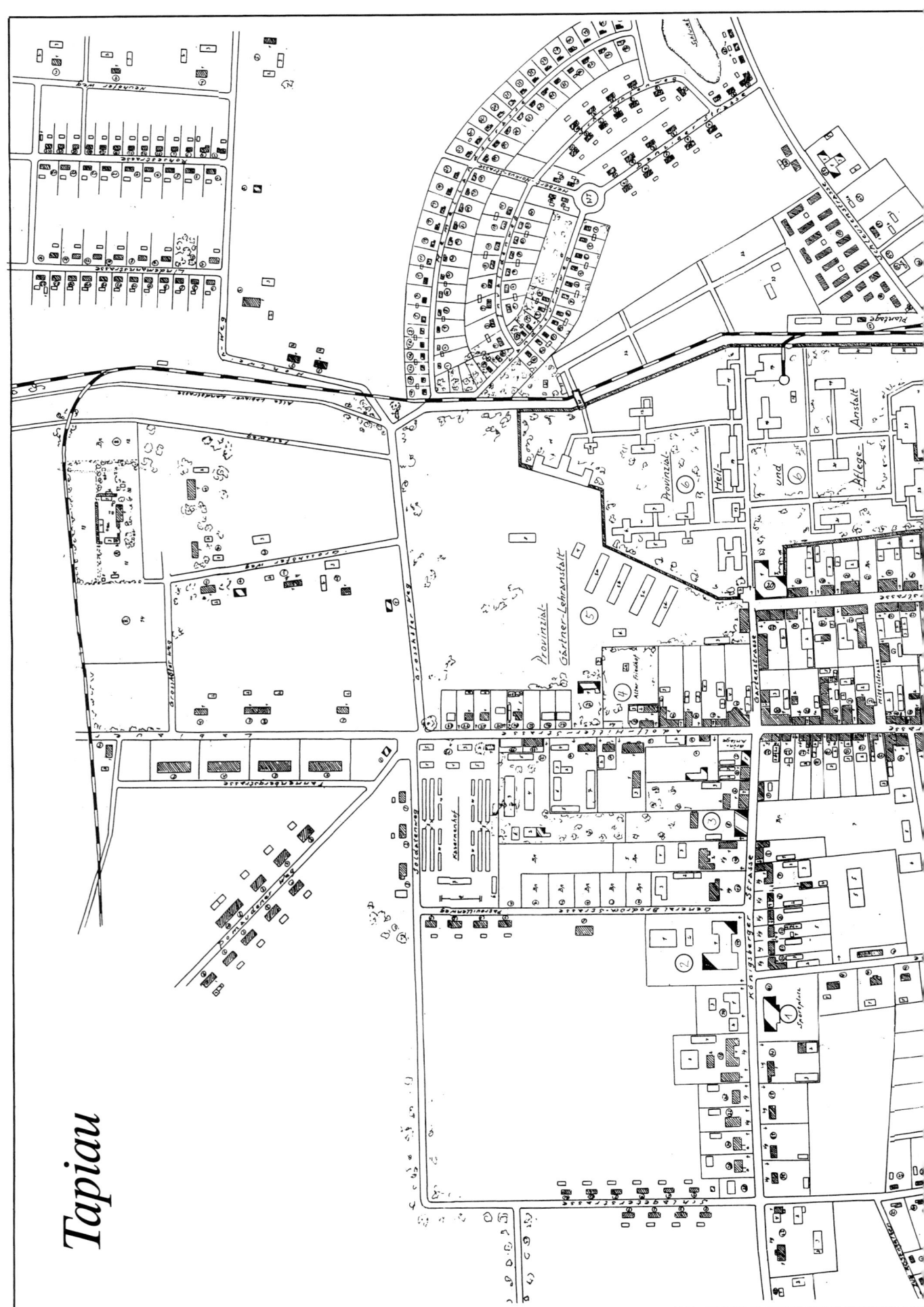

Tapiau

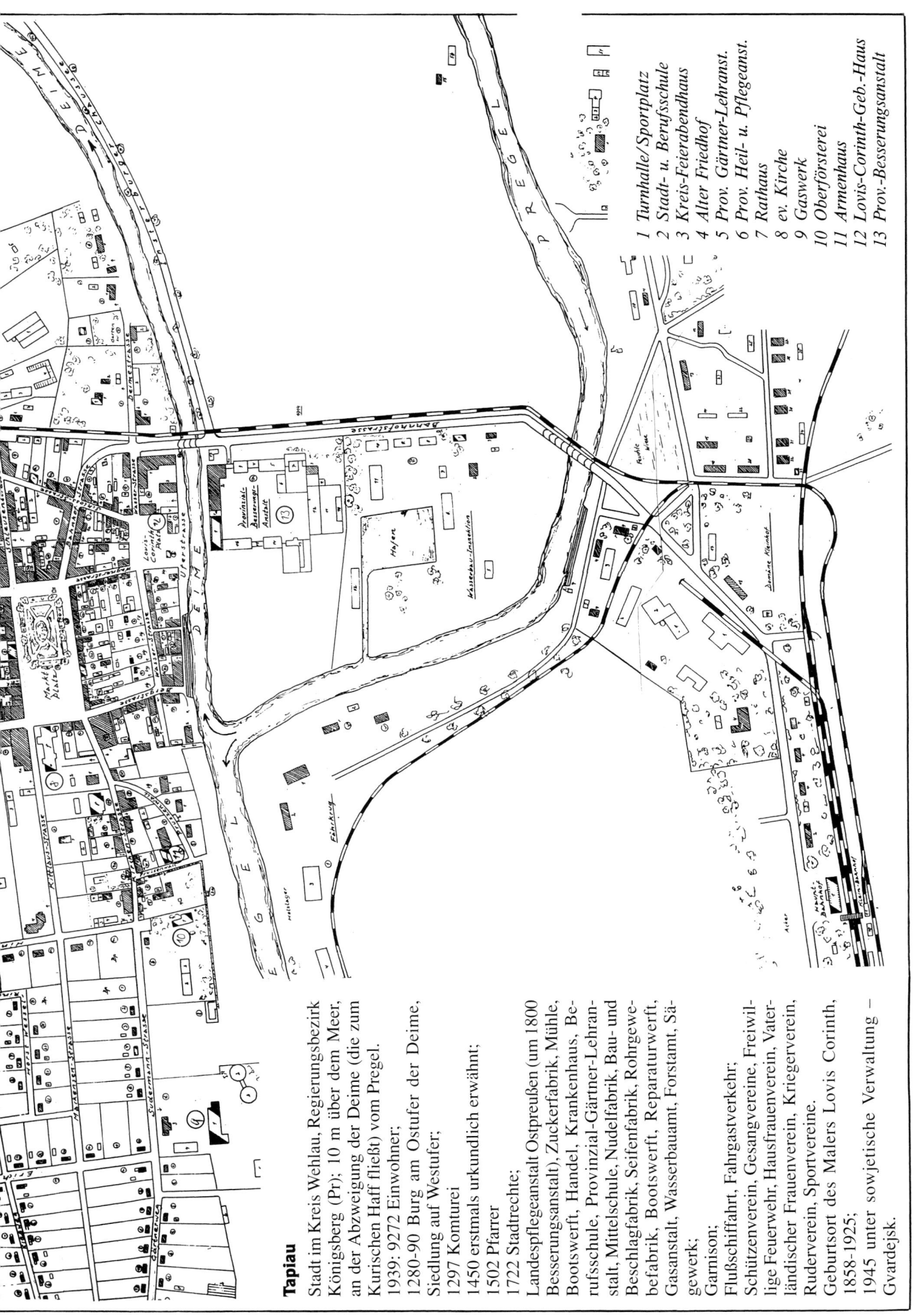

Tapiau

Stadt im Kreis Wehlau, Regierungsbezirk Königsberg (Pr); 10 m über dem Meer, an der Abzweigung der Deime (die zum Kurischen Haff fließt) vom Pregel.

1939: 9272 Einwohner;

1280–90 Burg am Ostufer der Deime, Siedlung auf Westufer;

1297 Komturei

1450 erstmals urkundlich erwähnt;

1502 Pfarrer

1722 Stadtrechte;

Landespflegeanstalt Ostpreußen (um 1800 Besserungsanstalt), Zuckerfabrik, Mühle, Bootswerft, Handel, Krankenhaus, Berufsschule, Provinzial-Gärtner-Lehranstalt, Mittelschule, Nudelfabrik, Bau- und Beschlagfabrik, Seifenfabrik, Rohrgewebefabrik, Bootswerft, Reparaturwerft, Gasanstalt, Wasserbauamt, Forstamt, Sägewerk;

Garnison;

Flußschiffahrt, Fahrgastverkehr;

Schützenverein, Gesangvereine, Freiwillige Feuerwehr, Hausfrauenverein, Vaterländischer Frauenverein, Kriegerverein, Ruderverein, Sportvereine.

Geburtsort des Malers Lovis Corinth, 1858–1925;

1945 unter sowjetische Verwaltung – Gvardejsk.

1 Turnhalle/Sportplatz
2 Stadt- u. Berufsschule
3 Kreis-Feierabendhaus
4 Alter Friedhof
5 Prov. Gärtner-Lehranst.
6 Prov. Heil- u. Pflegeanst.
7 Rathaus
8 ev. Kirche
9 Gaswerk
10 Oberförsterei
11 Armenhaus
12 Lovis-Corinth-Geb.-Haus
13 Prov.-Besserungsanstalt

Wehlau

Kreisstadt im Regierungsbezirk Königsberg (Pr); 6 m über dem Meer an der Mündung der Alle in den Pregel.
1939: 8536 Einwohner, meist evangelisch;
1258 Prußenburg ergab sich dem Ritterorden, war 1255 gegen den Orden errichtet worden, 1258 erwähnt – 1280 zerstört.
1336 Stadtgründung nach Kulmischem Recht;
1380 Befestigungsmauern, 1382 Rathaus, Franziskanerkloster;
Pfarrkirche 1360-80, später breiter Turm;
Tageszeitung, Maschinenfabrik, Mühlenwerke, Amtsgericht, Kreisbehörden, Gasanstalt, Wasserwerk, Fett- und Margarinewerk, Papierfabrik, Höhere und Fachschulen, Mittelschule, Landeserziehungsheim, Kreiskrankenhaus, Getreidehandel, Druckerei, Brauerei, Forstamt; kath. Kirche;
in Wehlau größter Pferdemarkt Europas (Auftrieb bis 20 000 Pferde), Pferdezucht: vorwiegend Kaltblut;
Schützenverein, Gesangvereine, Hausfrauenverein, Sportvereine für Männer und Frauen, Kriegerverein, Vaterländischer Frauenverein, Freiwillige Feuerwehr.
Flußschiffahrt mit Massengütern und Personenschiffahrt.
Russischer Name: Znamensk.

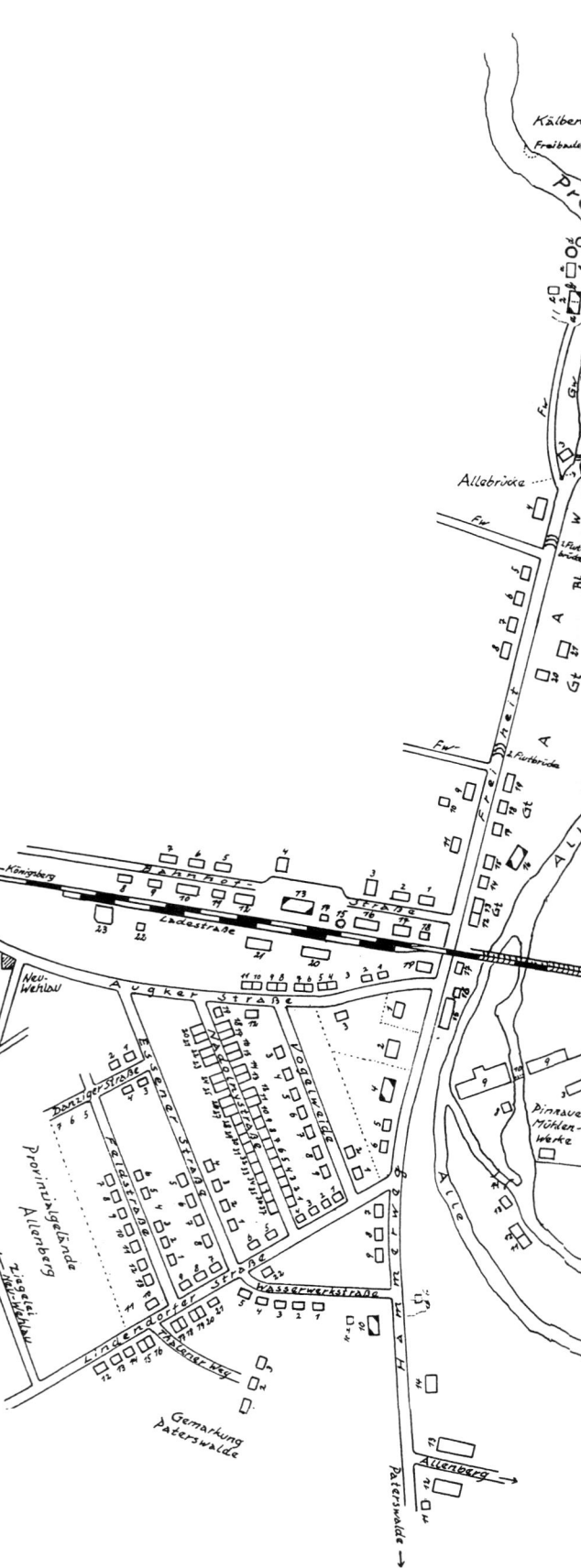

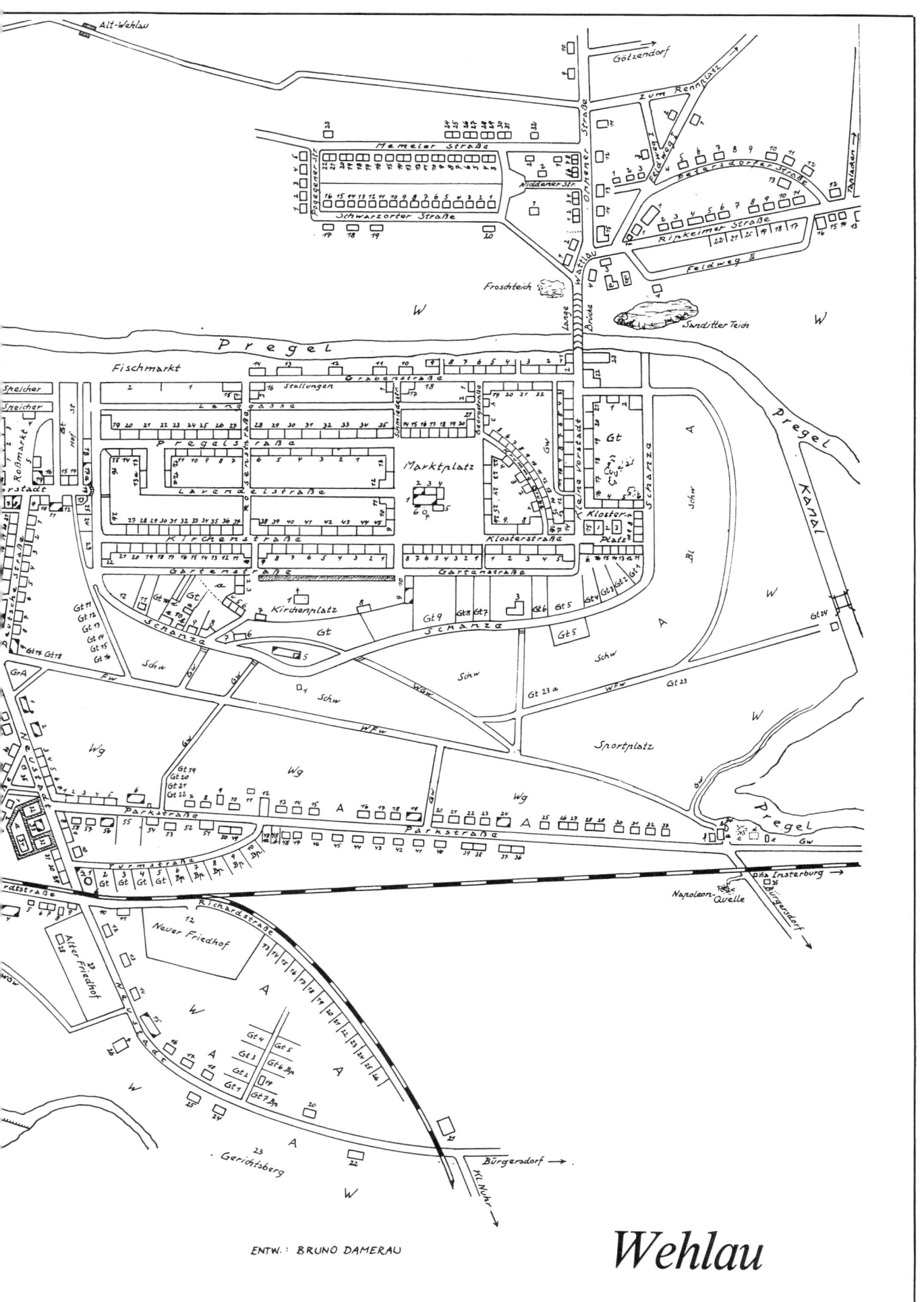

Wehlau

ENTW.: BRUNO DAMERAU

Reg.-Bez. Königsberg (Pr)

Stadt Königsberg 372 164

Bartenstein, Ostpr.	**50 448**
Allenau	528
Althof	230
Ardappen	122
Bartenstein, Stadt	12 912
Beyditten	384
Böttchersdorf	629
Damerau	555
Deutsch Wilten	759
Dietrichswalde	244
Domnau, Stadt	2 990
Eisenbart	306
Falkenau	552
Friedland, Stadt	4 417
Gallingen	800
Gallitten	275
Genditten	460
Georgenau	312
Grommels	234
Groß Klitten	275
Groß Poninken	448
Groß Schwansfeld	480
Groß Schwaraunen	462
Heinrichsdorf	309
Hermenhagen	341
Heyde	213
Hohenstein	104
Juditten	536
Kapsitten	439
Karschau	127
Kinkeim	161
Kipitten	215
Klein Schönau	304
Klingenberg	496
Kraftshagen	536
Kukehnen	79
Landskron	723
Langendorf	618
Langhanken	170
Lapkeim	288
Legienen	130
Liekeim	187
Losgehnen	180
Loyden	206
Markienen	434
Massaunen	375
Maxkeim	363
Mertensdorf	369
Nohnen	106
Paßlack	419
Plensen	369
Polkitten	181

Preußisch Wilten	410
Redden	271
Romsdorf	457
Rosenort	276
Roskeim	233
Sandlack	156
Schippenbeil, Stadt	3 434
Schönbaum	241
Schönbruch	1 139
Schönwalde	327
Schwönau	273
Sehmen	503
Siddau	266
Skitten	315
Söllen	259
Sommerfeld	192
Spittehnen	329
Stockheim	544
Stolzenfeld	390
Tromitten	356
Wangritten	186
Wehrwilten	243
Wöterkeim	543
Wohnsdorf	555
Wolmen	389
Wordommen	148
Liesken gem. fr.	561

Braunsberg, Ostpr.	**62 317**
Agstein	92
Alt Münsterberg	150
Basien	973
Betkendorf	217
Bludau	381
Blumberg	121
Bornitt	272
Borwalde	71
Braunsberg, Stadt	21 142
Bürgerwalde	315
Drewsdorf	93
Engelswalde	205
Eschenau	193
Fehlau	71
Frauenburg, Stadt	2 981
Gauden	75
Gayl	164
Gedauten	173
Gedilgen	128
Glanden	88

Groß Rautenberg	490
Grunenberg	97
Heinrichsdorf	199
Heinrikau	798
Heistern	235
Hogendorf	274
Huntenberg	107
Karben	122
Karschau	210
Kaschaunen	323
Kirschienen	182
Kleefeld	250
Klein Rautenberg	117
Klenau	177
Klingenberg	294
Komainen	161
Kreutzdorf	168
Krickhausen	285
Kurau	392
Langwalde	588
Layß	500
Lichtenau	588
Lichtwalde	149
Liebenau	150
Liebenthal	180
Lilienthal	275
Lotterbach	209
Lotterfeld	222
Mehlsack, Stadt	4 393
Mertensdorf	212
Migehnen	891
Millenberg	292
Neuhof	282
Neu Passarge	429
Open	695
Packhausen	318
Parlack	149
Paulen	227
Peterswalde	399
Pettelkau	488
Pilgramsdorf	124
Plaßwich	670
Plauten	310
Podlechen	172
Rawusen	132
Regitten	435
Rosengarth	324
Rosenwalde	116
Schafsberg	102
Schalmey	362
Schillgehnen	330
Schönau	117

Schöndamerau	598
Schönsee	190
Schwillgarben	143
Seefeld	198
Sonnenfeld	140
Sonnwalde	545
Stangendorf	162
Stegmannsdorf	209
Steinbotten	100
Straubendorf	117
Sugnienen	256
Thalbach	390
Tiedmannsdorf	795
Tolksdorf	474
Tüngen	423
Vierzighuben	259
Wagten	341
Willenberg	148
Wölken	71
Woppen	197
Wormditt, Stadt	7 817
Woynitt	141
Wusen	831
Zagern	156

Gerdauen	**35 013**
Adamswalde	205
Altendorf	718
Arnsdorf	395
Assaunen	493
Astrau	393
Bieberstein	324
Birkenfeld	539
Bokellen	379
Bruchort	67
Dietrichsdorf	280
Dreimühl	290
Ebenau	236
Ellernbruch	270
Friedenberg	383
Friedrichswalde	440
Georgenhain	444
Gerdauen, Stadt	5 118
Gerkiehnen	195
Großblankenfelde	326
Groß Gnie	570
Groß Potauern	205
Groß Schönau	387
Grünheim	225
Hochlindenberg	274
Ilmenhorst	526

Ilmsdorf	322
Kaydann	217
Kiehlendorf	181
Kleinblankenfelde	209
Kleingnie	1 015
Klinthenen	287
Kröligkeim	808
Kurkenfeld	406
Laggarben	434
Lieskendorf	238
Lindenau	426
Löcknick	331
Löwenstein	588
Mauenfelde	216
Melchersdorf	94
Molteinen	672
Momehnen	545
Mulden	894
Neuendorf	496
Neusobrost	534
Nordenburg, Stadt	3 173
Odertal	145
Peißnick	226
Pentlack	370
Petrineusaß	139
Plagbuden	297
Polleiken	233
Posegnick	663
Prätlack	175
Rädtkeim	379
Raudingen	430
Reuschenfeld	718
Schakenhof	677
Schellenberg	239
Schiffus	247
Schmodehnen	217
Schneiderin	285
Schönlinde	488
Skandau	502
Sobrost	296
Trausen	258
Waldburg	534
Wandlacken	562
Werschen	191
Wesselau	459
Willkamm	515

Heiligenbeil	**53 207**
Alt Passarge	247
Arnstein	559
Balga	755
Barsen	89
Birkenau	218
Bladiau	1 217
Bönkenwalde	266
Bolbitten	226
Bombitten	424
Brandenburg	1 596
Breitlinde	99
Deutsch Bahnau	219
Deutsch Thierau	662
Dösen	210
Eichholz	484
Eisenberg	813
Fedderau	164
Follendorf	124
Freudenthal	122
Gallingen	163
Groß Hasselberg	364
Groß Hoppenbruch	299
Groß Klingbeck	359
Groß Rödersdorf	171
Grünwalde	228
Grünwiese	242
Grunau	403
Grunenfeld	236
Hammersdorf	180
Hanswalde	649
Hasselpusch	218
Heiligenbeil, Stadt	12 100
Hermsdorf	839
Herzogswalde	212
Hohenfürst	404
Hohenwalde	496
Jäcknitz	517
Jürkendorf	140
Kahlholz	240
Karben	177
Kildehnen	116
Kirschdorf	160
Klaussitten	206
Klein Rödersdorf	233
Kleinwalde	84
Köllmisch Gehdau	80
Königsdorf	162
Konradswalde	91
Kukehnen	241
Kumgarben	95
Kuschen	150
Langendorf	130
Lank	742
Laukitten	230
Lauterbach	338
Legnitten	305
Leisuhnen	275
Lichtenfeld	794
Lindenau	396
Lönhöfen	132
Ludwigsort	1 252
Lüdtkenfürst	265
Maraunen	237
Müngen	73
Nemritten	231
Partheinen	458
Patersort	221
Pellen	208
Perbanden	77
Perwilten	216
Pinnau	67
Plössen	263
Pörschken	605
Pokarben	273
Poplitten	110
Pottlitten	227
Preußisch Bahnau	434
Quilitten	259
Rauschbach	94
Rehfeld	295
Rippen	546
Robitten	325
Rödersdorf	180
Rossen	221
Sargen	123
Schirten	323
Schölen	145
Schönborn	108
Schönfeld	303
Schönlinde	337
Schönrade	215
Schönwalde	494
Schoschen	153
Schwanis	361
Schwengels	411
Sollecken	179
Sonnenstuhl	314
Steindorf	446
Stolzenberg	549
Thomsdorf	260
Tiefensee	575
Vogelsang	305
Waltersdorf	471
Wangnicken	343
Wargitten	210
Wermten	238
Wesselshöfen	408
Wilknitt	177
Windkeim	301
Wohlau	111
Wolitta	94
Wolittnick	225
Zinten, Stadt	5 800

Heilsberg	**56 214**
Albrechtsdorf	222
Alt Garschen	315
Althof	180
Altkirch	546
Ankendorf	234
Arnsdorf	1 365
Battatron	327
Beiswalde	353
Benern	599
Bewernick	150
Blankenberg	560
Blankensee	349
Bleichenbarth	273
Blumenau	365
Bogen	244
Drewenz	205
Elditten	249
Eschenau	399
Frauendorf	497
Freimarkt	717
Friedrichsheide	108
Glottau	735
Gronau	421
Großendorf	251
Groß Klausitten	319
Guttstadt, Stadt	5 932
Heiligenfelde	126
Heiligenthal	713
Heilsberg, Stadt	11 787
Hohenfeld	84
Jegothen	206
Kalkstein	474
Katzen	280
Kerschdorf	163
Kerschen	139
Kerwienen	457
Kiwitten	434
Kleiditten	132
Kleinenfeld	210
Klingerswalde	524
Klotainen	236
Knipstein	271
Knopen	222
Kobeln	324
Konitten	128
Konnegen	280
Krekollen	627
Langwiese	183
Launau	855
Lauterhagen	438
Lauterwalde	127
Lawden	153
Liewenberg	568
Lingenau	313
Markeim	187
Mawern	169
Medien	196
Münsterberg	578
Napratten	232
Neuendorf b. Guttstadt	191
Neuendorf b. Heilsberg	290
Neu Garschen	216
Noßberg	742
Ober Kapkeim	255
Petersdorf	236
Peterswalde	537
Polpen	234
Pomehren	134
Queetz	789
Raunau	849
Regerteln	360
Rehagen	330
Reichenberg	493
Reimerswalde	619
Retsch	275
Roggenhausen	525
Rosenbeck	186
Rosengarth	776
Schlitt	529
Schmolainen	721
Schönwalde	208
Schönwiese	495
Schulen	581
Schwenkitten	170
Schwuben	111
Settau	111
Siegfriedswalde	740
Sommerfeld	304
Soritten	242
Springborn	251
Stabunken	108
Sternberg	461

Stolzhagen	456	Hirschdorf	163	Wachsnicken	151	Kolteney	425
Süssenberg	468	Hohenbruch	1 155	Waldwinkel	607	Kornellen	214
Thegsten	251	Hügelort	243	Wanghusen	208	Koschainen	305
Tollnigk	398	Jorksdorf	391	Wartenburg	112	Kranthau	98
Trautenau	235	Kadgiehnen	80	Weißenbruch	314	Kunzendorf	205
Unter Kapkeim	237	Kaimen	364	Welmdeich	272	Kuppen	399
Voigtsdorf	331	Kalkfelde	121	Willmanns	127	Liebstadt, Stadt	2 742
Waltersmühl	334	Kampken	214	Wittenrode	129	Liebwalde	591
Warlack	223	Kapstücken	183	gemeindefrei:		Linkenau	316
Wernegitten	610	Kirschbeck	163	Erlenwald, Forst	41	Löpen	248
Wolfsdorf	799	Kirschkeim	136	Liebenfelde, Forst	367	Miswalde	735
Workeim	392	Klein Baum	92	Pfeil, Forst	240	Mohrungen, Stadt	8 373
Wosseden	199	Klein Steinsdorf	90	Tawellenbruch, Forst	4 325	Mortung	292
Wuslack	481	Korehlen	114			Mothalen	192
		Kornfelde	150			Motitten	176
		Kornhöfen	103			Nickelshagen	485
		Krakau	388			Paradies	217
		Kreuzweg	224	**Mohrungen**	**56 255**	Paulehnen	142
Labiau	**51 885**	Labiau, Stadt	6 527	Alt Bestendorf	509	Paulken	337
Alt Gertlauken	788	Lablacken	575	Alt Christburg	988	Pittehnen	148
Auerfelde	157	Langenheim	133	Altstadt	364	Pörschken	106
Auerwalde	134	Laukischken	824	Auer	419	Polkehnen	111
Bartelshöfen	107	Lethenen	101	Bärting	275	Pollwitten	465
Beerendorf	95	Liebenfelde	4 089	Bagnitten	148	Ponarien	277
Berghöfen	136	Liebenort	333	Banners	267	Prägsden	95
Biehnendorf	351	Lindenau	198	Barten	269	Preußisch Mark	437
Bitterfelde	299	Lindenhorst	532	Bauditten	548	Prökelwitz	520
Blöcken	160	Ludendorff	874	Bensee	124	Reichau	881
Blumenfelde	131	Marienbruch	119	Bolitten	335	Reichenthal	269
Bothenen	279	Markthausen	1 220	Boyden	240	Reichertswalde	410
Breitflur	198	Mauern	351	Buchwalde	252	Reußen	545
Burgsdorf	281	Mettkeim	361	Bündtken	244	Rollnau	457
Dachsfelde	132	Mörnersfelde	250	Dittersdorf	370	Saalfeld, Stadt	3 120
Danielshöfen	108	Moritten	189	Eckersdorf	682	Sadlauken	142
Deimehöh	213	Mühlenau	276	Freiwalde	1 015	Samrodt	822
Deimemünde	30	Nautzken	235	Georgenthal	847	Sassen	246
Deimetal	106	Neuenrode	182	Gergehnen	334	Schertingswalde	213
Domhardtfelde	249	Neuwiese	555	Gerswalde	1 026	Schliewe	206
Duhnau	132	Paaringen	95	Görken	142	Schnellwalde	570
Ehlertfelde	153	Panzerfelde	138	Golbitten	121	Schönaich	120
Eichenberg	220	Perdollen	254	Goldbach	353	Schwalgendorf	658
Eichenrode	404	Peremtienen	165	Goyden	234	Schwenkendorf	287
Elchwerder	1 048	Plicken	101	Groß Arnsdorf	609	Seegertswalde	775
Erlenfließ	336	Pogarben	72	Groß Gottswalde	356	Seubersdorf	654
Florweg	49	Poßritten	137	Groß Hanswalde	340	Silberbach	607
Friedrichsburg	334	Pronitten	732	Groß Hermenau	432	Simnau	604
Friedrichsrode	449	Reiken	173	Groß Münsterberg	273	Skollwitten	140
Gilge	1 154	Rinderort	672	Groß Sauerken	57	Sonnenborn	751
Goldberg	386	Rodenwalde	190	Groß Trukainen	92	Sorbehnen	367
Goltzhausen	107	Rotenfeld	229	Groß Wilmsdorf	349	Sorrehnen	436
Groß Baum	1 036	Rothöfen	126	Gubitten	266	Sportehnen	111
Groß Droosden	591	Schakaulack	204	Güldenboden	430	Stollen	304
Groß Legitten	483	Schanzkrug	167	Hagenau	840	Taabern	327
Groß Pöppeln	202	Scharlack	294	Heinrichsdorf	295	Terpen	225
Groß Steindorf	222	Schlicken	376	Herzogswalde	694	Venedien	441
Gutfließ	524	Schulkeim	110	Himmelforth	616	Vorwerk	459
Habichtswalde	402	Sellwethen	369	Horn	769	Waltersdorf	571
Haffwerder	898	Senseln	189	Jäskendorf	407	Weepers	252
Haffwinkel	547	Sergitten	179	Kämmen	138	Weinsdorf	732
Hagenwalde	147	Sielkeim	371	Kahlau	821	Wiese	899
Hallenau	135	Spannegeln	214	Kallisten	353	Willnau	283
Heiderode	92	Stenken	170	Karnitten	340	Winkenhagen	227
Heiligenhain	381	Theut	213	Kerpen	218	Wodigehnen	69
Herzfelde	135	Thiemsdorf	252	Klein Hanswalde	179		
Hindenburg	1 213	Timber	529	Klogehnen	52		
		Timberhafen	239	Königsdorf	392		

Preußisch Eylau 56 385

Ort	Zahl
Abschwangen	608
Ackerau	378
Albrechtsdorf	842
Almenhausen	298
Althof	517
Alt Steegen	361
Arnsberg	291
Augam	278
Bandels-Sand	216
Bartelsdorf	378
Bekarten	129
Blankenau	265
Blumstein	285
Bönkeim	398
Borchertsdorf	276
Borken	357
Buchholz	587
Dixen	222
Döbnicken	243
Dollstädt	296
Eichen	323
Eichhorn	337
Finken	337
Frisching	506
Glandau	658
Glauthienen	248
Grauschienen	103
Graventhien	314
Groß Dexen	114
Groß Lauth	616
Groß Sausgarten	284
Grünbaum	281
Grünwalde	411
Guttenfeld	174
Hanshagen	457
Hoofe	519
Hoppendorf	293
Hussehnen	384
Jesau	1 976
Kanditten	928
Kavern	286
Kilgis	301
Klaussen	84
Klein Sausgarten	274
Kniepitten	779
Kreuzburg, Stadt	2 007
Kromargen	390
Krücken	169
Kumkein	388
Kutschitten	120
Lampasch	167
Landsberg, Stadt	3 120
Legden	554
Lewitten	397
Lichtenfelde	215
Liepnicken	195
Loschen	149
Mollwitten	325
Moritten	225
Mostitten	359
Mühlhausen	939
Naunienen	204
Neucken	150
Neuendorf	214
Packerau	231
Papperten	131
Parösken	225
Peisten	247
Petershagen	423
Pompicken	223
Porschkeim	264
Poschloschen	235
Posmahlen	329
Powarschen	116
Preußisch Eylau, Stadt	7 485
Pudelkeim	181
Quehnen	207
Reddenau	448
Roditten	144
Rositten	804
Rothenen	170
Sangnitten	369
Schlauthienen	159
Schmoditten	507
Schnakeinen	219
Schönwiese	579
Schrombehnen	636
Seeben	527
Serpallen	106
Sieslack	370
Sollau	187
Sollnicken	491
Sortlack	121
Strobehnen	181
Tenknitten	213
Tharau	786
Thomsdorf	284
Tiefenthal	257
Tolks	495
Topprienen	439
Trinkheim	200
Uderwangen	1 616
Vierzighuben	342
Wackern	249
Wangnick	207
Warschkeiten	321
Weischnuren	243
Wildenhoff	333
Wittenberg	897
Wöterkeim	195
Wogau	452
Worglitten	279
Worienen	709
Worschienen	132
Zohlen-Perscheln	192
gemeindefrei:	
Stablack	2 730

Preußisch Holland 37 492

Ort	Zahl
Alken	148
Alt Dollstädt	275
Alt Kußfeld	45
Alt Teschen	88
Angnitten	277
Awecken	308
Baarden	262
Behlenhof	332
Blumenau	293
Borchertsdorf	300
Bordehnen	188
Breunken	108
Briensdorf	361
Buchwalde	154
Bürgerhöfen	95
Bunden	229
Deutschendorf	620
Döbern	685
Draulitten	234
Drausenhof	144
Ebersbach	430
Falkhorst	130
Fürstenau	381
Göttchendorf	210
Greißings	59
Groß Thierbach	291
Grünhagen	755
Günthersdorf	182
Hasselbusch	80
Heiligenwalde	380
Hermannswalde	176
Hermsdorf	516
Herrndorf	467
Hirschfeld	1 154
Hohendorf	488
Jankendorf	441
Jonikam	35
Kalthof	296
Karwinden	245
Karwitten	158
Königsblumenau	724
Kopiehnen	96
Krapen	191
Krickehnen	114
Krönau	281
Krossen	273
Lägs	147
Langenreihe	159
Lauck	402
Liebenau	137
Lohberg	241
Lomp	276
Luxethen	350
Mäken	151
Marienfelde	368
Mühlhausen, Stadt	3 008
Nauten	200
Neu Dollstädt	763
Neuendorf	421
Neumark	434
Neu Münsterberg	257
Neu Teschen	110
Peiskam	202
Pergusen	144
Plehnen	76
Podangen	223
Preußisch Holland, Stadt	6 345
Quittainen	380
Rapendorf	306
Reichenbach	732
Reichwalde	612
Robitten	153
Rogau	148
Rogehnen	522
Rossitten	257
Schlobitten	672
Schlodien	597
Schmauch	489
Schönaich	143
Schönberg	269
Schönborn	193
Schönfeld	349
Schönfließ	200
Schönwiese	115
Seepothen	196
Sommerfeld	585
Steegen	418
Sumpf	304
Tippeln	231
Weeskendorf	231
Wiese	362
Zallenfelde	258
Weeskenhof gem.-fr.	657

Rastenburg 57 223

Ort	Zahl
Alt Rosenthal	418
Babziens	346
Bäslack	686
Bannaskeim	432
Barten, Stadt	1 543
Baumgarten	568
Blaustein	462
Borschenen	94
Bürgersdorf	329
Dönhofstädt	1 526
Drengfurt, Stadt	2 289
Freudenberg	463
Fürstenau	778
Glaubitten	445
Godocken	162
Groß Galbuhnen	381
Groß Köskeim	161
Groß Neuhof	803
Groß Winkeldorf	153
Gudnick	223
Heiligelinde	229
Jäglack	414
Jankenwalde	184
Kaltwangen	172
Kamplack	104
Karschau	435
Kemlack	172
Korschen	3 042
Kotittlack	198
Krausendorf	381
Kremitten	252
Lablack	76
Lamgarben	652
Langheim	733
Laxdoyen	174
Marienthal	429
Meistersfelde	312
Modgarben	307
Muhlack	363
Neuendorf	96
Neu Rosenthal	628
Paaris	459
Partsch	312

Pastern	108	Dossitten	464	Lichtenhagen	317	Schugsten	535
Plehnen	472	Drebnau	253	Lindenau	190	Seerappen	1 731
Podlacken	221	Drugehnen	820	Liska-Schaaken	566	Seewalde	140
Podlechen	275	Eisliethen	354	Lobitten	169	Sorthenen	139
Pötschendorf	521	Eisseln	63	Löwenhagen	906	Sperlings	426
Pohiebels	459	Elchdorf	274	Loppöhnen	155	Stantau	329
Prangenau	526	Eythienen	270	Ludwigswalde	712	Steinbeck	811
Prassen	1 469	Fischhausen, Stadt	3 879	Mahnsfeld	522	Steinort	218
Pülz	771	Friedrichstein	525	Mandeln	771	Sudnicken	473
Rastenburg, Stadt	19 634	Fuchsberg	959	Mantau	376	Syndau	250
Rodehlen	612	Fuchshöfen	349	Marienhof	283	Tenkitten	258
Salzbach	321	Gaffken	321	Marscheiten	141	Thiemsdorf	190
Sansgarben	219	Gallgarben	546	Maulen	490	Thierenberg	624
Sausgörken	361	Gamsau	249	Medenau	1 202	Trankwitz	469
Scharfs	355	Garbseiden	348	Michelau	363	Tranßau	329
Schlömpen	103	Geidau	284	Mogahnen	407	Trentitten	555
Schönfließ	566	Georgenswalde	791	Molsehnen	640	Trömpau	307
Schrankheim	321	Germau	1 140	Mülsen	359	Trutenau	419
Schülzen	369	Godnicken	859	Nautzwinkel	294	Uggehnen	679
Schwarzstein	1 590	Godrienen	773	Neuendorf	247	Waldau	789
Seeligenfeld	496	Goldschmiede	695	Neuhäuser	961	Waldburg	308
Spiegels	197	Gollau	409	Neuhausen	4 198	Wardienen	95
Stettenbruch	163	Goythenen	108	Neuhof	573	Wargen	901
Sußnick	241	Groß Barthen	238	Neukuhren	4 779	Wargienen	328
Taberwiese	284	Groß Blumenau	1 013	Neu Lindenau	190	Weidehnen	356
Tolksdorf	563	Groß Dirschkeim	642	Nickelsdorf	149	Weißenstein	343
Wehlack	380	Großheidekrug	2 411	Nöttnicken	96	Wernsdorf	154
Weischnuren	269	Groß Hubnicken	467	Norgau	497	Wickbold	479
Weitzdorf	145	Groß Kuhren	844	Norgehnen	175	Widitten	351
Wendehnen	216	Groß Ladtkeim	538	Paggehnen	155	Wiekau	273
Wenden	812	Groß Lindenau	1 507	Palmburg	768	Willkeim	294
Widrinnen	471	Groß Mischen	693	Palmnicken	3 079	Willkühnen	388
Wilkendorf	574	Groß Ottenhagen	875	Perteltnicken	270	Wischehnen	263
Wolfshagen	378	Grünhoff	472	Perwissau	279	Wolfsdorf	230
Woplauken	217	Gutenfeld	1 334	Peyse	2 196	Worienen	228
Zandersdorf	158	Heidemaulen	235	Pillau, Seestadt	12 379	Wosegau	432
		Heidewaldburg	298	Pillkopen	301	Woytnicken	148
		Heiligenkreutz	429	Pobethen	1 358	Wundlacken	337
		Heiligenwalde	716	Pogauen	432	Ziegelau	331
		Horst	130	Poggenpfuhl	462	Groß Bruch, gem.-fr.	43
		Jäskeim	389	Pojerstieten	367		
		Jungferndorf	249	Posselau	109		
		Kalkeim	64	Postnicken	847		
Samland	**120 246**	Kallen	359	Powayen	140		
Altenberg	250	Karmitten	249	Powunden	703	**Wehlau**	**50 236**
Alt Katzkeim	189	Kirschnehmen	504	Prawten	246	Allenburg, Stadt	2 694
Arnau	438	Klein Dirschkeim	376	Ramsen	149	Aßlacken	319
Aweyken	81	Klein Hubnicken	318	Rantau	586	Auerbach	157
Bärwalde	608	Klein Kuhren	234	Rauschen	2 542	Bartenhof	237
Battau	170	Klein Ottenhagen	231	Regehnen	501	Bieberswalde	297
Bergau	338	Knöppelsdorf	529	Rosignaiten	198	Biothen	378
Berthaswalde	137	Kobbelbude	430	Rossitten	691	Brandlacken	40
Biegiethen	185	Kojehnen	212	Rothenen	362	Bürgersdorf	452
Bieskobnicken	111	Konradswalde	254	Rudau	1 053	Dachsrode	65
Birkenwalde	179	Korreynen	355	Saltnicken	53	Damerau	118
Bledau	656	Kraam	550	Sanglienen	223	Eichen	376
Bludau	637	Kragau	245	Sankt Lorenz	704	Eiserwagen	250
Borchersdorf	590	Kraussen	1 520	Sarkau	705	Ernstwalde	150
Brasdorf	349	Kropiens	539	Schaaksvitte	607	Freudenfeld	218
Bulitten	460	Kuikeim	164	Schalben	159	Friedrichsdorf	350
Cranz	5 079	Kumehnen	793	Schlakalken	184	Friedrichsthal	282
Damerau	354	Langendorf	158	Schmiedehnen	169	Frischenau	317
Dargen	147	Laptau	611	Schönmohr	297	Fritschienen	101
Dommelkeim	387	Lauknicken	80	Schönwalde	553	Fuchshügel	208
Dopsattel	173	Legden	198	Schorschehnen	94	Gauleden	991
Dorben	156	Lengniethen	315	Schuditten	468	Genslack	406

Goldbach	951	Klein Engelau	318	Nickelsdorf	336	Schillenberg	168
Grauden	104	Klein Nuhr	534	Parnehnen	565	Schirrau	487
Groß Allendorf	295	Klein Ponnau	109	Paterswalde	1 225	Schönrade	199
Groß Birkenfelde	49	Klinglacken	26	Pelkeninken	146	Schorkenicken	83
Groß Budlacken	74	Knäblacken	62	Petersdorf	464	Sechshuben	78
Groß Engelau	615	Koddien	141	Pettkuhnen	133	Sielacken	64
Groß Keylau	218	Köllmisch Damerau	108	Plauen	398	Skaten	87
Groß Michelau	175	Köthen	128	Plibischken	227	Sprindlack	119
Groß Nuhr	337	Koppershagen	199	Plompen	43	Stadthausen	93
Groß Ponnau	239	Kortmedien	164	Pomedien	351	Stampelken	293
Großudertal	255	Kühnbruch	50	Poppendorf	409	Starkenberg	398
Grünhayn	408	Kuglack	152	Pregelswalde	700	Stobingen	479
Grünlinde	320	Kuglacken	504	Reinlacken	225	Tapiau, Stadt	9 272
Gundau	146	Kukers	135	Reipen	127	Taplacken	415
Guttschallen	191	Langendorf	313	Richau	284	Tölteninken	172
Hanswalde	160	Leipen	96	Ringlacken	37	Uderhöhe	134
Hasenberg	257	Leißienen	425	Rockeimswalde	187	Wargienen	193
Holländerei	194	Lindendorf	340	Roddau-Perkuiken	401	Warnien	120
Imten	321	Magotten	106	Romau	195	Wehlau, Stadt	8 536
Irglacken	208	Moptau	108	Rosenfelde	80	Weidlacken	237
Jägersdorf	46	Moterau	399	Sanditten	789	Weißensee	646
Kallehnen	95	Nalegau	98	Schallen	254	Wilkendorf	469
Klein Budlacken	36	Neuendorf	225	Schiewenau	438	Wilmsdorf	87
		Neumühl	249			Zohpen	304

Regierungsbezirk Gumbinnen

Stadt Insterburg	**48 711**	Dingelau	235	Gudwainen	49	Kudern	135
Stadt Memel	**41 297**	Dittwiese	66	Gudwallen	560	Kuppenwiese	114
Stadt Tilsit	**59 105**	Drachenberg	89	Gutbergen	124	Kurschen	131
		Eibenburg	296	Hallweg	338	Labonen	184
		Elken	187	Hasenbrück	121	Langenrück	69
		Erlenflet	98	Hilpertswerder	84	Linnemarken	42
Angerapp	**31 549**	Ernstburg	320	Ilgenau	185	Loppinnen	48
Adamsheide	262	Eschingen	287	Jodanen	108	Maiden	107
Albrechtau	157	Finkenwalde	60	Jürgenfelde	290	Marienwalde	316
Albrechtshof	228	Friedeck	165	Julienfelde	150	Meltbach	79
Almental	256	Friedrichsberg	310	Jungferngrund	67	Mentau	81
Altentrift	69	Fritzenau	132	Kamanten	106	Menturren	70
Altheide	324	Gahlen	344	Kanden	155	Meßken	93
Altlautersee	135	Gembern	257	Kannen	205	Milchbude	19
Altlinde	92	Gleisgarben	270	Karkeim	168	Missen	69
Altsauswalde	142	Golsaue	134	Karpauen	342	Neubeinuhnen	92
Alt Thalau	63	Grieben	198	Kermen	250	Neusauswalde	82
Ammerau	176	Grieswalde	196	Kermenau	77	Neu Thalau	82
Angerapp, Stadt	4 336	Grimmen	266	Kleedorf	74	Notrienen	73
Auerfluß	374	Großbachrode	112	Kleinangerapp	388	Oberhofen	82
Aussicht	162	Großbeinuhnen	215	Kleinbachrode	90	Ostkehmen	67
Ballethen	447	Groß Grobienen	181	Kleinbeinuhnen	369	Peterkeim	82
Balschdorf	144	Groß Illmen	95	Klein Grobienen	69	Puttkammer	54
Balsken	133	Groß Jahnen	180	Kleinlautersee	211	Ragen	57
Berglingen	156	Großkallwen	104	Klein Ragauen	58	Ramfelde	113
Bidenteich	173	Großlautersee	53	Klein Skirlack	189	Rauben(-Degelgirren)	122
Bindemark	63	Großmedien	280	Klein Sobrost	139	Raunen	105
Blinkersee	117	Groß Ragauen	204	Kleinzedmar	69	Rogalwalde	214
Brahetal	210	Groß Skirlack	229	Kleschauen	163	Rosenberg	50
Brassen	67	Groß Sobrost	221	Königsgarten	179	Roßkamp	111
Brenndenwalde	145	Großsteinau	127	Köskeim	74	Rüttelsdorf	147
Brettken	103	Großzedmar	108	Konradshof	216	Runden	159
Bruderhof	155	Grünblum	73	Kranichfelde	199	Sandeck	126
Brunshöfen	42	Gründann	35	Kreuzhausen	203	Sanden	500
Christiankehmen	222	Grünsiedel	94	Kreuzstein	108	Sauckenhof	208
Dachshausen	208	Gruneiken	78	Krucken	69	Sausreppen	251

Schanzenhöh	124
Schiedelau	146
Schimmelhof	90
Schlieben	98
Schönfels	168
Schönwall	70
Schudau	66
Seehagen	50
Seehügel	88
Sillenfelde	234
Sodehnen	422
Stillheide	180
Ströpken	259
Stroppau	292
Tatarren	267
Tiefenhagen	68
Trempen	872
Uhlenhorst	207
Ursfelde	91
Waldkerme	156
Wehrwalde	102
Wiecken	268
Wiesenbrunn	93
Wiesenhausen	180
Wildhorst	99
Wilhelmsberg	578
Wittbach	201

Angerburg   **42 744**

Albrechtswiesen	494
Andreastal	456
Angerburg, Stadt	10 922
Angertal	172
Benkheim	1 970
Bergensee	431
Birkenhöhe	241
Borkenwalde	310
Buddern	897
Doben	227
Dowiaten	205
Engelstein	592
Gembalken	139
Geroldswalde	215
Gronden	367
Groß Budschen	443
Großgarten	1 551
Groß Guja	447
Groß Strengeln	262
Gurren	402
Haarschen	811
Hartenstein	412
Heidenberg	540
Herbsthausen	385
Hochsee	193
Jakunen	749
Jorken	354
Kanitz	509
Kehlen	777
Kerschken	311
Kleinkutten	231
Klein Strengeln	348
Knobbenort	193

Kruglanken	1 222
Kulsen	330
Kutten	413
Langbrück	383
Lindenwiese	256
Lissen	749
Masehnen	374
Neu Freudenthal	284
Ostau	229
Paßdorf	377
Paulswalde	425
Perlswalde	325
Primsdorf	401
Raudensee	373
Rehsau	334
Rochau	299
Rosengarten	1 139
Salpen	537
Schwenten	828
Seehausen	450
Siewen	259
Siewken	401
Soldahnen	430
Soltmahnen	517
Sonnheim	315
Steinort	629
Steinwalde	363
Stullichen	175
Sunkeln	175
Surminnen	455
Taberlack	255
Talheim	391
Thiergarten	635
Treugenfließ	138
Wensen	240
Wenzken	510
Wiesental	364
Wieskoppen	154
Wolken (Sperling), gem.-fr.	54

Ebenrode   **41 265**

Absteinen	147
Alexbrück	367
Almen	83
Altbruch	66
Altenfließ	68
Amalienhof	275
Andersgrund	95
Antonshain	68
Baringen	432
Bartztal	129
Berningen	120
Bersbrüden	181
Bilderweiten	342
Birkenmühle	1 076
Bißnen	68
Blocksberg	106
Brandrode	38
Bredauen	482
Bruchhöfen	338
Brücken	92
Burgkampen	591
Buschfelde	296

Damerau	229
Datzken	48
Deeden	70
Disselberg	112
Dräwen	114
Drusken	198
Dürrfelde	107
Ebenrode, Stadt	6 608
Eichhagen	339
Eichkamp	231
Eimental	83
Ellerau	117
Ellerbach	106
Erlenhagen	249
Eydtkau, Stadt	4 922
Finkenschlucht	71
Föhrenhorst	322
Freieneck	45
Fuchshagen	184
Germingen	79
Göritten	467
Grenzen	106
Grenzkrug	55
Grieben	113
Groß Degesen	277
Groß Trakehnen	1 518
Grünhof	125
Grünweide	300
Grundhausen	26
Gutweide	91
Hainau	462
Haldenau	235
Haselgrund	68
Heimfelde	187
Hellbrunn	47
Hochmühlen	190
Hochtann	81
Hohenfried	166
Hohenschanz	118
Hollenau	184
Hopfenbruch	112
Hügeldorf	77
Jocken	77
Jürgenrode	65
Kalkhöfen	158
Kassuben	243
Kattenau	696
Kickwieden	145
Kinderfelde	55
Kinderhausen	208
Kischken	118
Klimmen	114
Kögsten	53
Krähenwalde	70
Krebsfließ	96
Kummeln	176
Lauken	206
Leegen	81
Lehmau	114
Lehmfelde	92
Lengen	96
Lengfriede	191
Lerchenborn	263
Lichtentann	77
Lucken	168
Malissen	153

Martinsort	48
Matten	86
Mecken	72
Mehlkinten	43
Mildenheim	69
Mühlengarten	460
Narwickau	145
Nassawen	402
Neuenbach	49
Neu Trakehnen	801
Nickelsfelde	102
Norwieden	100
Packern	45
Parkhof	58
Pfeifenberg	37
Platen	82
Pohlau	98
Preußenwall	56
Quellbruch	98
Raineck	133
Randau	91
Raschen	47
Rauhdorf	71
Rauschendorf	87
Rauschmünde	65
Rehbusch	127
Ribben	101
Rodebach	261
Rohren	187
Romeiken	149
Russen	29
Sandau	72
Sannen	117
Schanzenort	545
Schapten	73
Scharfeneck	271
Schellendorf	240
Schenkenhagen	196
Schleusen	173
Schleuwen	54
Schloßbach	791
Schmilgen	36
Schuckeln	48
Schützenort	147
Schuggern	49
Schwanen	29
Seebach	114
Seehausen	141
Seekampen	178
Semmetimmen	56
Sinnhöfen	101
Sodargen	368
Soginten	93
Sonnenmoor	182
Stadtfelde	602
Stärken	34
Stehlau	170
Steinhalde	175
Stobern	51
Stolzenau	161
Ströhlen	60
Sudeiken	32
Talfriede	73
Tannenmühl	224
Tauern	88
Teichacker	139

Trakehnen	501
Tutschen	471
Ulmenau	42
Urfelde	141
Wabbeln	176
Wagonen	29
Weidenkreuz	191
Weitendorf	28
Weitenruh	65
Wenzbach	326
Wickenfeld	156
Wilken	53
Willdorf	60
Wilpen	112
Windberge	133
Wirbeln	107
Wittkampen	114
Wohren	64

Elchniederung 54 867

Ackeln	113
Adelau	58
Adlig Linkuhnen	379
Ahlgarten	62
Allgau	67
Altdümpelkrug	121
Altengilge	195
Altginnendof	105
Alt Iwenberg	84
Altmühle	190
Altschanzenkrug	131
Alt Seckenburg	211
Alt Sellen	147
Amtal	136
Anmut	47
Ansorge	147
Antonswiese	150
Argemünde	246
Argendorf	220
Argental	276
Aschenberg	73
Aschpalten	82
Balten	111
Berkeln	298
Birkenheim	120
Bolzfelde	104
Bolzhagen	113
Borstehnen	16
Brandenburg	154
Breitenhof	97
Brittanien	334
Budeweg	127
Bürgerhuben	121
Buttenhagen	82
Dannenberg	156
Demmen	151
Deschen	310
Doblienen	64
Dünen	358
Deckwalde	182
Elbings Kolonie	601
Elchwinkel	155
Erlen	145
Erlenrode	73
Eschenberg	200
Falkenhöhe	139
Finkenhof	136
Friedeberg	270
Friedlau	87
Georgenforst	104
Georgenheide	144
Gerhardsgrund	165
Gerhardsheim	150
Gerhardshöfen	56
Gerhardswalde	105
Gerhardsweide	202
Gilgenfeld	171
Gilgetal	285
Gilkendorf	94
Ginkelsmittel	244
Gobienen	112
Gowarten	333
Grenzberg	358
Grieteinen	142
Gronwalde	248
Groß Friedrichsdorf	1 196
Großheidenstein	68
Groß Heinrichsdorf	181
Groß Marienwalde	196
Großwalde	230
Grünau	238
Grünbaum	133
Gründann	287
Grüneberg	111
Grünhausen	464
Grünhof-Kippen	76
Grünwiese	151
Gruten	164
Gutsfelde	121
Haslingen	104
Heideckshof	220
Heinrichswalde	3 460
Herdenau	592
Herrendorf	144
Hochdünen	126
Hohenberge	196
Hoheneiche	128
Hohensprindt	282
Hohenwiese	147
Ibenberg	111
Ibenwerder	75
Inse	545
Iwenheide	58
Jägerhöh	364
Jagsten	272
Jodingen	86
Johannsdorf	99
Kämpen	103
Karkeln	885
Kastaunen	358
Kieslau	46
Kischen	104
Kleeburg	161
Kleindünen	162
Kleinerlenrode	106
Klein Friedrichsdorf	39
Klein Friedrichsgraben	328
Kleingrenzberg	54
Kleinheidenstein	62
Klein Heinrichsdorf	203
Klein Marienwalde	94
Kleinrokitten	29
Kleinsommershöfen	100
Kleinwalde	36
Kleinwarschen	76
Klemenswalde	337
Kloken	581
Köllmisch Linkuhnen	71
Köllmisch Schnecken	73
Kreuzingen	2 256
Kripfelde	184
Kuckerneese	4 492
Kurrenberg	86
Kurwe	22
Kurwensee	85
Kussenberg	138
Lakendorf	135
Langenberg	82
Lehmbruch	50
Leitwarren	67
Lentenbude	81
Lessen	68
Lindendorf	134
Lindental	372
Lischau	132
Loye	279
Mägdeberg	110
Margen	119
Milchhof	176
Motzfelde	150
Mühlenkreuz	229
Mühlmeistern	180
Nassenfelde	113
Neuendorf	161
Neufelde	349
Neufrost	184
Neuginnendorf	51
Neukirch	1 487
Neulinkuhnen	89
Neuschleuse	164
Neu Sellen	59
Neusorge Ksp. Heinrichswalde	331
Neusorge Ksp. Kuckerneese	76
Noiken	301
Ossafelde	247
Oswald	220
Parwen	197
Perkuhnen	102
Peterswalde	417
Plein	140
Polenzhof	207
Raging	212
Rautenburg	307
Rautersdorf	205
Rauterskirch	598
Rehwalde	77
Rewellen	96
Rokitten	91
Rosenwalde	151
Ruckenfeld	266
Ruckenhagen	88
Rutenfelde	32
Schackwiese	143
Schakendorf	367
Schalteck	135
Schlichtingen	147
Schneckenwalde	481
Schneiderende	119
Schönrohr	57
Schönwiese	299
Schorningen	71
Schulzenwiese	358
Schwanensee	207
Seckenburg	1 488
Selsen	82
Sköpen	414
Skören	266
Skulbetwarren	142
Skuldeinen	118
Sommershöfen	72
Sprosserweide	112
Steilberg	139
Stellwagen	193
Stobingen	120
Streulage	80
Stucken	240
Tannenhöhe	85
Tawe	840
Tawellenbruch	455
Tewellen	138
Thomaten	361
Trammen	276
Tranatenberg	112
Trumpenau	181
Urbansprind	297
Vielbrücken	163
Warsche	63
Warschfelde	161
Warskillen	132
Warten	149
Wartenfeld	183
Wartenhöfen	660
Wegnersdorf	18
Wildwiese	524
Wilhelmsbruch	434
Wilhelmsheide	234
Wittken	158
Wolfsberg	148
Wolfsdorf	128
Ziegelberg	162
gemeindefrei:	
Ibenhorst, Forst	378
Schnecken, Forst	407
Tawellenbruch, Forst	116

Goldap 45 825

Äschenbruch	118
Albrechtsrode	166
Altenbude	306
Altenwacht	55
Altenzoll	50
Amberg	48
Arnswald	466
Auersfeld	88
Ballenau	99
Barkau	247

Bastental	123	Klarfließ	62	Serguhnen	76	Florhof	133
Beierswalde	276	Kleinau	42	Serteck	102	Forsteck	125
Bergerode	75	Kleinguden	114	Spechtsboden	223	Frankenhof	59
Bergershof	58	Kornberg	230	Sprindberg	175	Freudenhoch	58
Bergesruh	171	Kosmeden	208	Staatshausen	174	Friedrichsfelde	29
Billenau	73	Kräuterwiese	33	Steinhagen	287	Fuchstal	63
Birkendorf	154	Kraghof	66	Steinheide	108	Gertenau	98
Bodenhausen	832	Kühlberg	67	Summau	99	Gerwen	580
Bornberg	142	Kunzmannsrode	298	Tannenhorst	101	Girnen	208
Burgfelde	432	Kurnen	174	Texeln	193	Groß Baitschen	306
Buschbach	125	Langensee	170	Thomasfelde	365	Groß Datzen	165
Daken	62	Langenwasser	223	Tiefenort	203	Großgauden	338
Deeden	65	Lengenfließ	122	Tollmingen	395	Groß Mixeln	173
Dobauen	168	Liegetrocken	152	Tulkeim	185	Großpreußenbruch	100
Dubeningen	404	Linnau	155	Unterfelde	307	Großpreußenwald	193
Duneiken	389	Loien	231	Urbansdorf	393	Großstangenwald	221
Ebershagen	52	Loken	81	Wangenheim	79	Großwaltersdorf	480
Eckertsberg	141	Maleiken	81	Warnen	231	Grünfließ	176
Eichicht	284	Martinsdorf	168	Wartenstein	117	Grünhaus	202
Ellern	126	Matztal	103	Wehrfeld	66	Gumbinnen, Stadt	24 534
Elsgrund	279	Meschen	179	Wehrkirchen	1 270	Habichtsau	133
Engern	272	Mörleinstal	227	Wellenhausen	190	Hagelsberg	87
Erlensee	116	Motzken	73	Widmannsdorf	271	Haselhof	51
Forsthausen	188	Neumagdeburg	57	Wildwinkel	66	Hasenrode	119
Frankeneck	93	Noldental	56	Winterberg	160	Heinsort	169
Freienfeld	81	Nordenfeld	105	Wittigshöfen	533	Herzogskirch	291
Freudenau	59	Ossau	43	Zapfengrund	82	Heubude	50
Friedrichau	78	Pabbeln	70	Zellmühle	608	Hochfließ	486
Friedrichswalde	187	Padingen	181	Zoden	73	Hoheneck	48
Gehlweiden	477	Pellau	57	Zollteich	82	Hohenfried	163
Gellenau	59	Pellkauen	189			Hohenwerder	89
Gerwalde	60	Pfalzberg	75			Jäckstein	79
Glaubitz	277	Pfalzrode	107			Jägersfreude	199
Gnadenheim	240	Pickeln	276			Jägershagen	311
Goldap, Stadt	12 786	Plauendorf	153	**Gumbinnen**	**55 272**	Jürgendorf	75
Grilsen	59	Pöwen	143	Adamshausen	455	Jungort	177
Grimbach	65	Praßlau	76	Altkrug	753	Kahlheim	250
Grischken	118	Preußischnassau	138	Altlinden	60	Kailen	39
Grönfleet	231	Quellental	84	Altweiler	120	Kaimelau	189
Großfreiendorf	173	Rabeneck	36	Amtshagen	470	Kaimelskrug	168
Großguden	141	Rappenhöh	270	Angereck	337	Kanthausen	374
Grünhügel	57	Rauental	169	Angerfelde	184	Karmohnen	97
Gulbensee	79	Reddicken	72	Angerhöh	346	Kleehagen	221
Gurnen	599	Reutersdorf	58	Austfelde	61	Klein Baitschen	165
Hainholz	37	Ribbenau	168	Bärenhagen	67	Kleingauden	67
Hallenfelde	504	Ringfelde	104	Bahnfelde	194	Kleinpreußenbruch	188
Hardteck	1 191	Rodenheim	173	Balbern	50	Kleinpreußenwald	185
Hartental	67	Rodenstein	135	Bergenbrück	98	Kleinstangenwald	90
Hegelingen	361	Rogainen	395	Bergendorf	201	Klein Trakehnen	573
Heidensee	47	Rominten	309	Berstenau	105	Kleinweiler	75
Hellerau	106	Rotenau	20	Birkenhöhe	101	Korellen	76
Herandstal	694	Rothebude	156	Birkenried	234	Krammsdorf	195
Hermeshof	259	Salzburgerhütte	54	Bismarckshöh	118	Krausenbrück	74
Herzogsrode	394	Satticken	166	Blecken	286	Krügertal	49
Hitlershöhe	133	Schackeln	243	Branden	227	Kubbeln	252
Hohenrode	143	Schäferberg	235	Brauersdorf	81	Kutten	164
Hohenwaldeck	167	Schardingen	237	Brückental	132	Lampshagen	43
Holzeck	225	Scharnen	132	Buchenrode	70	Langenweiler	164
Jägersee	128	Scheeben	104	Bumbeln	181	Laurinshof	99
Jagdbude	78	Schelden	554	Chorbuden	65	Lolen	217
Jarkental	335	Schlaugen	198	Dauginten	160	Lorenzfelde	261
Johannisberg	168	Schneegrund	210	Eggenhof	122	Luschen	231
Kaltenbach	63	Schönheide	411	Eichenfeld	252	Lutzen	78
Kaltensee	159	Schöntal	411	Erlengrund	358	Martinshof	77
Kaschen	155	Schwadenfeld	280	Eyßeln	63	Matzhausen	285
Keckskeim	90	Seefelden	169	Falkenhausen	128	Matzrode	132

Mertinshagen	78	**Heydekrug**	**41 592**	Rumschen	325	Drojental	237
Mittenfelde	118	Akmonischken	236	Rupkalwen	100	Eichenberg	253
Moorhof	152	Alt Stremehnen	197	Ruß	2 454	Eichenstein	324
Moosgrund	144	Altweide	315	Saugen	419	Eichental	153
Nemmersdorf	637	Augskieken	236	Sausgallen	206	Eichhorn	121
Neuenburg	47	Auritten	485	Scheeren	393	Erdmannsruh	382
Neuhufen	53	Barden	396	Schillmeyßen	312	Eschenhang	83
Neupassau	118	Bersteningken	333	Schillwen	474	Falkenreut	227
Norbuden	125	Berzischken	320	Schlaunen	222	Farndorf	46
Ohldorf	1 181	Bewern	592	Skerswethen	273	Fehlbrücken	274
Pabbeln	99	Coadjuthen	947	Skirwiet	354	Feldeck	208
Pendershof	100	Didßeln	300	Steppon-Rödßen	164	Finkengrund	150
Peterstal	171	Feilenhof	224	Stonischken	469	Friedenau	280
Pfälzerort	70	Gaidellen	767	Suwehnen	258	Friedensfelde	272
Pfälzerwalde	243	Galsdon-Joneiten	343	Szagaten	232	Gaiden	46
Pötschwalde	255	Georgenhöhe	265	Szameitkehmen	269	Georgenburg	605
Praßfeld	344	Girreningken	133	Tarwieden	445	Georgental	774
Preußendorf	917	Gnieballen	253	Tattamischken	82	Gnottau	177
Puspern	442	Gurgsden	200	Tauten	215	Gravenort	145
Rahnen	77	Heidewald	320	Tennetal	267	Groß Eschenbruch	436
Reckeln	62	Heinrichsfelde	479	Trakseden	580	Groß Franzdorf	340
Richtfelde	238	Hermannlöhlen	321	Ußlöknen	549	Groß Gerlauken	80
Riedwiese	81	Heydekrug, Stadt	5 236	Ußpelken	481	Groß Jägersdorf	289
Ringfließ	96	Jonaten	251	Wabbeln	160	Großlugau	414
Röden	67	Jugnaten	271	Wersmeningken	535	Groß Schunkern	226
Rohrfeld	210	Kaßemecken	331	Wiesenheide	394	Groß Warkau	282
Roloffseck	133	Kawohlen	218	Wietullen	265	Grünacker	88
Roseneck	74	Kinten	833	Wilkomeden	195	Grünbirken	63
Rosenfelde	94	Kirlicken	230	Willeiken	325	Grünheide	611
Roßlinde	305	Kischken	334	Windenburg	395	Güldenau	198
Rotenkamp	63	Klein Grabuppen	201	Wirkieten	469	Hasenfeld	302
Rotweiler	74	Klugohnen	321			Hengstenberg	201
Samfelde	236	Kolleschen	249			Hoheninster	114
Sampau	83	Kugelhof	420			Honigberg	114
Schmilgen	151	Kukoreiten	321			Horstenau	415
Schöppenfelde	135	Kurpen	329			Hutmühle	395
Schublau	60	Kuwertshof	427	**Insterburg**	**43 224**	Insterblick	166
Schulzenwalde	382	Lapallen	185	Althof-Insterburg	798	Jägertal	404
Schunkern	171	Laschen	381	Amwalde	233	Jänichen	466
Schwarzenau	72	Laudßen	386	Angerbrück	165	Jennen	171
Schweizerau	82	Leitgirren	171	Angerlinde	692	Jessen	105
Schweizersfelde	216	Mädewald	272	Angermoor	170	Kampeneck	170
Schweizertal	380	Mantwieden	341	Argenquell	120	Kamswiken	149
Seewiese	191	Matzken	269	Aulenbach	1 049	Karlswalde	264
Seilhofen	94	Matzstubbern	506	Bärensprung	162	Kastaunen	108
Sodeiken	553	Medischkehmen	480	Bergental	155	Keilergrund	214
Sprindort	152	Meischlauken	384	Bergfriede	161	Kirschland	223
Springen	208	Mestellen	307	Bernhardseck	136	Kirsnen	49
Steffensfelde	266	Metterqueten	328	Bessen	194	Klein Bubainen	131
Tannsee	291	Michelsakuten	164	Binden	227	Kleingeorgenburg	217
Tellrode	319	Minge	205	Birken	726	Klein Gerlauken	90
Turen	106	Moorweide	281	Birkenhausen	190	Klein Schunkern	160
Tutteln	118	Neusassen	424	Birkenhof	261	Klingen	122
Ullrichsdorf	329	Pageldienen	415	Birkenhorst	235	Kneiffen	68
Vierhufen	59	Pagrienen	482	Birklacken	147	Kumpchen	58
Weidengrund	266	Pakamonen	227	Blüchersdorf	263	Kundern	72
Wiekmünde	175	Paleiten	324	Blumenbach	127	Kuttenhöh	142
Wilhelmsberg	134	Passon-Reisgen	254	Blumental	182	Landwehr	178
Wolfseck	127	Pauern	210	Brachenfeld	125	Laschnicken	639
Zweilinden	669	Peteraten	121	Brennersdorf	193	Lehwald	89
Roßlinde, gem.-fr.	454	Petrellen	409	Buchhof	276	Lindenberg	388
		Plaschken	466	Burbeln	114	Lindenhausen	87
		Pleine	395	Dallwitz	375	Lindenhöhe	262
		Prätzmen	155	Dittau	215	Louisenthal	161
		Rucken	618	Dittlacken	452	Luisenberg	522
		Rudienen	213	Dreibrücken	246	Mattenau	285
				Dröschdorf	147		

Mittel Warkau	203
Mittenwalde	173
Muldenwiese	157
Myrtenhof	166
Neuendorf	358
Neugrün	183
Neunassau	374
Neuteich	120
Neuwalde	201
Norkitten	1 147
Oberschleifen	145
Oberschwalben	159
Ossafurt	249
Ossaquell	261
Otterwangen	387
Pagelienen	197
Perkunsfelde	124
Pesseln	165
Peterstal	154
Piaten	383
Pladden	47
Pregelau	342
Puschdorf	559
Rauducken	100
Rehfeld	158
Rehwiese	65
Rosenthal	210
Roßthal	129
Saalau	725
Saugehnen	241
Sausen	103
Schackenau	297
Scherden	77
Scheunenort	212
Schierheide	181
Schleifenau	159
Schmackerau	86
Schönwaldau	266
Schönwiese	217
Schulzenhof	435
Schuppinen	98
Schwägerau	427
Schwalbental	577
Schwerfelde	281
Seßlacken	374
Siegmanten	260
Siegmundsfelde	399
Siemohnen	418
Sprakten	320
Staatshausen	519
Stablacken	200
Staggen	140
Stanken	107
Starkenicken	302
Steinacker	129
Steinsee	215
Stobingen	277
Storchfelde	187
Streudorf	131
Streusiedel	114
Strigengrund	620
Swainen	132
Tammau	278
Tannenfelde	83
Tannenschlucht	104
Tiesfelde	76

Timberquell	110
Tricken	134
Trumplau	68
Unterbirken	78
Walddorf	215
Waldfrieden	215
Waldhausen	758
Walkenau	131
Wiesenblick	115
Wilkental	127
Wirbeln	364
Wirtberg	202
Kranichbruch, Forst, gem.-fr.	3

Memel	**27 752**
Aglohnen	423
Althof	463
Bachmann	117
Bajohren	419
Birkenhain	249
Buddelkehmen	271
Dargußen	321
Darzeppeln	354
Daugmanten	254
Dawillen	471
Deegeln	397
Deutsch Crottingen	303
Dittauen	536
Drawöhnen	260
Drucken	286
Dumpen	430
Gabergischken	224
Gelßinnen	347
Girngallen-Gedmin	269
Girngallen-Matz	348
Götzhöfen	350
Grabsten	390
Groß Jagschen	619
Hohenflur	258
Ißluße	153
Jankeiten	229
Kairinn	282
Kantweinen	409
Karkelbeck	772
Karlsberg	264
Kebbeln	532
Kerndorf	311
Kissinnen	190
Klausmühlen	285
Kollaten	530
Krucken-Görge	559
Lankuppen	331
Lankutten	145
Laugallen	281
Launen	229
Leisten	144
Lingen	272
Löllen	295
Matzkieken	184
Mellneraggen	1 069
Mißeiken	293
Nidden	847

Nimmersatt	382
Paul-Narmund	263
Perwelk	173
Piaulen	252
Plicken	960
Pößeiten	376
Preil	188
Prökuls	1 196
Rooken	309
Sakuten	487
Schäferei	193
Schilleningken	366
Schlappschill	240
Schnaugsten	258
Schudebarsden	213
Schwarzort	346
Schwenzeln	349
Stankeiten	313
Starrischken	188
Stragna	292
Stutten	275
Szimken	502
Truschellen	920
Wallehnen	248
Wannaggen	681
Wensken	279
Wilkieten	403
Wowerischken	135

Schloßberg, Ostpr.	**42 656**
Abendwalde	210
Ackermühle	163
Adlerswalde	255
Albrechtswalde	38
Altbaum	106
Altsnappen	358
Auengrund	65
Auertal	61
Bärenbach	71
Bärenfang	406
Ballen	96
Barschen	79
Barsden	59
Beinicken	147
Belsen	137
Beutnerwalde	22
Bilden	105
Birkenfelde	79
Birkenhof	128
Bitzingen	111
Blockswalde	262
Blumenfeld	431
Blumenthal	249
Bönick	164
Brämerhusen	185
Bröden	74
Bruchdorf	64
Bruchlage	57
Buden	120
Bühlen	45
Bühlerhof	63
Cäsarsruhe	137
Dachsheide	68

Dauden	69
Deihornswalde	204
Deinen	188
Derschau	92
Doristhal	227
Dorotheendorf	50
Dreibuchen	153
Dreßlershausen	152
Drozwalde	101
Dudenfelde	156
Dudenwalde	119
Ebenfelde	194
Ebenhausen	90
Ebenwalde	100
Ebertann	320
Edern	183
Eichbruch	134
Eigern	34
Eschenhöhe	182
Freuchtwiesen	127
Fichtenhöhe	149
Flußfelde	129
Fohlenthal	154
Forsthusen	56
Frankenreuth	107
Friedfelde	85
Friedrichsweiler	71
Gettkanten	25
Gobern	97
Grabenbrück	93
Grabfelde	71
Grenzbrück	28
Grenzfelde	80
Grenzheide	189
Grenzhöhe	330
Grenzwald	215
Groß Königsbruch	27
Grüneichen	148
Grünrode	95
Grünwalde	91
Grumbkowsfelde	118
Grundhufen	43
Grundweiler	45
Gutpetern	21
Hagenfließ	86
Hagenrode	44
Hainort	50
Hansruh	133
Haselberg	2 066
Hauptmannsdorf	58
Heinrichsfelde	121
Hensken	423
Herbstfelde	99
Hermannsdorf	248
Hintertannen	34
Hochfeld	71
Hochweiler	138
Hopfendorf	182
Inglau	140
Insterwalde	128
Insterwangen	41
Iwenberg	115
Jägerswalde	249
Jodungen	111
Kailen	174
Karpfenwinkel	148

Katharinenhof	273	Rotfelde	183
Kayserswiesen	166	Rucken	231
Kiefernberg	140	Sallen	62
Kiefernhorst	24	Salten	74
Kiesdorf	865	Sandhöhe	60
Kiesfelde	208	Sandwalde	79
Kleinhildesheim	73	Sassenbach	70
Kleinruden	58	Schacken	81
Kleinschloßberg	26	Scharen	291
Kleinsorge	108	Schatzhagen	92
Klischen	79	Schieden	95
Klohnen	80	Schillfelde	899
Königsfeld	49	Schillingen	92
Köschen	137	Schwirwindt, Stadt	1 090
Krähenberge	207	Schleswighöfen	138
Kreuzhöhe	95	Schloßberg, Stadt	5 833
Krusen	124	Schmilgen	321
Kühnen	93	Schruten	118
Kurschen	106	Schwarpen	313
Kussen	660	Schwarzenberge	261
Ladmannsfelde	125	Schwarzfelde	44
Langenfelde	496	Schwarzwiesen	123
Laschen	51	Seehuben	145
Lauterbrücken	53	Seidlershöhe	279
Legen	57	Senkendorf	45
Lindbach	176	Serbenten	28
Lindenhaus	588	Siebenlinden	108
Lindenhof	170	Siedlerfelde	169
Lindicken	175	Smailen	143
Lindnershorst	75	Snappen	135
Löbaugrund	83	Sorgenfelde	69
Löbenau	184	Spatzen	74
Lorenzen	68	Sprindacker	105
Lubenwalde	52	Spullen	357
Lugeck	41	Stahnsdorf	102
Mallwen	780	Steinershöfen	110
Marderfelde	80	Steinkirch	217
Martingen	60	Stimbern	57
Meißnersrode	221	Stirnen	76
Michelfelde	143	Stobern	70
Mingen	56	Streuhöfen	140
Mittenbach	37	Sturmen	92
Mittenwalde	193	Stutbruch	74
Moormühle	52	Talwiesen	134
Moorwiese	107	Tanneck	74
Moosbach	103	Tannenwalde	104
Moosheim	146	Tegnerskrug	348
Mühleck	99	Tiefenfelde	32
Mühlenhöhe	349	Treufelde	197
Naßfelde	69	Tulpeningen	384
Nauningen	119	Tuppen	206
Neuweide	113	Urbanshöhe	91
Nicklashagen	157	Urlau	49
Ostdorf	142	Vierhöfen	76
Osterfelde	73	Vormwalde	148
Ostfurt	134	Walddorf	85
Parschen	44	Waldenau	34
Paulicken	119	Waldhufen	145
Peterort	42	Waldlinden	86
Petershausen	120	Waldried	33
Petzingen	28	Wallinden	30
Radenau	236	Weidenbruch	73
Rehwalde	161	Weidenfeld	181
Reinkenwalde	410	Wensken	96
Ritterswalde	35	Werben	137
Rodungen	141	Werden	67

Wetterau	254	Budingen	66
Wiesenbrück	75	Burental	117
Wietzheim	291	Buschdorf	32
Wildnisrode	61	Cullmen-Jennen	347
Willuhnen	291	Cullmen-Wiedutaten	396
Wingern	130	Dammfelde	247
Wöschen	72	Dirsen	23
Zweihuben	38	Dreidorf	132
Schwaighöfen, gem.-fr.	139	Dreifurt	541
		Dreisiedel	214
		Drosselbruch	92
		Duden	53
		Dundeln	80
Tilsit-Ragnit	**79 382**	Ehrenfelde	230
Absteinen	313	Eichbaum	96
Achtfelde	84	Eichendorf	70
Ackerbach	90	Eichenheim	115
Adelshof	104	Eichenhorst	207
Aggern	109	Eistrawischken	365
Allingen	179	Ellerngrund	38
Altengraben	75	Endrikaten	230
Altenkirch	781	Erlenbruch	90
Altweiden	39	Erlenfeld	210
Angerbrunn	40	Falkenort	98
Angerwiese	208	Feldhöhe	71
Ansten	178	Fichtenberg	102
Annuschen	344	Fichtenfließ	214
Argenau	68	Fichtenwalde	124
Argenbrück	576	Finkenhagen	170
Argenfelde	338	Finkental	138
Argenflur	210	Flachdorf	86
Argenfurt	194	Freiendorf	97
Argenhof	189	Freienfelde	107
Aschen	87	Freihöfen	51
Auerfließ	289	Friedenswalde	179
Augsgirren	343	Fuchshausen	41
Ballanden	263	Fuchshöhe	69
Baltupönen	365	Gaistauden	154
Balzershöfen	98	Garnen	46
Barsuhnen	204	Geidingen	173
Bartken	113	Gerslinden	401
Baubeln	206	Gillanden	180
Bendigsfelde	440	Gillandwirßen	305
Bergdorf	168	Gindwillen	132
Bergental	213	Girren	46
Berghang	131	Girschunen	139
Berginswalde	28	Größpelken	315
Bersken	106	Groosten	100
Billen	124	Groschenweide	219
Birgen	60	Großfelde	98
Birkenfelde	74	Groß Kindschen	274
Birkenhain	452	Großkummen	98
Birkenstein	109	Großlenkenau	657
Birkenweide	86	Groß Perbangen	84
Birstonischken	197	Großroden	126
Bittehnen	391	Großschenkendorf	126
Blendienen	78	Großschollen	197
Bojehnen	331	Großwingen	212
Boyken	98	Grünau	160
Brakenau	104	Grünhöhe	71
Brandenhof	95	Grüntal	255
Breitenstein	1 263	Grünweiden	153
Brettschneidern	176	Gudden	382
Brohnen	57	Güldengrund	265
Bruchfelde	121	Hartigsberg	238
Bruchhof	113	Hasenflur	71

Hegehof	233	Lindenbruch	125	Sassenhöhe	64	Werfen	108
Heidenanger	176	Lindengarten	153	Sauerwalde	136	Weßeningken	126
Henndorf	70	Lindenthal	107	Schäcken	255	Wiesenfeld	75
Hirschflur	418	Lindenweiler	92	Schäferei-Nausseden	148	Wilkenau	80
Hohenflur	94	Lindicken	73	Schalau	464	Willkischken	981
Hohensalzburg	364	Lobellen	194	Schanzenkrug	144	Willmannsdorf	103
Hüttenfelde	248	Löffkeshof	208	Scharden	86	Windungen	48
Insterbergen	55	Lompönen	700	Scharken	84	Winge	136
Insterbrück	219	Loten	185	Schattenau	151	Winterlinden	37
Insterhöh	182	Mantwillaten	164	Scheiden	89	Wischwill	1 174
Insterweide	139	Martinsrode	65	Schillen	1 942	Wittenhöhe	62
Jägerfeld	54	Marunen	100	Schillgallen	270	Wittgirren	230
Jägerkrug	46	Maßwillen	209	Schlecken	57	Wodehnen	233
Jägershof	162	Meldienen	146	Schleppen	381	Woringen	82
Jesten	54	Memelwalde	247	Schmalleningken	1 321	Neuhof-Ragnit, gem.-fr.	493
Jonikaten	249	Mikut-Krauleiden	180	Schreitlaugken	239		
Juckstein	206	Moritzfelde	55	Schroten	74		
Jurken	96	Motzischken	301	Schudienen	182		
Kaiserau	75	Moulinen	204	Schuppen	49		
Kallehnen	121	Mühlenhöh	201	Schuppenau	131	**Treuburg**	**37 998**
Kallehnen	203	Mühlpfordt	56	Schurfelde	113	Albrechtsfelde	258
Kallenfeld	139	Nattkischken	418	Schustern	216	Babeck	157
Kallwehlen	225	Neppertlauken	218	Siebenkirchberg	103	Bärengrund	350
Kampspowilken	205	Nesten	96	Sokaiten	218	Barnen	139
Karlshof	152	Neudorf	157	Sommerau	262	Bartken	45
Karohnen	175	Neuhof	141	Staggen	96	Bergenau	401
Kartingen	211	Neusiedel	372	Stannen	111	Bittkau	202
Kasseln	47	Obereißeln	403	Steffenshof	48	Bolken	305
Kattenhof	270	Opeln	77	Steinflur	153	Borken	298
Kauschen	241	Ostfelde	184	Steireggen	63	Buttken	280
Kellen	218	Ostmoor	97	Stumbragirren	437	Deutscheck	405
Kellerischken	222	Ostwalde	375	Szagmanten	272	Diebauen	310
Keppen	74	Pagulbinnen	171	Szillutten	132	Dingeln	86
Kerkutwethen	420	Palen	74	Szugken	230	Draheim	370
Kermen	47	Pamletten	301	Tauern	178	Dullen	240
Kernhall	111	Paschen	91	Thomuscheiten	359	Duneiken	528
Kettingen	48	Paßleiden	40	Thorunen	56	Eibenau	527
Kindschen	186	Pellehnen	148	Tilsen	59	Eichhorn	291
Kleehausen	135	Petersfelde	136	Tilsenau	200	Erlental	430
Kleinkummen	66	Petersmoor	223	Tilsental	109	Friedberg	234
Kleinlenkenau	82	Piktupönen	312	Timstern	218	Friedensdorf	37
Kleinmark	73	Plaunen	54	Tischken	197	Friedrichsheide	155
Klein Perbangen	64	Plauschwarren	156	Torffelde	189	Fronicken	457
Kleinschollen	121	Pötken	87	Trakeningken	330	Garbassen	752
Klingsporn	125	Pogegen	2 761	Trappen	1 095	Gelitten	94
Klipschen	133	Powilken	247	Turken	61	Giesen	526
Königshuld I	133	Preußenhof	91	Tussainen	491	Gordeiken	250
Königshuld II	27	Preußwalde	67	Ulmental	127	Griesen	300
Königskirch	508	Pröschen	129	Untereißeln	876	Groß Retzken	181
Krakischken	162	Prussellen	163	Urbanshof	76	Grünheide	212
Krakonischken	55	Pucknen	117	Ußballen	249	Guhsen	220
Krauden	96	Quellgründen	98	Ußkullmen	235	Gutten	183
Kreywöhnen	270	Radingen	142	Wabben	89	Halldorf	367
Kuben	44	Ragnit, Stadt	10 094	Waldau	199	Heinrichstal	166
Kühlen	149	Rauken	129	Waldeneck	123	Herrendorf	199
Kulmen	183	Rautenberg	643	Waldheide	428	Herzogshöhe	401
Kuttenhof	248	Rautengrund	521	Waldreuten	195	Herzogskirchen	596
Langenflur	148	Reisterbruch	160	Wallenfelde	88	Herzogsmühle	374
Langenort	34	Robkojen	502	Warnen	164	Jarken	120
Lasdehnen	277	Rucken	71	Wartulischken	230	Jesken	241
Lassen	36	Ruddecken	367	Waschingen	127	Jürgen	243
Laugßargen	500	Sackeln	85	Weedern	115	Kalkhof	415
Lesgewangen	418	Sammelhofen	165	Weidenau	197	Kelchdorf	42
Lichtenhöhe	31	Sandfelde	139	Weidenberg	89	Kilianen	148
Lichtenrode	60	Sandkirchen	336	Weidenfließ	167	Kiöwen	412
Lieparten	108	Sassenau	182	Weinoten	761	Kleschen	429

Klinken	70	Neuendorf	306	Sargensee	283	Stosnau	412
Königsruh	275	Nußdorf	335	Satticken	398	Suleiken	325
Kreuzdorf	49	Plöwken	398	Schareiken	309	Tannau	324
Krupinnen	499	Podersbach	72	Schlöppen	55	Teichwalde	244
Kutzen	155	Rehfeld	58	Schönhofen	532	Treuburg, Stadt	7 114
Legenquell	385	Reimannswalde	1 231	Schuchten	165	Urbanken	69
Lengau	238	Reinkental	628	Schwalg	189	Vorbergen	212
Markau	304	Reuß	779	Schwalgenort	301	Wallenrode	587
Markgrafsfelde	308	Richtenberg	215	Schwentainen	689	Wiesenfelde	203
Masuren	398	Ringen	64	Schwiddern	213	Wiesenhöhe	785
Merunen	1 087	Roggenfelde	132	Seedranken	385	Willkassen	404
Moneten	333	Rogonnen	436	Seesken	230	Woinassen	210
Moschnen	269	Rostau	64	Siebenbergen	84		
Müllersbrück	208	Saiden	405	Statzen	199		

Regierungsbezirk Allenstein

Stadt Allenstein	**50 396**	Honigswalde	265	Plutken	379	**Johannisburg**	**53 089**
		Jadden	351	Polleiken	81	Adlig Kessel	91
Allenstein	**57 150**	Jomendorf	904	Preiwils	401	Altwolfsdorf	443
Abstich	481	Jonkendorf	781	Prohlen	224	Andreaswalde	133
Alt Kockendorf	307	Kainen	152	Qüidlitz	161	Arenswalde	394
Alt Märtinsdorf	344	Kalborn	547	Ransau	837	Arys, Stadt	3 553
Alt Schöneberg	421	Kallacken	50	Redigkainen	158	Babrosten	149
Alt Vierzighuben	350	Kaplitainen	193	Rentienen	59	Bachort	214
Alt Wartenburg	830	Kirschbaum	248	Reuschhagen	679	Balkfelde	165
Ballingen	67	Kirschdorf	250	Reußen	870	Balzershausen	149
Barwienen	69	Kirschlainen	279	Rosenau	690	Bergfelde	87
Bertung	798	Klaukendorf	215	Rosgitten	63	Birkenberg	84
Bogdainen	67	Klausen	177	Salbken	205	Birkental	65
Braunswalde	503	Klein Kleeberg	592	Schaustern	358	Brandau	98
Bruchwalde	209	Klein Lemkendorf	102	Schillings	74	Breitenheide	153
Cronau	803	Klein Purden	195	Schönau	200	Brennen	314
Darethen	565	Köslienen	498	Schönbrück	644	Brennerheim	67
Daumen	173	Krämersdorf	301	Schönfelde	667	Brödau	304
Debrong	83	Kranz	99	Schönfließ	129	Brüderfelde	120
Derz	630	Lansk	107	Schönwalde	487	Burgdorf	137
Deuthen	977	Leinau	263	Skaibotten	554	Diebau	261
Dietrichswalde	941	Leissen	129	Sombien	153	Dimussen	266
Diwitten	626	Lengainen	731	Spiegelberg	569	Dornberg	72
Fittigsdorf	375	Leschnau	225	Stabigotten	925	Dorren	482
Friedrichstädt	130	Likusen	820	Steinberg	404	Dreifelde	397
Ganglau	183	Maraunen	296	Stenkienen	280	Drigelsdorf	1 798
Gedaithen	278	Mauden	167	Süssenthal	525	Drosselwalde	233
Gillau	458	Micken	181	Teerwalde	347	Drugen	145
Göttkendorf	1 079	Mokainen	597	Thomsdorf	566	Dünen	125
Gottken	230	Mondtken	543	Tollack	757	Eckersberg	234
Grabenau	624	Nagladden	325	Tolnicken	417	Eichendorf	778
Graskau	93	Nattern	268	Trautzig-Nickelsdorf	267	Erdmannen	388
Grieslienen	939	Nerwigk	226	Wadang	130	Erlichshausen	55
Gronitten	236	Neu Bartelsdorf	414	Warkallen	313	Erztal	186
Groß Bartelsdorf	443	Neu Kockendorf	381	Wartenburg, Stadt	5 843	Eschenried	108
Groß Buchwalde	724	Neu Märtinsdorf	253	Wemitten	387	Falkendorf	149
Groß Damerau	385	Neu Schöneberg	139	Wengaithen	215	Fichtenwalde	98
Groß Gemmern	89	Neu Vierzighuben	489	Wieps	850	Fischborn	100
Groß Kleeberg	521	Nußtal	98	Windtken	244	Flockau	208
Groß Lemkendorf	1 002	Odritten	91	Wiranden	241	Flosten	248
Groß Purden	820	Ottendorf	529	Woppen	28	Freundlingen	218
Groß Trinkhaus	263	Pathaunen	310	Woritten	570	Fröhlichen	70
Herrmannsort	356	Patricken	426	Wuttrienen	730	Gebürge	300
Hirschberg	603	Penglitten	195			Gehlenburg, Stadt	2 623
Hochwalde	260	Plautzig	732			Gehsen	260

Gentken	180	Raken	316	Bergwalde	166	Schönballen	209
Gregersdrf	262	Reihershorst	232	Billsee	108	Schwansee	99
Großdorf	300	Reiherswalde	129	Birkensee	34	Schwiddern	340
Groß Kessel	449	Reinersdorf	155	Birkfelde	301	Skomand	48
Groß Rogallen	214	Reitzenstein	240	Brassendorf	378	Spirgsten	562
Großrosen	496	Ribitten	197	Dankfelde	664	Steintal	508
Groß Zechen	148	Richtenberg	378	Dannen	139	Steinwalde	187
Grünheide	169	Richtwalde	265	Eisenwerk	126	Stenzeln	68
Gruhsen	156	Rosensee	174	Eisermühl	453	Sulimmen	497
Gusken	256	Rostken	375	Faulhöden	94	Talken	448
Gutten	214	Ruhden	283	Freihausen	413	Tiefen	214
Heidig	350	Sadunen	342	Freiort	244	Trossen	262
Heldenhöh	181	Schast	193	Funken	453	Upalten	548
Herzogsdorf	154	Schlangenfließ	150	Gneist	312	Waldfließ	219
Hirschwalde	296	Schoden	300	Goldensee	628	Weidicken	246
Jagdhof	19	Schützenau	416	Graiwen	245	Widminnen	2 235
Jakubben	132	Schwallen	219	Gregerswalde	66	Wissowatten	389
Johannisburg, Stadt	6 322	Schwiddern	236	Groß Gablick	748	Wolfsee	1 167
Jurgasdorf	52	Seegutten	1 037	Groß Jauer	409	Zondern	127
Kaltenfließ	133	Seehöhe	232	Großkrösten	252		
Karpen	378	Seeland	275	Groß Notisten	101		
Karwik	312	Sernau	102	Groß Stürlack	871		
Kibissen	57	Siegenau	196	Großwarnau	505		
Klein Rogallen	55	Siegmunden	211	Grünau	324	**Lyck**	**56 417**
Kleinrosen	45	Simken	142	Grünwalde	69	Alt Kriewen	222
Klein Zechen	118	Soldahnen	92	Grundensee	247	Andreken	69
Kölmerfelde	664	Spallingen	94	Gutten	89	Auersberg	185
Königsdorf	275	Sparken	134	Hanffen	502	Auglitten	330
Königstal	497	Spirdingswerder	30	Kampen	242	Aulacken	220
Kolbitz	141	Steinen	228	Klein Jauer	141	Baitenberg	209
Kolbitzbruch	149	Steinfelde	198	Kleinkrösten	148	Bartendorf	335
Kosken	150	Stollendorf	631	Klein Lenkuk	176	Berndhöfen	251
Kotten	177	Sulimmen	289	Klein Notisten	219	Binien	68
Kreuzofen	480	Surren	134	Klein Stürlack	592	Birkenwalde	229
Kronfelde	123	Talau	269	Kleinwarnau	272	Blumental	145
Kuckeln	64	Tannenheim	101	Königsfließ	396	Bobern	178
Kurwien	715	Tatzken	80	Königshöhe	477	Borken	313
Lehmannsdorf	109	Tuchlinnen	421	Kraukeln	487	Borschimmen	683
Lindensee	203	Turau	305	Kronau	228	Bunhausen	263
Lipniken	181	Ublick	320	Langenwiese	260	Deumenrode	187
Lisken	350	Valenzinnen	127	Lauken	465	Dippelsee	864
Lissuhnen	297	Wächtershausen	35	Lindenheim	288	Dorntal	109
Loterswalde	169	Wagenau	141	Lindenwiese	274	Dorschen	164
Ludwigshagen	198	Walddorf	122	Lötzen, Stadt	16 288	Dreimühlen	661
Lupken	364	Waldenfried	124	Lorenzhall	197	Ebenfelde	562
Maldaneien	293	Waldersee	182	Martinshagen	459	Ehrenwalde	195
Masten	141	Warnold	372	Mertenau	116	Eichensee	339
Mikutten	125	Wartendorf	694	Mertenheim	328	Finsterwalde	129
Misken	256	Weissuhnen	433	Milken	960	Fließdorf	843
Mittelpogauen	482	Wiartel	271	Münchenfelde	93	Frauenfließ	126
Mittenheide	518	Wiesenheim	146	Neuforst	68	Gailau	93
Mövenau	286	Wildfrieden	84	Neuhoff	619	Geigenau	113
Monethen	279	Wilkenhof	179	Perkunen	217	Georgsfelde	96
Morgen	334	Woinen	147	Preußenburg	205	Giersfelde	114
Mühlengrund	136	Woiten	100	Rainfeld	142	Giesen	61
Nickelsberg	289	Wolfsheide	294	Rauschenwalde	390	Gingen	179
Nieden	542	Worgullen	52	Reichensee	542	Glinken	68
Nittken	213	Zollerndorf	364	Reichenstein	356	Goldenau	434
Offenau	373			Rhein, Stadt	2 429	Gollen	286
Opendorf	106			Richtenfeld	84	Gorlau	400
Ottenberge	176			Rodenau	287	Gortzen	176
Pasken	91			Rodental	989	Grabnick	685
Paulshagen	208	**Lötzen**	**50 012**	Rotwalde	402	Groß Lasken	245
Pilchen	314	Adlersdorf	633	Rübenzahl	285	Großschmieden	134
Poseggen	56	Allenbruch	483	Salza	398	Grünsee	102
Quicka	247	Arlen	532	Schalensee	93	Gusken	174
		Balzhöfen	438				

Gutenborn	85	Rumeyken	56
Hansbruch	309	Rundfließ	419
Heldenfelde	377	Sareiken	159
Hellmahnen	97	Sarken	122
Hennenberg	24	Scharfenrade	222
Herrnbach	78	Schelasken	100
Jürgenau	175	Schnippen	166
Kalgendorf	444	Schönhorst	423
Kalkofen	150	Schwarzberge	118
Kalthagen	169	Seebrücken	272
Kechlersdorf	139	Seedorf	185
Keipern	387	Seefrieden	189
Kelchendorf	275	Seeheim	30
Kiefernheide	26	Seliggen	286
Kielen	107	Selmenthöhe	110
Klaussen	315	Sentken	483
Klein Lasken	232	Sieden	211
Klein Rauschen	201	Siegersfeld	154
Kobilinnen	185	Skomanten	308
Kölmersdorf	692	Soffen	310
Königswalde	225	Soltmahnen	117
Krassau	100	Sonnau	446
Kreuzborn	198	Sorden	82
Kreuzfeld	124	Sprindenau	157
Kulessen	54	Stahnken	136
Kutzen	186	Statzen	244
Langenhöh	226	Steinberg	674
Langheide	348	Steinkendorf	244
Langsee	190	Stettenbach	158
Laschmieden	66	Stradaunen	801
Lenzendorf	271	Talken	23
Lindenfließ	102	Talussen	154
Lisken	277	Thomken	107
Lissau	293	Ulrichsfelde	155
Loien	80	Vierbrücken	262
Lübeckfelde	349	Wachteldorf	97
Lyck, Stadt	16 482	Waiblingen	97
Maihof	27	Walden	850
Malkienen	73	Waldwerder	465
Martinshöhe	271	Waltershöhe	261
Maschen	196	Weißhagen	80
Millau	512	Wellheim	99
Milucken	153	Wiesengrund	142
Milussen	217	Willenheim	115
Monken	139	Wittenwalde	410
Montzen	114	Wittingen	234
Morgengrund	131	Zappeln	68
Mostolten	240	Zeysen	344
Mulden	242	Zielhausen	108
Neuendorf	1 103	Zinschen	45
Neumalken	467		
Nußberg	296		
Petersgrund	267		
Petzkau	177		
Plötzendorf	132	**Neidenburg**	**64 442**
Prostken	2 300	**mit Soldau**	
Ramecksfelde	110	Allendorf	226
Regeln	389	Alt Petersdorf	100
Reichenwalde	106	Balden	229
Reiffenrode	267	Bartkenguth	288
Renkussen	102	Bartzdorf	333
Reuschendorf	209	Bialutten	472
Rogallen	256	Billau	88
Rosenheide	460	Borchersdorf	472
Rostken	248	Braynicken	172
Rotbach	238	Breitenfelde	239

Brodau	612	Moddelkau	204
Burdungen	589	Murawken	234
Bursch	358	Muschaken	631
Buschwalde	169	Narthen	258
Dietrichsdorf	473	Narzym	903
Eichenau	210	Neidenburg, Stadt	9 201
Frankenau	319	Neudorf	445
Freidorf	171	Neuhof	415
Froben	244	Niedenau	269
Fylitz	507	Niederhof	416
Gardienen	510	Omulefofen	518
Gartenau	348	Orlau	425
Gedwangen	1 288	Oschekau	241
Gimmendorf	372	Palicken	53
Gittau	125	Pierlawken	362
Gorau	79	Pilgramsdorf	439
Grallau	433	Przellenk	883
Gregersdorf	235	Radomin	162
Grenzdamm	157	Rettkau	157
Grenzhof	72	Reuschwerder	216
Großeppingen	164	Roggen	561
Großkarlshof	125	Roggenhausen	67
Großkosel	349	Ruttkowitz	644
Groß Lensk	567	Saberau	335
Großmuckenhausen	160	Sablau	126
Groß Sakrau	279	Saffronken	214
Groß Schläfken	320	Sagsau	246
Großseedorf	219	Salleschen	192
Großwalde	385	Santop	81
Grünfließ	730	Scharnau	748
Gutfeld	275	Schiemanen	123
Hardichhausen	229	Schönkau	495
Hartigswalde	187	Schönwiese	380
Heinrichsdorf	1 075	Schuttschen	435
Herzogsau	125	Schuttschenofen	198
Hohendorf	402	Schwarzenofen	302
Hornheim	240	Seeben	733
Illowo	2 434	Seehag	669
Ittau	335	Siemienau	213
Jägersdorf	316	Skottau	401
Kämmersdorf	162	Skudayen	133
Kaltenborn	305	Skurpien	532
Kandien	407	Sochen	408
Kaunen	214	Soldau	5 349
Kleineppingen	62	Steinau	143
Kleinkosel	504	Steintal	225
Klein Lensk	597	Struben	447
Klein Sakrau	219	Talhöfen	417
Klein Schläfken	388	Taubendorf	194
Kleinseedorf	40	Tauersee	665
Kniprode	256	Tautschken	396
Königshagen	487	Thalheim	256
Koschlau	752	Thurau	195
Krokau	308	Ulleschen	422
Kurkau	426	Usdau	732
Kyschienen	714	Waiselhöhe	414
Lahna	225	Waldbeek	127
Layß	221	Wallendorf	373
Lippau	183	Waltershausen	195
Logdau	141	Wansen	267
Lykusen	156	Warchallen	155
Magdalenz	119	Wasienen	172
Malga	481	Wetzhausen	358
Malgaofen	170	Wiesenfeld	294
Malshöfen	397	Wilmsdorf	398
Michelsau	97	Windau	315

Winrichsrode	119
Winsken	309

Ortelsburg	**73 442**
Alt Keykuth	284
Altkirchen	1 666
Alt Kiwitten	147
Alt Werder	80
Anhaltsberg	95
Auerswalde	85
Babanten	74
Bärenbruch	212
Borkenheide	85
Bottau	480
Damerau	144
Deutschheide	335
Deutschwalde	126
Dimmern	202
Ebendorf	861
Eckwald	165
Eichthal	52
Erben	604
Eschenwalde	276
Farien	857
Finsterdamerau	222
Flammberg	772
Freudengrund	184
Friedrichsfelde	115
Friedrichshagen	62
Friedrichshof	1 802
Friedrichsthal	121
Fröhlichshof	345
Fröhlichswalde	69
Fürstenwalde	549
Geislingen	221
Gellen	452
Georgensguth	174
Gilgenau	319
Glauch	197
Grammen	800
Großalbrechtsort	387
Groß Blumenau	370
Groß Borken	510
Groß Dankheim	536
Großheidenau	137
Groß Jerutten	486
Groß Leschienen	408
Groß Schiemanen	1 133
Groß Schöndamerau	655
Grünflur	59
Grünlanden	461
Grünwalde	724
Haasenberg	336
Hamerudau	343
Heideberg	64
Hellengrund	199
Hirschthal	40
Höhenwerder	304
Hügelwalde	533
Jakobswalde	32
Jeromin	61
Kahlfelde	32
Kallenau	414
Kannwiesen	196
Kaspersguth	92
Klein Dankheim	262
Kleinheidenau	148
Klein Jerutten	660
Klein Leschienen	118
Kleinruten	97
Klein Schiemanen	421
Kobbelhals	109
Kobulten	752
Konraden	136
Kornau	574
Krummfuß	185
Kukukswalde	306
Kutzburg	462
Langenwalde	429
Lehlesken	367
Lehmanen	250
Leinau	456
Lichtenstein	82
Liebenberg	985
Lilienfelde	250
Lindengrund	206
Lindenort	1 230
Luckau	341
Maldanen	197
Malschöwen	364
Markshöfen	261
Materschobensee	249
Mensguth	1 637
Michelsdorf	185
Milucken	116
Mingfen	774
Moithienen	326
Montwitz	528
Nareythen	256
Neuenwalde	97
Neufließ	327
Neu Keykuth	401
Neu Kiwitten	96
Neuvölklingen	95
Neu Werder	81
Neuwiesen	324
Ohmswalde	115
Ortelsburg, Stadt	14 234
Ostfließ	29
Parlösen	159
Passenheim, Stadt	2 431
Paterschobensee	234
Pfaffendorf	307
Plohsen	272
Preußenwalde	180
Puppen	1 515
Radegrund	153
Rauschken	593
Rehbruch	173
Rheinswein	295
Rodefeld	217
Röblau	133
Rogenau	255
Rohmanen	571
Rohrdorf	211
Rudau	480
Rummau Ost	545
Rummau West	354
Ruttkau	266
Saadau	316
Samplatten	698
Scheufelsdorf	417
Schobendorf	252
Schobensee	34
Schönhöhe	151
Schrötersau	46
Schützendorf	575
Schützengrund	218
Schwirgstein	251
Seedanzig	318
Seenwalde	913
Stauchwitz	271
Theerwisch	567
Theerwischwalde	189
Treudorf	266
Ulrichssee	247
Wacholderau	317
Wagenfeld	83
Waldburg	287
Waldpusch	221
Waldrode	126
Wallen	343
Waplitz	230
Wappendorf	484
Wehrberg	120
Weißengrund	220
Wiesendorf	212
Wildenau	479
Wildheide	174
Wilhelmshof	666
Wilhelmsthal	439
Willenberg, Stadt	2 600
Worfengrund	104

Osterode, Ostpr.	**81 513**
Adamsgut	54
Altfinken	275
Altstadt	225
Arnau	461
Baarwiese	241
Bednarken	151
Bergfriede	906
Bergling	183
Bieberswalde	1 027
Bienau	336
Biessellen	455
Bolleinen	273
Brückendorf	493
Buchwalde	1 330
Bujaken	425
Dembenofen	134
Döhlau	693
Döhringen	579
Domkau	291
Dröbnitz	1 008
Dungen	187
Eichdamm	48
Elgenau	676
Falkenstein	240
Faulen	215
Frödau	347
Frögenau	734
Gallinden	290
Ganshorn	275
Geierswalde	951
Georgenthal	25
Gilgenau	388
Gilgenburg, Stadt	1 722
Glanden	173
Görlitz	149
Grasnitz	387
Grieben	497
Gröben	549
Groß Altenhagen	489
Groß Kirsteinsdorf	354
Groß Lauben	54
Groß Lehwalde	583
Groß Maransen	112
Groß Nappern	262
Groß Werder	31
Grünfelde	241
Gusenofen	276
Haasenberg	259
Heeselicht	243
Heinrichsdorf	100
Hinzbruch	70
Hirschberg	826
Hohenstein, Stadt	4 245
Ilgenhöh	359
Johannisberg	75
Jonasdorf	87
Jugendfelde	106
Jungingen	96
Kämmersdorf	169
Kernsdorf	304
Ketzwalde	433
Klein Gehlfeld	92
Klein Lehwalde	180
Klein Maransen	105
Klein Reußen	95
Kleintal	21
Klonau	282
Köllmisch Lichteinen	317
Königsgut	533
Kompitten	56
Kraplau	349
Kunchengut	372
Kurken	121
Langstein	52
Lautens	306
Leip	622
Lichteinen	191
Liebemühl, Stadt	2 434
Lindenau	244
Lindenwalde	282
Locken	780
Lubainen	358
Ludwigsdorf	339
Luttken	47
Luzeinen	34
Magergut	47
Makrauten	105
Manchengut	248
Marienfelde	530
Marwalde	665
Meitzen	84
Mertinsdorf	244
Mispelsee	383

Mittelgut	147	Waplitz	519	Plausen	561	Fedorwalde-Peterhain	303
Mörken	557	Warglitten	54	Plößen	351	Gansen	315
Moldsen	270	Warneinen	81	Polkeim	240	Ganthen	381
Moschnitz	235	Warweiden	186	Porwangen	166	Giesenau	440
Mühlen	563	Waschette	43	Prossitten	589	Glashütte	229
Nadrau	230	Wilken	152	Raschung	607	Glognau	91
Neudorf	137	Wilmsdorf	71	Ridbach	617	Gollingen	203
Neuhain	196	Wittigwalde	141	Robaben	660	Grabenhof	515
Osterode, Stadt	19 519	Wittmannsdorf	791	Rochlack	326	Groß Stamm	80
Osterschau	334	Witulten	139	Rößel, Stadt	5 058	Groß Steinfelde	208
Osterwein	1 268	Wönicken	153	Rosenschön	97	Grünbruch	177
Osterwitt	286	Worleinen	260	Rothfließ	983	Grunau	357
Parwolken	126			Samlack	338	Gurkeln	207
Paulsgut	458			Santoppen	563	Guttenwalde	241
Persing	138			Sauerbaum	650	Heinrichsdorf	301
Peterswalde	688			Scharnigk	252	Hermannsruh	40
Platteinen	280	**Rößel**	**51 832**	Schellen	415	Hirschen	371
Plichten	207	Adlig Wolken	64	Schönborn	291	Hohensee	509
Poburzen	40	Altkamp	145	Schöndorf	292	Hoverbeck	560
Podleiken	159	Bansen	244	Schöneberg	441	Immenhagen	105
Pötzdorf	387	Begnitten	68	Seeburg, Stadt	3 022	Isnothen	135
Pulfnick	569	Bergenthal	214	Soweiden	366	Jägerswalde	227
Ramten	177	Bischdorf	332	Sternsee	934	Jakobsdorf	409
Raspatten	262	Bischofsburg, Stadt	8 463	Stockhausen	534	Julienhöfen	769
Rauden	134	Bischofstein, Stadt	3 163	Sturmhübel	528	Kaddig	83
Rauschken	675	Bredinken	994	Teistimmen	292	Karwen	419
Reichenau	325	Buchenberg	58	Tollnigk	269	Kersten	344
Rhein	145	Bürgerdorf	345	Tornienen	204	Kleinort	62
Röschken	496	Damerau	213	Voigtsdorf	407	Klein Stamm	58
Rothwasser	43	Elsau	253	Waldensee	280	Koslau	434
Ruhwalde	216	Fleming	632	Walkeim	300	Kranzhausen	36
Sabangen	142	Frankenau	927	Wangst	148	Krummendorf	348
Sallewen	212	Freudenberg	887	Wengoyen	683	Kruttinnen	436
Sallmeien	39	Fürstenau	212	Willims	364	Kruttinnerofen	226
Sassendorf	258	Gerthen	202	Wonneberg	366	Langanken	262
Schildeck	529	Glockstein	501	Zehnhuben	66	Langenbrück	272
Schmückwalde	611	Groß Bößau	657			Langendorf	566
Schönhausen	69	Groß Köllen	816			Lasken	68
Schwedrich	168	Groß Mönsdorf	416			Lindendorf	474
Schwenteinen	273	Großwolken	155			Lißuhnen	22
Schwirgstein	108	Heinrichsdorf	283	**Sensburg**	**54 443**	Lockwinnen	281
Seebude	133	Kabienen	765	Allmoyen	309	Lucknainen	110
Seemen	628	Kekitten	199	Altensiedel	347	Macharren	372
Seewalde	373	Klackendorf	582	Alt Gehland	155	Maradtken	367
Sellwen	42	Klawsdorf	895	Althöfen	148	Mertinsdorf	893
Sensujen	66	Klein Bößau	128	Altkelbunken	504	Moythienen	201
Sensutten	73	Kleisack	140	Alt Rudowken	226	Muntau	260
Seubersdorf	762	Komienen	345	Aweyden	657	Neberg	191
Seythen	182	Krämersdorf	305	Babenten	342	Neu Gehland	160
Sophienthal	194	Krausen	531	Balz	96	Neukelbunken	151
Spogahnen	98	Krausenstein	28	Biebern	192	Neu Rudowken	144
Steffenswalde	385	Krokau	535	Borkenau	155	Nickelshorst	297
Taberbrück	130	Labuch	307	Brödienen	527	Niedersee	772
Tafelbude	305	Landau	237	Bruchwalde	276	Nikolaiken, Stadt	2 627
Tannenberg	664	Lautern	781	Buchenhagen	249	Peitschendorf	1 645
Taulensee	462	Legienen	558	Bussen	518	Pfaffendorf	249
Tharden	216	Lekitten	243	Charlotten	41	Polommen	68
Theuernitz	601	Linglack	208	Dietrichswalde	197	Prausken	498
Thierberg	571	Lokau	519	Dommelhof	54	Preußenort	186
Thomareinen	249	Loßainen	357	Eckertsdorf	605	Preußental	222
Thomascheinen	192	Modlainen	180	Eichelswalde	108	Proberg	312
Thymau	188	Molditten	248	Eichhöhe	291	Prußhöfen	593
Thyrau	894	Nassen	163	Eichmedien	736	Pustnick	305
Tolleinen	65	Neudims	795	Eisenack	234	Rechenberg	608
Treuwalde	71	Ottern	199	Erlenau	609	Rehfelde	268
Turauken	204	Paudling	80	Fasten	255	Reuschendorf	376

Ribben	520
Rosoggen	308
Rotenfelde	154
Rudwangen	327
Salpia	347
Salpkeim	1 495
Schaden	268
Schlößchen	102
Schmidtsdorf	754
Schniedau	80
Schnittken	274
Schönfeld	493
Seehesten	492
Selbongen	558
Sensburg, Stadt	9 877
Siebenhöfen	109
Sixdroi	101
Sonntag	565
Sorquitten	455
Spirding	121
Stangenwalde	405
Steinhof	282
Surmau	411
Talhausen	146
Talten	527
Tiefendorf	95
Ukta	1 274
Wachau	180
Wahrendorf	400
Warpuhnen	577
Weißenburg	645
Wigrinnen	473
Zollernhöhe	358

Regierungsbezirk Westpreußen

Stadtkreis Elbing 85 952

Elbing 28 149

Aschbuden	236
Bartkamm	109
Baumgart	487
Behrendshagen	347
Birkau	75
Böhmischgut	157
Bollwerk	395
Cadinen	448
Conradswalde	267
Dambitzen	421
Damerau	370
Dörbeck	631
Drewshof	173
Dünhöfen	159
Ellerwald I. Trift	211
Ellerwald II. Trift	181
Ellerwald III. Trift	411
Ellerwald IV. Trift	220
Ellerwald V. Trift	252
Fischerskampe	293
Groß Röbern	288
Groß Steinort	628
Groß Wickerau	191
Grunau Höhe	533
Haselau	191
Hoppenau	155
Hütte	214
Kämmersdorf	256
Kahlberg-Liep	742
Kerbshorst	164
Klakendorf	49
Klein Wickerau	164
Königshagen	158
Kraffohlsdorf	683
Lärchwalde	1 176
Lenzen	998
Maibaum	495
Meislatein	167
Möskenberg	85
Moosbruch	162
Narmeln	295
Neuendorf Höhe	249
Neuendorf-Kämmereidorf	70
Neuhof	182
Neukirch Höhe	602
Neukrug	114
Nogathau	466
Oberkerbswalde	349
Plohnen	190
Pomehrendorf	351
Preußisch Mark	248
Pröbbernau	269
Rückenau	157
Schlammsack	48
Schönwalde	211
Schwarzdamm	63
Serpin	179
Stoboi	582
Streckfuß	306
Succase	770
Terranova	1 245
Tolkemit, Stadt	3 875
Trunz	661
Unterkerbswalde	308
Vöglers	188
Wöklitz	328
Wolfsdorf Höhe	286
Zeyerniederkampen	682
Fichthorst, gem.-fr.	1 533

Marienburg, Wespr. 39 073

Altfelde	1 026
Alt Rosengart	189
Augustwalde	405
Baalau	108
Eschenhorst	160
Fischau	471
Grunau	556
Hohenwalde	763
Jonasdorf	175
Kampenau	449
Katznase	462
Klettendorf	136
Königsdorf	445
Kronsnest	236
Lindenwald	374
Marienburg, Stadt	27 318
Markushof	632
Notzendorf	317
Parwark	63
Preußisch Königsdorf	334
Preußisch Rosengart	367
Pruppendorf	137
Reichfelde	304
Reichhorst	92
Rosenort	72
Schlablau	173
Schönwiese	226
Schwansdorf	248
Sommerau	665
Sorgenort	295
Stalle	301
Thiensdorf	173
Thiergart	638
Thiergartsfelde	197
Thörichthof	179
Wengeln	145
Wengelwalde	242

Marienwerder 45 318

Bauthen	712
Brakau	583
Daubel	240
Dietmarsdorf	489
Ellerwalde	605
Garnsee, Stadt	2 003
Gilwe	382
Groß Grabau	202
Groß Krebs	1 031
Groß Nebrau	321
Groß Weide	344
Johannisdorf	505
Klein Grabau	482
Klein Krebs	237
Klein Nebrau	226
Klösterchen	455
Klötzen	876
Kunkenau	372
Kurzebrack	495
Lamprechtsdorf	338
Littschen	740
Mahren	467
Mareese	1 026
Marienwerder, Stadt	20 484
Mergental	247
Mewischfelde	311
Neuhöfen	290
Niederzehren	1 085
Oberfeld	230
Ottlau	557
Ottotschen	279
Pankendorf	347
Paradies	125
Rachelshof	393
Reussenau	183
Rosainen	446
Rospitz	534
Rundewiese	567
Schadewinkel	117
Schinkenberg	486
Schulwiese	85
Sedlinen	906
Seubersdorf	429
Stangendorf	334
Tiefenau	761
Treugenkohl	316
Unterberg	255
Unterwalde	377
Wandau	584
Weichselburg	273
Weißenkrug	438
Weißhof	150
Zandersfelde	290
Ziegellack	308

Rosenberg, Westpr. 63 368

Bischofswerder, Stadt	1 828
Bornitz	332
Buchfelde	300
Charlottenwerder	263
Dakau	409
Daulen	193
Deutsch Eylau, Stadt	13 922
Drulitten	94
Faulen	195
Finckenstein	1 822
Freiwalde	240
Freudenthal	532
Freystadt, Stadt	3 351
Frödenau	449
Goldau	546
Gramten	533
Groß Babenz	357
Groß Bellschwitz	459
Groß Falkenau	328
Groß Herzogswalde	527
Groß Jauth	525
Groß Nipkau	362
Groß Peterwitz	1 083
Groß Plauth	381
Groß Rohdau	569
Groß Schönforst	368

Groß Sehren	697	Rahnenberg	249	Baalau	149	Mirahnen	236
Groß Stärkenau	208	Raudnitz	528	Baumgarth	975	Montauerweide	364
Guhringen	1 092	Riesenburg, Stadt	8 051	Blonaken	125	Morainen	493
Gulbien	504	Riesenkirch	917	Bönhof	696	Neudorf	813
Gunthen	213	Riesenwalde	357	Braunswalde	1 000	Neuhöferfelde	294
Hansdorf	308	Rosenau	307	Bruch	304	Neumark	814
Harnau	449	Rosenberg, Stadt	4 480	Budisch	145	Neunhuben	67
Heinfriede	85	Rothwasser	150	Christburg, Stadt	3 604	Niklaskirchen	1 446
Heinrichau	1 122	Schakenbruch	121	Deutsch Damerau	574	Pestlin	759
Hochfelde	78	Schalkendorf	246	Dietrichsdorf	664	Peterswalde	361
Jacobsdorf	340	Scheipnitz	393	Georgensdorf	345	Pirklitz	182
Jakobau	252	Schönberg	981	Groß Brodsende	219	Polixen	168
Kalitten	325	Schönerswalde	105	Großwaplitz	642	Portschweiten	411
Karrasch	205	Schornsteinmühle	123	Grünhagen	259	Posilge	966
Klein Albrechtau	704	Sommerau	846	Güldenfelde	142	Preußisch Damerau	127
Klein Radem	205	Sonnenberg	271	Heinrode	303	Ramten	161
Klein Schönforst	83	Stangenwalde	508	Hohendorf	343	Rehhof	2 874
Klein Sehren	125	Steenkendorf	141	Honigfelde	690	Rudnerweide	161
Klein Tromnau	825	Stein	356	Iggeln	90	Sadlacken	222
Konradswalde	500	Stradem	386	Jordansdorf	221	Schönwiese	376
Langenau	709	Susannenthal	90	Kalsen	241	Schroop	725
Languth	99	Tillwalde	551	Kalwe	474	Stangenberg	253
Laskowitz	635	Wachsmuth	514	Kammerau	34	Stuhm, Stadt	7 372
Limbsee	324	Winkelsdorf	322	Kiesling	319	Teschendorf	394
Ludwigsdorf	443			Klein Brodsende	83	Tiefensee	291
Luisenseegen	22			Konradswalde	587	Tragheimerweide	484
Melchertswalde	162			Laabe	165	Trankwitz	611
Montig	459			Laase	104	Troop	365
Mosgau	227	**Stuhm**	**40 453**	Lichtfelde	666	Usnitz	734
Neudorf	435	Altendorf	37	Losendorf	233	Wadkeim	620
Neuguth	201	Altmark	1 283	Mahlau	93	Wargels	220
Peterkau	371	Ankemitt	452	Menthen	284	Weißenberg	544

Anhang

Verzeichnis der verdeutschten Ortsnamen in Ostpreußen

In den letzten Jahren vor dem Zweiten Weltkrieg wurden viele Ortschaften der einzelnen Landkreise umbenannt und erhielten deutsche oder verdeutschte und besser aussprechbare oder in der Schreibweise vereinfachte Namen. So liefen die alten und neuen Namen nebeneinander her. Wahrscheinlich hätte es Generationen bedurft, um die neuen Namen populär zu machen und nur die neuen Namen zu gebrauchen.

SYSTEMATISCHES VERZEICHNIS DER NAMENS- UND BESTANDSÄNDERUNGEN VON GEMEINDEN (IN DER ZEIT VOM 1.1.1934 — 31.8.1939)

Kleinerer Verwaltungsbezirk	alter Zustand (Gemeindename)	Art der Veränderung	neuer Zustand (Gemeindename)	Wirkungsdatum
		Land Preußen		
		1. Provinz Ostpreußen		
		Reg.-Bez. Königsberg		
1/1 Bartenstein (Ostpr.)	Gertlack	Namensänderung	Kapsitten	8. 5.34
″	Groß Sporwitten	Wegfall durch Eingliederung	Wolmen	1. 1.35
″	Puschkeiten	″	{ Eisenbart Stockheim	1. 4.37
″	Sauerschienen	″	Siddau	″
″	Dompendehl Juditten	} Zusammenschluß	Juditten	1. 4.38
″	Bartenstein, Stadt	Festsetzung einer Zusatzbezeichnung	Bartenstein (Ostpr.), Stadt	20. 7.38
1/3 Fischhausen	Pillau, Stadt	Verleihung einer Bezeichnung	Pillau, Seestadt	30. 9.36
″	Kamstigall	Wegfall durch Eingliederung	″	1. 4.37
″	Norgehnen	Namensänderung	Schugsten	1. 1.38
″	Neutief, teilw. Gutsbez. Frisches Haff, Anteil Kr. Fischhausen, teilw.	} Neubildung	Gutsbezirk Groß Bruch	1. 4.38
″	Neutief, Rest	Wegfall durch Eingliederung	Pillau, Seestadt	″
1/4 Gerdauen	Muldszen	Feststellung der Schreibweise	Muldschen	12. 2.36
″	Abelischken	Namensänderung	Ilmenhorst	16. 7.38
″	Astrawischken	″	Astrau	″
″	Barraginn	″	Georgenhain	″
″	Groß Bajohren	″	Großblankenfelde	″
″	Juganeusaß	″	Odertal (Ostpr.)	″
″	Klein Bajohren	″	Kleinblankenfelde	″
″	Klein Gnie	Feststellung der Schreibweise	Kleingnie	″
″	Klonofken	Namensänderung	Dreimühl	″
″	Molthainen	Feststellung der Schreibweise	Molteinen	″
″	Muldschen	Namensänderung	Mulden (Kreis Gerdauen)	″
″	Polleyken	Feststellung der Schreibweise	Polleiken	″
″	Popowken	Namensänderung	Neusobrost (Ostpr.)	″
″	Raudischken	″	Raudingen	″
″	Sawadden	″	Bruchort	″
″	Wessolowen	″	Wesselau	″
″	Wolla	″	Ebenau (Ostpr.)	″
1/5 Heiligenbeil	Brandenburg	Festsetzung einer Zusatzbezeichnung	Brandenburg (Frisches Haff)	6. 2.35
″	Rosenberg	Wegfall durch Eingliederung	Heiligenbeil, Stadt	1.10.35
″	Neu Hasselberg	″	Groß Hasselberg	1. 4.38
″	Schettnienen	″	{ Alt Passarge Preußisch Bahnau	″
″	Tengen	″	Brandenburg (Frisches Haff)	″
″	Kuyschen	Feststellung der Schreibweise	Kuschen	16. 7.38
″	Leysuhnen	″	Leisuhnen	″
″	Schoyschen	″	Schoschen	″
1/6 Heilsberg	Widdrichs	Wegfall durch Eingliederung	Retsch	1. 4.38
1/8 Königsberg (Pr)	Plöstwehnen Stombeck Willkeim	} Zusammenschluß	Willkeim	1.10.34
″	Sensen	Wegfall durch Eingliederung	Knöppelsdorf	″
″	Rachsitten	″	Prawten	1. 1.35
″	Reichenhagen	″	Friedrichstein	″
″	Rosengarten	″	Worienen	1. 4.35
″	Birkenwalde Klein Barthen Seewiesen	} Zusammenschluß	Birkenwalde	″
″	Steinbeckellen	Wegfall durch Eingliederung	Horst	1. 7.35
″	Dogehnen	″	Gallgarben	1.10.35
″	Ginthieden	″	Sudnicken	″
″	Spohr	″	Friedrichstein	1. 4.36
″	Fünflinden	″	Mantau	1. 4.37
″	Kleinheide Trausitten	} ″	Neuhausen	1. 4.38
″	Wangitt	″	Heyde-Waldburg	″
″	Heyde-Maulen	Feststellung der Schreibweise	Heidemaulen	19. 4.38
″	Heyde-Waldburg	″	Heidewaldburg	″
1/9 Labiau	Alt Pustlauken Neu Pustlauken	} Zusammenschluß	Pustlauken	1.10.35
″	Gutsbez. Nemonien, Forst	Wegfall durch Eingliederung	Gutsbez. Tawellningken, Forst	1.11.35
″	Bartuszen	Feststellung der Schreibweise	Bartuschen	12. 2.36
″	Berszgirren	″	Berschgirren	″
″	Eszerninken	″	Escherninken	″
″	Lauszen	″	Lauschen	″
″	Leiszen	″	Leischen	″
″	Patylssen	″	Patilschen	″
″	Peldszen	″	Peldschen	″
″	Szallgirren	″	Schallgirren	″
″	Szanzell	″	Schanzell	″

Kleinerer Verwaltungsbezirk	alter Zustand (Gemeindename)	Art der Veränderung	neuer Zustand (Gemeindename)	Wirkungsdatum
Noch: 1/9 Labiau	Szerszantinnen	Feststellung der Schreibweise	Scherschantinnen	12. 2.36
″	Uszballen	″	Uschballen	″
″	Szargillen	″	Schargillen	15. 5.36
″	Auxkallen	Wegfall durch Eingliederung	Kallweninken	1. 4.38
″	Bescharwen	}	Groß Baum	″
″	Berschgirren	″	Auerfelde	″
″	Geduhnlauken	″		
″	Kermuschienen Paschwirgsten	} ″	Schmilgienen	″
″	Lauschen	} Zusammenschluß	Herzfelde	″
″	Schwirgslauken			
″	Schallgirren	Wegfall durch Eingliederung	Escherninken	″
″	Scherschantinnen	″	Kelladden	″
″	Abschruten	Namensänderung	Ehlertfelde	16. 7.38
″	Agilla	″	Haffwerder	″
″	Alt Heidendorf	″	Heidendorf	″
″	Alt Kirschnabeck	″	Kirschbeck	″
″	Alt Sussemilken	″	Friedrichsrode (Ostpr.)	″
″	Bartuschen	″	Bartelshöfen	″
″	Bielauken	″	Bielken	″
″	Bittehnen	″	Biehnendorf (Ostpr.)	″
″	Bittkallen	″	Bitterfelde	″
″	Dedawe	″	Deimehöh	″
″	Domharthenen	″	Domhardtfelde	″
″	Escherninken	″	Gutfließ	″
″	Florlauken	″	Blumenfelde (Ostpr.)	″
″	Geidlauken	″	Heiligenhain	″
″	Groß Elxnupönen	″	Erlenfließ	″
″	Groß Ischdaggen	″	Rodenwalde (Ostpr.)	″
″	Groß Kalkeninken	″	Kalkfelde	″
″	Groß Kirschnakeim	″	Kirschkeim	″
″	Groß Reikeninken	″	Reiken	″
″	Groß Rudlauken	″	Rotenfeld	″
″	Herzfelde	Festsetzung einer Zusatzbezeichnung	Herzfelde (Ostpr.)	″
″	Juwendt	Namensänderung	Möwenort	″
″	Kallweninken	″	Hügelort	″
″	Kaymen	Feststellung der Schreibweise	Kaimen	″
″	Kelladden	Namensänderung	Waldwinkel (Ostpr.)	″
″	Klein Kalkeninken	″	Kleinkalkfelde	″
″	Klewienen	″	Seegershöfen	″
″	Kreutzweg	Feststellung der Schreibweise	Kreuzweg	″
″	Labagienen	Namensänderung	Haffwinkel	″
″	Lankeninken	″	Langenheim	″
″	Lappienen	″	Daudertshöfen	″
″	Lauknen	″	Hohenbruch (Ostpr.)	″
″	Leischen	″	Hirschdorf	″
″	Lucknojen	″	Neuenrode	″
″	Luschninken	″	Friedrichsmühle	″
″	Mehlauken	″	Liebenfelde (Ostpr.)	″
″	Mehlawischken	″	Liebenort	″
″	Minchenwalde	″	Lindenhorst (Ostpr.)	″
″	Nemonien	″	Elchwerder	″
″	Obscherninken	″	Dachsfelde	″
″	Packalwen	″	Berghöfen	″
″	Pannaugen	″	Habichtswalde	″
″	Panzerlauken	″	Panzerfelde	″
″	Pareyken	″	Goldberg (Ostpr.)	″
″	Paringen	Feststellung der Schreibweise	Paaringen	″
″	Paschwentschen	Namensänderung	Wittenrode	″
″	Patilschen	″	Kunzenrode	″
″	Peldschen	″	Deimemünde	″
″	Permauern	″	Mauern (Ostpr.)	″
″	Petricken	″	Welmdeich	″
″	Piplin	″	Timberhafen	″
″	Plattupönen	″	Breitflur	″
″	Pogarblauken	″	Pogarben	″
″	Popelken	″	Markthausen	″
″	Pustlauken	″	Hallenau	″
″	Rogainen	″	Hornfelde	″
″	Rüdlauken	″	Rothöfen	″
″	Schanzell	″	Schanzkrug	″
″	Schargillen	″	Eichenrode (Ostpr.)	″
″	Schaudienen	″	Kornhöfen	″
″	Schelecken	″	Schlicken	″
″	Schillgallen	″	Heiderode	″
″	Schmilgienen	″	Kornfelde (Ostpr.)	″
″	Serpentienen	″	Beerendorf (Ostpr.)	″
″	Skieslauken	″	Mörnersfelde	″
″	Stellienen	″	Deimetal	″
″	Treinlauken	″	Kreuzberg (Ostpr.)	″
″	Uschballen	″	Mühlenau	″
″	Wilkowischken	″	Wolfshof	″
″	Wittgirren	″	Weißenbruch	″
″	Gutsbezirk Klein Naujock, Forst	″	Gutsbezirk Erlenwald, Forst	″
″	Gutsbezirk Mehlauken, Forst	″	Gutsbezirk Liebenfelde (Ostpr.), Forst	″
″	Gutsbezirk Tawellningken, Forst	″	Gutsbezirk Tawellenbruch, Forst	″
1/11 Preußisch Eylau	Lawdt	Namensänderung	Groß Lauth	6. 1.34
″	Knauten	Wegfall durch Eingliederung	Mühlhausen	1. 1.36
″	Schultitten	″	Schrombehnen	1. 4.36

200

Kleinerer Verwaltungsbezirk	alter Zustand (Gemeindename)	Art der Veränderung	neuer Zustand (Gemeindename)	Wirkungsdatum
Noch: **1/11 Preußisch Eylau**	Eichen, teilw.			
"	Graventhien, teilw.			
"	Klaussen, teilw.			
"	Kumkeim, teilw.			
"	Parösken, teilw.			
"	Pompicken, teilw.	Neubildung	Gutsbezirk Stablack	
"	Rositten, teilw.			
"	Schlauthienen, teilw.			
"	Tenknitten, teilw.			1. 4.38
"	Topprienen, teilw.			
"	Wackern, teilw.			
"	Wildenhoff, teilw.			
"	Bornehnen	Wegfall durch Eingliederung	Gutsbezirk Stablack / Rositten	
"	Orschen	"	Gutsbezirk Stablack / Eichen	
"	Klein Dexen / Wonditten	"	Gutsbezirk Stablack	
1/12 Preußisch Holland	Judendorf	Namensänderung	Hermannswalde	7.10.36
"	Köllming	Wegfall durch Eingliederung	Grünhagen	1. 4.37
"	Koken	"	Luxethen	1. 4.38
"	Nektainen	"	Alken	"
"	Wickerau	"	Steegen	"
1/13 Rastenburg	Drengfurth, Vorstadt	"	Drengfurth, Stadt	"
"	Junkerken	"	Babziens	"
"	Wangnick	"	Prassen	"
"	Sawadden	Namensänderung	Schwaden	16. 7.38
"	Schwaden	Wegfall durch Eingliederung	Paßlack (Kreis Bartenstein [Ostpr.])	1.10.38
1/14 Wehlau	Aszlacken	Feststellung der Schreibweise	Aschlacken	12. 2.36
"	Szillenberg	"	Schillenberg	"
"	Szorkeninken	"	Schorkeninken	"
"	Aschlacken	"	Aßlacken	16. 7.38
"	Augstupöhnen	Namensänderung	Uderhöhe	"
"	Groß Uderballen	"	Großudertal	"
"	Kekorischken	"	Auerbach (Kreis Wehlau)	"
"	Lapischken	"	Fuchshügel	"
"	Muplacken	"	Moptau	"
"	Nagurren	"	Freudenfeld	"
"	Obscherninken	"	Dachsrode	"
"	Papuschienen	"	Grauden	"
"	Skaticken	"	Skaten	"
"	Sohorkeninken	Feststellung der Schreibweise	Schorkenicken	"
"	Gutsbezirk Papuschienen, Ant. Kr. Wehlau, Forst	Namensänderung	Gutsbezirk Grauden, Ant. Kr. Wehlau, Forst	"

Reg.-Bez. Gumbinnen

Kleinerer Verwaltungsbezirk	alter Zustand (Gemeindename)	Art der Veränderung	neuer Zustand (Gemeindename)	Wirkungsdatum
1/15 Angerapp (früher Kreis Darkehmen)	Bidszuhnen	Feststellung der Schreibweise	Bidschuhnen	17. 9.36
"	Bindszuhnen	"	Bindschuhnen	"
"	Eszergallen	"	Eschergallen	"
"	Eszerienen	"	Escherienen	"
"	Eszerischken	"	Escherischken	"
"	Eszerningken	"	Escherningken	"
"	Jodszinn	"	Jodschinn	"
"	Jodszuhnen	"	Jodschuhnen	"
"	Kandszen	"	Kandschen	"
"	Kleszowen	"	Kleschowen	"
"	Koszischken	"	Kossischken	"
"	Kundszicken	"	Kundschicken	"
"	Muldszählen	"	Muldschählen	"
"	Neu Eszergallen	"	Neu Eschergallen	"
"	Oszeningken	"	Oscheningken	"
"	Ragoszen	"	Ragoschen	"
"	Szallgirren	"	Sehallgirren	"
"	Szidlack	"	Schidlack	"
"	Uszballen	"	Uschballen	"
"	Uszblenken	"	Uschblenken	"
"	Abscherningken	Namensänderung	Dachshausen	16. 7.38
"	Adlig Kermuschienen	"	Kermen	"
"	Alt Ballupönen	"	Schanzenhöh	"
"	Alt u. Neu Kermuschienen	"	Kermenau	"
"	Alt Ragaischen	"	Konradshof	"
"	Alt Sausköyen	"	Altsauswalde	"
"	Alt Schabienen	"	Altlautersee	"
"	Angerapp	"	Kleinangerapp	"
"	Antmeschken	"	Meßken	"
"	Astrawischken	"	Großzedmar	"
"	Audinischken	"	Hilpertswerder	"
"	Auxinnen	"	Ammerau	"
"	Auxkallen	"	Roßkamp	"
"	Balschkehmen	"	Balsken	"
"	Bidschuhnen	"	Bidenteich	"
"	Bindschuhnen	"	Bindemark	"
"	Bratricken	"	Brahetal	"
"	Darkehmen, Stadt	"	Angerapp, Stadt	"
"	Didwischken	"	Dittwiese	"
"	Dombrowken	"	Eibenburg	"
"	Dumbeln	"	Kranichfelde	"
"	Elkinehlen	"	Elken	"

Kleinerer Verwaltungsbezirk	alter Zustand (Gemeindename)	Art der Veränderung	neuer Zustand (Gemeindename)	Wirkungsdatum
Noch: **1/15 Angerapp** (früher Kreis Darkehmen)	Endruschen	Namensänderung	Maiden	16. 7.38
"	Eschergallen	"	Seehügel	"
"	Escherienen	"	Seehagen (Ostpr.)	"
"	Escherischken	"	Schönfels	"
"	Escherningken	"	Eschingen	"
"	Grasgirren	"	Dingelau	"
"	Griesgirren	"	Grieswalde	"
"	Groß Beynuhnen	Feststellung der Schreibweise	Großbeinuhnen	"
"	Groß Bretschkehmen	Namensänderung	Brettken	"
"	Groß Kallwischken	"	Großkallwen	"
"	Groß Kolpacken	"	Großbachrode	"
"	Groß Pelledauen	"	Jungferngrund	"
"	Groß Schabienen	"	Großlautersee	"
"	Groß u. Klein Menturren	"	Mentau	"
"	Gruneyken	Feststellung der Schreibweise	Gruneiken	"
"	Hallwischken	Namensänderung	Hallweg	"
"	Illgossen	"	Ilgenau	"
"	Ischdaggen	"	Brenndenwalde	"
"	Jaggeln	"	Kleinzedmar	"
"	Jagotschen	"	Gleisgarben	"
"	Jauteken	"	Friedeck	"
"	Jewonischken	"	Brunshöfen	"
"	Jodschinn	"	Sausreppen	"
"	Jodschuhnen	"	Jodanen	"
"	Jurgaitschen	"	Jürgenfelde	"
"	Kallnen	"	Drachenberg	"
"	Kandschen	"	Kanden	"
"	Kannehlen	"	Kannen	"
"	Kariotkehmen	"	Karkeim	"
"	Karklienen	"	Wiesenhausen	"
"	Karpowen	"	Karpauen	"
"	Karteningken	"	Kleedorf (Ostpr.)	"
"	Kermuschienen	"	Fritzenau	"
"	Klein Beynuhnen	Feststellung der Schreibweise	Kleinbeinuhnen	"
"	Klein Darkehmen	Namensänderung	Schimmelhof	"
"	Klein Kolpacken	"	Kleinbachrode	"
"	Klein Pelledauen	"	Kreuzstein	"
"	Klein Schabienen	"	Kleinlautersee	"
"	Kleschowen	"	Kleschauen	"
"	Kossischken	"	Köskeim	"
"	Krugken	Feststellung der Schreibweise	Krucken	"
"	Kruschinnen	Namensänderung	Altlinde	"
"	Kuddern	Feststellung der Schreibweise	Kudern	"
"	Kuinen	Namensänderung	Golsaue	"
"	Kundschicken	"	Sandeck	"
"	Kunigehlen	"	Stroppau	"
"	Labowischken	"	Labonen	"
"	Launingken	"	Sanden	"
"	Lengwetschen	"	Tiefenhagen	"
"	Lenkehlischken	"	Gutbergen	"
"	Lenkimmen	"	Uhlenhorst	"
"	Lingwarowen	"	Berglingen	"
"	Mallenuppen	"	Gembern	"
"	Masutschen	"	Oberhofen (Ostpr.)	"
"	Matzwolla	"	Balschdorf	"
"	Medunischken	"	Großmedien	"
"	Melletschen	"	Meltbach	"
"	Muldschälen	"	Finkenwalde (Ostpr.)	"
"	Neu Beynuhnen	Feststellung der Schreibweise	Neubeinuhnen	"
"	Neu Eschergallen	Namensänderung	Wehrwalde	"
"	Neu Pillkallen	"	Rüttelsdorf	"
"	Neu Ragaischen	"	Kuppenwiese	"
"	Neu Sauskoyen	"	Neusauswalde	"
"	Oscheningken	"	Hasenbrück	"
"	Petrelskehmen	"	Peterkeim	"
"	Piontken	"	Waldkerme	"
"	Pogrimmen	"	Grimmen (Ostpr.)	"
"	Potkehmen	"	Puttkammer	"
"	Puikwallen	"	Schönwall	"
"	Ragoschen	"	Ragen	"
"	Ramoschkehmen	"	Ramfelde	"
"	Raudohnen	"	Raunen (Ostpr.)	"
"	Rogahlen	r	Gahlen (Ostpr.)	"
"	Schakumehlen	"	Wildhorst	"
"	Schallgirren	"	Kreuzhausen	"
"	Schaugsten	"	Linnemarken	"
"	Scherrewischken	"	Bruderhof	"
"	Schidlack	"	Schiedelau	"
"	Schillehlen	"	Sillenfelde	"
"	Schudischken	"	Schudau	"
"	Schunkarinn	"	Schlieben (Ostpr.)	"
"	Schuppinnen	"	Wiesenbrunn (Ostpr.)	"
"	Schwirgsden	"	Königsgarten	"
"	Skallischen	"	Altheide (Ostpr.)	"
"	Skallischkehmen	"	Großsteinau	"
"	Stobrigkehmen	"	Stillheide	"
"	Stumbrakehmen	"	Ursfelde	"
"	Tarputschen, Ksp. Ballethen	"	Erlenflet	"
"	Tarputschen, Ksp. Trempen	"	Sauckenhof	"

Kleinerer Verwaltungsbezirk	alter Zustand (Gemeindename)	Art der Veränderung	neuer Zustand (Gemeindename)	Wirkungsdatum
Noch: 1/15 Angerapp (früher Kreis Darkehmen)	Tautschillen	Namensänderung	Altentrift	16. 7.38
"	Uschballen	"	Langenrück	"
"	Uschblenken	"	Blinkersee	"
"	Wantischken	"	Grünsiedel	"
"	Wikischken	"	Wiecken	"
"	Wittgirren	"	Wittbach	"
"	Worellen	"	Runden	"
"	Gutsbezirk Skallischen, Ant. Kr. Darkehmen, Forst	"	Gutsbezirk Altheide, Ant. Kr. Angerapp, Forst	"
1/16 Angerburg	Haarszen	Feststellung der Schreibweise	Haarschen	17. 9.36
"	Alt Perlswalde / Neu Perlswalde	Zusammenschluß	Perlswalde	1. 4.38
"	Budzisken / Mitschkowken / Sawadden	"	Herbsthausen	"
"	Gassöwen	Wegfall durch Eingliederung	Schloßberg	"
"	Biedaschken	Namensänderung	Wieskoppen	16. 7.38
"	Brosowen	"	Hartenstein (Ostpr.)	"
"	Brosowken	"	Birkenhöhe (Ostpr.)	"
"	Groß Wessolowen	"	Raudensee	"
"	Jakunowken	"	Jakunen	"
"	Jorkowen	"	Jorken	"
"	Mitschullen	"	Rochau (Ostpr.)	"
"	Ogonken	"	Schwenten	"
"	Olschöwen	"	Kanitz	"
"	Pietrellen	"	Treugenfließ	"
"	Popiollen	"	Albrechtswiesen	"
"	Possessern	"	Großgarten	"
"	Prinowen	"	Primsdorf	"
"	Pristanien	"	Paßdorf	"
"	Przytullen	"	Kleinkutten	"
"	Sapallen	"	Ostau	"
"	Schloßberg	"	Heidenberg	"
"	Sobiechen	"	Salpen	"
"	Wensowken	"	Wensen	"
"	Wilkowen	"	Geroldswalde	"
"	Willudden	"	Andreastal	"
"	Zabinken	"	Hochsee	"
"	Gutsbezirk Skallischen, Ant. Kr. Angerburg, Forst	"	Gutsbezirk Altheide, Ant. Kr. Angerburg, Forst	"
1/17 Ebenrode (früher Kreis Stallupönen)	Enskehmen, teilw. / Hopfenbruch, teilw.	Neubildung	Amalienhof	1.10.34
"	Bugdszen	Feststellung der Schreibweise	Bugdschen	17. 9.36
"	Doblendszen	"	Doblendschen	"
"	Eszerkehmen	"	Escherkehmen	"
"	Gaidszen	"	Gaidschen	"
"	Jodszen	"	Jodschen	"
"	Kryszullen	"	Kryschullen	"
"	Norudszen	"	Norudschen	"
"	Noruszuppen	"	Noruschuppen	"
"	Osznaggern	"	Oschnaggern	"
"	Patilszen	"	Patilschen	"
"	Podszohnen	"	Podschohnen	"
"	Radszen	"	Radschen	"
"	Rudszen	"	Rudschen	"
"	Schluidszen	"	Schluidschen	"
"	Skrudszen	"	Skrudschen	"
"	Szabojeden	"	Schabojeden	"
"	Szameitkehmen	"	Schameitkehmen	"
"	Szapten	"	Schapten	"
"	Szeskehmen	"	Scheskehmen	"
"	Szillehlen	"	Schillehlen	"
"	Szillen	"	Schillen	"
"	Szinkuhnen	"	Schinkuhnen	"
"	Szuggern	"	Schuggern	"
"	Urbschen	"	Urbschen	"
"	Uszdeggen	"	Uschdeggen	"
"	Grünwalde / Neuteich / Schönbruch	Wegfall durch Eingliederung	Damerau	1. 4.37
"	Jogeln	"	Göritten	"
"	Norudschen	"	Plathen	"
"	Abracken / Peterlauken	"	Schillen	1.10.37
"	Ackmonien, Ksp. Enzuhnen / Kurplauken		Schluidschen	"
"	Ackmonien, Ksp. Pillupönen		Pillupönen	"
"	Gaidschen		Benullen	"
"	Klein Degesen / Lukoschen		Lucken	"
"	Klein Lengmeschken / Messeden / Sobeitschen		Mehlkehmen	"
"	Mikuthelen / Noreitschen		Kattenau	"
"	Pötschlauken / Reckeln		Matzkutschen	"
"	Sommerkrug	"	Groß Degesen	"
"	Wertimlauken	"	Jucknischken	"
"	Kupsten / Scheppetschen	Zusammenschluß	Hohenfried	1. 4.38

Kleinerer Verwaltungsbezirk	alter Zustand (Gemeindename)	Art der Veränderung	neuer Zustand (Gemeindename)	Wirkungsdatum
Noch: 1/17 Ebenrode (früher Kreis Stallupönen)	Adlig Budweitschen	Namensänderung	Grundhausen	16. 7.38
"	Alexkehmen	"	Alexbrück	"
"	Ambraskehmen	"	Krebsfließ	"
"	Anderskehmen	"	Andersgrund	"
"	Antanischken	"	Antonshain	"
"	Antsodehnen	"	Almen	"
"	Aschlauken	"	Kalkhöfen	"
"	Bäuerlich Budweitschen	"	Finkenschlucht	"
"	Bareischkehmen	"	Baringen	"
"	Bartzkehmen	"	Bartztal	"
"	Baubeln	"	Windberge (Ostpr.)	"
"	Benullen	"	Weidenkreuz	"
"	Berninglauken	"	Berningen	"
"	Bilderweitschen	"	Bilderweiten	"
"	Bisdohnen	"	Blocksberg	"
"	Bugdschen	"	Klimmen	"
"	Datzkehmen	"	Datzken	"
"	Daugelischken	"	Pfeifenberg	"
"	Disselwethen	"	Disselberg	"
"	Doblendschen	"	Parkhof	"
"	Dopönen	"	Grünweide (Kreis Ebenrode)	"
"	Dozuhnen	"	Muldau	"
"	Dräweningken	"	Dräwen	"
"	Egglenischken	"	Tannenmühl	"
"	Enskehmen	"	Rauschendorf (Ostpr.)	"
"	Enzuhnen	"	Rodebach	"
"	Escherkehmen	"	Seebach (Ostpr.)	"
"	Eydtkuhnen, Stadt	"	Eydtkau, Stadt	"
"	Eymenischken	"	Eimental	"
"	Gallkehmen	"	Hohenschanz	"
"	Germingkehmen	"	Germingen	"
"	Girnischken	"	Lichtentann	"
"	Girnuhnen	"	Rehbusch	"
"	Groß Grigalischken	"	Ellerbach (Ostpr.)	"
"	Groß Lengmeschken	"	Lengen	"
"	Groß Sodehnen	"	Grenzen (Ostpr.)	"
"	GroßWannagupchen	"	Rohren (Ostpr.)	"
"	Gudellen	"	Preußenwald	"
"	Gudweitschen	"	Gutweide (Ostpr.)	"
"	Jentkutkampen	"	Burgkampen	"
"	Jockeln	"	Jocken	"
"	Jodringkehmen	"	Sinnhöfen	"
"	Jodschen	"	Hollenau (Ostpr.)	"
"	Jucknischken	"	Föhrenhorst	"
"	Jurgeitschen	"	Jürgenrode	"
"	Kallweitschen	"	Haldenau (Ostpr.)	"
"	Karklienen	"	Hügeldorf	"
"	Kiaulacken	"	Quellbruch	"
"	Kiddeln	"	Sonnenmoor	"
"	Kinderlauken	"	Kinderfelde	"
"	Kinderweitschen	"	Kinderhausen	"
"	Kischen	"	Krähenwalde	"
"	Kosakweitschen	"	Rauschmünde	"
"	Krajutkehmen	"	Dürrfelde	"
"	Kryschullen	"	Narwickau	"
"	Kubillehlen	"	Freieneck	"
"	Laukupönen	"	Erlenhagen	"
"	Lawischkehmen	"	Stadtfelde	"
"	Lengwehnen	"	Grenzkrug	"
"	Matternischken	"	Matten	"
"	Mattlauken	"	Hellbrunn	"
"	Matzkutschen	"	Fuchshagen	"
"	Mehlkehmen	"	Birkenmühle	"
"	Milluhnen	"	Mühlengarten	"
"	Mitzkaweitschen	"	Ellerau (Ostpr.)	"
"	Nausseden	"	Weitenruh	"
"	Nickelnischken	"	Nickelsfelde	"
"	Noruschuppen	"	Altenfließ (Ostpr.)	"
"	Oschnaggern	"	Sandau (Ostpr.)	"
"	Pakalnischken	"	Schleusen	"
"	Patilschen	"	Brücken (Ostpr.)	"
"	Peschicken	"	Altbruch	"
"	Petrikatschen	"	Schützenort	"
"	Pillupönen	"	Schloßbach	"
"	Plathen	Feststellung der Schreibweise	Platen	"
"	Plimballen	Namensänderung	Lehmfelde	"
"	Podschohnen	"	Buschfelde (Ostpr.)	"
"	Puplauken	"	Ulmenau (Ostpr.)	"
"	Radschen	"	Raschen (Ostpr.)	"
"	Raudohnen	"	Rauhdorf	"
"	Rittigkeitschen	"	Martinsort	"
"	Romanuppen	"	Wildenheim	"
"	Romeyken	Feststellung der Schreibweise	Romeiken	"
"	Rudschen	Namensänderung	Talfriede	"
"	Sannseitschen	"	Sannen	"
"	Schabojeden	"	Haselgrund (Ostpr.)	"
"	Schackummen	"	Eichkamp	"
"	Schameitkehmen	"	Weitendorf (Ostpr.)	"
"	Scheskehmen	"	Hochmühlen	"
"	Schillehlen	"	Lehmau	"
"	Schillen	"	Schellendorf	"
"	Schilleningken	"	Hainau	"
"	Schillgallen	"	Heimfelde	"
"	Schillpönen	"	Stolznau (Ostpr.)	"
"	Schinkuhnen	"	Schenkenhagen	"

Kleinerer Verwaltungsbezirk	alter Zustand (Gemeindename)	Art der Veränderung	neuer Zustand (Gemeindename)	Wirkungsdatum
Noch: 1/17 Ebenrode (früher Kreis Stallupönen)	Schirmeyen	Namensänderung	Brandrode	16. 7.38
»	Schluidschen	"	Lerchenborn (Ostpr.)	"
»	Schoekwethen	"	Randau (Ostpr.)	"
»	Schöekstupönen	"	Pohlau	"
»	Schwentakehmen	"	Schwanen	"
»	Schwentischken	"	Schanzenort	"
»	Schwiegupönen	"	Neuenbach	"
»	Schwirgallen	"	Eichhagen (Ostpr.)	"
»	Skarullen	"	Ebenflur	"
»	Skrudschen	"	Lengfriede	"
»	Stallupönen, Stadt	"	Ebenrode, Stadt	"
»	Stehlischken	"	Stehlau	"
»	Ströhlkehmen	"	Ströhlen	"
»	Susseitschen	"	Hochtann	"
»	Taschieten	"	Steinhalde	"
»	Tauerkallen	"	Tauern	"
»	Urbschen	"	Urfelde	"
»	Uschdeggen	"	Raineck	"
»	Wagohnen	Feststellung der Schreibweise	Wagonen	"
»	Walleykehmen	Namensänderung	Teichacker	"
»	Wenzlowischken	"	Wenzbach	"
»	Wicknaweitschen	"	Wickenfeld	"
»	Willkinnen	"	Willdorf	"
»	Wilpischen	"	Wilpen	"
»	Gutsbezirk Rominter Heide, Ant. Kr. Stallupönen, Forst	Änderung der Zusatzbezeichnung	Gutsbezirk Rominter Heide, Ant. Kr. Ebenrode, Forst	"
»	Leibgarten / Plicken	Wegfall durch Eingliederung	Baringen	1.10.38
1/18 Elchniederung (früher Kreis Niederung)	Degimmen	Namensänderung	Brandenburg (Kr. Niederung)	29.10.34
»	Klein Girratischken	"	Gronwalde	30. 8.35
»	Ibenhorst	Wegfall durch Eingliederung	Gutsbez. Ibenhorst,	1.11.35
»	Osznugarn	Namensänderung	Rehwalde (Kreis Niederung)	27. 3.36
»	Alt Buttkischken / Neu Buttkischken	Zusammenschluß	Buttkischken	1. 6.36
»	Lukischken	Wegfall durch Eingliederung	Kallningken	"
»	Groß Asznaggern	Namensänderung	Grenzberg	17. 8.36
»	Gräflich Prudimmen	"	Erlenrode	4. 9.36
»	Basznitzkallen	Feststellung der Schreibweise	Baschnitzkallen	17. 9.36
»	Demedszen	"	Demedschen	"
»	Grudszen	"	Grudschen	"
»	Lyszeiten	"	Lyscheiten	"
»	Pawarszen	"	Pawarschen	"
»	Staldszen	"	Staldschen	"
»	Uszkurwe	"	Uschkurwe	"
»	Warsze	"	Warsche	"
»	Warszlauken	"	Warschlauken	"
»	Wieszeiten	"	Wiescheiten	"
»	Schillehlen / Wargutschen	Zusammenschluß	Tannenhöhe	1. 4.37
»	Labben	Wegfall durch Eingliederung	Lebbeden	1. 4.38
»	Luttken / Schudereiten / Staldschen / Wiescheiten, teilw.	Zusammenschluß	Jägerhöh	"
»	Ossupönen	Wegfall durch Eingliederung	Endrejen	"
»	Serpentienen	"	Friedlauken	"
»	Ackelningken	Namensänderung	Ackeln	16. 7.38
»	Ackmenischken	"	Dünen (Kreis Elchniederung)	"
»	Ackminge	"	Ibenwerder	"
»	Ackmonienen	"	Argental (Ostpr.)	"
»	Adlig Kreywehlen	"	Adelau	"
»	Alleckneiten	"	Kurwensee	"
»	Alt Ginnischken	"	Altginnendorf	"
»	Alt Lappienen	"	Rauterskirch	"
»	Andreischken	"	Nassenfelde	"
»	An Rokaiten	"	Kleinrokitten	"
»	Argelothen	"	Argendorf	"
»	Augustlauken	"	Hohensprindt	"
»	Baltruscheiten, Ksp. Heinrichswalde	"	Amtal	"
»	Baltruscheiten, Ksp. Skören	"	Balten	"
»	Baltruschkehmen	"	Altschanzenkrug	"
»	Bartscheiten	"	Oswald	"
»	Baschnitzkallen	"	Steilberg	"
»	Baubeln	"	Sommershöfen	"
»	Bersteningken	"	Eckwalde	"
»	Bittehnischken	"	Argemünde	"
»	Bogdahnen	"	Bolzfelde	"
»	Borstehlischken	"	Borstehnen	"
»	Brandenburg (Kr. Niederung)	Änderung der Zusatzbezeichnung	Brandenburg (Kr. Elchniederung)	"
»	Budehlischken	Namensänderung	Hoheneiche (Ostpr.)	"
»	Budwethen	"	Ansorge	"
Noch: 1/18 Elchniederung (früher Kreis Niederung)	Buttkischken	Namensänderung	Buttenhagen	16. 7.38
»	Demedschen	"	Falkenhöhe	"
»	Demmenen	"	Demmen	"
»	Dittballen	"	Streulage	"
»	Endrejen	"	Ossafelde	"
»	Friedlauken	"	Friedlau	"
»	Griegolienen	"	Lehmbruch	"
»	Grietischken	"	Grieteinen	"
»	Groß Allgawischken	"	Schlichtingen	"
»	Groß Girratischken	"	Wartenhöfen	"
»	Groß Karzewischken	"	Sprosserweide	"
»	Groß Krauleiden	"	Großheidenstein	"
»	Groß Obscherningken	"	Gutsfelde	"
»	Groß Skaisgirren	"	Kreuzingen	"
»	Groß Wabbeln	"	Kleingrenzberg	"
»	Groß Wannaglauken	"	Großwalde (Kreis Elchniederung)	"
»	Groß Wixwen	"	Vielbrücken	"
»	Grudschen	"	Gruten	"
»	Jedwilleiten	"	Neuschleuse	"
»	Jodgallen	"	Grünhausen	"
»	Jodischken	"	Jodingen	"
»	Joneiten	"	Gilgenfeld	"
»	Kallningken	"	Herdenau	"
»	Katrinigkeiten	"	Schorningen	"
»	Kaukehmen	"	Kuckerneese	"
»	Kiauken	"	Wartenfeld	"
»	Klein Allgawischken	"	Allgau	"
»	Klein Ischdaggen	"	Georgenforst	"
»	Klein Krauleiden	"	Kleinheidenstein	"
»	Klein Obscherningken	"	Kleinwalde (Kreis Elchniederung)	"
»	Klein Prudimmen	"	Kleinerlenrode	"
»	Klein Wannaglauken	"	Haslingen	"
»	Kletellen	"	Georgenheide	"
»	Klubinn	"	Anmut	"
»	Kriplauken	"	Kripfelde	"
»	Kumpelken	"	Kämpen	"
»	Lankeningken	"	Altmühle	"
»	Lebbeden	"	Friedeberg (Ostpr.)	"
»	Lepienen	"	Gerhardsheim	"
»	Liedemeiten	"	-Gerhardsweide	"
»	Lyscheiten	"	Lischau	"
»	Makohnen	"	Mühlenkreuz	"
»	Matzgirren	"	Kurrenberg	"
»	Mosteiten	"	Eschenberg	"
»	Motzwethen	"	Motzfelde	"
»	Nausseden	"	Kleindünen	"
»	Neu Bogdahnen	"	Bolzhagen	"
»	Neu Descherin	"	Deschen	"
»	Neu Ginnischken	"	Neuginnendorf	"
»	Neuhof-Reatischken	"	Budeweg	"
»	Neu Lappienen	"	Rautersdorf	"
»	Neu Norweischen	"	Altdümpelkrug	"
»	Neusorge, Ksp. Kaukehmen	Änderung der Zusatzbezeichnung	Neusorge, Ksp. Kuckerneese	"
»	Noragehlen	Namensänderung	Urbansprind	"
»	Norweischen	"	Mühlmeistern	"
»	Norwischeiten	"	Schwanensee	"
»	Obolin	"	Erlen	"
»	Obschruten	"	Gerhardsgrund	"
»	Oschke	"	Wildwiese	"
»	Oschweningken	"	Breitenhof	"
»	Packuß	"	Kussenberg	"
»	Palinkuhnen	"	Neulinkuhnen	"
»	Parwischken	"	Parwen	"
»	Pawarschen	"	Kleinwarschen	"
»	Pustutten	"	Antonswiese	"
»	Rehwalde (Kreis Niederung)	Änderung der Zusatzbezeichnung	Rehwalde (Kreis Elchniederung)	"
»	Rokaiten	Namensänderung	Rokitten (Ostpr.)	"
»	Rucken, Ksp. Groß Friedrichsdorf	"	Ruckenfeld	"
»	Rucken, Ksp. Lappienen	"	Ruckenhagen	"
»	Sausseningken	"	Milchhof	"
»	Schakuhnen	"	Schakendorf(Ostpr.)	"
»	Schalteik	Feststellung der Schreibweise	Schalteck	"
»	Scharkus-Tawell	Namensänderung	Iwenheide	"
»	Schaugsten	"	Altengilge	"
»	Schillelwethen	"	Noiken	"
»	Schillgallen	"	Hochdünen	"
»	Schudledimmen	"	Schulzenwiese	"
»	Selseningken	"	Selsen	"
»	Skieslauken	"	Kieslau	"
»	Skirbst	"	Heideckshof	"
»	Skirwieth	Feststellung der Schreibweise	Skirwiet	"
»	Spucken	Namensänderung	Stucken	"
»	Tawellningken	"	Tawellenbruch	"
»	Thewellen	Feststellung der Schreibweise	Tewellen	"
»	Tirkseln	Namensänderung	Kleeburg	"
»	Tramischen	"	Trammen	"

Kleinerer Verwaltungsbezirk	alter Zustand (Gemeindename)	Art der Veränderung	neuer Zustand (Gemeindename)	Wirkungsdatum
Noch: 1/18 Elchniederung (früher Kreis Niederung)	Trumpeiten	Namensänderung	Trumpenau	16. 7.38
"	Tunnischken	"	Schneckenwalde	"
"	Uschkurwe	"	Kurwe	"
"	Usseinen	"	Stellwagen	"
"	Warschlauken	"	Warschfelde	"
"	Wegnerminnen	"	Wegnersdorf	"
"	Weidgirren	"	Gerhardshöfen	"
"	Wiescheiten	"	Kleinsommershöfen	"
"	Wirballen	"	Warten	"
"	Wirblauken	"	Rutenfelde	"
"	Gutsbezirk Kurisches Haff, Ant. Kr. Niederung	Änderung der Zusatzbezeichnung	Gutsbezirk Kurisches Haff, Ant. Kr. Elchniederung	
"	Gutsbezirk Tawellningken, Forst	Namensänderung	Gutsbezirk Tawellnbruch, Forst	
1/19 Goldap	Czerwonnen	"	Rotenau	6. 1.34
"	Groß Kummetschen	"	Hermeshof	8. 3.34
"	Iszlaudszen	"	Schönheide (Ostpr.)	19. 3.34
"	Marczinowen	"	Martinsdorf	24. 7.34
"	Präroszlehnen	"	Jägersee	17. 9.35
"	Juckneitschen	"	Steinhagen (Ostpr.)	5.10.35
"	Morathen	"	Bergesruh	14.11.35
"	Bludszen	Feststellung der Schreibweise	Bludschen	17. 9.36
"	Budszedehlen	"	Budschedehlen	"
"	Budweitschen, Ksp. Szittkehmen	"	Budweitschen, Ksp. Schittkehmen	"
"	Didszullen	"	Didschullen	"
"	Eszergallen, Ksp. Dubeningken	"	Eschergallen, Ksp. Dubeningken	"
"	Eszergallen, Ksp. Gawaiten	"	Eschergallen, Ksp. Gawaiten	"
"	Gelleszuhnen	"	Gelleschuhnen	"
"	Kaszeleken	"	Kaseleken	"
"	Kaszemeken	"	Kaschemeken	"
"	Kuiken, Ksp. Szittkehmen	"	Kuiken, Ksp. Schittkehmen	"
"	Meszehnen	"	Meschehnen	"
"	Oszeningken	"	Oscheningken	"
"	Pablindszen	"	Pablindschen	"
"	Pallädszen	"	Pallädschen	"
"	Pelludszen	"	Pelludschen	"
"	Sausleszowen	"	Sausleschowen	"
"	Szabojeden	"	Schabojeden	"
"	Szardeningken	"	Schardeningken	"
"	Szeeben	"	Scheeben	"
"	Szeldkehmen	"	Scheldkehmen	"
"	Szielasken	"	Schielasken	"
"	Szittkehmen	"	Schittkehmen	"
"	Wyszupönen	"	Wyschupönen	"
"	Zodszen	"	Zodschen	"
"	Abscherningken	Namensänderung	Ebershagen	16. 7.38
"	Auxinnen	"	Freudenau	"
"	Auxkallen	"	Bergerode	"
"	Ballupönen, Ksp. Goldap	"	Ballenau	"
"	Ballupönen, Ksp. Tollmingkehmen	"	Wittigshöfen	"
"	Barkehmen	"	Barkau	"
"	Billehnen	"	Billenau	"
"	Blindgallen	"	Schneegrund	"
"	Blindischken	"	Wildwinkel	"
"	Bludschen	"	Forsthausen	"
"	Bodschwingken	"	Herandstal	"
"	Budschedehlen	"	Salzburgerhütte	"
"	Budweitschen, Ksp. Dubeningken	"	Elsgrund	"
"	Budweitschen, Ksp. Schittkehmen	"	Altenwacht	"
"	Buttkuhnen	"	Bodenhausen	"
"	Collnischken	"	Burgfelde	"
"	Czarnen	"	Scharnen	"
"	Dagutschen	"	Zapfengrund	"
"	Dakehnen	"	Daken	"
"	Didschullen	"	Schwadenfeld	"
"	Dobawen	"	Dobauen	"
"	Dubeningken	"	Dubeningen	"
"	Duncyken	Feststellung der Schreibweise	Duneiken (Kreis Goldap)	"
"	Dzingellen	Namensänderung	Widmannsdorf	"
"	Egglenischken	"	Preußischnassau	"
"	Elluschönen	"	Ellern (Ostpr.)	"
"	Eschergallen, Ksp. Dubeningken	"	Äschenbruch	"
"	Eschergallen, Ksp. Gawaiten	"	Tiefenort (Ostpr.)	"
"	Flösten	"	Bornberg (Ostpr.)	"
"	Friedrichowen	"	Friedrichau (Ostpr.)	"
"	Gawaiten	"	Herzogsrode	"
"	Gelleschuhnen	"	Gellenau (Ostpr.)	"
"	Gerehlischken	"	Gerwalde	"
"	Glowken	"	Thomasfelde	"
"	Gollubien	"	Unterfelde	"
"	Grabowen	"	Arnswald	"
"	Grilskehmen	"	Grilsen	"
"	Grischkehmen	"	Grischken	"
"	Groblischken	"	Ringfelde	"

Kleinerer Verwaltungsbezirk	alter Zustand (Gemeindename)	Art der Veränderung	neuer Zustand (Gemeindename)	Wirkungsdatum
Noch: 1/19 Goldap	Groß Dumbeln	Namensänderung	Erlensee	16. 7.38
"	Groß Gudellen	"	Großguden	"
"	Groß Kallweitschen	"	Kornberg	"
"	Groß Rominten	"	Hardteck	"
"	Groß Rosinsko	"	Großfreiendorf	"
"	Groß Trakischken	"	Hohenrode (Ostpr.)	"
"	Groß Wronken	"	Winterberg (Ostpr.)	"
"	Gulbenischken	"	Gulbensee	"
"	Jeblonsken	"	Urbansdorf	"
"	Jessatschen	"	Grimbach	"
"	Jodupp	"	Holzeck	"
"	Jörkischken	"	Jarkental	"
"	Jurgaitschen	"	Kleinau (Ostpr.)	"
"	Kallnischken	"	Kunzmannsrode	"
"	Kamionken	"	Eichicht	"
"	Kaschemeken	"	Kaschen	"
"	Kaseleken	"	Neumagdeburg	"
"	Keppurdeggen	"	Kühlberg	"
"	Kiaunen	"	Rodenheim	"
"	Kiauten	"	Zellmühle	"
"	Klein Dumbeln	"	Kräuterwiese	"
"	Klein Gudellen	"	Kleinguden	"
"	Klein Kummetschen	"	Schäferberg(Ostpr.)	"
"	Klein Rosinsko	"	Bergershof	"
"	Kögskehmen	"	Keckskeim	"
"	Kosaken	"	Rappenhöh	"
"	Kowalken	"	Beierswalde	"
"	Kragiunen	"	Kraghof	"
"	Kubillen	"	Nordenfeld	"
"	Kuiken, Ksp. Goldap	"	Tannenhorst	"
"	Kuiken, Ksp. Schittkehmen	"	Albrechtsrode	"
"	Kurnehmen	"	Kurnen	"
"	Langkischken	"	Langenwassern	"
"	Lengkuphen	"	Lengenfließ	"
"	Linkischken	"	Rabeneck (Ostpr.)	"
"	Linnawen	"	Linnau (Ostpr.)	"
"	Loyen	Feststellung der Schreibweise	Loien	"
"	Loyken	Namensänderung	Loken	"
"	Makunischken	"	Hohenwaldeck	"
"	Maleyken	Feststellung der Schreibweise	Maleiken	"
"	Marlinowen	Namensänderung	Mörleinstal	"
"	Matznorkehmen	"	Matztal	"
"	Matzutkehmen	"	Wellenhausen	"
"	Meldienen	"	Gnadenheim	"
"	Meschennen	"	Wehrfeld	"
"	Meschkruphen	"	Meschen	"
"	Mlinicken	"	Buschbach	"
"	Motzkuhnen	"	Motzken	"
"	Murgischken	"	Bastental	"
"	Oscheningken	"	Pfalzrode	"
"	Ossöwen	"	Ossau	"
"	Pablindschen	"	Zollteich	"
"	Padingkehmen	"	Padingen	"
"	Pallädschen	"	Frankeneck (Ostpr.)	"
"	Pellkawen	"	Pellkauen	"
"	Pelludschen	"	Pellau	"
"	Pietraschen	"	Rauental (Ostpr.)	"
"	Plautzkehmen	"	Engern (Ostpr.)	"
"	Plawischken	"	Plauendorf	"
"	Pöwgallen	"	Pöwen	"
"	Präslauken	"	Praßlau	"
"	Regellen	"	Glaubitz (Ostpr.)	"
"	Ribbenischken	"	Ribbenau	"
"	Roponatschen	"	Steinheide	"
"	Rudzien	"	Rodenstein (Ostpr.)	"
"	Samonienen	"	Klarfließ	"
"	Sausleschowen	"	Seefelden (Ostpr.)	"
"	Schabojeden	"	Sprindberg	"
"	Schaltinnen	"	Quellental (Ostpr.)	"
"	Schardeningken	"	Schardingen	"
"	Scheldkehmen	"	Schelden	"
"	Schielasken	"	Hallenfelde	"
"	Schillinnen	"	Heidensee	"
"	Schittkehmen	"	Wehrkirchen	"
"	Schuiken	"	Spechtsboden	"
"	Serteggen	"	Serteck	"
"	Skaisgirren	"	Hellerau (Ostpr.)	"
"	Skarupnen	"	Hartental	"
"	Skötschen	"	Grönfleet	"
"	Sokollen	"	Hainholz (Ostpr.)	"
"	Stonupönen	"	Kaltenbach	"
"	Stukatschen	"	Freienfeld (Ostpr.)	"
"	Stumbern	"	Auersfeld	"
"	Summowen	"	Summau	"
"	Tartarren	"	Noldental	"
"	Thewelkehmen	"	Tulkeim	"
"	Theweln	"	Pfalzburg	"
"	Tollmingkehmen	"	Tollmingen	"
"	Upidamischken	"	Altenzoll	"
"	Wannaginnen	"	Wangenheim (Ostpr.)	"
"	Warkallen	"	Wartenstein (Ostpr.)	"
"	Werxnen	"	Grünhügel	"
"	Wilkatschen	"	Birkendorf (Ostpr.)	"
"	Wyschupönen	"	Kaltensee	"
"	Zodschen	"	Zoden	"
1/20 Gumbinnen	Pötschkehmen	"	Pötschwalde	14.12.34
"	Kiaulkehmen	"	Jungort	11. 1.35

Kleinerer Verwaltungsbezirk	alter Zustand (Gemeindename)	Art der Veränderung	neuer Zustand (Gemeindename)	Wirkungsdatum
Noch: 1/20 Gumbinnen	Klein Datzen	Wegfall durch Eingliederung	Spirockeln	1. 7.35
"	Kasenowsken	Namensänderung	Tannsee	29. 7.35
"	Pruszischken	"	Preußendorf (Ostpr.)	"
"	Wannagupchen	"	Habichtsau	"
"	Gerschwillauken	Wegfall durch Eingliederung	Jungort	1. 8.35
"	Karszamupchen	Namensänderung	Grünfließ	"
"	Mingstimmen	"	Angerfelde	16. 8.35
"	Eszerischken	Wegfall durch Eingliederung	Tutteln	1.10.35
"	Grünheide		Lolidimmen	
"	Jodszleidzen	Namensänderung	Altlinden	26. 3.36
"	Antszirgessern	Feststellung der Schreibweise	Antschirgessern	17. 9.36
"	Balberdszen	"	Balberdschen	"
"	Budszedszen	"	Budschedschen	"
"	Didziddern	"	Didschiddern	"
"	Eszerningken	"	Escherningken	"
"	Jodszen	"	Jodschen	"
"	Krauleidszen	"	Krauleidschen	"
"	Niebudszen	"	Niebudschen	"
"	Rödszen	"	Rödschen	"
"	Rudbardszen	"	Rudbardschen	"
"	Sabadszuhnen	"	Sabadschuhnen	"
"	Szameitschen	"	Schameitschen	"
"	Szirgupönen	"	Schirgupönen	"
"	Szublauken	"	Schublauken	"
"	Szurgupehen	"	Schurgupchen	"
"	Szuskehmen	"	Schuskehmen	"
"	Uszballen	"	Uschballen	"
"	Uszupönen	"	Uschupönen	"
"	Wandlauszen	"	Wandlaudschen	"
"	Alt Maygunischken / Neu Maygunischken	Zusammenschluß	Erlengrund (Ostpr.)	1. 4.38
"	Abschermeningken	Namensänderung	Fuchstal	16. 7.38
"	Adomlauken	"	Adamshausen	"
"	Antbrakupönen	"	Kahlheim	"
"	Antszirgessern	"	Seewiese	"
"	Angstupönen	"	Hochfließ	"
"	Austinlauken	"	Austfelde	"
"	Balberdschen	"	Balbern	"
"	Ballienen	"	Riedwiese	"
"	Bersteningken	"	Berstenau	"
"	Bibehlen	"	Falkenhausen	"
"	Brakupönen	"	Roßlinde	"
"	Budschedschen	"	Pfälzerwalde	"
"	Budweitschen	"	Forsteck	"
"	Buylien	"	Schulzenwalde	"
"	Datzkehmen	"	Lorenzfelde	"
"	Didschiddern	"	Frankenhof	"
"	Drutischken	"	Pfälzerort	"
"	Escherningken	"	Neupassau	"
"	Florkehmen	"	Florhot	"
"	Gertschen	"	Gertenau	"
"	Gerwischkehmen	"	Gerwen	"
"	Gerwischken	"	Richtfelde	"
"	Groß Berschkurren	"	Großpreußenwald	"
"	Groß Gaudischkehmen	"	Großgauden	"
"	Groß Pruschillen	"	Großpreußenbruch	"
"	Groß Tellitzkehmen	"	Tellrode	"
"	Groß Wersmeningken	"	Großstangenwald	"
"	Groß Wischtecken	"	Uilrichsdorf (Ostpr.)	"
"	Guddatschen	"	Klechagen	"
"	Ischdaggen	"	Branden	"
"	Jodschen	"	Schwarzenau (Ostpr.)	"
"	Jodupchen	"	Mittenfelde	"
"	Jodzuhnen	"	Weidengrund	"
"	Jogelehnen	"	Jürgendorf	"
"	Jucknischken	"	Bahnfelde	"
"	Judtschen	"	Kanthausen	"
"	Kallnen	"	Bismarckshöh	"
"	Kampischkehmen	"	Angereck	"
"	Karklienen	"	Brauersdorf (Ostpr.)	"
"	Klein Berschkurren	"	Kleinpreußenwald	"
"	Klein Gaudischkehmen	"	Kleingauden	"
"	Klein Pruschillen	"	Kleinpreußenbruch	"
"	Klein Wersmeningken	"	Kleinstangenwald	"
"	Kollatischken	"	Langenweiler	"
"	Krauleidschen	"	Schöppenfelde	"
"	Kulligkehmen	"	Ohldorf (Ostpr.)	"
"	Kuttkuhnen	"	Eggenhof	"
"	Lampseden	"	Lampshagen	"
"	Laugallen	"	Heubude	"
"	Lenglauken	"	Pommerfelde	"
"	Lolidimmen	"	Lolen	"
"	Lutzieken	"	Lutzen	"
"	Martischen	"	Martinshof	"
"	Matzutkehmen	"	Matzhausen	"
"	Meschkeningken	"	Bärenhagen	"
"	Naujeningken	"	Neuhofen	"
"	Nestonkehmen	"	Schweizertal	"
"	Niebudschen	"	Herzogskirch	"
"	Norgallen	"	Wickmünde	"
"	Packallnischken	"	Bergendorf (Ostpr.)	"
"	Pendrinnen	"	Pendershof	"
"	Pillkallen	"	Hoheneck	"

Kleinerer Verwaltungsbezirk	alter Zustand (Gemeindename)	Art der Veränderung	neuer Zustand (Gemeindename)	Wirkungsdatum
Noch: 1/20 Gumbinnen	Plimballen	Namensänderung	Mertinshagen	16. 7.38
"	Praßlauken	"	Praßfeld	"
"	Purwienen	"	Altweiler (Ostpr.)	"
"	Ribbinnen	"	Jägershagen	"
"	Rödschen	"	Röden	"
"	Rudbardschen	"	Rotweiler	"
"	Rudstannen		Steffensfelde	"
"	Rudupönen	"	Ringfließ	"
"	Sabadschuhnen	"	Bergenbrück	"
"	Sadweitschen	"	Altxrug	"
"	Samelucken	"	Brückental (Ostpr.)	"
"	Sampowen	"	Sampau	"
"	Schameitschen	"	Samfelde	"
"	Schestocken	"	Peterstal, Kreis Gumbinnen	"
"	Schilleningken	"	Kaimelskrug	"
"	Schirgupönen	"	Amtshagen	"
"	Schlappacken	"	Krausenbrück	"
"	Schmulkehlen	"	Neuenburg (Ostpr.)	"
"	Schmulken	"	Birkenhöhe (Ostpr.)	"
"	Schorschienen	"	Moosgrund	"
"	Schublauken	"	Schublau	"
"	Schurgupchen	"	Sprindort	"
"	Schuskehmen	"	Angerhöh	"
"	Schwiegseln	"	Schweizerau	"
"	Semkuhnen	"	Hohenwerder	"
"	Skardupchen	"	Kleinweiler	"
"	Skardupönen	"	Matzrode	"
"	Skroblienen	"	Buchenrode	"
"	Sodehnen	"	Heinsort	"
"	Sodinehlen	"	Jägersfreude (Ostpr.)	"
"	Spirockeln	"	Hohenfried	"
"	Stannaitschen	"	Zweilinden	"
"	Stobricken	"	Krammsdorf	"
"	Stulgen	"	Hasenrode	"
"	Thuren	Feststellung der Schreibweise	Turen	"
"	Tittnaggen	Namensänderung	Krügertal	"
"	Tublauken	"	Schweizersfelde	"
"	Uschballen	"	Birkenried	"
"	Uschupönen	"	Moorhof	"
"	Waiwern	"	Seilhofen (Ostpr.)	"
"	Wallehlischken	"	Hagelsberg	"
"	Walterkehmen	"	Großwaltersdorf	"
"	Wandlaudschen	"	Rotenkamp (Ostpr.)	"
"	Warkallen	"	Roloffseck	"
"	Warnehlen	"	Haselhof	"
"	Warschlegen	"	Laurinshof	"
"	Wilkoschen	"	Wolfseck	"
"	Wingeningken	"	Vierhufen	"
"	Worupönen	"	Roseneck	"
"	Gutsbezirk Brakupönen	"	Gutsbezirk Roßlinde	"
1/22 Insterburg	Patimbern	Feststellung der Schreibweise	Birkenhorst (Ostpr.)	1. 8.35
"	Berszienen, Ksp. Jodlauken	Feststellung der Schreibweise	Berschienen, Ksp. Jodlauken	17. 9.36
"	Berszienen, Ksp. Pelleningken	"	Berschienen, Ksp. Pelleningken	"
"	Bindszohnen	"	Bindschohnen	"
"	Eszeratschen	"	Escheratschen	"
"	Gaidszen	"	Gaidschen	"
"	Groß Laszeningken	"	Groß Lascheningken	"
"	Groß Niebudszen	"	Groß Niebudschen	"
"	Klein Laszeningken	"	Klein Lascheningken	"
"	Klein Niebudszen	"	Klein Niebudschen	"
"	Muldszehlen	"	Muldschehlen	"
"	Szacken	"	Schacken	"
"	Szameitkehmen	"	Schameitkehmen	"
"	Szemlauken	"	Schemlauken	"
"	Szierandszen	"	Schierandschen	"
"	Uszballen	"	Uschballen	"
"	Waszeninken	"	Wascheninken	"
"	Abschruten	Namensänderung	Ossaquell	16. 7.38
"	Ackmenischken, Ksp. Aulowönen	"	Steinacker	"
"	Ackmenischken, Ksp. Obehliszken	"	Sittenfelde	"
"	Antargen	"	Argenquell	"
"	Aulowönen	"	Aulenbach (Ostpr.)	"
"	Auxkallen, Ksp. Georgenburg	"	Ringelau	"
"	Auxkallen, Ksp. Pelleningken	"	Hoheninster	"
"	Auxkallnehlen	"	Blumenbach	"
"	Baginski	"	Freimannsdorf	"
"	Berschienen, Ksp. Jodlauken	"	Birklacken	"
"	Berschienen, Ksp. Pelleningken	"	Grünbirken	"
"	Bindschohnen	"	Binden	"
"	Bublauken	"	Brachenfeld (Ostpr.)	"
"	Budwethen	"	Streudorf (Ostpr.)	"
"	Daupelken	"	Seitenbach (Ostpr.)	"
"	Didlacken	Feststellung der Schreibweise	Dittlacken	"
"	Drutschlauken	Namensänderung	Hasenfeld	"
"	Escheratschen	"	Eschenhang	"
"	Gaidschen	"	Wiesenblick	"

Left table:

Kleinerer Verwaltungsbezirk	alter Zustand (Gemeindename)	Art der Veränderung	neuer Zustand (Gemeindename)	Wirkungsdatum
Noch: 1/22 Insterburg	Gandrinnen	Namensänderung	Storchfelde	16. 7.38
»	Georgenburgkehlen	»	Kleingeorgenburg	»
»	Geswethen	»	Landwehr (Ostpr.)	»
»	Gillischken	»	Insterblick	»
»	Groß Berschkallen	»	Birken (Ostpr.)	»
»	Groß Lascheningken	»	Großlaschnicken	»
»	Groß Lasdehnen	»	Streusiedel	»
»	Groß Niebudschen	»	Steinsee (Ostpr.)	»
»	Ischdagehlen	»	Brennersdorf	»
»	Ischdaggen	»	Brandenau	»
»	Jänischken	»	Jänichen	»
»	Jodlauken	»	Schwalbental	»
»	Kallwischken	»	Hengstenberg	»
»	Kamputschen	»	Kampeneck	»
»	Kamswyken	Feststellung der Schreibweise Namensänderung	Kamswiken	»
»	Karalene	»	Luisenberg	»
»	Klaukallen	»	Timberquell	»
»	Klein Berschkallen	»	Kleinbirken	»
»	KleinLascheningken	»	Kleinlaschnicken	»
»	Klein Niebudschen	»	Bärengraben	»
»	Klein Reckeitschen	»	Blüchersdorf	»
»	Kraupischkehmen	»	Erdmannsruh	»
»	Laugallen	»	Feldeck	»
»	Lenkeitschen	»	Angerbrück	»
»	Lenkutschen	»	Schleifenau	»
»	Leputschen	»	Oberschwalben	»
»	Lugowen	»	Großlugau	»
»	Matheningken	»	Mattenau	»
»	Medukallen, Ksp. Grünheide	»	Honigberg	»
»	Medukallen, Ksp. Pelleningken	»	Rehwiese	»
»	Metschullen	»	Lehwald	»
»	Milschlauken	»	Milchfelde	»
»	Muldschehlen	»	Muldenwiese	»
»	Neunischken	»	Neunassau	»
»	Obehlischken	»	Schulzenhof	»
»	Padrojen	»	Drojental	»
»	Paducken	»	Padau	»
»	Pakalehnen	»	Schweizersdorf	»
»	Paskirsnen	»	Kirsnen	»
»	Pelleningken	»	Strigengrund	»
»	Perkunischken	»	Perkunsfelde	»
»	Peterkehmen	»	Peterstal	»
»	Pillupönen	»	Kuttenhöh	»
»	Powehlischken	»	Hoffnungsbrück	»
»	Pusberschkallen	»	Unterbirken	»
»	Rudlauken	»	Ossafurt	»
»	Saugwethen	»	Saugehnen	»
»	Sauskeppen	»	Sausen	»
»	Schacken	»	Schackenau	»
»	Schameitkehmen	»	Walkenau	»
»	Schemlauken	»	Roßberg (Ostpr.)	»
»	Scheppetschen	»	Oberschleifen	»
»	Schernupchen	»	Kirschland	»
»	Schierandschen	»	Schierheide	»
»	Schillgallen	»	Heideck (Ostpr.)	»
»	Schmackerlauken	»	Schmackerau	»
»	Schwirbeln	»	Güldenau	»
»	Siemonischken	»	Siegmanten	»
»	Skardupönen	»	Klingen (Ostpr.)	»
»	Skerdienen	»	Scherden	»
»	Skungirren	»	Scheunenort	»
»	Snappen	»	Schnappen	»
»	Stagutschen	»	Dallwitz (Ostpr.)	»
»	Sterkeninken	»	Starkenicken	»
»	Stirkallen	»	Keilergrund	»
»	Tammowischken	»	Tammau	»
»	Tarpupp	»	Angermoor	»
»	Tarputschen	»	Tarpen (Ostpr.)	»
»	Thieslauken	»	Tiesfelde	»
»	Trakinnen	»	Tannenschlucht	»
»	Trakis	»	Farndorf	»
»	Triaken, Ksp. Berschkallen	»	Tricken	»
»	Triaken, Ksp. Jodlauken	»	Schwerfelde	16. 7.38
»	Trumplauken	»	Trumplau	»
»	Uderballen	»	Otterwangen	»
»	Uschballen	»	Dittau	»
»	Wanniglauken	»	Falkenreut	»
»	Wascheninken	»	Grünacker	»
»	Wasserlauken	»	Wasserlacken	»
»	Willschicken	»	Wilkental	»
»	Wirtkallen	»	Wirtberg	»
»	Gutsbezirk Papuschienen, Ant. Lkr. Insterburg, Forst	»	Gutsbezirk Grauden, Ant. Lkr. Insterburg, Forst	»
1/23 Schloßberg (Ostpr.) (früher Kreis Pillkallen)	Radszen, Ksp. Kussen	»	Radenau	26. 1.35
»	Groß Baitruschelen Antmirehlen (-Werben)	»	Grüneichen Werben	4. 2.35 / 1. 8.35
»	Groß Stimbern	»	Stimbern	»
»	Groß Wingillen	»	Wingillen	»
»	Radszen	Feststellung der Schreibweise Namensänderung	Radschen	»
»	Plonszöwen	»	Waldhufen	26. 3.36
»	Treczaken	»	Treufelde	30. 3.36

Right table:

Kleinerer Verwaltungsbezirk	alter Zustand (Gemeindename)	Art der Veränderung	neuer Zustand (Gemeindename)	Wirkungsdatum
Noch: 1/23 Schloßberg (Ostpr.) (früher Kreis Pillkallen)	Bardszen	Feststellung der Schreibweise	Bardschen	17. 9.36
»	Bludszen	»	Bludschen	»
»	Brödszen	»	Brödschen	»
»	Bruszen	»	Bruschen	»
»	Budszuhnen	»	Budschuhnen	»
»	Doblendszen	»	Doblendschen	»
»	Droszwalde	»	Droschwalde	»
»	Galwoszen	»	Gallwoschen	»
»	Groß Darguszen	»	Groß Darguschen	»
»	Groß Rudszen	»	Groß Rudschen	»
»	Jodszen, Ksp. Kussen	»	Jodschen, Ksp. Kussen	»
»	Jodszen, Ksp. Willuhnen	»	Jodschen, Ksp. Willuhnen	»
»	Jodzahlen	»	Jodschahlen	»
»	Jodzuhnen	»	Jodschuhnen	»
»	Klein Darguszen	»	Klein Darguschen	»
»	Maszuiken	»	Maschuiken	»
»	Neu Rudszen	»	Neu Rudschen	»
»	Paberdszen	»	Paberdschen	»
»	Payszeln	»	Payscheln	»
»	Szameitkehmen	»	Schameitkehmen	»
»	Szieden	»	Schieden	»
»	Szimkuhnen	»	Schimkuhnen	»
»	Szogelgalwen	»	Schogelgalwen	»
»	Uszballen, Ksp. Lasdehnen	»	Uschballen, Ksp. Lasdehnen	»
»	Uszballen, Ksp. Pillkallen	»	Uschballen, Ksp. Pillkallen	»
»	Uszbördszen	»	Uschbördschen	»
»	Uszdrawen	»	Uschdrawen	»
»	Uszpiaunehlen	»	Uschpiaunehlen	»
»	Uszpiaunen	»	Uschpiaunen	»
»	Uszproduppen	»	Uschproduppen	»
»	Uszrudszen	»	Uschrudschen	»
»	Wallindszen	»	Wallindschen	»
»	Wandlauszen	»	Wandlauschen	»
»	Weszkallen	»	Weschkallen	»
»	Wöszupchen	»	Wöschupchen	»
»	Wöszupöhlen	»	Wöschupöhlen	»
»	Gutsbezirk Uszballen, Forst	»	Gutsbezirk Uschballen, Forst	»
»	Droschwalde	»	Drozwalde	13. 2.37
»	Klein Schorellen	Wegfall durch Eingliederung	Groß Schorellen / Schmilgen	1.10.37
»	Wandlaudschen	»	Uschballen (Kreis Gumbinnen)	»
»	Neu Rudschen	»	Groß Rudschen	1. 4.38
»	Abschruten, Ksp. Mallwischken	Namensänderung	Bitzingen	16. 7.38
»	Abschruten, Ksp. Willuhnen	»	Schruten	»
»	Albrecht-Naujehnen	»	Albrechtswalde	»
»	Alxnupönen	»	Altsnappen	»
»	Antballen	»	Abendwalde	»
»	Antbudupönen	»	Vormwalde	»
»	Augstupönen	»	Hochweiler (Ostpr.)	»
»	Bagdohnen	»	Rodungen	»
»	Ballupönen	»	Ballen	»
»	Baltruschen	»	Sorgenfelde	»
»	Bardschen	»	Barschen	»
»	Bartschkühnen	»	Kühnen	»
»	Bednohren	»	Stahnsdorf (Ostpr.)	»
»	Beinigkehmen	»	Beinicken	»
»	Bludschen	»	Vierhöfen (Ostpr.)	»
»	Brödlaugken	»	Bröden	»
»	Brödschen	»	Lugeck	»
»	Bruschen	»	Kiesfelde	»
»	Budschuhnen	»	Eschenhöhe	»
»	Budupönen, Ksp. Kussen	»	Buden	»
»	Budupönen, Ksp. Lasdehnen	»	Sandhöhe	»
»	Budupönen, Ksp. Schirwindt	»	Moosbach (Ostpr.)	»
»	Dagutschen	»	Tegnerskrug	»
»	Daynen	Feststellung der Schreibweise Namensänderung	Deinen	»
»	Dickiauten	»	Waldried	»
»	Dicksehn	»	Lindbach	»
»	Doblendschen	»	Kayserswiesen	»
»	Dörschkehmen	»	Derschau (Ostpr.)	»
»	Draugupönen	»	Deihornswalde	»
»	Duden, Ksp. Kussen	»	Dudenwalde	»
»	Duden, Ksp. Schillehnen	»	Dudenfelde	»
»	Ederkehmen	»	Edern	»
»	Eggleningken	»	Kiefernberg	»
»	Endruhnen	»	Bruchlage	»
»	Eygarren	»	Eigern	»
»	Eymenischken-Wassaken	»	Stutbruch	»
»	Gallwoschen	»	Sandwalde	»
»	Girrehlischken B	»	Ebenwalde	»
»	Goberischken	»	Gobern	»
»	Grablaugken	»	Grabfelde	»
»	Gricklaugken	»	Bönick	»
»	Groß Daguthelen	»	Streuhöfen	»
»	Groß Darguschen	»	Tanneck	»

Linke Tabelle

Kleinerer Verwaltungsbezirk	alter Zustand (Gemeindename)	Art der Veränderung	neuer Zustand (Gemeindename)	Wirkungsdatum
Noch: 1/23 Schloßberg (Ostpr.) (früher Kreis Pillkallen)	Groß Jodupönen	Namensänderung	Schwarzfelde	16. 7.38
»	Groß Rudminnen	»	Wietzheim	»
»	Groß Rudschen	»	Mühlenhöhe	»
»	Groß Schorellen	»	Adlerswalde	»
»	Groß Tullen	»	Reinkenwalde	»
»	Groß Warningken	»	Steinkirch	»
»	Groß Wersmeningken	»	Langenfelde	»
»	Guttpettern	Feststellung der Schreibweise	Gutpetern	»
»	Henskehmen	Namensänderung	Sprindacker	»
»	Henskischken	»	Hensken	»
»	Hermoneiten	»	Hermannsdorf (Ostpr.)	»
»	Jnglauden	»	Jnglau	»
»	Jänischken	»	Hansruh	»
»	Jodeglienen	»	Moosheim (Ostpr.)	»
»	Jodschahlen	»	Herbstfelde	»
»	Jodschen, Ksp. Kussen	»	Ackermühle	»
»	Jodschen, Ksp. Willuhnen	»	Kleinhildesheim	»
»	Jodschuhnen	»	Jodungen	»
»	Jodupönen	»	Naßfelde	»
»	Jogschen	»	Seehuben	»
»	Jucknaten	»	Meißnersrode	»
»	Jutschen	»	Weidenbruch	»
»	Kallnehlischken	»	Ebenhausen (Ostpr.)	»
»	Kaunohnen	»	Marderfelde	»
»	Kermuschienen	»	Ladmannsfelde	»
»	Kiauschen	»	Wetterau	»
»	Kiggen	»	Steinershöfen	»
»	Kischen, Ksp. Schillehnen	»	Senkendorf	»
»	Kischen, Ksp. Schirwindt	»	Zweihuben	»
»	Kischenbannies	»	Bühlerhof	»
»	Klein Daguthelen	»	Dorotheendorf (Ostpr.)	»
»	Klein Darguschen	»	Grenzheide	»
»	Klein Jodupönen	»	Kleinsorge	»
»	Klein Meschkuppen	»	Bärenbach (Ostpr.)	»
»	Klein Pillkallen	»	Kleinschloßberg	»
»	Klein Rudminnen	»	Kleinruden	»
»	Klein Warningken	»	Seidlershöfe	»
»	Klein Wersmeningken	»	Dreßlershausen	»
»	Kögsten	»	Michelfelde	»
»	Königshuld	»	Friedrichsweiler	»
»	Kötschen	Feststellung der Schreibweise	Köschen	»
»	Kruschinehlen	Namensänderung	Frankenreuth	»
»	Kurschehlen	»	Siedlerfelde	»
»	Kusmen	»	Kreuzhöhe	»
»	Kybarten	»	Tiefenfelde	»
»	Lasdehnen	»	Haselberg (Ostpr.)	»
»	Laugallen	»	Lorenzen	»
»	Lengschen	»	Moorwiese	»
»	Löbegallen	»	Löbenau	»
»	Löbtuballen	»	Löbaugrund	»
»	Lubinehlen	»	Lubenwalde	»
»	Mallwischken	»	Mallwen	»
»	Martingken	»	Martingen	»
»	Maschuiken	»	Blockswalde	»
»	Mingstimmehlen	»	Mingen	»
»	Mingstimmen	»	Wiesenbrück	»
»	Naujehnen	»	Rotfelde (Ostpr.)	»
»	Naujeningken	»	Nauningen	»
»	Neuhof-Lasdehnen	»	Altbaum	»
»	Neu Skardupönen	»	Grenzwald	»
»	Neu Stonupönen	»	Hagenrode	»
»	Orupönen	»	Grünrode	»
»	Paberdschen	»	Grundhufen	»
»	Paplienen	»	Moormühle	»
»	Pawidlaugken	»	Bruchdorf (Ostpr.)	»
»	Payscheln	»	Insterwangen	»
»	Petereithelen	»	Schleswighöfen	»
»	Petereitschen	»	Petershausen (Ostpr.)	»
»	Petzingken, Ksp. Groß Warningken	»	Petzingen	»
»	Petzingken, Ksp. Pillkallen	»	Hainort	»
»	Pieragen	»	Nicklashagen	»
»	Pillkallen, Stadt	»	Schloßberg (Ostpr.), Stadt	»
»	Plampen	»	Dreibuchen	»
»	Plimballen	»	Osterfelde (Ostpr.)	»
»	Pötschlauken	»	Peterort	»
»	Pritzkehmen	»	Mühleck	»
»	Puschinnen	»	Grenzbrück	»
»	Radschen	»	Grabenbrück	»
»	Rammonischken	»	Hagenfließ	»
»	Sallehnen	»	Sallen	»
»	Sassupönen	»	Sassenbach	»
»	Schaaren	Feststellung der Schreibweise	Scharen	»
»	Schackeln	Namensänderung	Mittenbach	»
»	Schameitkehmen	»	Lindenhaus	»

Rechte Tabelle

Kleinerer Verwaltungsbezirk	alter Zustand (Gemeindename)	Art der Veränderung	neuer Zustand (Gemeindename)	Wirkungsdatum
Noch: 1/23 Schloßberg (Ostpr.) (früher Kreis Pillkallen)	Scharkabude	Namensänderung	Friedfelde (Ostpr.)	16. 7.38
»	Schillehnen	»	Schillfelde	»
»	Schilleningken, Ksp. Lasdehnen	»	Ebertann	»
»	Schilleningken, Ksp. Schirwindt	»	Ostdorf (Ostpr.)	»
»	Schillenöhlen	»	Flußfelde	»
»	Schimkuhnen	»	Schwarzenberge	»
»	Schogelgalwen	»	Kiefernhorst	»
»	Schwarballen	»	Grundweiler	»
»	Schwarpeln	»	Schwarpen	»
»	Siemoken	»	Hintertannen	»
»	Skroblienen	»	Ambruch	»
»	Stirnlaugken	»	Stirnen	»
»	Stumbern	»	Auertal	»
»	Tulpeningken	Feststellung der Schreibweise	Tulpeningen	»
»	Urbantatschen	Namensänderung	Urbanshöhe	»
»	Urblaugken	»	Urlau	»
»	Uschballen, Ksp. Lasdehnen	»	Lindnershorst	»
»	Uschballen, Ksp. Pillkallen	»	Eichbruch	»
»	Uschhördschen	»	Karpfenwinkel	»
»	Uschdrawen	»	Beutnerwalde	»
»	Uschpiaunehlen	»	Fohlental	»
»	Uschpiaunen	»	Kiesdorf (Ostpr.)	»
»	Uschproduppen	»	Dachsheide	»
»	Uschrudschen	»	Talwiesen	»
»	Wallindschen	»	Wallinden	»
»	Warnakallen	»	Krähenberge	»
»	Wassantkehmen	»	Wildnisrode	»
»	Werdehlischken	»	Werden (Ostpr.)	»
»	Werskepchen	»	Schwarzwiesen	»
»	Weschkallen	»	Forsthusen	»
»	Wiltauten	»	Schatzhagen	»
»	Wingeruppen	»	Lauterbrücken	»
»	Wingillen	»	Feuchtwiesen	»
»	Wisborienen	»	Grenzhöhe	»
»	Wittgirren	»	Legen	»
»	Wöschupchen	»	Auengrund	»
»	Wöschupöhlen	»	Wöschen	»
»	Woitekaten	»	Ostfurt	»
»	Zwirballen	»	Spatzen	»
»	Gutsbezirk Eichwald, Ant. Kr. Pillkallen, Forst	Änderung der Zusatzbezeichnung	Gutsbezirk Eichwald, Ant. Kr. Schloßberg (Ostpr.), Forst	»
»	Gutsbezirk Kalbassen	Namensänderung	Gutsbezirk Schwaighöfen	»
»	Gutsbezirk Schorellen, Forst	»	Gutsbezirk Adlerswalde, Forst	»
»	Gutsbezirk Trappönen, Ant. Kr. Pillkallen, Forst	»	Gutsbezirk Trappen, Ant. Kr. Schloßberg (Ostpr.), Forst	»
»	Gutsbezirk Uschballen, Forst	»	Gutsbezirk Lindnershorst, Forst	»
1/25 Tilsit-Ragnit	Matterningken	Wegfall durch Eingliederung	Kauschen	1. 7.34
»	Dirwonuppen	Namensänderung	Ackerbach	29. 7.35
»	Smaledumen	»	Fichtenberg (Ostpr.)	9.10.35
»	Groß Kackschen	»	Birkenhain (Ostpr.)	30. 3.36
»	Skrebudicken	»	Finkental (Ostpr.)	16. 7.36
»	Alt Krauleidszen	Feststellung der Schreibweise	Alt Krauleidschen	17. 9.36
»	Argeningken-Graudszen	»	Argeningken-Graudschen	»
»	Balandszen	»	Balandschen	»
»	Aszen	»	Aschen	»
»	Bruiszen	»	Bruischen	»
»	Budeningken b. Argeningken-Graudszen	»	Budeningken b. Argeningken-Graudschen	»
»	Gaidszen	»	Gaidschen	»
»	Gudszen	»	Gudschen	»
»	Ihlauszen	»	Ihlauschen	»
»	Klipschen-Rödszen	»	Klipschen-Rödschen	»
»	Krauleidszen	»	Krauleidschen	»
»	Lepalothen, Ksp. Szillen	»	Lepalothen, Ksp. Schillen	»
»	Neu Krauleidszen, Ksp. Szillen	»	Neu Krauleidschen, Ksp. Schillen	»
»	Papuschienen, Ksp. Szillen	»	Papuschienen, Ksp. Schillen	»
»	Paszleidszen	»	Paschleidschen	»
»	Paszuiszen	»	Paschuischen	»
»	Patilszen	»	Patilschen	»
»	Petratschen, Ksp. Szillen	»	Petratschen, Ksp. Schillen	»
»	Podszuhnen	»	Podschuhnen	»
»	Pröwoiszen	»	Pröwoischen	»
»	Raudszen	»	Raudschen	»
»	Szillen	»	Schillen	»
»	Szurellen	»	Schurellen	»
»	Thalszenten	»	Thalschenten	»
»	Tilszenehlen	»	Tilschnehlen	»
»	Uszberszen	»	Uschberschen	»
»	Uszkuxen	»	Uschelxen	»
»	Waszeningken	»	Wascheningken	»

Kleinerer Verwaltungs- bezirk	alter Zustand (Gemeindename)	Art der Veränderung	neuer Zustand (Gemeindename)	Wir- kungs- datum
Noch: 1/25 Tilsit-Ragnit	Bludischken Kaukerwethen	}Zusammenschluß	Weidenberg (Ostpr.)	1. 4.38
,	Klein Kackschen	Wegfall durch Eingliederung	Birkenhain (Ostpr.)	,
,	Abschruten, Ksp. Butwethen	Namensänderung	Schroten	16. 7.38
,	Abschruten, Ksp. Kraupischken	,	Steinflur	,
,	Alloningken	,	Allingen	,
,	Alt Krauleidschen	,	Hohenflur (Ostpr.)	,
,	Alt Lubönen	,	Friedenswalde	,
,	Alt Weynothen	,	Weinoten	,
,	Alt Wingeruppen	,	Windungen	,
,	Alt Wischteggen	,	Altweiden	,
,	Anstippen	,	Ansten	,
,	Argeningken-Graudschen	,	Argenhof	,
,	Audeaten	,	Freiendorf	,
,	Augsgirren	,	Sassenhöhe	,
,	Babillen	,	Billen	,
,	Balandschen	,	Ballanden	,
,	Ballupönen	,	Löffkeshof	,
,	Baltruschatschen	,	Balzershöfen	,
,	Bambe	,	Heidenanger (Ostpr.)	,
,	Bartukeiten	,	Bartenhöh	,
,	Bendiglauken	,	Bendigsfelde	,
,	Birjohlen	,	Birgen	,
,	Blindupönen	,	Weidenfließ (Ostpr.)	,
,	Bruischen	,	Lindenbruch	,
,	Bublauken	,	Argenfurt	,
,	Budeningken b. Argeningken-Graudschen	,	Budingen	,
,	Budeningken b. Kraupischken	,	Langenflur	,
,	Budupönen B	,	Hüttenfelde	,
,	Budupönen J	,	Freihöfen	,
,	Budwethen	,	Altenkirch	,
,	Buttkuhnen	,	Tiisental	,
,	Czuppen	Feststellung der Schreibweise	Schuppen	,
,	Eggleningken	Namensänderung	Lindengarten	,
,	Eigarren	,	Kernhall	,
,	Eromeiten	,	Ehrenfelde	,
,	Gaidschen	,	Drosselbruch	,
,	Gaidwethen	,	Geidingen	,
,	Galbrasten	,	Dreifurt	,
,	Gerskullen	,	Gerslinden	,
,	Giewerlauken	,	Hirschflur	,
,	Giggarn	,	Girren	,
,	Giggarn-Skerswethen	,	Garnen	,
,	Girrehnen	,	Güldengrund	,
,	Groß Jschdaggen	,	Großroden	,
,	Groß Kummeln	,	Großkummen	,
,	Groß Lenkeningken	,	Großlenkenau	,
,	Groß Pillkallen	,	Kallenfeld	,
,	Groß Puskeppeln	,	Keppen	,
,	Groß Schillehlen	,	Großschollen	,
,	Groß Wabbeln	,	Winterlinden	,
,	Groß Wingsnupönen	,	Großwingen	,
,	Guddaschen	,	Freienfelde	,
,	Gudgallen	,	Großfelde	,
,	Gudschen	,	Jnsterbergen	,
,	Gurbischken	,	Nettelhorst	,
,	Iokschen	,	Bergdorf (Ostpr.)	,
,	Ihlauschen	,	Hochmooren	,
,	Jägerischken	,	Jägershof	,
,	Jestwethen	,	Jesten	,
,	Jonienen	,	Tilsenau	,
,	Jucknaten	,	Fuchshöhe	,
,	Jurgaitschen	,	Königskirch	,
,	Kallwellen	,	Torffelde	,
,	Karteningken	,	Kartingen	,
,	Kaschelen	,	Kasseln	,
,	Kellmienen	,	Kellen (Ostpr.)	,
,	Kermuscheiten	,	Kermen (Ostpr.)	,
,	Ketturrecken	,	Kettingen	,
,	Kiauschälen	,	Kleinmark	,
,	Klapaten	,	Angerwiese	,
,	Klein Kummeln	,	Kleinkummen	,
,	Klein Lenkeningken	,	Kleinlenkenau	,
,	Klein Schillehlen	,	Kleinschollen	,
,	Klein Skaisgirren	,	Lichtenrode (Ostpr.)	,
,	Klein Wabbeln	,	Wabben	,
,	Klipschen-Rödschen	,	Klipschen	,
,	Krauleiden	,	Krauden	,
,	Krauleidschen	,	Erlenfeld	,
,	Kraupischkehmen	,	Insterhöh	,
,	Kraupischken	,	Breitenstein (Ostpr.)	,
,	Krebschen	,	Eichbaum	,
,	Kubillehnen	,	Kuben	,
,	Kullminnen	,	Kulmen	,
,	Kuttkuhnen	,	Kuttenhof	,
,	Laskowethen	,	Lassen	,
,	Laugallen, Ksp. Jurgaitschen	,	Martinsrode	,
,	Laugallen, Ksp. Kraupischken	,	Insterweide	,
,	Laugallen, Ksp. Rautenberg	,	Kleehausen	,
Noch: 1/25 Tilsit-Ragnit	Laukandten	Namensänderung	Waldeneck	16. 7.38
,	Lengwethen	,	Hohensalzburg	,
,	Lenkonischken	,	Großschenkendorf	,
,	Lepalothen, Ksp. Budwethen	,	Lindenweiler	,
,	Lepalothen, Ksp. Ragnit	,	Loten	,
,	Lepalothen, Ksp. Schillen	,	Siebenkirchberg	,
,	Lesgewangminnen	,	Lesgewangen	,
,	Maruhnen	Feststellung der Schreibweise	Marunen	,
,	Mattischken	Namensänderung	Klingsporn	,
,	Moulienen	Feststellung der Schreibweise	Moulinen	,
,	Naujeningken	Namensänderung	Neusiedel (Ostpr.)	,
,	Nestonwethen	,	Nesten	,
,	Nettschunen	,	Dammfelde (Ostpr.)	,
,	Neu Argeningken	,	Argenbrück	,
,	Neu Krauleidschen	,	Sammelhofen	,
,	Neu Lubönen	,	Memelwalde	,
,	Neu Moritzlauken	,	Moritzfelde (Ostpr.)	,
,	Neu Weynothen	,	Preußenhof	,
,	Neu Wischteggen	,	Henndorf	,
,	Norwilkischken	,	Argenflur	,
,	Nurmischken	,	Dreisiedel	,
,	Opehlischken	,	Opeln	,
,	Oschnaggern	,	Aggern	,
,	Ostwethen	,	Ostfelde (Ostpr.)	,
,	Paballen	,	Werfen (Ostpr.)	,
,	Pabuduppen	,	Finkenhagen	,
,	Pakullen	,	Fuchshausen	,
,	Palentienen	,	Palen	,
,	Pallmohnen	,	Burental	,
,	Papuschinen, Ksp. Jurgaitschen	,	Paschen	,
,	Papuschinen, Ksp. Schillen	,	Buschdorf (Ostpr.)	,
,	Paschleidschen	,	Paßleiden	,
,	Paschuischen	,	Altengraben	,
,	Paskallwen	,	Schalau	,
,	Patilschen	,	Tilsen	,
,	Pellehnen	,	Dreidorf (Ostpr.)	,
,	Petratschen, Ksp. Ragnit	,	Peterfelde (Ostpr.)	,
,	Petratschen, Ksp. Schillen	,	Petersmoor	,
,	Pieraggen	,	Berghang	,
,	Plauschinen	,	Plaunen	,
,	Pleinlauken	,	Insterbrück	,
,	Plimballen	,	Grünweiden	,
,	Podschuhnen	,	Eichenheim	,
,	Pötischken	,	Flachdorf	,
,	Pötkallen	,	Pötken	,
,	Pokraken	,	Weidenau (Ostpr.)	,
,	Popelken	,	Bruchfelde	,
,	Pröwoischen	,	Pröschen	,
,	Radischen	,	Radingen	,
,	Raudonatschen	,	Kattenhof (Ostpr.)	,
,	Raudschen	,	Rautengrund	,
,	Raukothienen	,	Rauken	,
,	Retheney	,	Reihen (Ostpr.)	,
,	Sakalehnen	,	Falkenort	,
,	Salleningken	,	Ssllingen	,
,	Sandlauken	,	Sandfelde	,
,	Sassupönen	,	Sassenau	,
,	Schacken-Jedwillen	,	Feldhöhe	,
,	Schattallen	,	Schattenau	,
,	Schaulwethen	,	Lichtenhöhe	,
,	Scheidischken	,	Scheiden (Ostpr.)	,
,	Schillehnen	,	Waldheide (Ostpr.)	,
,	Schilleningken	,	Hegehof	,
,	Schillkojen	,	Auerfließ	,
,	Schillupischken	,	Fichtenfließ	,
,	Schlekaiten	,	Schlecken	,
,	Schunwillen	,	Argenau	,
,	Schuppinnen	,	Schuppenau	,
,	Schurellen	,	Schurfelde	,
,	Schwirblienen	,	Mühlenhöh	,
,	Seikwethen	,	Ulmental	,
,	Skambracken	,	Brakenau	,
,	Skarduppen	,	Scharden	,
,	Skattegirren	,	Groschenweide	,
,	Skeppetschen	,	Ellerngrund	,
,	Skroblienen	,	Waldreuten	,
,	Sobersken	,	Bersken	,
,	Spirginnen	,	Hasenflur	,
,	Stepponaten	,	Steffenshof	,
,	Suttkehmen	,	Mühlpfordt	,
,	Taurothenen	,	Tauern	,
,	Thalschenten	,	Grünhöhe	,
,	Tilschenehlen	,	Quellgründen	,
,	Titschken	Feststellung der Schreibweise	Tischken	,
,	Trakeningken b. Tilsit	Namensänderung	Hochau (Ostpr.)	,
,	Trappönen	,	Trappen	,
,	Urbanteiten	,	Urbanshof	,
,	Uschberschen	,	Birkenweide	,
,	Uschelxnen	,	Erlenbruch	,
,	Ussainen	,	Larischhofen	,

Left panel:

Kleinerer Verwaltungsbezirk	alter Zustand (Gemeindename)	Art der Veränderung	neuer Zustand (Gemeindename)	Wirkungsdatum
Noch: 1/25 Tilsit-Ragnit	Wallullen	Namensänderung	Wallenfelde	16. 7.38
»	Wascheningken	»	Waschingen	»
»	Wedereitschken	»	Sandkirchen	»
»	Weedern	Festsetzung einer Zusatzbezeichnung	Weedern H	»
»	Wersmeninken	Namensänderung	Angerbrunn	»
»	Werxnupönen	»	Langenort	»
»	Wilkerischken	»	Wilkenau	»
»	Willmantienen	»	Willmannsdorf (Ostpr.)	»
»	Wingeruppen	»	Bruchhof (Ostpr.)	»
»	Wingschnienen	»	Ostmoor	»
»	Wiswainen	»	Birkenstein	»
»	Wittgirren	»	Berginswalde	»
»	Wittschunen	»	Wittenhöhe	»
»	Worreningken	»	Woringen (Ostpr.)	»
»	Woydehnen	»	Wodehnen	»
»	Gutsbezirk Gudgallen, Remontedepot	»	Gutsbezirk Damnitzhof, Remonteamts-Vorwerk	»
»	Gutsbezirk Neuhof-Ragnit, Remontedepot	Änderung der Zusatzbezeichnung	Gutsbezirk Neuhof-Ragnit, Remonteamt	»
»	Gutsbezirk Trappönen, Ant. Kr. Tilsit-Ragnit, Forst	Namensänderung	Gutsbezirk Trappen, Ant. Kr. Tilsit-Ragnit, Forst	»
»	Bartenhöh	Wegfall durch Eingliederung	Pamletten	1.10.38
»	Rethen (Ostpr.)		Finkental (Ostpr.)	»
»	Hochmooren Larischhofen Nettelhorst }	»	Schillen	»
1/26 Treuburg	Gollubien, Ksp. Czychen	Namensänderung	Friedberg	23. 1.34
»	Krzywen	»	Bergenau	31. 1.34
»	Dworatzken	»	Herrendorf	8. 3.34
»	Kleszöwen	Feststellung der Schreibweise	Kleschöwen	17. 9.36
»	Mooschnen	»	Mooschnen	
»	Babken, Ksp. Gonsken	Namensänderung	Babeck	16. 7.38
»	Babken, Ksp. Treuburg	»	Legenquell	»
»	Barannen	»	Barnen	»
»	Bittkowen	»	Bittkau (Ostpr.)	»
»	Borawsken	»	Deutscheck (Ostpr.)	»
»	Borkowinnen	»	Jarken	»
»	Chelchen	»	Vorbergen	»
»	Czukten	»	Schuchten	»
»	Czychen	»	Bolken	»
»	Diebowen	»	Diebauen	»
»	Doliwen	»	Teichwalde (Ostpr.)	»
»	Dombrowsken	»	Königsruh (Ostpr.)	»
»	Dopken	»	Markgrafsfelde	»
»	Duneyken	Feststellung der Schreibweise	Duneiken	»
»	Duttken	Namensänderung	Sargensee	»
»	Dzingellen	»	Dingeln	»
»	Friedrichsheyde	Feststellung der Schreibweise	Friedrichsheide	»
»	Gollubien	Namensänderung	Kalkhof	»
»	Gonsken	»	Herzogskirchen	»
»	Gordeyken	Feststellung der Schreibweise	Gordeiken	»
»	Groß Gonschorowen	Namensänderung	Klingen (Ostpr.)	»
»	Grünheyde	Feststellung der Schreibweise	Grünheide	»
»	Jaschken	Namensänderung	Jesken	»
»	Jelittken	»	Gelitten	»
»	Jurken	»	Jürgen (Ostpr.)	»
»	Kiliannen	Feststellung der Schreibweise	Kiliannen	»
»	Klein Oletzko	Namensänderung	Herzogshöhe	»
»	Kleschöwen	»	Kleschen	»
»	Klein Schwalg	»	Schwalg	»
»	Kowahlen	»	Reimannswalde	»
»	Kukowen	»	Reinkental	»
»	Kukowken	»	Heinrichstal (Ostpr.)	»
»	Lakellen	»	Schönhofen (Ostpr.)	»
»	Lengowen	»	Lengau	»
»	Markowsken	»	Markau (Ostpr.)	»
»	Masuhren	Feststellung der Schreibweise	Masuren	»
»	Mierunsken	Namensänderung	Merunen	»
»	Monethen	Feststellung der Schreibweise	Moneten	»
»	Mooschnen	»	Moschnen	»
»	Polommen	Namensänderung	Herzogsmühle	»
»	Pomiannen	»	Kelchdorf	»
»	Przytullen	»	Siebenbergen	»
»	Rogowken	»	Roggenfelde (Ostpr.)	»
»	Sabielnen	»	Podersbach	»
»	Salleschen	»	Tannau (Ostpr.)	»
»	Sattycken	Feststellung der Schreibweise	Satticken	»
»	Sawadden	Namensänderung	Schwalgenort	»
»	Sayden	Feststellung der Schreibweise	Saiden	»
»	Schareyken	»	Schareiken	»
»	Schlepien	Namensänderung	Schlöppen	»
»	Seesken, Ksp. Reuß	»	Draheim	»

Right panel:

Kleinerer Verwaltungsbezirk	alter Zustand (Gemeindename)	Art der Veränderung	neuer Zustand (Gemeindename)	Wirkungsdatum
Noch: 1/26 Treuburg	Seesken, Ksp. Schareyken	Wegfall der Zusatzbezeichnung	Seesken	16. 7.38
»	Sobollen	Namensänderung	Richtenberg (Kr. Treuburg)	»
»	Sokolken	»	Halldorf	»
»	Starosten	»	Müllersbrück	»
»	Stooßznen	»	Stosnau	»
»	Suleyken	Feststellung der Schreibweise	Suleiken	»
»	Wensöwen	Namensänderung	Eibenau	»
»	Wielitzken	»	Wallenrode	»
»	Woynassen	Feststellung der Schreibweise	Woinassen	»
»	Wronken	Namensänderung	Fronicken	»

Reg.-Bez. Allenstein

Kleinerer Verwaltungsbezirk	alter Zustand (Gemeindename)	Art der Veränderung	neuer Zustand (Gemeindename)	Wirkungsdatum
1/28 Allenstein	Kalborno	Namensänderung	Kalborn	20. 7.34
»	Kucharzewo	Wegfall durch Eingliederung	Nußtal	1. 4.37
»	Alt Kaletka	Namensänderung	Teerwalde	16. 7.38
»	Groß Leschno	»	Leschnau	»
»	Klutznick	»	Klausen	»
»	Kollacken	Feststellung der Schreibweise	Kallacken	»
»	Leynau	»	Leinau	»
»	Lykusen	»	Likusen	»
»	Neu Kaletka	Namensänderung	Herrmannsort	»
»	Preylowen	»	Preiwils	»
»	Pupkeim	»	Tolnicken	»
»	Wyranden	Feststellung der Schreibweise	Wiranden	»
»	Alt Mertinsdorf		Alt Märtinsdorf	24.12.38
1/29 Johannisburg	Sowirog	Namensänderung	Loterswalde	7. 5.34
»	Gutten E	»	Seegutten	29. 7.35
»	Sokollen K	»	Falkendorf (Ostpr.)	1. 9.35
»	Sokollen R	»	Rosensee	»
»	Adlig Rakowen	»	Raken (Ostpr.)	16. 7.38
»	Annussewen	»	Brennerheim	»
»	Bagensken	»	Lehmannsdorf	»
»	Belzonzen	»	Großdorf (Ostpr.)	»
»	Bialla, Stadt	»	Gehlenburg, Stadt	»
»	Bilitzen	»	Waldenfried	»
»	Bogumillen	»	Brödau	»
»	Bzurren	»	Surren	»
»	Chmielewen	»	Talau	»
»	Czarnen	»	Herzogsdorf	»
»	Czyborren	»	Steinen (Ostpr.)	»
»	Dannowen	»	Siegenau	»
»	Dlottowen	»	Fischborn (Ostpr.)	»
»	Dmussen	»	Dimussen	»
»	Drosdowen	»	Drosselwalde	»
»	Drygallen	»	Drigelsdorf	»
»	Dybowen	»	Diebau	»
»	Groß Rosinsko	»	Großrosen	»
»	Groß Schweykowen	»	Scharnhorst	»
»	Gurra	»	Gebürge	»
»	Gutten J	»	Gutten	»
»	Gutten R	»	Reitzenstein (Ostpr.)	»
»	Heydik	Feststellung der Schreibweise	Heidig	»
»	Jaschkowen	Namensänderung	Reiherswalde	»
»	Jebrammen	»	Bachort	»
»	Jeglinnen	»	Wagenau	»
»	Jegodnen	»	Balkfelde	»
»	Kallenzinnen	»	Dreifelde	»
»	Kallischken	»	Flockau	»
»	Kaminsken	»	Erlichshausen	»
»	Karpa	»	Karpen	»
»	Klein Rosinsko	»	Kleinrosen	»
»	Klein Spalienen	»	Spallingen	»
»	Konopken	»	Mühlengrund (Ostpr.)	»
»	Konzewen	»	Warnold	»
»	Koslowen	»	Wildfrieden	»
»	Kossaken	»	Wächtershausen	»
»	Kosuchen	»	Kölmerfelde	»
»	Kowalewen	»	Richtwalde	»
»	Krussewen	»	Erztal	»
»	Krzywinsken	»	Heldenhöh	»
»	Kumilsko	»	Morgen	»
»	Kurziontken	»	Seeland	»
»	Lipinsken	»	Eschenried (Ostpr.)	»
»	Lippa	»	Oppendorf	»
»	Lissaken	»	Drugen	»
»	Lissen	»	Dünen	»
»	Lodigowen	»	Ludwigshagen	»
»	Lyssuhnen	Feststellung der Schreibweise	Lissuhnen	»
»	Maldaneyen	»	Maldaneien	»
»	Mittel Pogobien	Namensänderung	Mittelpogauen	»
»	Mykossen	»	Arenswalde	»
»	Mykutten	Feststellung der Schreibweise	Mikutten	»
»	Mysken	»	Misken	»
»	Nowaken	Namensänderung	Brüderfelde	»
»	Oblewen	»	Kolbitzbruch	»
»	Odoyen	»	Nickelsberg	»
»	Olschewen	»	Kronfelde	»
»	Orlowen	»	Siegmunden	»
»	Pawlozinnen	»	Paulshagen	»
»	Pianken	»	Altwolfsdorf	»
»	Rakowken	»	Sernau	»

Left table

Kleinerer Verwaltungsbezirk	alter Zustand (Gemeindename)	Art der Veränderung	neuer Zustand (Gemeindename)	Wirkungsdatum
Noch: 1/29 Johannisburg	Ribittwen	Namensänderung	Ribitten	16. 7.38
»	Sabielnen	»	Freundlingen	»
»	Salleschen	»	Offenau (Ostpr.)	»
»	Sastrosnen	»	Schlangenfließ	»
»	Sawadden	»	Ottenberge	»
»	Schiast	»	Schast	»
»	Sdorren	»	Dorren	»
»	Sdunowen	»	Sadunen	»
»	Skarzinnen	»	Richtenberg (Ostpr.)	»
»	Skodden	»	Schoden (Ostpr.)	»
»	Skrodzken	»	Jagdhof	»
»	Snopken	»	Wartendorf	»
»	Symken	Feststellung der Schreibweise	Simken	»
»	Trzonken	Namensänderung	Mövenau	»
»	Turoscheln	»	Mittenheide	»
»	Turowen	»	Turau	»
»	Wiersbinnen	»	Stollendorf	»
»	Wilken	»	Wilkenhof	»
»	Wlosten	»	Flosten	»
»	Wollisko	»	Reiherhorst	»
»	Wonglik	»	Balzershausen	»
»	Woynen	Feststellung der Schreibweise	Woinen	»
»	Woytellen	Namensänderung	Woiten	»
»	Zwalinnen	»	Schwallen	»
»	Gutsbezirk Drygallen, Ant. Kr. Johannisburg, Forst	»	Gutsbezirk Drigelsdorf, Ant. Kr. Johannisburg, Forst	»
1/30 Lötzen	Pierkunowen	»	Perkunen	5.10.35
»	Sucholasken	»	Rauschenwalde	14.10.35
»	Masuchowken	»	Rodental (Ostpr.)	8. 5.36
»	Kallinowen	Wegfall durch Eingliederung	Groß Wronnen	1.10.36
»	Kowalewsken	»	Sczyballen	1. 4.38
»	Adlig Wolla	Namensänderung	Freihausen	16. 7.38
»	Bilsken	»	Billsee	»
»	Bogatzko	»	Rainfeld	»
»	Czarnowken	»	Grundensee	»
»	Czybulken	»	Richtenfeld	»
»	Dannowen	»	Dannen	»
»	Graywen	Feststellung der Schreibweise	Graiwen	»
»	Grondzken	Namensänderung	Funken	»
»	Groß Jagodnen	»	Großkrösten	»
»	Groß Konopken	»	Hanffen	»
»	Groß Kosuchen	»	Allenbruch	»
»	Groß Wronnen	»	Großwarnau	»
»	Jedamken	»	Stenzeln	»
»	Junien	»	Kleinbalzhöfen	»
»	Klein Jagodnen	»	Kleinkrösten	»
»	Klein Skomatzko	»	Skomand	»
»	Klein Wronnen	»	Kleinwarnau	»
»	Kruglinnen	»	Kraukeln	»
»	Lawken	»	Lauken (Kreis Lötzen)	»
»	Okrongeln	»	Schwansee (Ostpr.)	»
»	Orlen	»	Arlen	»
»	Orlowen	»	Adlersdorf	»
»	Paprodtken	»	Goldensee	»
»	Radzien	»	Königsfließ	»
»	Rhog	»	Klein Lenkuk	»
»	Ruhden	»	Eisenwerk	»
»	Schedlisken	»	Dankfelde	»
»	Sczepanken	»	Tiefen	»
»	Sczyballen	»	Lorenzhall	»
»	Skoppen	»	Reichenstein (Ostpr.)	»
»	Spiergsten	Feststellung der Schreibweise	Spirgsten	»
»	Staßwinnen	Namensänderung	Eisermühl	»
»	Wensowken	»	Großbalzhöfen	»
»	Weydicken	Feststellung der Schreibweise	Weidicken	»
»	Willkassen	Namensänderung	Wolfsee	»
»	Großbalzhöfen Kleinbalzhöfen	Zusammenschluß	Balzhöfen	1.10.38
1/31 Lyck	Prawdzisken	Namensänderung	Reiffenrode	31. 1.34
»	Ballamutowen	»	Giersfelde	29.10.34
»	Sutzken	»	Morgengrund	»
»	Lipinsken, Ksp. Klaussen	»	Seebrücken	14. 1.35
»	Bialloahnen	»	Weißhagen	29. 7.35
»	Dobrowolla	»	Willenheim	30. 8.35
»	Kozyeken	»	Sehnenthöhe	31. 8.35
»	Lipinsken	»	Lindenfließ	15.10.35
»	Borszymmen	Feststellung der Schreibweise	Borschymmen	12. 2.36
»	Laszmiaden	»	Laschmiaden	»
»	Sczeczen	Namensänderung	Sprindenau	9. 5.36
»	Szczeblen	»	Georgsfelde	23. 5.36
»	Niedzwetzken	»	Wiesengrund (Ostpr.)	26. 6.36
»	Alt Krzywen	Feststellung der Schreibweise	Alt Kriewen	1. 7.36
»	Baitkowen	Namensänderung	Baitenberg	16. 7.38
»	Barannen	»	Keipern	»
»	Bienien	Feststellung der Schreibweise	Binien	»
»	Borszymmen	»	Borschimmen	»
»	Czynczen	Namensänderung	Zinschen	»

Right table

Kleinerer Verwaltungsbezirk	alter Zustand (Gemeindename)	Art der Veränderung	neuer Zustand (Gemeindename)	Wirkungsdatum
Noch: 1/31 Lyck	Dluggen	Namensänderung	Langenhöh	16. 7.38
»	Dlugossen	»	Langheide	»
»	Duttken	»	Petzkau	»
»	Gaylowken	»	Gailau	»
»	Gollubien	»	Gollen	»
»	Gollupken	»	Lübeckfelde	»
»	Gorlen	»	Aulacken	»
»	Gorzekallen	»	Gortzen	»
»	Groß Malinowken	»	Großschmieden	»
»	Iwaschken	»	Hansbruch	»
»	Jendreyken	»	Andreken	»
»	Judzicken	»	Gutenborn	»
»	Kalleczynnen	»	Lenzendorf	»
»	Kallinowen	»	Dreimühlen	»
»	Karbowsken	»	Siegersfeld	»
»	Kiehlen	Feststellung der Schreibweise	Kielen	»
»	Kobylinnen	»	Kobilinnen	»
»	Kolleschnicken	Namensänderung	Jürgenau	»
»	Laschmiaden	»	Laschmieden	»
»	Lepacken	»	Rameeksfelde	»
»	Loyen	Feststellung der Schreibweise	Loien	»
»	Lysken	»	Lisken	»
»	Lyssewen	Namensänderung	Lissau (Ostpr.)	»
»	Maaschen	Feststellung der Schreibweise	Maschen (Ostpr.)	»
»	Makoscheyen	Namensänderung	Ehrenwalde	»
»	Malkiehnen	Feststellung der Schreibweise	Malkienen	»
»	Mikolaiken	Namensänderung	Thomken	»
»	Millewen	»	Millau	16. 7.38
»	Moldzien	»	Mulden	»
»	Monczen	Feststellung der Schreibweise	Montzen	»
»	Mrossen	Namensänderung	Schönhorst (Ostpr.)	»
»	Mylucken	Feststellung der Schreibweise	Milucken	»
»	Niekrassen	Namensänderung	Krassau	»
»	Ogrodtken	»	Kalgendorf	»
»	Olschöwen	»	Frauenfließ	»
»	Ostrokollen	»	Scharfenrade	»
»	Pietraschen	»	Petersgrund (Ostpr.)	»
»	Plotzitznen	»	Bunhausen	»
»	Popowen	»	Wittingen (Ostpr.)	»
»	Romanken	»	Maihof (Ostpr.)	»
»	Romanowen	»	Heldenfelde	»
»	Rosinsko	»	Rosenheide	»
»	Rostken, Ksp. Baitkowen	»	Waiblingen (Ostpr.)	»
»	Saborowen	»	Reichenwalde (Ostpr.)	»
»	Sanien	»	Berndhöfen	»
»	Sareyken	Feststellung der Schreibweise	Sareiken	»
»	Sawadden	Namensänderung	Auglitten	»
»	Schedlisken	»	Sonnau	»
»	Schikorren	»	Kiefernheide	»
»	Schnepien	»	Schnippen	»
»	Sdeden	»	Stettenbach	»
»	Sdunken	»	Ulrichsfelde (Ostpr.)	»
»	Skomatzko	»	Dippelsee	»
»	Skomentnen	»	Skomanten	»
»	Soczien	»	Kechlersdorf	»
»	Sokolken	»	Stahnken	»
»	Sordachen	»	Sorden	»
»	Sybba	»	Walden	»
»	Sypittken	»	Vierbrücken	»
»	Thalussen	Feststellung der Schreibweise	Talussen	»
»	Thurowen	Namensänderung	Auersberg	»
»	Wiersbowen	»	Waldwerder	»
»	Wischnowen	»	Kölmersdorf	»
»	Woszellen	»	Neumalken	»
»	Wyssocken	»	Waltershöhe	»
»	Zielasen	»	Zielhausen	»
»	Zielasken	»	Schelasken	»
»	Gutsbezirk Drygallen, Ant. Kr. Lyck, Forst	»	Gutsbezirk Drigelsdorf, Ant. Kr. Lyck, Forst	»
1/32 Neidenburg	Bartossen	»	Bartendorf	18. 8.38
»	Chelchen	»	Kelchendorf	»
»	Gorlowken	»	Gorlau	»
»	Gronsken	»	Steinkendorf	»
»	Jucha	»	Fließdorf	»
»	Kaltken	»	Kalthagen	»
»	Mylussen	»	Milussen	»
»	Plowczen	»	Plötzendorf	»
»	Rydzewen	»	Schwarzberge	»
»	Dembowitz	»	Eichenau	1. 8.35
»	Groß Olschau Klein Olschau Kandien, teilw. Pilgramsdorf, teilw.	Zusammenschluß	Olschau	1.10.35
»	Dziersken	Wegfall durch Eingliederung	Neuhof	1. 4.36
»	Willuhnen	»	Saffronken	»
»	Polko	»	Klein Koslau	1. 6.36
»	Puchallowen	Namensänderung	Windau	8. 8.36

Kleinerer Verwaltungs-bezirk	alter Zustand (Gemeindename)	Art der Veränderung	neuer Zustand (Gemeindename)	Wirkungs-datum
Noch: 1/32 Neidenburg	Bartoschken	Namensänderung	Bartzdorf (Ostpr.)	16. 7.38
„	Browienen	„	Froben	„
„	Camerau	„	Großmuckenhausen	„
„	Gniadtken	„	Grenzhof	„
„	Gorrau	Feststellung der Schreibweise	Gorau	„
„	Groß Grabowen	Namensänderung	Großeppingen	„
„	Groß Koslau	„	Großkosel	„
„	Groß Nattatsch	„	Großseedorf	„
„	Ittowken	„	Ittau	„
„	Jablonken	„	Seehag	„
„	Jedwabno	„	Gedwangen	„
„	Klein Grabowen	„	Kleineppingen	„
„	Klein Koslau	„	Kleinkosel (Ostpr.)	„
„	Klein Nattatsch	„	Kleinseedorf	„
„	Kownatken	„	Kaunen	„
„	Lissaken	„	Talhöfen	„
„	Malschöwen	„	Malshöfen	„
„	Michalken	„	Michelsau	„
„	Modlken	„	Moddelkau	„
„	Napierken	„	Wetzhausen (Ostpr.)	„
„	Neu Borowen	„	Buschwalde	„
„	Olschau	„	Struben	„
„	Pawlicken	„	Palicken	„
„	Powiersen	„	Waidbeek	„
„	Rettkowen	„	Rettkau (Ostpr.)	„
„	Rontzken	„	Hornheim	„
„	Sabloczyn	„	Sablau	„
„	Sablotschen	„	Winrichsrode	„
„	Saddek	„	Gartenau	„
„	Salusken	„	Kniprode	„
„	Sawadden	„	Herzogsau	„
„	Sbylutten	„	Billau	„
„	Sontopp	„	Santop	„
„	Waschulken	„	Waiselhöhe	„
„	Wientzkowen	„	Winsken	„
„	Wolka	„	Großkarlshof	„
„	Wolla	„	Grenzdamm	„
„	Wychrowitz	„	Hardichhausen	„
1/33 Ortelsburg	Wystemp	„	Höhenwerder	3. 3.34
„	Bialygrund	„	Weißengrund	8. 3.34
„	Nowojowitz	„	Neuenwalde (Ostpr.)	16. 3.34
„	Wujaken	„	Ohmswalde	24. 4.34
„	Zawoyken	„	Lilienfelde	28.12.34
„	Kelbassen	„	Wehrberg	7. 9.35
„	Radostowen	„	Rehbruch	10. 6.36
„	Wolka	Wegfall durch Ein- gliederung	Rohrdorf	1.10.36
„	Freudenberg		Seedanzig	
„	Achodden	Namensänderung	Neuvölklingen (Ostpr.)	16. 7.38
„	Alt Suchoroß	„	Ostfließ	„
„	Baranowen	„	Neufließ	„
„	Borken b. Farienen	„	Wildheide (Ostpr.)	„
„	Borken b. Willen- berg	„	Borkenheide	„
„	Bottowen	„	Bottau	„
„	Gonschorowen	„	Lichtenstein (Ostpr.)	„
„	Groß Lattana	„	Großheidenau	„
„	Groß Piwnitz	„	Großalbrechtsort	„
„	Groß Spalienen	„	Neuwiesen	„
„	Jablonken	„	Wildenau (Ostpr.)	„
„	Jellinowen	„	Gellen (Ostpr.)	„
„	Kallenzin	„	Kallenau	„
„	Kiparren	„	Wacholderau	„
„	Klein Lattana	„	Kleinheidenau	„
„	Klein Ruttken	„	Kleinruten	„
„	Leynau	Feststellung der Schreibweise	Leinau	„
„	Lipniak b. Lieben- berg	Namensänderung	Friedrichshagen (Ostpr.)	„
„	Lucka	„	Luckau (Ostpr.)	„
„	Maldanietz	„	Maldanen	„
„	Marxöwen	„	Markshöfen	„
„	Moythienen	Feststellung der Schreibweise	Moithienen	„
„	Neu Suchoroß	Namensänderung	Auerswalde (Ostpr.)	„
„	Olschienen	„	Ebendorf (Ostpr.)	„
„	Olschöwken	„	Kornau (Ostpr.)	„
„	Piassutten	„	Seewalde	„
„	Powalczin	„	Schönhöhe (Ostpr.)	„
„	Radzienen	„	Hügelwalde	„
„	Rogallen	„	Rogenau	„
„	Rummy A	„	Rummau Ost	„
„	Rummy B	„	Rummau West	„
„	Ruttkowen	„	Ruttkau	„
„	Sabiellen	„	Hellengrund	„
„	Saborowen	„	Heideberg	„
„	Schodmack	„	Wiesendorf	„
„	Schwentainen	„	Altkirchen (Ostpr.)	„
„	Sezepanken	„	Stauchwitz	„
„	Seelonken	„	Ulrichssee	„
„	Sendrowen	„	Treudorf	„
„	Suchorowitz	„	Deutschwalde (Ostpr.)	„
„	Ulonskofen	„	Schobendorf	„
„	Wawrochen	„	Deutschheide	„
„	Wessolowen	„	Fröhlichshof	„
„	Wyseggen	„	Grünlanden	„
„	Zielonen	„	Grünflur	„

Kleinerer Verwaltungs-bezirk	alter Zustand (Gemeindename)	Art der Veränderung	neuer Zustand (Gemeindename)	Wirkungs-datum
1/34 Osterode i. Ostpr.	Alt Jablonken	Namensänderung	Altfinken	16. 7.38
„	Bogunschöwen	„	Ilgenhöh	„
„	Dlusken	„	Seebude	„
„	Dombrowken	„	Eichdamm (Ostpr.)	„
„	Jankowitz	„	Sassendorf (Ostpr.)	„
„	Januschkau	„	Osterschau	„
„	Kalwa	„	Kleintal	„
„	Ostrowitt	„	Osterwitt	„
„	Sawadden	„	Jungingen (Ostpr.)	„
„	Sellwa	„	Sellwen	„
„	Thurowken	„	Turauken	„
„	Waschetta	Feststellung der Schreibweise	Waschette	„
1/35 Rößel	Loszainen	Namensänderung	Loßainen	12. 2.36
„	Adlig Wolka	„	Adlig Wolken	16. 7.38
„	Groß Wolka	„	Großwolken	„
„	Robawen	Feststellung der Schreibweise	Robaben	„
1/36 Sensburg	Choszewen B	Wegfall durch Ein- gliederung	Choszewen A Name: Choszewen	1.10.35
„	Lissuhnen	Feststellung der Schreibweise	Lißuhnen	12. 2.36
„	Choszewen	Namensänderung	Hohensee	22. 4.36
„	Gonschor	} Wegfall durch Eingliederung	Isnothen	1.10.37
„	Kamien			
„	Alt Bagnowen	Namensänderung	Althöfen	16. 7.38
„	Alt Kelbonken	„	Altkelbunken	„
„	Babienten	„	Babenten	„
„	Barranowen	„	Hoverbeck	„
„	Borowen	„	Prausken	„
„	Bosemb	„	Bussen	„
„	Bubrowko	„	Biebern (Ostpr.)	„
„	Burschewen	„	Prußhöfen	„
„	Cruttinnen	Feststellung der Schreibweise	Kruttinnen	„
„	Cruttinnerofen	„	Kruttinnerofen	„
„	Diebowen	Namensänderung	Dommelhof	„
„	Faszen	„	Fasten	„
„	Galkowen-Nikolai- horst	„	Nickelshorst	„
„	Giesewen	„	Giesenau	„
„	Glodowen	„	Hermannsruh	„
„	Gonswen	„	Gansen	„
„	Grabowen	„	Grabenhof	„
„	Kerstinowen	„	Kersten	„
„	Kossewen	„	Rechenberg (Ostpr.)	„
„	Krawno	„	Kaddig	„
„	Lubjewen	„	Grünbruch	„
„	Muntowen	„	Muntau	„
„	Neu Bagnowen	„	Borkenau	„
„	Neu Kelbonken	„	Neukelbunken	„
„	Olschewen	„	Erlenau	„
„	Rudczanny	„	Niedersee	„
„	Sawadden	„	Balz (Ostpr.)	„
„	Schimonken	„	Schmidtsdorf	„
„	Schniodowen	„	Schniedau	„
„	Sgonn	„	Hirschen	„
„	Siemanowen	„	Altensiedel	„
„	Surmowen	„	Surmau	„
„	Sysdroyofen	„	Sixdroi	„
„	Sysdroywolla	„	Kranzhausen	„
„	Wiersbau	„	Lockwinnen	„
„	Wosnitzen	„	Julienhöfen	„
„	Zatzkowen	„	Eisenack	„
„	Zudnochen	„	Siebenhöfen (Ostpr.)	„

Reg.-Bez. Westpreußen

Kleinerer Verwaltungs-bezirk	alter Zustand (Gemeindename)	Art der Veränderung	neuer Zustand (Gemeindename)	Wirkungs-datum
1/38 Elbing	Gutsbezirk Nogat- haffkampen	Wegfall durch Ein- gliederung	{ Terranowa { Zeyerniederkampen	1. 4.36
„	Stoboy	Feststellung der Schreibweise	Stoboi	16. 7.38
„	Gutsbezirk Elbin- ger Territorium	Namensänderung	Gutsbezirk Ficht- horst	„
1/39 Marienburg (Westpr.)	Kuckuck	Wegfall durch Ein- gliederung	Thiensdorf	1. 7.35
„	Klakendorf	„	Notzendorf	1. 4.36
„	Altfelde, teilw. Rothebude Sommerau	} Zusammenschluß	Sommerau (Nogat)	1.10.38
1/40 Marien- werder	Garnseedorf	Wegfall durch Ein- gliederung	Garnsee, Stadt	1. 4.36
„	Marienau	„	Marienwerder, Stadt	„
„	Schäferei	„	Marienwerder, Stadt	„
„	Baldram	Namensänderung	Mergental	16. 7.38
„	Bandtken	„	Pankendorf	„
„	Bialken	„	Weißenkrug	„
„	Gutsch	„	Zandersfelde	„
„	Kamiontken	„	Lamprechtsdorf	„
„	Kanitzken	„	Kunkenau	„
„	Neuwalde	„	Daubel	„
„	Russahnen	„	Reussenau	„
„	Zigahnen	„	Dietmarsdorf	„
„	Neu Mühlbach	Wegfall durch Ein- gliederung	Treugenkohl	1.10.38
1/41 Rosenberg i. Westpr.	Wolfsdorf	„	Tillwalde	1. 4.34
„	Klein Steinersdorf	„	Straden	1.10.36
„	Polken	„	Klein Tromnau	„
1/41 Rosenberg i. Westpr.	Rosenberg i. Westpr., Stadt	Verleihung einer Bezeichnung	Rosenberg i. Westpr., Kreis- stadt	23. 2.38
„	Borreck	Namensänderung	Hochfelde (Westpr.)	16. 7.38
„	Grasnitz	„	Drulitten	„
„	Kalittken	Feststellung der Schreibweise	Kalitten	„
1/42 Stuhm	Barlewitz	Namensänderung	Wargels	„
„	Jordanken	„	Jordansdorf	„
„	Kollosomp	„	Kalsen	„
„	Kommerau	„	Kammerau (Westpr.)	„
„	Nikolaiken	„	Niklaskirchen	„
„	Sadluken	„	Sadlacken	„
„	Waplitz	„	Großwaplitz	„
„	Watkowitz	„	Wadkeim	„

Land Preußen
1. Provinz Ostpreußen
Reg.-Bez. Königsberg

Kleinerer Verwaltungsbezirk	alter Zustand (Gemeindename)	Art der Veränderung	neuer Zustand (Gemeindename)	Wirkungsdatum
1/1 Bartenstein (Ostpr.)	Friedland i.Ostpr., Stadt	Namensänderung	Friedland (Ostpr.), Stadt	9.8.39
1/3 Fischhausen	Sorgenau	Wegfall durch Ein-Eingliederung	Palmnicken	1.4.39
1/6 Heilsberg	Kolm	"	Reichenberg	"
"	Deppen	"	Heiligenthal	"
1/8 Königsberg (Pr.)	Gunthenen	"	Korreynen	"
"	Twergaiten	"	Powunden	"
1/9 Labiau	Seegershöfen	"	Danielshöfen	"
"	Kleinkalkfelde, Danielshöfen, teilw., Kalkfelde	Zusammenschluß	Kalkfelde	"
"	Kreuzberg (Ostpr.), Wolfshof	Wegfall durch Eingliederung	Weißenbruch	"
"	Bielken	"	Berghöfen	"
"	Friedrichsmühle, Kunzenrode, Klein Sittkeim, Lindenau	Zusammenschluß	Liebenfelde (Ostpr.) / Lindenau	"
"	Daudertshöfen, Hornfelde, Mörnersfelde	"	Mörnersfelde	"
1/12 Preußisch Holland	Monbrunsdorf	Wegfall durch Eingliederung	Herrndorf	"
"	Pfeiffertswalde	"	Reichwalde (Ostpr.)	"
1/13 Rastenburg	Petermanns	"	Rodehlen	"

Reg.-Bez. Gumbinnen

Kleinerer Verwaltungsbezirk	alter Zustand (Gemeindename)	Art der Veränderung	neuer Zustand (Gemeindename)	Wirkungsdatum
1/17 Ebenrode (früher Kreis Stallupönen)	Bruchhöfen, Ebenflur, Muldau	Zusammenschluß	Bruchhöfen	1.4.39
1/18 Elchniederung (früher Kreis Niederung)	Girgsden, Jäkischken, Kleeburg	"	Kleeburg	"
1/20 Gumbinnen	Pommerfelde	Wegfall durch Eingliederung	Blecken	"

Kleinerer Verwaltungsbezirk	alter Zustand (Gemeindename)	Art der Veränderung	neuer Zustand (Gemeindename)	Wirkungsdatum
1/22 Insterburg	Freimannsdorf	"	Jänichen	"
"	Insterblick, Tarpen (Ostpr.)	Zusammenschluß	Insterblick	"
"	Birkenhausen, Roßberg (Ostpr.)	"	Birkenhausen	"
"	Albrechtshöfen	Wegfall durch Eingliederung	Wirbeln	"
"	Milchfelde	"	Ossafurt	"
"	Großlaschnicken, Kleinlaschnicken	Zusammenschluß	Laschnicken	"
"	Bärengraben	Wegfall durch Eingliederung	Steinsee (Ostpr.)	"
"	Heideck (Ostpr.)	"	Keilergrund	"
"	Mohlen	"	Bessen	"
"	Brandenau	"	Schönwaldau	"
"	Groß Stobingen, Neu Stobingen	Zusammenschluß	Stobingen	"
"	Schweizersdorf	Wegfall durch Eingliederung	Siegmanten	"
"	Warlen	"	Ossaquell	"
"	Ernstwalde	"	Buchhof	"
"	Ringelau, Schackenau, Tobacken	Zusammenschluß	Schackenau	"
"	Birkenfeld, Siegmundsfelde	"	Siegmundsfelde	"
"	Padau	Wegfall durch Eingliederung	Klein Schunkern	"
"	Sittenfelde, Kirschland	Zusammenschluß	Kirschland	"
"	Wasserlacken	Wegfall durch Eingliederung	Lindenberg	"
"	Nausseden	"	Luisenberg	"
"	Hoffnungsbrück	"	Eichenberg	"
"	Burbeln, Seitenbach (Ostpr.)	Zusammenschluß	Burbeln	"
"	Kleinbirken, Schnappen	Wegfall durch Eingliederung	Birken (Ostpr.)	"
1/23 Schloßberg (Ostpr.) (früher Kreis Pillkallen)	Ambruch	Wegfall durch Eingliederung	Seehuben	1.4.39
1/25 Tilsit-Ragnit	Groß Ostwalde, Klein Ostwalde	Zusammenschluß	Ostwalde	"

Reg.-Bez. Allenstein

Kleinerer Verwaltungsbezirk	alter Zustand (Gemeindename)	Art der Veränderung	neuer Zustand (Gemeindename)	Wirkungsdatum
1/28 Allenstein	Dongen	Wegfall durch Eingliederung	Diwitten	1.4.39

Kleinerer Verwaltungsbezirk	Alter Zustand (Gemeindename)	Art der Veränderung	Neuer Zustand (Gemeindename)	Wirkungsdatum
Regierungsbezirk Königsberg				
1/2 Bartenstein (Ostpr.)	Pohiebels	Wegfall durch Eingliederung	Klingenberg	1.10.1939
	Klein Schönau	Festsetzung einer Zusatzbezeichnung	Klein Schönau (Ostpr.)	20.3.1941
1/9 Labiau	Groß Steindorf, Klein Steindorf	Zusammenschluß	Steindorf (Kreis Labiau)	1.4.1940
	Liebenfelde (Ostpr.), Neuwiese, Liebenfelde (Ostpr.), Forst, Gtsbez., Pfeil, Forst, Gtsbez., Tawellenbruch, Forst, Gtsbez.	Neubildung	Gutsbezirk Moosbruch	1.4.1940
1/12 Preußisch Holland	Neu Kußfeld, Gtsbez., Weeskenhof, Gtsbez.	Zusammenschluß	Weeskenhof, Remonteamt, Gtsbez.	1.10.1939
1/14 Wehlau	Schenken	Wegfall durch Eingliederung	Leipen	1.10.1939
Regierungsbezirk Gumbinnen				
1/15 Angerapp	Gudwallen	Wegfall durch Eingliederung	Brettken, Menturren, Heeresgutsbezirk Gudwallen	1.4.1941
	Gudwallen, teilw., Angerapp, Stadt, teilw., Auerfluß, teilw., Schlieben (Ostpr.), teilw.	Neubildung	Heeresgutsbezirk Gudwallen	1.4.1941
1/16 Angerburg	Sperling, Gutsbezirk	Namensänderung	Wolken, Gutsbezirk	17.7.1940
1/17 Ebenrode	Grenzen (Ostpr.), Hellbrunn	Zusammenschluß	Hellbrunn	1.10.1939
	Russen	Wegfall durch Eingliederung	Sandau (Ostpr.)	1.10.1939
	Blocksberg, Weitendorf (Ostpr.), Preußenwall	Zusammenschluß	Preußenwall	1.10.1939
1/18 Elchniederung	Elchwinkel, Skirwiet	Eingliederung in Kreis Heydekrug		1.10.1939
	Wolfsberg	Festsetzung einer Zusatzbezeichnung	Wolfsberg (Ostpr.)	9.8.1940
1/19 Goldap	Jagdhaus Rominten	Namensänderung	Rominten	16.1.1941
1/23 Schloßberg (Ostpr.)	Adlerswalde	Festsetzung einer Zusatzbezeichnung	Adlerswalde (Ostpr.)	9.8.1940
	Hochfeld	Festsetzung einer Zusatzbezeichnung	Hochfeld (Ostpr.)	9.8.1940
1/25 Tilsit-Ragnit	Hochau (Ostpr.)	Wegfall durch Eingliederung	Willmannsdorf (Ostpr.)	1.10.1939
	Sallingen	Wegfall durch Eingliederung	Insterweide, Sauerwalde	1.10.1939
	Gutsbezirk Damnitzhof, Remonteamts-Vorwerk, Gutsbezirk Neuhof-Ragnit, Remonteamt	Zusammenschluß	Neuhof-Ragnit, Heeresgutsbezirk	30.12.1941

Regierungsbezirk Allenstein

1/28 Allenstein, Ldkr.	Neu Mertinsdorf	Namensänderung	Neu Märtinsdorf	—
1/29 Johannisburg	Scharnhorst	Wegfall durch Eingliederung	Seegutten	—
1/30 Lötzen	Birkensee	Wegfall durch Eingliederung	Kronau	1.10.1939
1/36 Sensburg	Alt Rudowken Neu Rudowken	} Zusammenschluß	Hammerbruch (Ostpr.)	1.10.1939
	Weißenburg	Festsetzung einer Zusatzbezeichnung	Weißenburg (Ostpr.)	25.4.1940

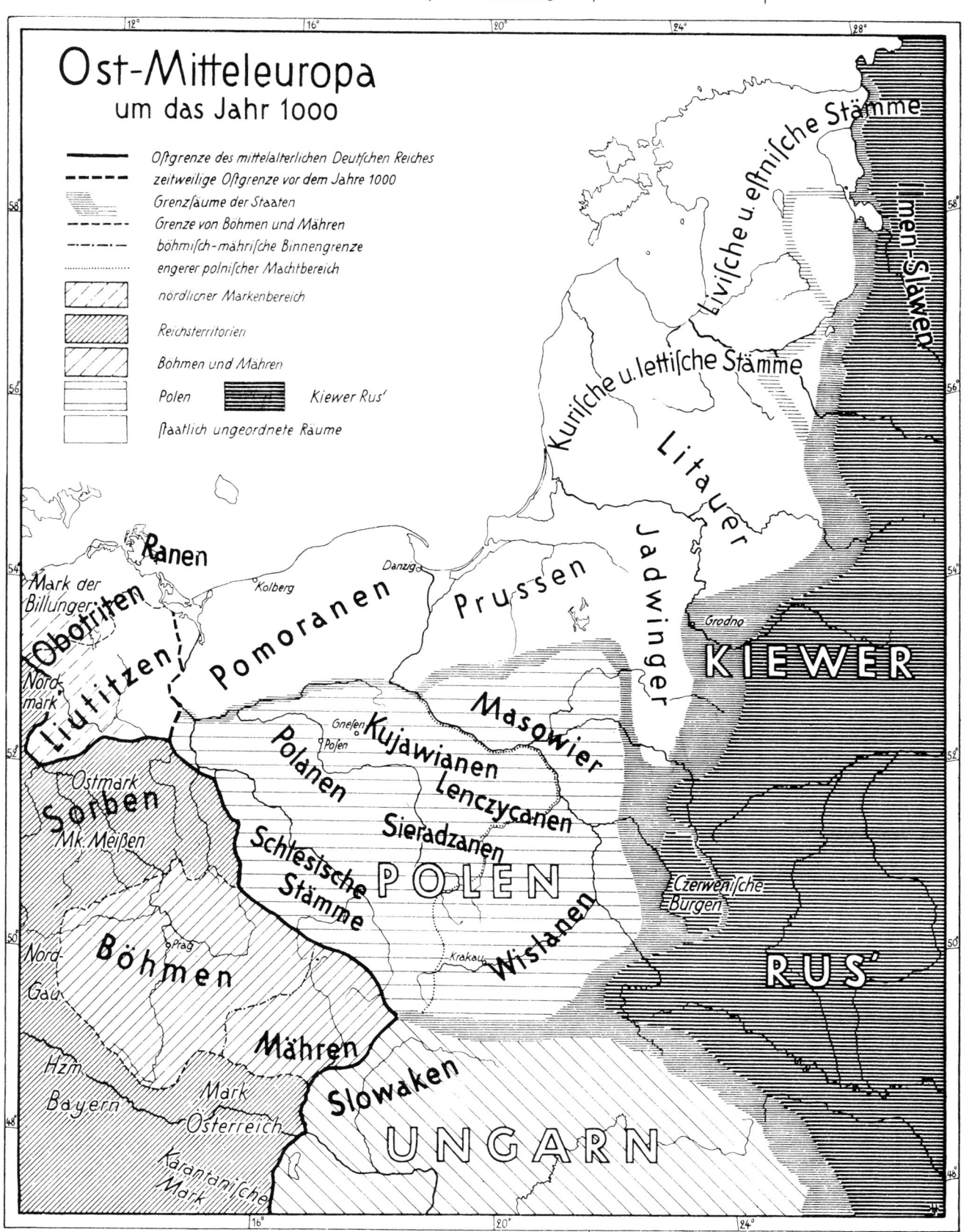

Ost-Mitteleuropa
um das Jahr 1000

Oſtgrenze des mittelalterlichen Deutſchen Reiches
zeitweilige Oſtgrenze vor dem Jahre 1000
Grenzſäume der Staaten
Grenze von Böhmen und Mähren
böhmiſch-mähriſche Binnengrenze
engerer polniſcher Machtbereich

nördlicher Markenbereich

Reichsterritorien

Böhmen und Mähren

Polen   Kiewer Ruſ'

ſtaatlich ungeordnete Räume

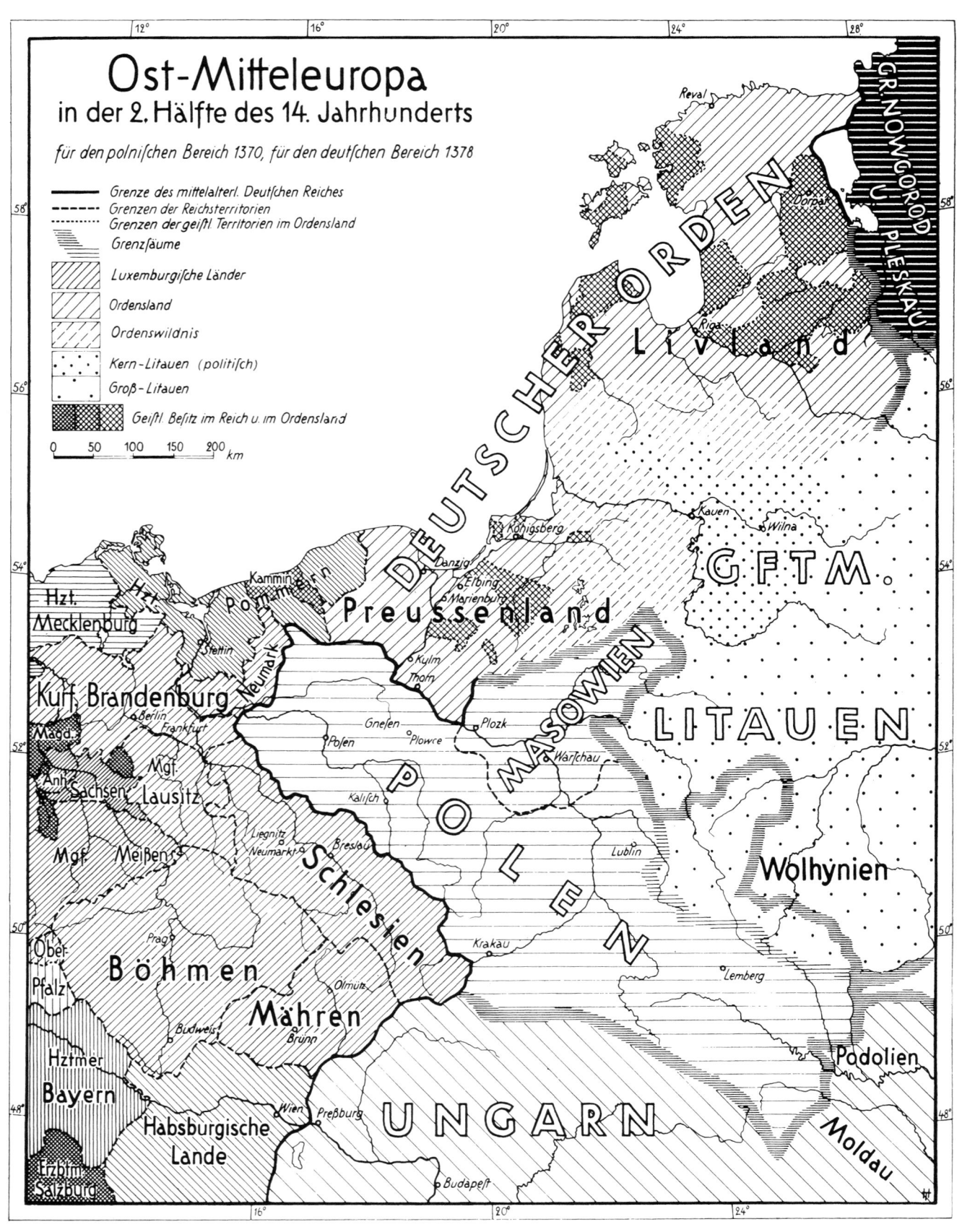

Ost-Mitteleuropa
in der 2. Hälfte des 14. Jahrhunderts

für den polnischen Bereich 1370, für den deutschen Bereich 1378

Grenze des mittelalterl. Deutschen Reiches
Grenzen der Reichsterritorien
Grenzen der geistl. Territorien im Ordensland
Grenzsäume
Luxemburgische Länder
Ordensland
Ordenswildnis
Kern-Litauen (politisch)
Groß-Litauen
Geistl. Besitz im Reich u. im Ordensland

0 50 100 150 200 km

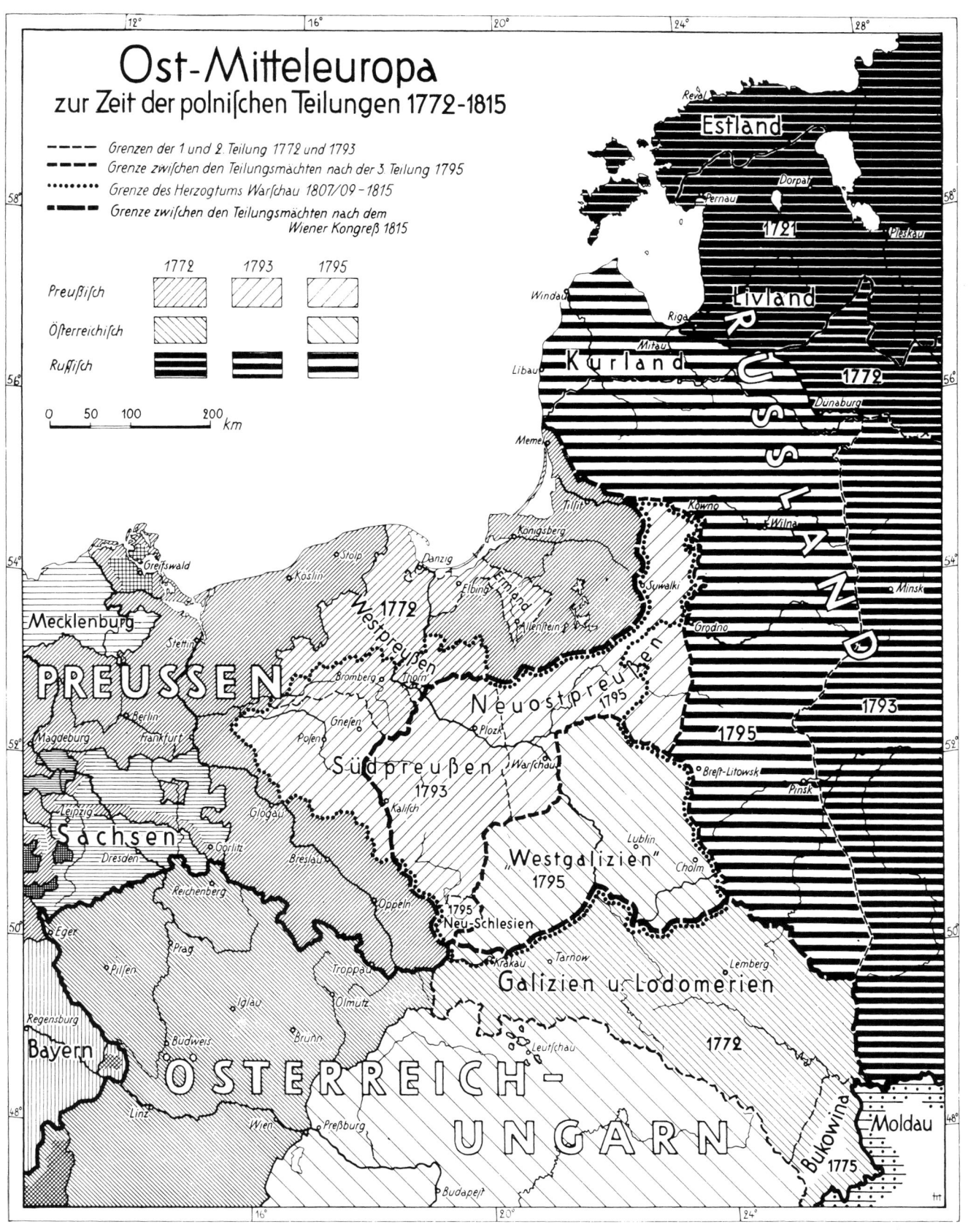

Ost-Mitteleuropa
zur Zeit der polnischen Teilungen 1772-1815

- – – – Grenzen der 1 und 2. Teilung 1772 und 1793
- – – Grenze zwischen den Teilungsmächten nach der 3. Teilung 1795
- ······ Grenze des Herzogtums Warschau 1807/09 – 1815
- – – Grenze zwischen den Teilungsmächten nach dem
  Wiener Kongreß 1815

	1772	1793	1795
Preußisch			
Österreichisch			
Russisch			

0   50   100   200 km

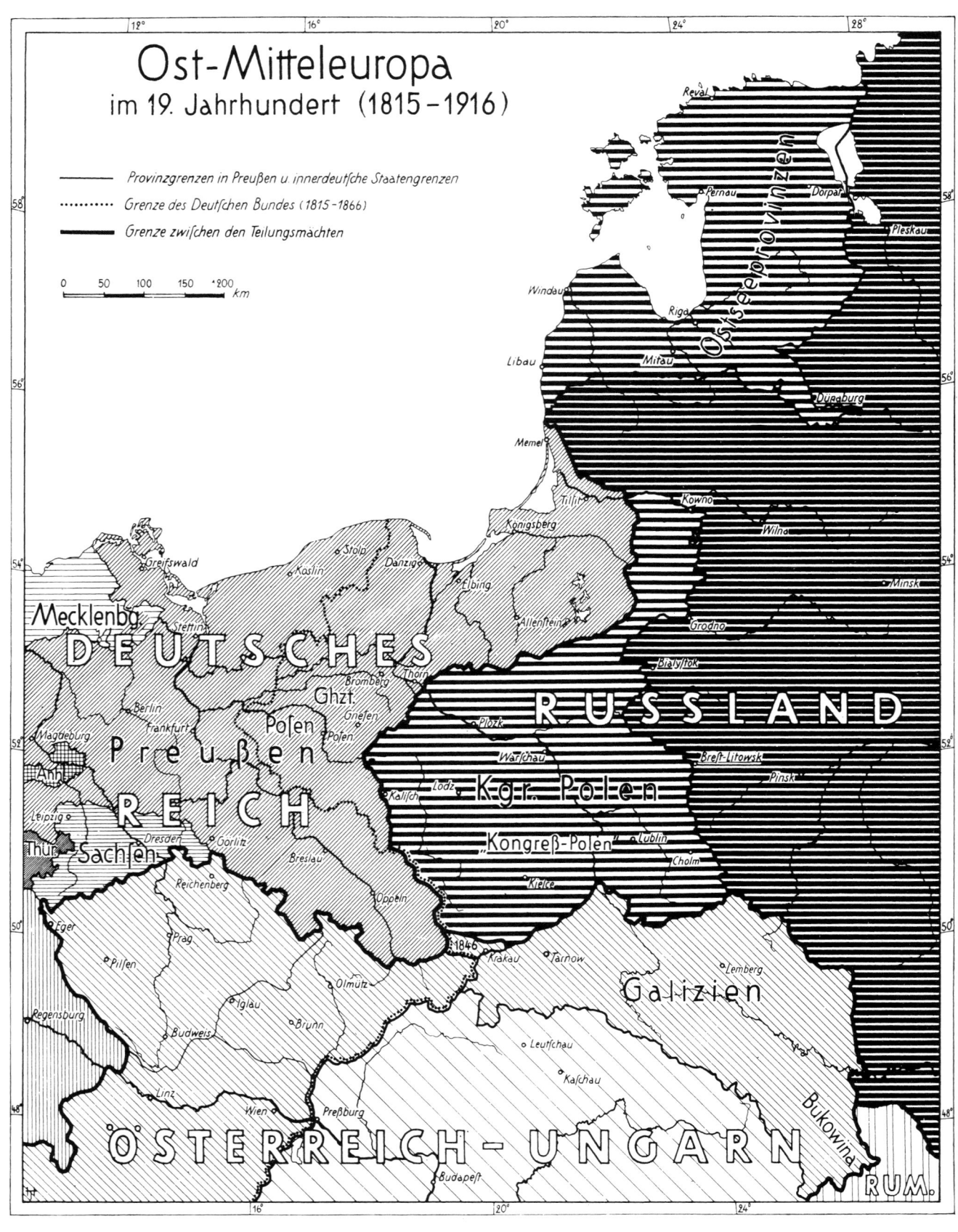

Ost-Mitteleuropa
im 19. Jahrhundert (1815–1916)

Provinzgrenzen in Preußen u. innerdeutsche Staatengrenzen

Grenze des Deutschen Bundes (1815–1866)

Grenze zwischen den Teilungsmächten

0 50 100 150 200 km

Reval
Pernau
Dorpat
Pleskau
Windau
Riga
Libau
Mitau
Dünaburg
Ostseeprovinzen
Memel
Kowno
Tilfit
Königsberg
Wilna
Stolp
Koslin
Danzig
Elbing
Minsk
Greifswald
Allenstein
Grodno
Mecklenbg.
Stettin
Bialystok
DEUTSCHES
Bromberg
Thorn
Ghzt.
Gnesen
RUSSLAND
Berlin
Frankfurt
Poſen
Plozk
Poſen
Magdeburg
Preußen
Warſchau
Breſt-Litowsk
Anh.
Kaliſch
Lodz
Kgr. Polen
Pinsk
REICH
Leipzig
Dresden
Görlitz
"Kongreß-Polen"
Lublin
Thür.
Sachſen
Breslau
Cholm
Reichenberg
Oppeln
Kielce
Eger
Prag
1846
Krakau
Tarnow
Lemberg
Pilfen
Olmütz
Galizien
Iglau
Regensburg
Brünn
Leutschau
Budweis
Kaschau
Bukowina
Linz
Wien
Preßburg
ÖSTERREICH-UNGARN
Budapeſt
RUM.

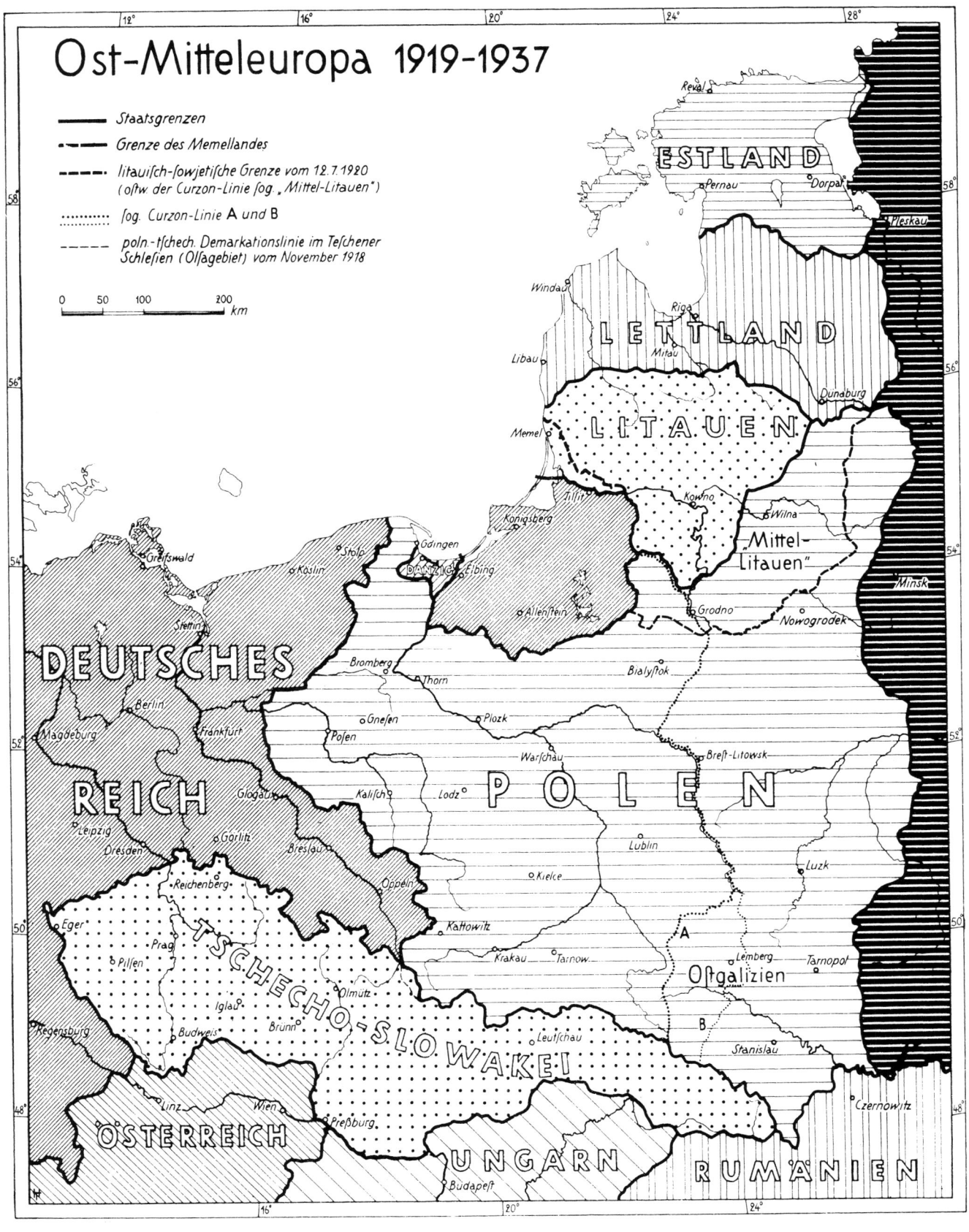

Ost-Mitteleuropa 1919-1937

Staatsgrenzen

Grenze des Memellandes

litauisch-sowjetische Grenze vom 12.7.1920
(oftw. der Curzon-Linie sog. „Mittel-Litauen")

sog. Curzon-Linie A und B

poln.-tschech. Demarkationslinie im Teschener
Schlesien (Olsagebiet) vom November 1918

0   50   100   200
km

ESTLAND

Reval

Pernau   Dorpal

Pleskau

LETTLAND

Windau

Riga   Dunaburg

Libau   Mitau

Memel   LITAUEN

Kowno   Wilna

Königsberg   Tilsit   „Mittel-
Litauen"

Greifswald   Stolp   Gdingen   Grodno
Köslin   DANZIG   Elbing   Nowogrodek
Stettin   Allenstein   Minsk

DEUTSCHES   Bromberg   Bialystok
Berlin   Thorn
Magdeburg   Frankfurt   Gnesen   Plozk   Brest-Litowsk
Posen
REICH   Warschau

Leipzig   Glogau   Kalisch   Lodz   POLEN
Dresden   Görlitz   Breslau   Lublin   Luzk
Reichenberg   Oppeln   Kielce
Eger   Prag   Kattowitz   A
Pilsen   TSCHECHO-   Krakau   Tarnow   Lemberg   Tarnopol
Olmütz   Ostgalizien
Iglau   Brünn   B
Regensburg   Budweis   SLOWAKEI   Leutschau   Stanislau
Linz   Wien   Preßburg   Czernowitz

ÖSTERREICH   UNGARN   RUMÄNIEN
Budapest

217

Ost-Mitteleuropa
während des 2. Weltkrieges
(*Stand vor dem 22. Juni 1941*)

— deutsch-sowjet. Interessenabgrenzung vom 28.9.1939

--- ehem. Staatsgrenzen

--- Verwaltungsgrenzen in den deutschen Ostgebieten nach
dem Zusammenbruch Polens

--- litauische Grenze nach dem Zusammenbruch Polens

0   50   100   150   200
km

Ost-Mitteleuropa
nach den Beſchlüſſen von Jalta u. Potsdam (1945)

Staatsgrenzen
innerſowjetiſche Grenzen (de facto)
Grenzen von 1937
die Oder-Neiße-Linie u ſowjet-poln.
Demarkatioslinie in Oſtpreußen

0   50   100   200
km

Eſtniſche SSR   RSFSR
Reval
Pernau   Dorpat

Windau

Riga
Lettiſche SSR
Mitau
Libau

Dünaburg

Memel
Litauiſche SSR

Kowno

Königsberg   unter RSFSR
Verwaltung
Stolp
Danzig   Wilna
Köslin   Elbing
unter
unter polniſcher
Stettin   Verwaltung
polniſcher   Allenſtein
Grodno
Thorn
Bromberg   Bialyſtok   Weißrutheniſche
SSR
Sowjetiſche   Gneſen   Plozk
Berlin   Warſchau
Beſatzungs-   Frankfurt   Poſen   Breſt-Litowsk
Magdeburg   P O L E N
zone   Kaliſch
Glogau
Leipzig   Lublin
Dresden   Verwaltung   Kielce   Cholm
Breslau
Reichenberg   Oppeln
Krakau   Lemberg
Prag   Tarnow
Eger   Ukrainiſche
T S C H E C H O -   SSR
BR.   Budweis   Brünn
DEUTSCH
LAND   S L O W A K E I
Linz   Wien   Preßburg
Ö S T E R R E I C H   U N G A R N   R U M Ä N I E N
Budapeſt

OST- und WESTPREUSSEN

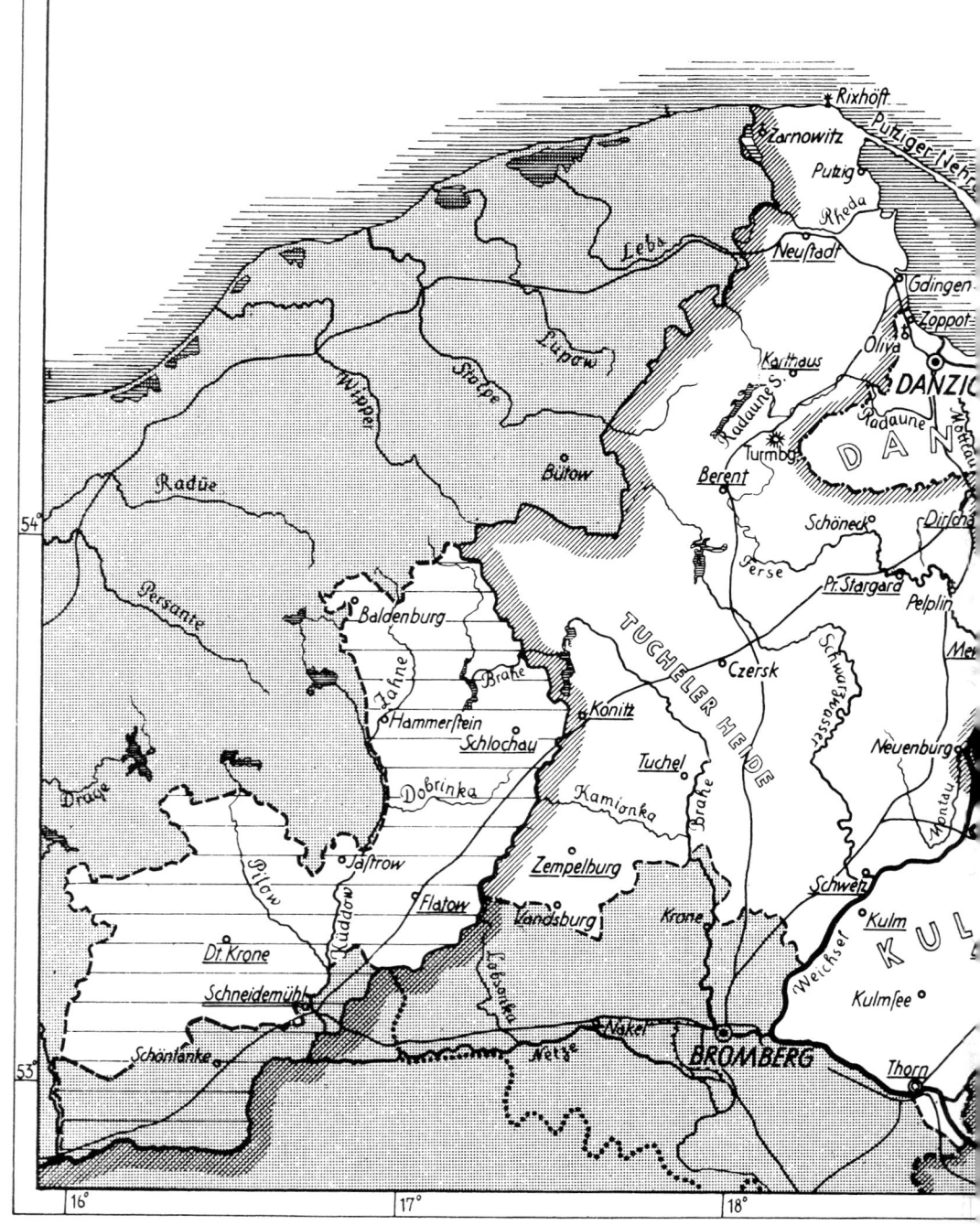

///// Reichsgrenze 1918   ///// Reichsgrenze 1937 //////. Grenze der Freien Stadt Danz

---- Provinzgrenze bis 1918 (auch poln.Wojewodschaftsgrenze bis 1938) ....Regier

.... Wojewodschaftsgrenze 1938   Die beim Deutschen Reich verbliebenen Kreise de

bildeten zusammen mit Kreisen der Prov. Posen bis 1939 die „Grenzmark Posen-Westpreu

⊙ Orte mit mehr als 100000 Einwohnern   —— Eisenbahnen

◎ "   "   50000 – 100000 "   •   ═══ Autobahn

○ "   • weniger als 50000 "   "   ----- Kanäle

BROMB   Provinzhauptstadt

Allenstein   Sitz der Regierung

Konitz   "   " Kreisverwaltung (nach 1919)

Maßstab 1 : 2 Mill.

0 10 20 30 40 50 km

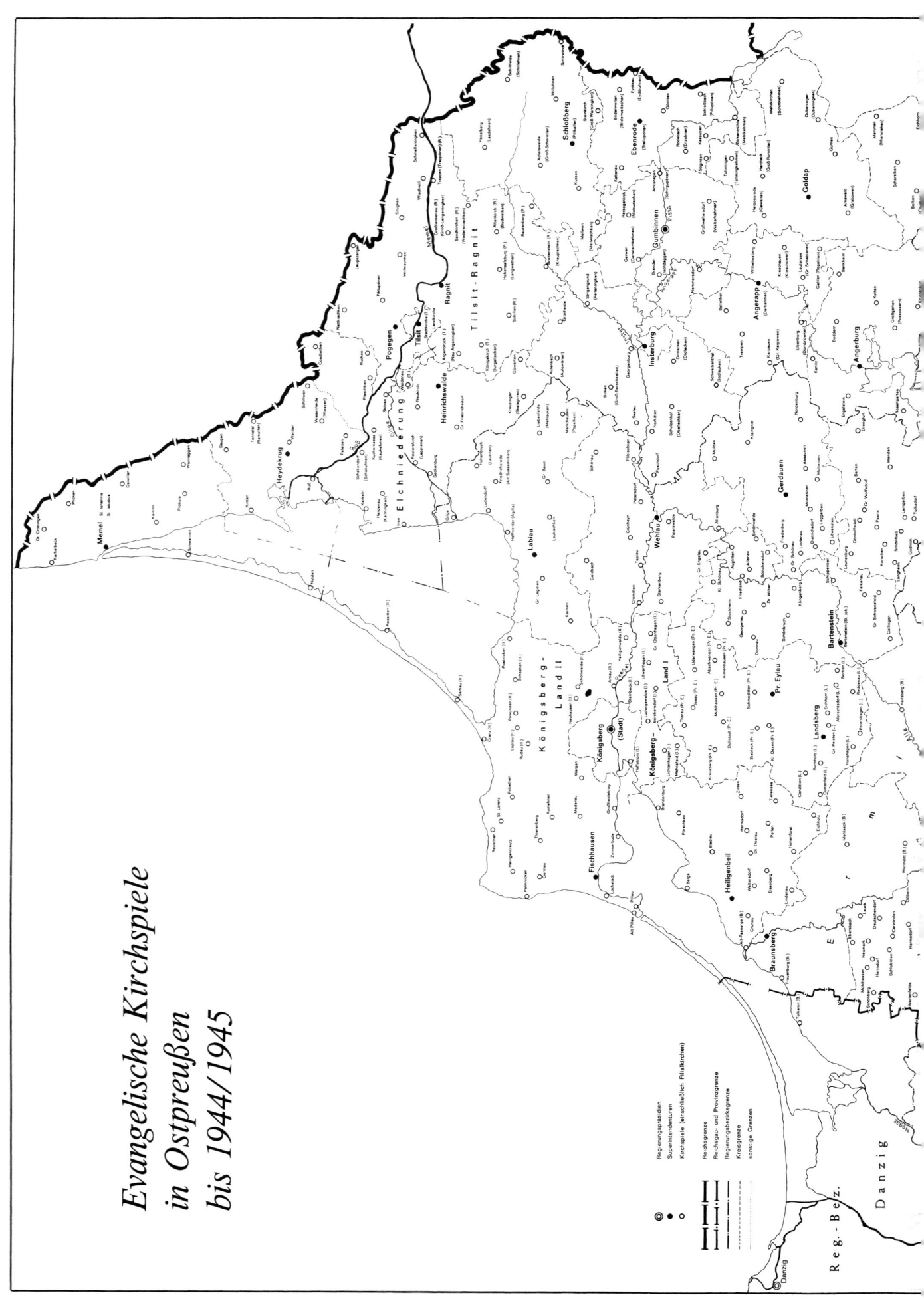

Evangelische Kirchspiele in Ostpreußen bis 1944/1945

Regierungspräsidien
Superintendenturen
Kirchspiele (einschließlich Filialkirchen)
Reichsgrenze
Reichsgau- und Provinzgrenze
Regierungsbezirksgrenze
Kreisgrenze
sonstige Grenzen

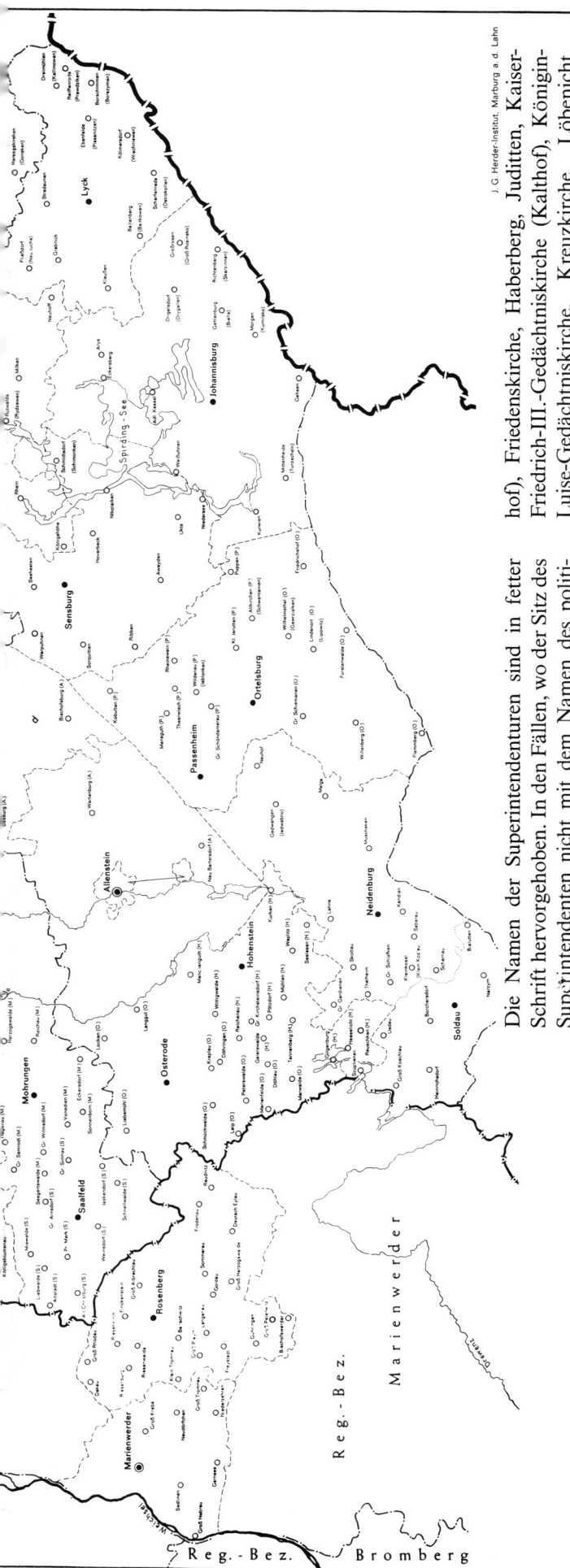

Legende

Im allgemeinen ist der Kirchenkreis identisch mit dem politischen Kreis, so in 22 ostpreußischen Kreisen (Reg.-Bez. Königsberg: Bartenstein, Gerdauen, Heiligenbeil, Labiau, Pr. Holland, Rastenburg, Wehlau; Reg.-Bez. Gumbinnen: Angerapp, Angerburg, Ebenrode, Elchniederung, Goldap, Gumbinnen, Heydekrug, Insterburg, Memel, Schloßberg, Treuburg; Reg.-Bez. Allenstein: Johannisburg, Lötzen, Lyck, Sensburg) und in den beiden Kreisen Marienwerder und Rosenberg aus dem ehemaligen herzoglich-preußischen Bistum Pomesanien.

Die gleiche Identität gilt für die Kreise Mohrungen, Pr. Eylau, Tilsit-Ragnit, Ortelsburg und Osterode. Dort sind jedoch diese Kirchenkreise in jeweils zwei Superintendenturbezirke untergliedert. Die zu einer Superintendentur gehörigen Kirchspiele sind durch den Anfangsbuchstaben des Superintendentensitzes hinter dem Kirchspielnamen gekennzeichnet.

Die Namen der Superintenturen sind in fetter Schrift hervorgehoben. In den Fällen, wo der Sitz des Superintendenten nicht mit dem Namen des politischen Kreises oder Kirchenkreises identisch ist, ist letzterer in den Kreis eingeschrieben worden.

In Anlehnung an ältere politische Grenzen oder unter Beibehaltung jüngst aufgehobener Kreisgrenzen haben folgende politische Kreise jeweils zwei Kirchenkreise: Samland: Kirchenkreise Fischhausen und Königsberg mit den Superintendenturbezirken Königsberg Land I (südlich des Pregel) und Königsberg Land II (nördlich des Pregel). Neidenburg: Kirchenkreise Neidenburg und Soldau. Die Abgrenzung wird durch Punktierung der Reichsgrenze von 1919—39 gegeben.

Dem Kirchenkreis Pogegen entspricht räumlich der politische Kreis Tilsit-Ragnit (nördlich der Memel) und ein Teil des Kreises Heydekrug. Die punktierte Linie ist die alte politische Kreisgrenze zwischen Heydekrug und Pogegen (bis zum 1. 10. 1939), als die Kirchenkreisgrenze erhalten geblieben ist.

Der Kirchenkreis Königsberg-Stadt umfaßte folgende 25 Kirchspiele: Altroßgarten, Altstadt, Dom (Kneip-hof), Friedenskirche, Haberberg, Juditten, Kaiser-Friedrich-III.-Gedächtniskirche (Kalthof), Königin-Luise-Gedächtniskirche, Kreuzkirche, Löbenicht, Lutherkirche, Maraunenhof, Neuroßgarten, Ponarth, Quednau, Ratshof, Rosenau, Sackheim, Seligenfeld-Neuendorf, Steindamm, Tannenwalde, Tragheim, Schloßkirche, Burgkirche (ref.), Französisch-reformierte Kirche. Sie konnten wegen Raummangels nicht in die Karte eingetragen werden.

Der Kirchenkreis Ermland umfaßte fünf politische Kreise. Der Superintendenturbezirk Allenstein umfaßte die evangelischen Kirchen in den politischen Kreisen Allenstein (Stadt und Land) und Rößel, der Superintendenturbezirk Braunsberg umfaßte die evangelischen Kirchen in den politischen Kreisen Braunsberg und Heilsberg sowie das Kirchspiel Tolkemit im Kreise Elbing.

Die reformierte Kircheninspektion umfaßte im Reg.-Bez. Königsberg neben der Burgkirche in Königsberg die Kirchspiele Pillau und Pr. Holland und im Reg.-Bez. Gumbinnen die Kirchspiele Gumbinnen, Kanthausen (Judtschen), Insterburg, Neunassau (Neunischken), Memel und Tilsit.

Raum für Eintragungen